중학교 졸업자격 검정고시

핵심총정리

검정고시 공부를 해오면서 마무리 정리 단계에서 꼭 필요한 교재!

KB017942

CONTENTS

핵·심·총·정·리

중학교 졸업자격 검정고시

I.

국어

Korean

01 문학

1 시

1. 시의 개념

마음 속에 떠오르는 생각이나 느낌을 운율이 있는 언어로 압축해서 나타낸 글이다.

2. 시의 갈래

· 형식에 따라 ┌ 정형시 : 일정한 형식에 맞추어 쓴 시
 ├ 자유시 : 일정한 형식의 제한 없이 자유롭게 쓴 시
 └ 산문시 : 행과 연의 구분 없이 산문처럼 줄글로 쓴 시

3. 시의 구성요소

1) 운율(음악적 요소) : 시를 읽을 때 느껴지는 말의 가락

① 내재율 : 일정한 규칙이 겉으로 드러나지 않고, 시 속에서 은근하게 느껴지는 운율

② 외형률 : 일정한 형식을 통해 규칙적인 리듬이 시의 표면에 드러나는 운율

2) 심상(회화적 요소) : 시를 읽을 때 마음 속에 느껴지는 감각적인 모습이나 느낌

① 시각적 심상 : 눈을 통해 모양이나 빛깔 등을 보는 듯한 심상

예 반짝이는 금모래빛

② 청각적 심상 : 귀를 통해 소리를 듣는 듯한 심상   예 뒷문 밖에는 갈잎의 노래

③ 미각적 심상 : 혀를 통해 맛을 보는 듯한 심상   예 달콤 쌉싸름한 초콜릿

④ 후각적 심상 : 코를 통해 냄새를 맡는 듯한 심상   예 향그러운 꽃지짐

⑤ 촉각적 심상 : 피부를 통해 감촉을 느끼는 듯한 심상

예 부드러운 고양이의 털

⑥ 공감각적 심상 : 한 감각을 다른 감각으로 전이시켜 표현함으로써 둘 이상의 감각이
어우러져 이루어지는 심상   예 푸른 휘파람 소리가 나거든요

3) 주제(의미적 요소) : 시인이 시를 통해 말하고자 하는 것

4. 시적 화자(말하는 이)

시인이 자신의 생각이나 느낌을 효과적으로 드러내기 위해 만들어 낸 인물이나 사물로, 시속에 직접 등장할 수도 있고, 등장하지 않을 수도 있다.

5. 시의 표현 방법

1) **비유** : 표현하려는 대상을 직접 설명하지 않고 다른 대상에 빗대어 표현하는 방법

① 직유법 : 성질이나 모양이 비슷한 두 대상을 '같이', '처럼', '듯이' 등의 연결어를 사용하여 직접 빗대어 표현하는 방법

   예 나는 찬밥처럼 방에 담겨

② 은유법 : 표현하려는 대상을 연결어 없이 비슷한 특성이 있는 다른 대상에 빗대어 '무엇은 무엇이다'의 형태로 표현하는 방법

   예 내 마음은 호수요

③ 의인법 : 사람이 아닌 대상에 인격을 부여하여 사람인 것처럼 표현하는 방법

   예 풀 아래 웃음짓는 샘물

2) **상징** : 눈으로 볼 수 없는 추상적인 개념을 구체적인 대상으로 표현하는 방법

   예 소나무 : 지조, 절개

(1) 우리가 눈발이라면

글/ 안도현

우리가 눈발이라면

허공에서 쭈빗쭈빗 흩날리는

진눈깨비는 되지 말자

세상이 바람 불고 춥고 어둡다 해도

사람이 사는 마을

가장 낮은 곳으로

따뜻한 함박눈이 되어 내리자

우리가 눈발이라면

잠 못 든 이의 창문가에서는

편지가 되고

그이의 깊고 붉은 상처 위에 돋는

새살이 되자

작품 해설

갈래 : 현대시, 자유시, 서정시

성격 : 상징적, 의지적

운율 : 내재율

제재 : 함박눈

특징 : · 긍정적 시어와 부정적 시어가 대조를 이루어 주제를 효과적으로 드러냄

· 청유형 문장을 사용하여 말하는 이의 의지를 강조하고 독자의 공감을 불러일으킴

주제 : 이웃과 더불어 따뜻한 삶을 살고 싶은 소망

(2) 엄마 걱정

글/ 기형도

열무 삼십 단을 이고

시장에 간 우리 엄마

안 오시네, 해는 시든 지 오래

나는 찬밥처럼 방에 담겨

아무리 천천히 숙제를 해도

엄마 안 오시네, 배춧잎 같은 발소리 타박타박

안 들리네, 어둡고 무서워

금 간 창틈으로 고요히 빗소리

빈방에 혼자 엎드려 훌쩍거리던

아주 먼 옛날

지금도 내 눈시울을 뜨겁게 하는

그 시절, 내 유년의 윗목

작품 해설

갈래 : 자유시, 서정시

성격 : 회상적, 애상적

운율 : 내재율

제재 : 유년 시절의 기억

특징 : ·구체적인 상황 제시를 통해 화자의 심리를 섬세하게 나타냄

· 감각적 이미지와 비유를 사용하여 엄마의 고단한 삶과 화자의 정서를 효과적으로 표현

· 부정적인 시어의 반복을 통해 시의 분위기를 조성함

주제 : 시장에 간 엄마를 기다리던 어린 시절을 떠올리며 느끼는 슬픔

(3) 청포도

글/ 이육사

내 고장 칠월은
청포도가 익어가는 시절

이 마을 전설이 주저리주저리 열리고
먼 데 하늘이 꿈꾸며 알알이 들어와 박혀

하늘 밑 푸른 바다가 가슴을 열고
흰 돛단배가 곱게 밀려서 오면

내가 바라는 손님은 고달픈 몸으로
청포를 입고 찾아온다고 했으니

내 그를 맞아 이 포도를 따 먹으면
두 손은 함뿍 적셔도 좋으련

아이야 우리 식탁엔 은쟁반에
하이얀 모시 수건을 마련해 두렴

작품 해설

갈래 : 자유시, 서정시
성격 : 감각적, 상징적
운율 : 내재율
제재 : 청포도
특징 : ·상징적 소재를 사용하여 주제를 효과적으로 전달함
　　　　·푸른색과 흰색의 색채 대비를 통해 화자의 소망과 기대를 드러냄
주제 : 조국 광복에 대한 염원
　　　　풍요롭고 평화로운 세계에 대한 소망

(4) 봄 길

글/ 정호승

길이 끝나는 곳에서도
길이 있다
길이 끝나는 곳에서도
길이 되는 사람이 있다
스스로 봄 길이 되어
끝없이 걸어가는 사람이 있다
강물은 흐르다가 멈추고
새들은 날아가 돌아오지 않고
하늘과 땅 사이의 모든 꽃잎은 흩어져도
보라
사랑이 끝난 곳에서도
사랑으로 남아 있는 사람이 있다
스스로 사랑이 되어
한없이 봄 길을 걸어가는 사람이 있다

작품 해설

갈래 : 자유시, 서정시
성격 : 의지적, 긍정적, 희망적
운율 : 내재율
제재 : 봄 길
특징 : · 대조적인 상황을 제시하여 희망의 의미를 강조함
　　　　· 단정적인 어조를 사용하여 확신에 찬 태도를 드러냄
　　　　· 유사한 시구를 반복하여 주제를 강조하고 운율을 형성함
주제 : 시련을 극복하고 스스로 사랑을 찾기 위해 노력하는 삶의 태도

(5) 고향

글/ 백석

나는 북관에 혼자 앓아누워서

어느 아츰 의원을 뵈이었다

의원은 여래같은 상을 하고 관공의 수염을 드리워서

먼 옛적 어느 나라 신선 같은데

새끼손톱 길게 돋은 손을 내어

묵묵하니 한참 맥을 집더니

문득 물어 고향이 어데냐 한다

평안도 정주라는 곳이라 한즉

그러면 아무개 씨 고향이란다

그러면 아무개 씰 아느냐 한즉

의원은 빙긋이 웃음을 띠고

막역지간(莫逆之間)이라며 수염을 쓴다

나는 아버지로 섬기는 이라 한즉

의원은 또다시 넌즈시 웃고

말없이 팔을 집어 맥을 보는데

손길은 따스하고 부드러워

고향도 아버지도 아버지의 친구도 다 있었다

작품 해설

갈래 : 자유시, 서정시
성격 : 서정적, 서사적
운율 : 내재율
제재 : 고향
특징 : · 인물 간의 대화 형식을 통해 시상을 전개함
· 촉각적 심상을 활용하여 화자의 정서를 드러냄
· 차분하고 담담한 어조로 고향과 혈육에 대한 그리움을 형상화
주제 : 고향과 아버지에 대한 그리움

(6) 봄은

글/ 신동엽

봄은
남해에서도 북녘에서도
오지 않는다.

너그럽고
빛나는
봄의 그 눈짓은,
제주에서 두만까지
우리가 디딘
아름다운 논밭에서 움튼다.

겨울은,
바다와 대륙 밖에서
그 매운 눈보라 몰고 왔지만
이제 올
너그러운 봄은, 삼천리 마을마다
우리들 가슴속에서
움트리라.

움터서,
강산을 덮은 그 미움의 쇠붙이들
눈 녹이듯 흐물흐물
녹여 버리겠지.

작품 해설

갈래 : 자유시, 서정시
성격 : 참여적, 상징적, 희망적
운율 : 내재율
제재 : 겨울과 봄
특징 : · '봄'과 '겨울'의 상징적 대립으로 시상을 전개함
· 단정적인 어조로 말하는 이의 강한 의지와 소망을 표현함
주제 : 통일에 대한 염원

(7) 수라

글/ 백석

거미 새끼 하나 방바닥에 나린 것을 나는 아무 생각 없이 문밖으로 쓸어 버린다
차디찬 밤이다

언제인가 새끼 거미 쓸려 나간 곳에 큰 거미가 왔다.
나는 가슴이 짜릿한다
나는 또 큰 거미를 쓸어 문밖으로 버리며
찬 밖이라도 새끼 있는 데로 가라고 하며 서러워한다

이렇게 해서 아린 가슴이 싹기도 전이다.
어데서 좁쌀알만 한 알에서 가제 깨인 듯한 발이 채 서지도 못한 무척 작은 새끼 거미가
이번엔 큰 거미 없어진 곳으로 와서 아물거린다
나는 가슴이 메이는 듯하다
내 손에 오르기라도 하라고 나는 손을 내어미나 분명히 울고불고 할 이 작은 것은 나를
무서우이 달어나 버리며 나를 서럽게 한다
나는 이 작은 것을 고이 보드러운 종이에 받어 또 문밖으로 버리며
이것의 엄마와 누나나 형이 가까이 이것의 걱정을 하며 있다가 쉬이 만나기나 했으면
좋으련만 하고 슬퍼한다

◯
작품 해설
갈래 : 자유시, 서정시
성격 : 서사적, 상징적
운율 : 내재율
제재 : 거미 가족의 헤어짐
특징 : · 시적 대상인 '거미'를 의인화하여 표현함
　　　　· 시상의 전개에 따라 시적 정서가 심화됨
주제 : 가족의 붕괴에 대한 안타까움과 가족에 대한 그리움

(8) 성북동 비둘기

글/ 김광섭

성북동 산에 번지가 새로 생기면서
본래 살던 성북동 비둘기만이 번지가 없어졌다.
새벽부터 돌 깨는 산울림에 떨다가
가슴에 금이 갔다.
그래도 성북동 비둘기는
하느님의 광장 같은 새파란 아침 하늘에
성북동 주민들에게 축복의 메시지나 전하듯
성북동 하늘을 한 바퀴 휘 돈다

성북동 메마른 골짜기에는
조용히 앉아 콩알 하나 찍어 먹을
널찍한 마당은커녕 가는 데마다
채석장 포성이 메아리쳐서
피난하듯 지붕에 올라앉아
아침 구공탄 굴뚝 연기에서 향수를 느끼다가
산 1번지 채석장 도루 가서
금방 따낸 돌 온기에 입을 닦는다.

예전에는 사람을 성자처럼 보고
사람 가까이
사람과 같이 사랑하고
사람과 같이 평화를 즐기던
사랑과 평화의 새 비둘기는

이제 산도 잃고 사람도 잃고

사랑과 평화의 사상까지

낳지 못하는 쫓기는 새가 되었다.

작품 해설

갈래 : 자유시, 서정시
성격 : 비판적, 상징적
운율 : 내재율
제재 : 비둘기
특징 : · 선명한 감각적 이미지를 제시함
· 비둘기를 의인화하여 문명 비판적 내용을 우회적으로 표현함
주제 : 자연 파괴와 비인간화되어 가는 현대 문명에 대한 비판

2 시조

고려 말에 발달하여 현재까지 창작되고 있는 우리나라 고유의 정형시

1. 형식

① 초장, 중장, 종장의 3장으로 이루어진다.

② 각 장은 2개의 구로 구성된다. (3장 6구)

③ 일반적으로 각 장을 네 마디로 끊어 읽는다. (4음보)

④ 종장의 첫 음보는 세 글자로 글자 수가 고정된다.

> [초장] 이 몸이 ∨ 죽고 죽어 ∨ 일백 번 ∨ 고쳐죽어
>
> [중장] 백골이 ∨ 진토되어 ∨ 넋이라도 ∨ 있고 없고
>
> [종장] <u>임 향한</u> ∨ 일편단심이야 ∨ 가실 줄이 ∨ 있으랴.
> → 종장의 첫 음보는 3글자로 고정됨

2. 시조의 종류

1) 형식에 따라

- 평시조 : 3장 6구 45자 내외의 기본 형식으로 된 시조
- 사설시조 : 평시조보다 2구 이상 더 긴 시조. 조선 중기 이후 평민에 의해 많이 지어짐
  초장, 중장이 제한 없이 길며, 종장도 첫 음보를 제외하고 길어진 시조

3. 특징

1) 평시조

- 작가층 : 사대부, 양반 계층
- 내용 : 유교적 이념, 자연 속의 풍류를 주로 노래함

2) 사설시조

- 작가층 : 중인, 평민층
- 내용 : 서민들의 일상과 삶의 애환, 지배층에 대한 풍자 등을 주로 다룸

(1) 까마귀 싸우는 골에

글/ 영천 이씨

까마귀 싸우는 골에 백로야 가지 마라.

성난 까마귀 흰빛을 시샘할세라

청강에 기껏 씻은 몸을 더럽힐까 하노라.

작품 해설

갈래 : 평시조, 단시조　　　　　　　　　**성격** : 교훈적
운율 : 외형률(4음보)　　　　　　　　　　**제재** : 까마귀, 백로
특징 : ·대조적인 소재와 상징적인 시어를 이용해 주제를 우회적으로 표현함
　　　　 ·아들 정몽주의 장래를 염려하는 모정(母情)이 나타남
주제 : 나쁜 무리를 경계하고 지조와 절개를 지키려는 마음

(2) 묏버들 가려 꺾어

글/ 홍랑

묏버들 가려 꺾어 보내노라 임의손대

자시는 창밖에 심어 두고 보소서.

밤비에 새잎이 나거든 날인가도 여기소서.

작품 해설

갈래 : 평시조, 단시조　　　　　　　　　**성격** : 감상적, 애상적, 여성적
운율 : 외형률(4음보)　　　　　　　　　　**제재** : 묏버들
특징 : ·자연물(묏버들)을 통해 말하는 이의 바람을 효과적으로 전달함
　　　　 ·섬세하고 여성적인 어조를 사용하여 애절한 분위기를 드러냄
주제 : 임에 대한 사랑과 그리움

(3) 하여가(何如歌)

글/ 이방원

이런들 어떠하며 저런들 어떠하료

만수산(萬壽山) 드렁칡이 얽어진들 어떠하리

우리도 이같이 얽어져 백 년까지 누리리라

─────────────────────────────────────

작품 해설

갈래 : 평시조, 단시조   **성격** : 회유적, 설득적, 우의적

운율 : 외형률(4음보)   **제재** : 드렁칡

특징 : 새 나라를 건설하여 함께 잘 살아 보자는 회유를 비유법으로 효과적으로 표현함

주제 : 조선 건국에 협력하도록 회유

(4) 단심가(丹心歌)

글/ 정몽주

이 몸이 죽고 죽어 일백 번 고쳐 죽어

백골이 진토(塵土)되어 넋이라도 있고 없고

임 향한 일편단심(一片丹心)이야 가실 줄이 있으랴

─────────────────────────────────────

작품 해설

갈래 : 평시조, 단시조   **성격** : 의지적, 직설적

운율 : 외형률(4음보)   **제재** : 일편단심

특징 : ・고려 왕조에 대한 충성심이 극명하게 드러남

     ・작가 자신의 의지를 직설적으로 표현함

주제 : 고려에 대한 충성과 절개

(5) 오우가

글/ 윤선도

내 벗이 몇이나 하니 수석(水石)과 송죽(松竹)이라.
동산에 달 오르니 그 더욱 반갑구나.
두어라, 이 다섯밖에 또 더하여 무엇하리.　　　(제1수)

구름 빛이 좋다 하나 검기를 자주 한다.
바람 소리 맑다 하나 그칠 때가 많구나.
좋고도 그칠 때 없기는 물뿐인가 하노라.　　　(제2수)

꽃은 무슨 일로 피면서 쉬이 지고
풀은 어이하여 푸른 듯 누르느냐.
아마도 변치 않는 것 바위뿐인가 하노라.　　　(제3수)

더우면 꽃 피고 추우면 잎 지거늘
솔아 너는 어찌 눈서리를 모르느냐.
구천에 뿌리 곧은 줄을 그로 하여 아노라.　　　(제4수)

나무도 아닌 것이 풀도 아닌 것이
곧기는 누가 시켰으며 속은 어찌 비었는고,
저렇게 사철에 푸르니 그를 좋아하노라.　　　(제5수)

작은 것이 높이 떠서 만물을 다 비추니
밤중의 광명이 너만 한 이 또 있느냐.
보고도 말 아니하니 내 벗인가 하노라.　　　(제6수)

작품 해설

갈래 : 고시조, 연시조
성격 : 예찬적, 자연 친화적
운율 : 외형률(4음보)
제재 : 물, 바위, 소나무, 대나무, 달
특징 : ·우리말의 아름다움을 잘 살려 표현함
　　　·문답법, 대구법 등 다양한 표현 방법을
　　　　활용하여 대상을 인상 깊게 그려 냄
　　　·자연물을 의인화하고 그 속성을 유교적
　　　　이념에 연결하여 예찬함
주제 : 다섯 벗에 대한 예찬

(6) 개를 여남은이나 기르되

글/ 작자 미상

개를 여남은이나 기르되 요 개같이 얄미우랴

미운 임 오면은 꼬리를 홰홰 치며 치뛰락 내리뛰락 반겨서 내닫고 고운 임 오면은

뒷발을 버둥버둥 무르락 나락 캉캉 짖어서 도로 가게 하느냐

쉰밥이 그릇그릇 난들 너 먹일 줄이 있으랴

작품 해설

갈래 : 사설시조   **성격** : 해학적, 우회적
운율 : 외형률   **제재** : 개
특징 : ·의성어와 의태어를 활용하여 개의 행동을 사실적, 해학적으로 묘사함
      ·기다려도 오지 않는 임에 대한 원망을 개에게 전가하여 웃음을 자아냄
주제 : 임을 그리워하고 기다리는 간절한 마음

(7) 두꺼비 파리를 물고

글/ 작자 미상

두꺼비 파리를 물고 두엄 위에 뛰어올라 앉아

건너편 산을 바라보니 백송골이 떠 있거든 가슴이 섬뜩하여 펄쩍 뛰어내리다가 두엄 아래 나자빠졌구나.

다행히 날랜 나였기에 망정이지 피멍이 들 뻔하였구나.

작품 해설

갈래 : 사설시조   **성격** : 풍자적, 우의적, 해학적
운율 : 외형률   **제재** : 두꺼비, 파리, 백송골
특징 : ·'두꺼비', '파리', '백송골' 등을 의인화하여 인간 사회를 풍자함
      ·풍자적인 수법을 통해 지배 계층을 희화화함
주제 : 탐관오리의 이중성 비판

3 소설

1. 소설의 개념

현실 세계에 있을 법한 일을 작가가 상상하여 꾸며 쓴 이야기이다.

2. 소설의 특성

① 허구성 : 실제 있었던 일이 아니라 작가가 상상을 통해 꾸며 낸 이야기
② 개연성 : 실제로 일어날 만한 이야기
③ 진실성 : 꾸며낸 이야기이지만 인생의 진리와 삶의 진솔한 모습을 담음
④ 서사성 : 사건의 내용이 일정한 시간의 흐름에 따라 전개됨

3. 소설 구성의 요소

① 인물 : 작품 속에 등장하는 사람. 작품에서 갈등을 만들고 해결하면서 이야기를 전개하
는 주체
② 사건 : 작품 속에서 인물들이 겪는 일이나 벌이는 행동. 사건을 통해 이야기가 전개됨
③ 배경 : 인물들이 행동하고 사건이 일어나는 시간이나 장소. 인물의 행동을 사실적으로
느끼게 하며, 인물의 심리를 암시하거나 작품의 분위기를 만듦

4. 소설의 갈등

내적 갈등		한 인물의 마음 속에서 상반된 심리가 대립하는 갈등
외적 갈등	인물과 인물	인물과 인물 간의 가치관이나 성격의 차이 때문에 일어나는 갈등
	인물과 사회	인물이 자신이 속한 사회의 관습 및 윤리, 제도와의 충돌로 인해 겪는 갈등
	인물과 자연	인물이 자연적 현상과 대립하여 겪는 갈등
	인물과 운명	인물이 자신이 타고난 운명과 대립하여 겪는 갈등

5. 갈등 양상에 따른 소설의 구성 단계

발단	등장 인물과 배경이 소개되고, 사건의 실마리가 드러남
전개	사건이 발전되며, 갈등이 시작됨
위기	갈등이 깊어지며, 긴장감과 위기감이 조성됨
절정	갈등이 최고조에 이르고, 사건 해결의 실마리가 보임
결말	갈등이 해결되고, 사건이 마무리됨. 주인공의 운명이 결정됨

6. 소설의 시점

1인칭	주인공 시점	소설 속 주인공인 '나'가 자신의 이야기를 서술함
	관찰자 시점	소설 속 인물인 '나'가 주인공의 행동과 사건을 관찰하여 서술함
3인칭	관찰자 시점	소설 밖 서술자가 객관적인 태도로 인물의 행동이나 사건을 관찰하여 서술함
	전지적 작가 시점	소설 밖 서술자가 모든 것을 아는 입장에서 인물과 사건에 대해 서술함

(1) 자전거 도둑

글/ 박완서

수남이는 청계천 세운 상가 뒷길의 전기용품 도매상의 꼬마 점원이다.

수남이란 어엿한 이름이 있는데도 '꼬마'로 통한다. 열여섯 살이라지만 볼은 아직 어린아이처럼 빨갛고 통통하며, 눈이 맑고 깨끗하다. 성숙한 것은 목소리뿐이다.

전화를 받은 주인 영감님이 좀 생기가 나더니 계산서를 작성해 주면서 ××상회에 20와트 형광 램프 다섯 상자만 배달해 주고 오란다. 가까운 데 있는 소매상에서는 이렇게 전화 주문으로 배달까지를 부탁해 올 때가 많다. 수남이는 자전거도 잘 타 배달이라면 문제도 없다. 그래도 오늘은 바람이 유난해서 조심하느라 형광 램프 상자를 밧줄로 꼼꼼히 묶는다. 주인 영감님까지 묶는 걸 거들어 주면서 한마디 한다.

"인석아, 까불지 말고 조심해. 사고 내서 누구 못할 노릇 시키지 말고."

오늘 장사가 좀 잘 안돼서 그런지 말씨가 퉁명스럽긴 했지만, 나쁜 말은 아닌데도 수남이는 고깝게 듣는다.

꼭 네깟 놈 다칠 게 걱정이 아니라 나 손해 볼 게 겁난다는 소리로 들린다.

수남이는 보통 때 같으면 "할아버지, 다녀오겠습니다." 하고 신바람 나게, 그리고 붙임성 있게 외치고는 방긋 웃어 보이고 나서야 페달을 밟고 씽 달렸을 터인데, 오늘은 왠지 그래지지가 않는다.

아무 말 안 하고 자전거를 무거운 듯이 질질 끌다가 꾸물거리며 올라탔고, 느릿느릿 페달을 젓는다.

주인 영감님이 뒤에서 악을 쓴다.

"인석아, 조심해. 까불지 말고."

주인 영감님의 목소리가 회오리바람을 타고 이상하게 날카롭고 기분 나쁘게 들린다. 수남이는

"쳇." 하고 혀를 차고는 도망치듯 씽 자전거의 속력을 낸다.

형광 램프를 ××상회에 전달하고 나서 돈을 받는 데 또 한참이 걸린다.

수남이는 주인이 세 번씩이나 세어서 준 돈을 다시 두 번이나 센다.

그러고 나서야 "고맙습니다. 안녕히 계십쇼." 하고는 저만큼 자전거를 세워 놓은 쪽으로 횡하니 달음질친다.

바람이 여전하다.

자전거뿐 아니라 골목의 모든 것이 다 제자리에 그대로 있다. 수남이는 그것이 신기하다. 누워 있는 자전거를 일으켜 세우고 날렵하게 올라타 막 페달을 밟으려는데, 어디선지 고함 소리가 천둥처럼 들린다.

"이놈아, 어딜 도망가는 거야! 게 서라. 꼼짝 말고."

수남이는 자기에게 지르는 고함은 아니겠지 싶어 그대로 페달을 밟는다.

"아니 이놈이, 어디로 도망을 가려고 이래!"

뒷덜미를 사납게 붙들린다.

깜짝 놀라 돌아다 보니 점잖고 깨끗한 신사다. 이런 신사가 자기에게 어떤 볼일이 있다는 것인지, 수남이는 도시 짐작을 할 수 없다. 게다가 신사는 몹시 화가 나 있다. 신사를 화나게 할 일을 자기가 저질렀다고는 더구나 생각할 수 없다.

"인마, 꼼짝 말고 있어."

신사의 말이 아니더라도 꼼짝할 수 있는 처지가 아니다. 꼼짝하기는커녕 숨도 제대로 쉴 수 없을 만큼 수남이의 뒷덜미는 신사의 손에 잔뜩 움켜쥐어져 있다.

"임마, 네놈 자전거가 쓰러지면서 내 차를 들이받았단 말이야. 이런 고급차를 말이야. 이런 미련한 놈, 왜 눈은 째려, 째리긴! 그러니 내 차에 흠이 안 나고 배겼겠냐. 내 차는 인마, 여자들 손톱만 살짝 닿아도 생채기가 나는 고급 차야 인마, 알아?"

꼭 오늘 재수 옴 붙은 일이 날 것 같더라만, 마침내 이런 끔찍한 일이 일어나고 말았구나. 울음이 왈칵 솟구친다. 그러자 제 얼굴도, 차체의 흠도 아무것도 안 보이고 온 세상이 부옇게 흐려 보일 뿐이다.

"울긴, 인마. 너 한 달에 얼마나 버냐?"

신사의 목청이 다분히 누그러지며 목소리에 연민이 담긴 것을 수남이는 재빨리 알아차린다.

그러자 흑흑 소리까지 내어 운다.

"울긴 짜식, 할 수 없다. 너나 나나 오늘 재수 옴 붙은 걸로 치고 반반씩 손해 보자. 오천 원만 내."

운전사는 금방 커다란 자물쇠를 하나 사 가지고 왔다. 신사는 다시 네놈은 쳐다보기도 싫다는 듯이 수남이를 전혀 상대하지 않고 묵묵히 자전거 바퀴에다 자물쇠를 채우고, 눈앞의 빌딩을 가리켰다.

"나 저기 306호실에 있으니까 돈 오천 원 갖고 와. 그러면 열쇠 내줄 테니."

그러고는 수남이를 힐끗 흘겨보고 유유히 빌딩 속으로 사라져 갔다.

그때였다. 누군가가 나직이 속삭였다.

"도망쳐라, 도망쳐. 그까짓 자전거 들고 도망치라고."

그것은 악마의 속삭임처럼 은밀하고 감미로웠다. 수남이의 가슴은 크게 뛰었다. 이번에는 좀 더 점잖고 어른스러운 소리가 나섰다.

"그래라, 그래. 그까짓 거 들고 도망가렴. 뒷일은 우리가 감당할게."

그러자 모든 구경꾼이 수남이의 편이 되어 와글와글 외쳐 댔다.

"도망가라, 어서어서 자전거를 번쩍 들고 도망가라, 도망가라."

수남이는 자기편이 되어 준 이 많은 사람들을 도저히 배반할 수 없었다. 이상한 용기가 솟았다. 수남이는 자전거를 가볍게 옆구리에 끼고 달렸다.

정말이지 조금도 안 무거웠다. 타고 달릴 때보다 더 신나게 달렸다. 달리면서 마치 오래 참았던 오줌을 시원스레 내깔기는 듯한 쾌감까지 느꼈다.

주인 영감님은 자전거를 옆에 끼고 바람처럼 달려온 놈을 눈을 휘둥그렇게 뜨고 바라볼 뿐이었다. 오늘 바람이 세더니만 필시 이 조그만 놈이 바람에 날아왔나, 설마 그럴 리야 없을 텐데 내 눈이 어떻게 된 것인가, 그런 눈치였다.

수남이는 너무 숨이 차서 이런 주인 영감님의 궁금증을 시원히 풀어 주지 못하고 한동안 헉헉대기만 한다.

"인마, 말을 해. 무슨 일이야? 네놈 꼴이 영락없이 도둑놈 꼴이다, 인마."

도둑놈 꼴이라는 소리가 수남이의 가슴에 가시처럼 걸린다.

수남이는 겨우 숨을 가라앉히고 자초지종을 주인 영감님께 털어놓는다. 다 듣고 난 주인 영감님은 무엇이 그리 좋은지 무릎을 치면서 통쾌해한다.

"잘했다, 잘했어. 촌놈인 줄만 알았더니 제법인데, 제법이야."

그러고는 가게에서 쓰는 드라이버니 펜치를 가지고 자전거에 채운 자물쇠를 분해하기 시작한다. 엎드려서 그 짓을 하고 있는 주인 영감님이 수남이의 눈에 흡사 도둑놈 두목 같아 보여 정이 떨어진다. 주인 영감님 얼굴이 누런 똥빛인 것조차 지금 깨달은 것 같아 속이 메스껍다.

마침내 자물쇠를 깨뜨렸나 보다. 영감님 얼굴에 회심의 미소가 떠오르더니 자유롭게 된 자전거 바퀴를 시험이라도 하려는 듯이 자전거로 골목을 한 바퀴 빙그르르 돌아 들어와서는 말했다.

"네놈 오늘 운 텄다."

그러고는 수남이의 머리를 쓰다듬고 볼과 턱을 두둑한 손으로 귀여운 듯이 감싼다. 영감님이 기분이 좋을 때면 수남이에 대한 애정의 표시로 으레 그렇게 했었고, 수남이도 그걸 좋아했었다.

그런데 오늘은 싫다. 영감님의 손이 싫다.

운이 트기는커녕 재수 옴 붙었다는 생각이 여전하고, 수남이는 그날 온종일 우울했다. 그러나 자기가 왜 그렇게 우울한지 그걸 차분히 생각할 새도 없는 바쁜 하루였다.

가게 문을 닫고 주인댁에서 날라 온 저녁밥을 먹고 나면 비로소 수남이 혼자만의 시간이다. 꿀 같은 시간이었다. 책을 펴 놓고 영어 단어를 찾고, 수학 문제를 풀어 보고, 턱을 괴고 소년답게 감미로운 공상에 잠길 수 있는 그런 시간이었다.

그러나 오늘 수남이는 그게 되지를 않았다. 책을 집어던졌다.

낮에 내가 한 짓은 옳은 짓이었을까?

옳을 것도 없지만 나쁠 것은 또 뭔가. 자가용까지 있는 처지에 나 같은 아이에게 오천 원을 우려내려고 그렇게 심하게 굴던 신사를 그 정도 골려 준 것이 뭐가 나쁜가? 그런데도 왜 무섭고 떨렸던가. 그때의 내 꼴이 어땠으면, 주인 영감님까지 "네놈 꼴이 꼭 도둑놈 꼴이다."라고 하였을까.

그럼 내가 한 짓은 도둑질이었단 말인가.

그리고 나는 도둑질을 하면서 그렇게 기쁨을 느꼈더란 말인가.

수남이는 몸을 부르르 떨면서 낮에 자전거를 갖고 달리면서 맛본 공포와 함께 그 까닭 모를 쾌감을 회상한다.

마치 참았던 오줌을 시원하게 눌 때처럼 무거운 긴장감이 갑자기 풀리면서 온몸이 날아갈 듯이 가벼워지는 그 상쾌한 해방감이었다. 한 번 맛보면 도저히 잊혀질 것 같지 않은 그 짙은 쾌감……

아아, 도둑질하면서도 나는 죄책감보다는 쾌감을 더 짙게 느꼈던 것이다.

혹시 내 피 속에 도둑놈의 피가 흐르고 있기 때문이 아닐까.

순간 수남이는 방바닥에서 송곳이라도 치솟은 듯이 후닥닥 일어서서 안절부절못하고 좁은 방 안을 헤맸다.

소년은 아버지가 그리웠다. 도덕적으로 자기를 견제해 줄 어른이 그리웠다.

주인 영감님은 자기가 한 짓을 나무라기는커녕 손해 안 난 것만 좋아서

"오늘 너 운 텄다."며 좋아하지 않았던가.

수남이는 짐을 꾸렸다.

'아아, 내일도 바람이 불었으면. 바람이 물결치는 보리밭을 보았으면…….'

마침내 결심을 굳힌 수남이의 얼굴은 누런 똥빛이 말끔히 가시고, 소년다운 청순함으로 빛났다.

작품 해설

갈래 : 현대 소설, 단편 소설, 성장 소설
성격 : 교훈적, 사회 비판적
배경 : 1970년대, 서울 청계천 세운 상가
시점 : 전지적 작가 시점
제재 : 자전거
특징 : · 인물들의 심리와 성격이 섬세하게 드러남
        · 순진한 소년의 눈으로 어른들의 부도덕성을 고발함
        · 도덕적으로 대립되는 인물을 제시하여 양심과 도덕성의 회복을 강조함
주제 : 물질적 이익만을 추구하는 도시 사람들에 대한 비판

(2) 소음공해

글/ 오정희

집에 돌아오자마자 뜨거운 물로 샤워를 하고 실내복으로 갈아입었다. 목요일, 심신 장애자 시설에서 자원봉사자로 일하는 날은 몸이 젖은 솜처럼 피곤하고 무거웠다.

거실 탁자의 갓등을 켜고 커피를 진하게 끓여 마시며 슈베르트의 아르페지오네 소나타를 틀었다. 눈을 감고 하염없이 소나타의 음률에 따라 흐르던 나는 그 감미롭고 슬픔에 찬 흐름을 압도하며 끼어든 불청객에 사납게 눈을 치떴다. "드르륵드르륵". 무거운 수레를 끄는 듯 둔탁한 그 소리는 중년 여자의 부질없는 회한과 감상을 비웃듯 천장 위에서 쉼 없이 들려왔다. 십 분, 이십 분, 초침까지 헤아리며 천장을 노려보다가 나는 신경질적으로 전축을 껐다. 그 사실적이고 무지한 소리에 피아노와 첼로의 멜로디는 이미 소음에 지나지 않았다.

하루 이틀의 일이 아니었다. 위층 주인이 바뀐 이래 한 달 전부터 나는 그 정체 모를 소리에 밤낮없이 시달려 왔다. 진공청소기 소리인가? 운동 기구를 들여 놓았나? 가내 공장을 차렸나? 식구들마다 온갖 추측을 해 보았으나 도무지 알 수 없는 일이었다.

위층의 소리는 멈추지 않았다. 드르륵거리는 소리에 머리털이 진저리를 치며 곤두서는 것 같았다. 철없고 상식 없는 요즈음 젊은 엄마들이 아이들에게 집 안에서 자전거나 스케이트보드 따위를 타게도 한다는데, 아무래도 그런 것 같았다. 인터폰의 수화기를 들자, 경비원의 응답이 들렸다. 내 목소리를 알아채자마자 길게 말꼬리를 늘이며 지레 짚었다. 귀찮고 성가셔하는 표정이 눈앞에 역력히 떠올랐다.

"위층이 또 시끄럽습니까? 조용히 해 달라고 말씀드릴까요?"

잠시 후 인터폰이 울렸다.

"충분히 주의하고 있으니 염려 마시랍니다."

경비원의 전갈이었다. 염려 마시라고? 다분히 도전적인 저의가 느껴지는 말이었다. 게다가 드르륵드르륵 소리는 여전하지 않은가? 이제는 한판 싸워 보자는 이야기인가? 나는 인터폰을 들어 다짜고짜 909호를 바꿔 달라고 말했다. 신호음이 서너 차례 울린 후에야 신경질적인 젊은 여자의 응답이 들렸다.

"아래층인데요. 댁이 그런 식으로 말할 건 없잖아요? 나도 참을 만큼 참았다고요. 공동 주택에는 지켜야 할 규칙들이 있잖아요? 난 그 소리 때문에 병이 날 지경이에요."

"여보세요. 난 날아다니는 나비나 파리가 아니에요. 내 집에서 마음대로 움직이지도 못하나요? 해도 너무하시네요. 이틀거리로 전화를 해 대시니 저도 피가 마르는 것 같아요. 저더러 어쩌라는 거예요?"

"하여튼 아래층 사람 고통도 생각하시고 주의해 주세요."

나는 거칠게 수화기를 내려놓았다. "뻔뻔스럽기는. 이제는 순 배짱이잖아?" 소리 내어 욕설을 퍼부어도 화가 가라앉지 않았다. 그렇다고 언제까지 경비원을 사이에 두고 '하랍신다.', '하신다더라.' 하며 신경전을 펼 수도 없는 일이었다. 화가 날수록 침착하고 부드럽게 처신해야 한다는 것은 나이가 가르친 지혜였다. 지난 겨울 선물로 받은, 아직 쓰지 않은 실내용 슬리퍼에 생각이 미친 것은 스스로도 신통했다. 선물도 무기가 되는 법. 발소리를 죽이는 푹신한 슬리퍼를 선물함으로써 소리를 죽이라는 메시지와 함께 소리 때문에 고통 받는 내 심정을 간접적으로 나타낼 수 있으리라. 사려 깊고 양식 있는 이웃으로서 공동생활의 규범에 대해 조근조근 타이르리라.

위층으로 올라가 벨을 눌렀다. 안쪽에서 "누구세요?" 묻는 소리가 들리고도 십 분 가까이 지나 문이 열렸다. '이웃사촌이라는데 아직 인사도 없이……' 등등 준비했던 인사말과 함께 포장한 슬리퍼를 내밀려던 나는 첫마디를 뗄 겨를도 없이 우두망찰했다. 좁은 현관을 꽉 채우며 휠체어에 앉은 젊은 여자가 달갑잖은 표정으로 나를 올려다보았다.

"안 그래도 바퀴를 갈아 볼 작정이었어요. 소리가 좀 덜 나는 것으로요. 어쨌든 죄송해요. 도와주는 아줌마가 지금 안 계셔서 차 대접할 형편도 안 되네요."

여자의 텅 빈, 허전한 하반신을 덮은 화사한 빛깔의 담요와 휠체어에서 황급히 시선을 떼며 나는 할 말을 잃은 채 부끄러움으로 얼굴만 붉히며 슬리퍼 든 손을 등 뒤로 감추었다.

작품 해설

갈래 : 현대 소설, 단편 소설
성격 : 비판적, 교훈적
배경 : 시간적-현대 / 공간적-도시의 한 아파트
시점 : 1인칭 주인공 시점
제재 : 소음공해
특징 : ·인물의 심리가 생생하게 드러남
　　　　·극적 반전을 통해 주제를 강조하고 여운을 남김
주제 : 이웃에 무관심한 현대인의 삶에 대한 비판과 반성

(3) 소나기

글/ 황순원

소년은 개울가에서 소녀를 보자 곧 윤 초시네 증손녀 딸이라는 걸 알 수 있었다. 소녀는 개울에다 손을 잠그고 물장난을 하고 있는 것이다. 서울서는 이런 개울물을 보지 못하기나 한 듯이. 벌써 며칠째 소녀는 학교서 돌아오는 길에 물장난이었다. 그런데 어제까지는 개울 기슭에서 하더니 오늘은 징검다리 한가운데 앉아서 하고 있다.

소년은 개울둑에 앉아 버렸다. 소녀가 비키기를 기다리자는 것이다.

요행 지나가는 사람이 있어 소녀가 길을 비켜 주었다.

다음날은 좀 늦게 개울가로 나왔다.

이날은 소녀가 징검다리 한가운데 앉아 세수를 하고 있었다. 분홍 스웨터 소매를 걷어 올린 팔과 목덜미가 마냥 희었다.

한참 세수를 하고 나더니 이번에는 물속을 빤히 들여다본다. 얼굴이라도 비추어 보는 것이리라. 갑자기 물을 움켜 낸다. 고기 새끼라도 지나가는 듯.

소녀는 소년이 개울둑에 앉아 있는 걸 아는지 모르는지 그냥 날쌔게 물만 움켜 낸다. 그러나 번번이 허탕이다. 그래도 재미있는 양, 자꾸 물만 움킨다. 어제처럼 개울을 건너는 사람이 있어야 길을 비킬 모양이다.

그러다가 소녀가 물속에서 무엇을 하나 집어낸다. 하얀 조약돌이었다. 그리고는 홀쩍 일어나 팔짝팔짝 징검다리를 뛰어 건너간다.

다 건너가더니 홱 이리로 돌아서며,

"이 바보."

조약돌이 날아왔다.

소년은 저도 모르게 벌떡 일어섰다.

단발머리를 나풀거리며 소녀가 막 달린다. 갈밭 사잇길로 들어섰다. 뒤에는 청량한 가을 햇살

아래 빛나는 갈꽃뿐.

이제 저쯤 갈밭머리로 소녀가 나타나리라. 꽤 오랜 시간이 지났다고 생각했다. 그런데도 소녀는 나타나지 않는다. 발돋움을 했다. 그러고도 상당한 시간이 지났다고 생각됐다.

저쪽 갈밭머리에 갈꽃이 한 옴큼 움직였다. 소녀가 갈꽃을 안고 있었다. 그리고 이제는 천천한 걸음이었다. 유난히 맑은 가을 햇살이 소녀의 갈꽃머리에서 반짝거렸다. 소녀 아닌 갈꽃이 들길을 걸어가는 것만 같았다.

소년은 이 갈꽃이 아주 뵈지 않게 되기까지 그대로 서 있었다. 문득 소녀가 던진 조약돌을 내려다보았다. 물기가 걷혀 있었다. 소년은 조약돌을 집어 주머니에 넣었다.

다음날부터 좀 더 늦게 개울가로 나왔다. 소녀의 그림자가 뵈지 않았다. 다행이었다.

그러나 이상한 일이었다. 소녀의 그림자가 뵈지 않는 날이 계속될수록 소년의 가슴 한구석에는 어딘가 허전함이 자리 잡는 것이었다. 주머니 속 조약돌을 주무르는 버릇이 생겼다.

토요일이었다.

개울가에 이르니 며칠째 보이지 않던 소녀가 건너편 가에 앉아 물장난을 하고 있었다.

모르는 체 징검다리를 건너기 시작했다. 얼마 전에 소녀 앞에서 한 번 실수를 했을 뿐, 여태 큰길 가듯이 건너던 징검다리를 오늘은 조심성스럽게 건넌다.

"애."

못 들은 체했다. 둑 위로 올라섰다.

"애, 이게 무슨 조개지?"

자기도 모르게 돌아섰다. 소녀의 맑고 검은 눈과 마주쳤다. 얼른 소녀의 손바닥으로 눈을 떨구었다.

"비단조개."

"이름도 참 곱다."

갈림길에 왔다. 여기서 소녀는 아래편으로 한 삼 마장쯤, 소년은 우대로 한 십 리 가까잇길을 가야 한다.

소녀가 걸음을 멈추며,

"너, 저 산 너머에 가 본 일 있니?"

벌 끝을 가리켰다.

"없다."

"우리 가 보지 않을래? 시골 오니까 혼자서 심심해 못 견디겠다."

"저래 봬도 멀다."

"멀면 얼마나 멀기에? 서울 있을 땐 아주 먼 데까지 소풍 갔었다."

소녀의 눈이 금세 '바보, 바보.' 할 것만 같았다.

논 사잇길로 들어섰다. 벼 가을걷이하는 곁을 지났다.

"저기 송아지가 있다. 그리 가 보자."

누렁 송아지였다. 아직 코뚜레도 꿰지 않았다.

소년이 고삐를 바투 잡아 쥐고 등을 긁어 주는 척 후딱 올라탔다. 송아지가 껑충거리며 돌아간다.

소녀의 흰 얼굴이, 분홍 스웨터가, 남색 스커트가, 안고 있는 꽃과 함께 범벅이 된다. 모두가 하나의 큰 꽃묶음 같다. 어지럽다. 그러나 내리지 않으리라. 자랑스러웠다. 이것만은 소녀가 흉내 내지 못할 자기 혼자만이 할 수 있는 일인 것이다.

"너희 예서 뭣들 하느냐?"

농부 하나가 억새풀 사이로 올라왔다.

송아지 등에서 뛰어내렸다. 어린 송아지를 타서 허리가 상하면 어쩌느냐고 꾸지람을 들을 것만 같다.

그런데 나룻이 긴 농부는 소녀 편을 한번 훑어보고는 그저 송아지 고삐를 풀어내면서,

"어서들 집으로 가거라. 소나기가 올라."

참, 먹장구름 한 장이 머리 위에 와 있다. 갑자기 사면이 소란스러워진 것 같다. 바람이 우수수 소리를 내며 지나간다. 삽시간에 주위가 보랏빛으로 변했다.

산을 내려오는데 떡갈나뭇잎에서 빗방울 듣는 소리가 난다. 굵은 빗방울이었다. 목덜미가 선뜩선뜩했다. 그러자 대번에 눈앞을 가로막는 빗줄기.

밖을 내다보던 소년이 무엇을 생각했는지 수수밭 쪽으로 달려간다. 세워 놓은 수숫단 속을 비집어 보더니 옆의 수숫단을 날라다 덧세운다. 다시 속을 비집어 본다. 그리고는 소녀 쪽을 향해 손짓을 한다.

수숫단 속은 비는 안 새었다. 그저 어둡고 좁은 게 안됐다. 앞에 나앉은 소년은 그냥 비를 맞아야만 했다. 그런 소년의 어깨에서 김이 올랐다.

소녀가 속삭이듯이, 이리 들어와 앉으라고 했다. 괜찮다고 했다. 소녀가 다시 들어와 앉으라고

했다. 할 수 없이 뒷걸음질을 쳤다. 그 바람에 소녀가 안고 있는 꽃묶음이 우그러들었다. 그러나 소녀는 상관없다고 생각했다. 비에 젖은 소년의 몸 내음새가 확 코에 끼얹어졌다. 그러나 고개를 돌리지 않았다. 도리어 소년의 몸기운으로 해서 떨리던 몸이 적이 누그러지는 느낌이었다.

소란하던 수숫잎 소리가 뚝 그쳤다. 밖이 멀게졌다.

수숫단 속을 벗어 나왔다. 멀지 않은 앞쪽에 햇빛이 눈부시게 내리붓고 있었다.

도랑 있는 곳까지 와 보니, 엄청나게 물이 불어 있었다. 빛마저 제법 붉은 흙탕물이었다. 뛰어 건널 수가 없었다.

소년이 등을 돌려 댔다. 소녀가 순순히 업히었다. 걷어 올린 소년의 잠방이까지 물이 올라왔다. 소녀는 "어머나!" 소리를 지르며 소년의 목을 끌어안았다.

개울가에 다다르기 전에 가을 하늘은 언제 그랬는가 싶게 구름 한 점 없이 쪽빛으로 개어 있었다.

그 다음날은 소녀의 모양이 뵈지 않았다. 다음날도, 다음날도. 매일같이 개울가로 달려와 봐도 뵈지 않았다.

학교에서 쉬는 시간에 운동장을 살피기도 했다. 남몰래 5학년 여자 반을 엿보기도 했다. 그러나 뵈지 않았다.

그날도 소년은 주머니 속 흰 조약돌만 만지작거리며 개울가로 나왔다. 그랬더니 이쪽 개울둑에 소녀가 앉아 있는 게 아닌가.

소년은 가슴부터 두근거렸다.

"그동안 앓았다."

알아보게 소녀의 얼굴이 해쓱해져 있었다.

"그날 소나기 맞은 것 때문에?"

소녀가 가만히 고개를 끄덕였다.

"인제 다 나았냐?"

"아직도……."

"그럼 누워 있어야지."

"너무 갑갑해서 나왔다. ……그날 참 재밌었어. ……그런데 그날 어디서 이런 물이 들었는지 잘 지지 않는다."

소녀가 분홍 스웨터 앞자락을 내려다본다. 거기에 검붉은 진흙물 같은 게 들어 있었다.

소녀가 가만히 보조개를 떠올리며,

"이게 무슨 물 같니?"

소년은 스웨터 앞자락만 바라다보고 있었다.

"내, 생각해 냈다. 그날 도랑 건널 때 내가 업힌 일 있지? 그때 네 등에서 옮은 물이다."

소년은 얼굴이 확 달아오름을 느꼈다.

갈림길에서 소녀는,

"저, 오늘 아침에 우리 집에서 대추를 땄다. 내일 제사 지내려고……."

대추 한 줌을 내어 준다.

"그리고 저, 우리 이번에 제사 지내고 나서 좀 있다 집을 내주게 됐다."

소년은 소녀네가 이사해 오기 전에 벌써 어른들의 이야기를 들어서 윤 초시 손자가 서울서 사업에 실패해 가지고 고향에 돌아오지 않을 수 없게 됐다는 걸 알고 있었다. 그것이 이번에는 고향 집마저 남의 손에 넘기게 된 모양이었다.

"왜 그런지 난 이사 가는 게 싫어졌다. 어른들이 하는 일이니 어쩔 수 없지만……."

전에 없이 소녀의 까만 눈에 쓸쓸한 빛이 떠돌았다.

소녀와 헤어져 돌아오는 길에 소년은 혼자 속으로 소녀가 이사를 간다는 말을 수없이 되뇌어 보았다. 무어 그리 안타까울 것도 서러울 것도 없었다. 그렇건만 소년은 지금 자기가 씹고 있는 대추알의 단맛을 모르고 있었다.

이날 밤, 소년은 몰래 덕쇠 할아버지네 호두밭으로 갔다.

낮에 봐 두었던 나무로 올라갔다. 그리고 봐 두었던 가지를 향해 작대기를 내리쳤다. 호두 송이 떨어지는 소리가 별나게 크게 들렸다. 가슴이 선뜩했다. 그러나 다음 순간, 굵은 호두야 많이 떨어져라, 많이 떨어져라, 저도 모를 힘에 이끌려 마구 작대기를 내리치는 것이었다.

돌아오는 길에는 열이틀 달이 지우는 그늘만 골라 디뎠다. 그늘의 고마움을 처음 느꼈다. 불룩한 주머니를 어루만졌다. 호두 송이를 맨손으로 깠다가는 옴이 오르기 쉽다는 말 같은 건 아무렇지도 않았다. 그저 근동에서 제일가는 이 덕쇠 할아버지네 호두를 어서 소녀에게 맛보여야 한다는 생각만이 앞섰다.

소년은 갈림길에서 아래쪽으로 가 보았다. 갈밭머리에서 바라보는 서당골 마을은 쪽빛 하늘 아래 한결 가까워 보였다.

어른들의 말이, 내일 소녀네가 양평읍으로 이사 간다는 것이었다. 거기 가서는 조그마한 가겟방을 보게 되리라는 것이었다.

소년은 저도 모르게 주머니 속 호두알을 만지작거리며, 한 손으로는 수없이 갈꽃을 휘어 꺾고 있었다.

　　그날 밤, 소년은 자리에 누워서도 같은 생각뿐이었다. 내일 소녀네가 이사하는 걸 가 보나 어쩌나. 가면 소녀를 보게 될까 어떨까.

　　그러다가 까무룩 잠이 들었는가 하는데,

　　"허, 참, 세상일도……."

　　마을 갔던 아버지가 언제 돌아왔는지,

　　"윤 초시 댁도 말이 아니야. 그 많던 전답을 다 팔아 버리고, 대대로 살아오던 집마저 남의 손에 넘기더니, 또 악상까지 당하는 걸 보면……."

　　남폿불 밑에서 바느질감을 안고 있던 어머니가,

　　"증손이라곤 계집애 그 애 하나뿐이었지요?"

　　"그렇지. 사내애 둘 있던 건 어려서 잃어버리고……."

　　"어쩌면 그렇게 자식복이 없을까."

　　"글쎄 말이지. 이번 애는 꽤 여러 날 앓는 걸 약도 변변히 못 써 봤다더군. 지금 같아서는 윤 초시네도 대가 끊긴 셈이지. ……그런데 참, 이번 계집애는 어린것이 여간 잔망스럽지가 않아. 글쎄 죽기 전에 이런 말을 했다지 않아? 자기가 죽거든 자기 입던 옷을 꼭 그대로 입혀서 묻어 달라고……."

작품 해설

갈래 : 단편 소설, 현대 소설, 순수 소설
성격 : 서정적, 향토적
배경 : 늦여름에서 초가을의 농촌
시점 : 3인칭 관찰자 시점
제재 : 소나기
특징 : ·향토적 배경으로 서정적인 분위기가 느껴짐
　　　　·간결하고 압축적인 문장으로 산뜻한 느낌을 줌
　　　　·'소나기'라는 소재를 통해 주제를 상징적으로 드러냄
주제 : 소년과 소녀의 짧고 순수한 사랑

(4) 동백꽃

글/ 김유정

오늘도 또 우리 수탉이 막 쪼이었다. 내가 점심을 먹고 나무를 하러갈 양으로 나올 때이었다. 산으로 올라서려니까 등 뒤에서 푸드덕, 푸드덕 하고 닭의 횃소리가 야단이다. 깜짝 놀라서 고개를 돌려 보니 아니나 다르랴, 두 놈이 또 얼리었다.

이번에도 점순이가 쌈을 붙여 놨을 것이다. 바짝바짝 내 기를 올리느라고 그랬음에 틀림없을 것이다.

고놈의 계집애가 요새로 들어서서 왜 나를 못 먹겠다고 고렇게 아르렁거리는지 모른다.

나흘 전 감자 쪼간만 하더라도 나는 저에게 조금도 잘못한 것은 없다.

계집애가 나물을 캐러 가면 갔지 남 울타리 엮는 데 쌩이질을 하는 것은 다 뭐냐. 그것도 발소리를 죽여 가지고 등 뒤로 살며시 와서

"애! 너 혼자만 일하니?"

하고 긴치 않는 수작을 하는 것이었다.

어제까지도 저와 나는 이야기도 잘 않고 서로 만나도 본척만척하고 이렇게 점잖게 지내던 터이련만, 오늘로 갑작스레 대견해졌음은 웬일인가. 항차 망아지만 한 계집애가 남 일하는 놈 보구……

"그럼 혼자 하지 떼루 하디?"

내가 이렇게 내배앝는 소리를 하니까

"너, 일하기 좋니?"

또는,

"한여름이나 되거든 하지 벌써 울타리를 하니?"

잔소리를 두루 늘어놓다가 남이 들을까 봐 손으로 입을 틀어막고는 그 속에서 깔깔댄다. 별로

우스울 것도 없는데, 날씨가 풀리더니 이놈의 계집애가 미쳤나 하고 의심하였다. 게다가 조금 뒤에는 제 집께를 할끔할끔 돌아보더니 행주치마의 속으로 꼈던 바른손을 뽑아서 나의 턱 밑으로 불쑥 내미는 것이다. 언제 구웠는지 아직도 더운 김이 홱 끼치는 굵은 감자 세 개가 손에 뿌듯이 쥐였다.

"느 집엔 이거 없지?"

하고 생색 있는 큰소리를 하고는, 제가 준 것을 남이 알면 큰일 날 테니 여기서 얼른 먹어 버리란다. 그리고 또 하는 소리가

"너, 봄 감자가 맛있단다."

"난 감자 안 먹는다. 니나 먹어라."

나는 고개도 돌리지 않고 일하던 손으로 그 감자를 도로 어깨 너머로 쑥 밀어 버렸다.

그랬더니 그래도 가는 기색이 없고, 그뿐만 아니라 쌔근쌔근하고 심상치 않게 숨소리가 점점 거칠어진다. 이건 또 뭐야 싶어서 그때서야 비로소 돌아다보니 나는 참으로 놀랐다. 우리가 이 동리에 들어온 것은 근 삼 년째 되어 오지만, 여지껏 가무잡잡한 점순이의 얼굴이 이렇게까지 홍당무처럼 새빨개진 법이 없었다. 게다가 눈에 독을 올리고 한참 나를 요렇게 쏘아보더니 나중에는 눈물까지 어리는 것이 아니냐. 그리고 바구니를 다시 집어 들더니 이를 꼭 악물고는 엎어질 듯 자빠질 듯 논둑으로 횡하니 달아나는 것이다.

어쩌다 동리 어른이

"너, 얼른 시집가야지?"

하고 웃으면

"염려 마세유. 갈 때 되면 어련히 갈라구……."

이렇게 천연덕스레 받는 점순이었다. 본시 부끄럼을 타는 계집애도 아니거니와 또한 분하다고 눈에 눈물을 보일 얼병이도 아니다. 분하면 차라리 나의 등어리를 바구니로 한번 모질게 후려 때리고 달아날지언정.

그런데 고약한 그 꼴을 하고 가더니 그 뒤로는 나를 보면 잡아먹으려고 기를 복복 쓰는 것이다.

설혹 주는 감자를 안 받아먹은 것이 실례라 하면, 주면 그냥 주었지 "느 집엔 이거 없지?"는 다 뭐냐. 그렇잖아도 저희는 마름이고 우리는 그 손에서 배재를 얻어 땅을 부치므로 일상 굽실거린다. 우리가 이 마을에 처음 들어와 집이 없어서 곤란으로 지낼 제, 집터를 빌리고 그 위에 집을 짓도록 마련해 준 것도 점순네의 호의였다. 그리고 우리 어머니 아버지도 농사 때 양식이 딸리면 점순네한테 가서 부지런히 꾸어다 먹으면서, 인품 그런 집은 다시 없으리라고 침이 마르도록 칭

찬하곤 하는 것이다. 그러면서도 열일곱씩이나 된 것들이 수군수군하고 붙어 다니면 동리의 소문이 사납다고 주의를 시켜 준 것도 또 어머니였다. 왜냐하면, 내가 점순이하고 일을 저질렀다가는 점순네가 노할 것이고, 그러면 우리는 땅도 떨어지고 집도 내쫓기고 하지 않으면 안 되는 까닭이었다.

그런데 이놈의 계집애가 까닭 없이 기를 복복 쓰며 나를 말려 죽이려고 드는 것이다.

나는 다시 닭을 잡아다 가두고, 염려가 되었지만 그렇다고 산으로 나무를 하러 가지 않을 수도 없는 형편이었다.

소나무 삭정이를 따며 가만히 생각해 보니 암만해도 고년의 목쟁이를 돌려놓고 싶다. 이번에 내려가면 망할 년 등줄기를 한번 되게 후려치겠다 하고 싱둥겅둥 나무를 지고는 부리나케 내려왔다.

거지반 집에 다 내려와서 나는 호드기 소리를 듣고 발이 딱 멈추었다. 산기슭에 널려 있는 굵은 바윗돌 틈에 노란 동백꽃이 소보록하니 깔리었다. 그 틈에 끼여 앉아서 점순이가 청승맞게스리 호드기를 불고 있는 것이다. 그보다도 더 놀란 것은 그 앞에서 또 푸드덕, 푸드덕 하고 들리는 닭의 횟소리다. 필연코 요년이 나의 약을 올리느라고 또 닭을 집어 내다가 내가 내려올 길목에다 쌈을 시켜 놓고, 저는 그 앞에 앉아서 천연스레 호드기를 불고 있음에 틀림없으리라.

나는 약이 오를 대로 다 올라서 두 눈에서 불과 함께 눈물이 퍽 쏟아졌다. 나무 지게도 벗어 놓을 새 없이 그대로 내동댕이치고는 지게막대기를 뻗치고 허둥허둥 달려들었다.

가까이 와 보니, 과연 나의 짐작대로 우리 수탉이 피를 흘리고 거의 빈사지경에 이르렀다. 닭도 닭이려니와 그러함에도 불구하고 눈 하나 깜짝 없이 고대로 앉아서 호드기만 부는 그 꼴에 더욱 치가 떨린다. 동네에서도 소문이 났거니와 나도 한때는 걱실걱실히 일 잘하고 얼굴 예쁜 계집애인 줄 알았더니, 시방 보니까 그 눈깔이 꼭 여우 새끼 같다.

나는 대뜸 달려들어서 나도 모르는 사이에 큰 수탉을 단매로 때려 엎었다. 닭은 푹 엎어진 채 다리 하나 꼼짝 못하고 그대로 죽어 버렸다. 그리고 나는 멍하니 섰다가 점순이가 매섭게 눈을 흡뜨고 닥치는 바람에 뒤로 벌렁 나자빠졌다.

"이놈아! 너 왜 남의 닭을 때려죽이니?"

"그럼 어때?"

하고 일어나다가

"뭐, 이 자식아! 누 집 닭인데?"

하고 복장을 떼미는 바람에 다시 벌렁 자빠졌다. 그러고 나서 가만히 생각하니 분하기도 하고 무안하기도 하고, 또 한편 일을 저질렀으니 인젠 땅이 떨어지고 집도 내쫓기고 해야 되는지 모른다.

　나는 비슬비슬 일어나며 소맷자락으로 눈을 가리고는 얼김에 엉 하고 울음을 놓았다. 그러다 점순이가 앞으로 다가와서

　"그럼 너, 이담부턴 안 그럴 테냐?"

하고 물을 때에야 비로소 살길을 찾은 듯싶었다. 나는 눈물을 우선 씻고 뭘 안 그러는지 명색도 모르건만

　"그래!"

하고 무턱대로 대답하였다.

　"요담부터 또 그래 봐라, 내 자꾸 못살게 굴 테니."

　"그래그래, 인제 안 그럴 테야."

　"닭 죽은 건 염려 마라, 내 안 이를 테니."

　그리고 뭣에 떠다밀렸는지 나의 어깨를 짚은 채 그대로 퍽 쓰러진다.

　그 바람에 나의 몸뚱이도 겹쳐서 쓰러지며 한창 피어 퍼드러진 노란 동백꽃 속으로 푹 파묻혀 버렸다.

　알싸한 그리고 향긋한 그 내음새에 나는 땅이 꺼지는 듯이 온 정신이 고만 아찔하였다.

작품 해설

　갈래 : 단편 소설, 농촌 소설
　성격 : 해학적, 향토적, 서정적
　배경 : 1930년대 봄, 강원도 산골 마을
　시점 : 1인칭 주인공 시점
　제재 : 감자, 닭싸움, 동백꽃
　특징 : · '현재-과거-현재'의 역순행적 구성 방식을 취함
　　　　　　· 닭싸움을 매개로 하여 갈등의 심화와 화해를 보여 줌
　　　　　　· 강원도 사투리의 사용으로 토속적 분위기를 형성하고 작품의 현장감과 생동감을 높임
　주제 : 산골 마을 젊은 남녀의 순박한 사랑

(5) 사랑 손님과 어머니

　글/ 주요섭

　나는 금년 여섯 살 난 처녀애입니다. 내 이름은 박옥희이고요. 우리 집 식구라고는 세상에서 제일 예쁜 우리 어머니와 나, 단 두 식구뿐이랍니다. 아차 큰일 났군, 외삼촌을 빼놓을 뻔했으니.

　지금 중학교에 다니는 외삼촌은 어디를 그렇게 싸돌아다니는지 집에는 끼니때 외에는 별로 붙어 있지를 않으니까 어떤 때는 한 주일씩 가도 외삼촌 코빼기도 못 보는 때가 많으니까요, 깜박 잊어버리기도 예사지요, 무얼.

　우리 어머니는, 그야말로 세상에서 둘도 없이 곱게 생긴 우리 어머니는, 금년 나이 스물네 살인데 과부랍니다. 과부가 무엇인지 나는 잘 몰라도, 하여튼 동리 사람들이 나더러 '과부 딸'이라고들 부르니까, 우리 어머니가 과부인 줄을 알지요. 남들은 다 아버지가 있는데, 나만은 아버지가 없지요. 아버지가 없다고 아마 '과부 딸'이라나 봐요.

　금년 봄에는 나를 유치원에 보내 준다고 해서, 나는 너무나 좋아서 동무 아이들한테 실컷 자랑을 하고 나서 집으로 돌아오노라니까, 사랑에서 큰외삼촌이(우리 집 사랑에 와 있는 외삼촌의 형님 말이에요) 웬 한 낯선 사람 하나와 앉아서 이야기를 하고 있었습니다. 큰외삼촌이 나를 보더니 "옥희야." 하고 부르겠지요.

　"옥희야, 이리 온. 와서 이 아저씨께 인사드려라."

　나는 어째 부끄러워서 비슬비슬하니까, 그 낯선 손님이,

　"아, 그 애기 참 곱다. 자네 조카딸인가?"

하고 큰외삼촌더러 묻겠지요. 그러니까 큰외삼촌은,

　"응, 내 누이의 딸……. 경선 군의 유복녀 외딸일세."

하고 대답합니다.

　"옥희야, 이리 온, 응! 그 눈은 꼭 아버지를 닮았네그려."

하고 낯선 손님이 말합니다.

　"자, 옥희야, 커단 처녀가 왜 저 모양이야. 어서 와서 이 아저씨께 인사드려라. 네 아버지의 옛날 친구(親舊)신데, 오늘부터 이 사랑에 계실 텐데, 인사 여쭙고 친해 두어야지."

　나는 낯선 손님이 사랑방에 계시게 된다는 말을 듣고 갑자기 즐거워졌습니다. 그래서 그 아저씨 앞에 가서 사붓이 절을 하고는 그만 안마당으로 뛰어 들어왔지요. 그 낯선 아저씨와 큰외삼촌은 소리를 내서 크게 웃더군요.

　어느 날은 점심을 먹고 이내 살그머니 사랑에 나가 보니까, 아저씨는 그 때에야 점심을 잡수서요. 그래 가만히 앉아서 점심 잡숫는 걸 구경하고 있노라니까, 아저씨가
　"옥희는 어떤 반찬을 제일 좋아하노?"
하고 묻겠지요. 그래 삶은 달걀을 좋아한다고 했더니, 마침 상에 놓인 삶은 달걀을 한 알 집어 주면서 나더러 먹으라고 합니다.
　나는 그 달걀을 벗겨 먹으면서,
　"아저씨는 무슨 반찬이 제일 맛나요?"
하고 물으니까, 아저씨는 한참이나 빙그레 웃고 있더니,
　"나도 삶은 달걀."
하겠지요. 나는 좋아서 손뼉을 짤깍짤깍 치고,
　"아, 나와 같네. 그럼 가서 어머니한테 알려야지."
하면서 일어서니까, 아저씨가 꼭 붙들면서,
　"그러지 마라."
　그러시겠지요. 그래도 나는 한번 맘을 먹은 다음엔 꼭 그대로 하고야 마는 성미지요. 그래 안마당으로 뛰어 들어가면서,
　"엄마, 엄마, 사랑 아저씨도 나처럼 삶은 달걀을 제일 좋아한대."
하고 소리를 질렀지요.
　"떠들지 마라."
하고 어머니는 눈을 흘기십니다. 그러나 사랑 아저씨가 달걀을 좋아하는 것이 내게는 썩 좋게 되었어요. 그 다음부터는 어머니가 달걀을 많이씩 사게 되었으니까요. 달걀 장수 노파가 오면 한꺼번에 열 알도 사고 스무 알도 사고, 그래선 두고두고 삶아서 아저씨 상에도 놓고, 또 으레 나도 한 알씩 주고 그래요. 그뿐만 아니라, 아저씨한테 놀러 나가면 가끔 아저씨가 책상 서랍 속에서 달걀을 한두 알 꺼내서 먹으라고 주지요. 그래 그 담부터는 나는 아주 실컷 달걀을 많이 먹었어요.

　어느 토요일 오후였습니다. 아저씨는 나더러 뒷동산에 올라가자고 하셨습니다. 나는 너무나

좋아서 가자고 그러니까, 아저씨가

"들어가서 어머니께 허락 맡고 온."

하십니다. 참 그렇습니다. 나는 뛰어 들어가서 어머니께 허락을 맡았습니다. 어머니는 내 얼굴을 다시 세수시켜 주고, 머리도 다시 땋고, 그리고 나서는 나를 아스러지도록 한 번 몹시 껴안았다가 놓아 주었습니다.

"너무 오래 있지 말고, 응?"

하고 어머니는 크게 소리치셨습니다. 아마 사랑 아저씨도 그 소리를 들었을 거예요.

뒷동산에 올라가서는 정거장을 한참 내려다보았으나, 기차는 안 지나갔습니다. 나는 풀잎을 쭉쭉 뽑아 보기도 하고, 땅에 누운 아저씨의 다리를 꼬집어보기도 하면서 놀았습니다. 한참 후에 아저씨하고 손목을 잡고 내려오는데, 유치원 동무들을 만났습니다.

"옥희가 아빠하고 어디 갔다 온다, 응."

하고 한 동무가 말하였습니다. 그 아이는 우리 아버지가 돌아가신 줄을 모르는 아이였습니다. 나는 얼굴이 빨개졌습니다. 그 때 나는 얼마나 이 아저씨가 정말 우리 아버지였더라면 하고 생각했는지 모릅니다. 나는 정말로 한 번만이라도,

"아빠!"

하고 불러 보고 싶었습니다. 그리고 그날, 그렇게 아저씨하고 손목을 잡고 골목골목을 지나오는 것이 어찌도 재미가 좋았는지요.

나는 대문까지 와서,

"난 아저씨가 우리 아빠라면 좋겠다."

하고 불쑥 말해 버렸습니다. 그랬더니 아저씨는 얼굴이 홍당무처럼 빨개져서 나를 몹시 흔들면서,

"그런 소리 하면 못써."

하고 말하는데, 그 목소리가 몹시도 떨렸습니다. 나는 아저씨가 몹시 성이 난 것처럼 보여서, 아무 말도 못 하고 안으로 뛰어 들어갔습니다.

하루는 밤에 아저씨 방에서 놀다가 졸려서 안방으로 들어오려고 일어서니까 아저씨가 하얀 봉투를 서랍에서 꺼내어 내게 주었습니다.

"옥희, 이거 갖다가 엄마 드리고, 지나간 달 밥값이라고, 응."

나는 그 봉투를 갖다가 어머니에게 드렸습니다. 어머니는 그 봉투를 받아들자 갑자기 얼굴이 파랗게 질렸습니다. 그 전날 달밤에 마루에 앉았을 때보다도 더 새하얗다고 생각되었습니다. 그

봉투를 들고 어쩔 줄을 모르는 듯이 어머니의 얼굴에는 초조한 빛이 나타났습니다. 나는

"그거 지나간 달 밥값이래."

하고 말을 하니까, 어머니는 갑자기 잠자다 깨나는 사람처럼 "응?" 하고 놀라더니, 또 금시에 백지장같이 새하얗던 얼굴이 발갛게 물들었습니다. 봉투 속으로 들어갔던 어머니의 파들파들 떨리는 손가락이 지전을 몇 장 끌고 나왔습니다. 어머니는 입술에 약간 웃음을 띠면서 "후!" 하고 한숨을 내쉬었습니다. 그러나 그것도 잠깐, 다시 어머니는 무엇에 놀랐는지 흠칫하더니 금시에 얼굴이 다시 새하얘지고 입술이 바르르 떨렸습니다. 어머니의 손을 바라다보니 거기에는 지전 몇 장 외에 네모로 접은 하얀 종이가 한 장 잡혀 있는 것이었습니다.

어머니는 한참을 망설이는 모양이었습니다. 그러더니 무슨 결심을 한 듯이 입술을 악물고 그 종이를 차근차근 펴 들고 그 안에 쓰인 글을 읽었습니다. 나는 그 안에 무슨 글이 쓰여 있는지 알 도리가 없었으나, 어머니는 그 글을 읽으면서 금시에 얼굴이 파랬다 발갰다 하고, 그 종이를 든 두 손은 이제는 바들바들이 아니라 와들와들 떨리어서 그 종이가 부석부석 소리를 내게 되었습니다.

한참 후에 어머니는 그 종이를 아까 모양으로 네모지게 접어서 돈과 함께 봉투에 도로 넣어 반짇고리에 던졌습니다. 그리고는 정신(情神) 나간 사람처럼 멀거니 앉아서 전등만 쳐다보는데, 어머니 가슴이 불룩불룩합니다. 나는 어머니가 혹시 병이나 나지 않았나 하고 염려가 되어서 얼른 가서 무릎에 안기면서,

"엄마, 잘까?"

하고 말했습니다.

엄마는 내 뺨에 입을 맞추어 주었습니다. 그런데 어머니의 입술이 어쩌면 그리도 뜨거운지요. 마치 불에 달군 돌이 볼에 와 닿는 것 같았습니다.

여러 밤을 자고 난 어떤 날 오후에 나는 오래간만에 아저씨 방엘 나가 보았더니 아저씨가 짐을 싸느라고 분주하겠지요. 내가 아저씨에게 손수건을 갖다 드린 다음부터는, 웬일인지 아저씨가 나를 보아도 언제나 퍽 슬픈 사람, 무슨 근심이 있는 사람처럼 아무 말도 없이 나를 물끄러미 바라다만 보고 있는 고로, 나도 그리 자주 놀러 나오지 않았던 것입니다. 그랬었는데 이렇게 갑자기 짐을 꾸리는 것을 보고 나는 놀랐습니다.

"아저씨, 어디 가?"

"응, 멀리루 간다."

"언제?"

"오늘."

"기차 타구?"

"갔다가 언제 또 와?"

아저씨는 아무 대답도 없이 서랍에서 예쁜 인형을 하나 꺼내서 내게 주었습니다.

"옥희, 이것 가져, 응. 옥희는 아저씨 가고 나면 아저씨 이내 잊어버리고 말겠지!"

그 날 오후에 아저씨가 떠나간 다음, 나는 방에서 아저씨가 준 인형을 업고 자장자장 잠을 재우고 있었습니다, 어머니가 부엌에서 들어오시더니,

"옥희야, 우리 뒷동산에 바람이나 쐬러 올라갈까?"

하십니다.

"응, 가, 가."

하면서 나는 좋아 덤비었습니다.

잠깐 다녀올 터이니 집을 보고 있으라고 외삼촌에게 이르고 어머니는 내 손목을 잡고 나섰습니다.

"엄마, 나 저, 아저씨가 준 인형 가지고 가?"

"그러렴."

나는 인형을 안고 어머니 손목을 잡고 뒷동산으로 올라갔습니다. 뒷동산에 올라가면 정거장이 빤히 내려다보입니다.

"엄마, 저 정거장 봐. 기차는 없네."

어머니는 아무 말씀도 없이 가만히 서 계십니다. 사르르 바람이 와서 어머니 모시 치마 자락을 산들산들 흔들어 주었습니다. 그렇게 산 위에 가만히 서 있는 어머니는 다른 때보다 더 한층 예쁘게 보였습니다.

저편 산모퉁이에서 기차가 나타났습니다.

"아, 저기 기차 온다."

하고 나는 좋아서 소리쳤습니다.

기차는 정거장에서 잠시 머물더니 금시에 '뺙' 하고 소리를 지르면서 움직였습니다.

"기차 떠난다."

하면서 나는 손뼉을 쳤습니다. 기차가 저편 산모퉁이 뒤로 사라질 때까지, 그리고 그 굴뚝에서

나는 연기가 하늘 위로 모두 흩어져 없어질 때까지, 어머니는 가만히 서서 그것을 바라다보았습니다.

  뒷동산에서 내려오자 어머니는 방으로 들어가시더니 이때까지 늘 열어 두었던 풍금 뚜껑을 닫으십니다. 그러고는 거기 쇠를 채우고 그 위에다가 이전 모양으로 반짇고리를 얹어 놓으십니다. 그러고는 옆에 있는 찬송가를 맥없이 들고 뒤적뒤적하시더니 빼빼 마른 꽃송이를 그 갈피에서 집어내시더니,

  "옥희야, 이것 내다 버려라."

하고 그 마른 꽃을 내게 주었습니다. 그 꽃은 내가 유치원에서 갖다가 어머니께 드렸던 그 꽃입니다. 그러자 옆 대문이 삐꺽하더니,

  "달걀 사소."

하고 매일 오는 달걀장수 노파가 달걀 광주리를 이고 들어왔습니다.

  "인젠 우리 달걀 안 사요. 달걀 먹는 이가 없어요."

하시는 어머니 목소리는 맥이 한 푼어치도 없었습니다.

  나는 어머니의 이 말씀에 놀라서 떼를 좀 써 보려 했으나, 석양에 빤히 비치는 어머니 얼굴을 볼 때 그 용기가 없어지고 말았습니다. 그래서 아저씨가 주신 인형 귀에다가 내 입을 갖다 대고 가만히 속삭이었습니다.

  "얘, 우리 엄마가 거짓부리 썩 잘하누나. 내가 달걀 좋아하는 줄 잘 알면서 먹을 사람이 없대누나. 떼를 좀 쓰구 싶다만 저 우리 엄마 얼굴 좀 봐라. 어쩌면 저리도 새파래졌을까? 아마 어데가 아픈가 보다."

라고요.

작품 해설

갈래 : 현대 소설, 단편 소설
성격 : 서정적, 심리적, 낭만적
배경 : 1930년대, 어느 작은 도시
시점 : 1인칭 관찰자 시점
제재 : 어머니와 사랑손님의 사랑
특징 : ·어른들의 애정과 심리를 어린아이의 눈을 통해 그려 냄
         ·전통적인 윤리관 속에서 갈등하는 인물의 심리가 잘 드러남
주제 : 사랑과 보수적 윤리관 사이에서 갈등하는 어머니와 사랑손님의 사랑과 이별

(6) 수난이대

글/ 하근찬

진수가 돌아온다. 진수가 살아서 돌아온다. 아무개는 전사했다는 통지가 왔고, 아무개는 죽었는지 살았는지 통 소식이 없는데, 우리 진수는 살아서 오늘 돌아오는 것이다. 생각할수록 어깻바람이 날 일이다. 그래 그런지 몰라도 박만도는 여느 때 같으면 아무래도 한두 군데 앉아 쉬어야 넘어설 수 있는 용머리재를 단숨에 올라채고 만 것이다. 가슴이 펄럭거리고 허벅지가 뻐근했다. 그러나 그는 고갯마루에서도 쉴 생각을 하지 않았다. 들 건너 멀리 바라보이는 정거장에서 연기가 물씬물씬 피어오르며, 삐익 기적 소리가 들려왔기 때문이다. 아들이 타고 내려올 기차는 점심때가 가까워서야 도착한다는 것을 모르는 바 아니다. 해가 이제 겨우 산등성이 위로 한 뼘가량 떠올랐으니, 오정이 되려면 아직 차례 먼 것이다. 그러나 그는 공연히 마음이 바빴다.

'까짓것, 잠시 앉아 쉬면 뭘할 끼고.'

손가락으로 한쪽 콧구멍을 찍 누르면서 팽 마른 코를 풀어 던졌다. 그리고 휘청휘청 고갯길을 내려가는 것이다.

내리막은 오르막에 비하면 아무것도 아니었다. 대고 팔을 흔들라치면 절로 굴러 내려가는 것이다. 만도는 오른쪽 팔만을 앞뒤로 흔들고 있었다. 왼쪽 팔은 조끼 주머니에 아무렇게나 쑤셔 넣고 있는 것이다.

'삼대독자가 죽다니 말이 되나, 살아서 돌아와야 일이 옳고말고. 그런데 병원에서 나온다 하니 어디를 좀 다치기는 다친 모양이지만, 설마 나같이 이렇게사 되지 않았겠지.'

만도는 왼쪽 조끼 주머니에 꽂힌 소맷자락을 내려다보았다. 그 소맷자락 속에는 아무것도 든 것이 없었다. 그저 소맷자락만이 어깨 밑으로 덜렁 처져 있는 것이다. 그래서 노상 그쪽은 조끼 주머니 속에 꽂혀 있는 것이다.

'볼기짝이나 장딴지 같은 데를 총알이 약간 스쳐 갔을 따름이겠지. 나처럼 팔뚝 하나가 몽땅 달아날 지경이었다면 그 엄살스런 놈이 견뎌 냈을 턱이 없고말고.'

슬며시 걱정이 되기도 하는 듯, 그는 속으로 이런 소리를 주워섬겼다.

주막 앞을 지나치면서 만도는 술방 문을 열어 볼까 했으나, 방문 앞에 신이 여러 켤레 널려 있고, 방 안에서 웃음소리가 요란하기 때문에, 돌아오는 길에 들르기로 했다. 신작로에 나서면 금세 읍이었다. 만도는 읍 들머리에서 잠시 망설이다가, 정거장 쪽과는 반대되는 방향으로 걸음을 옮겼다. 장거리를 찾아가는 것이었다. 진수가 돌아오는데 고등어나 한 손 사 가지고 가야 될 거 아닌가 싶어서였다. 장날은 아니었으나, 고깃전에는 없는 고기가 없었다. 이것을 살까 하면 저것이 좋아 보이고, 그것을 사러 가면 또 그 옆의 것이 먹음직해 보였다. 한참 이리저리 서성거리다가 결국은 고등어 한 손이었다. 그것을 달랑달랑 들고 정거장을 향해 가는데, 겨드랑 밑이 간질간질해 왔다. 그러나 한쪽밖에 없는 손에 고등어를 들었으니 참 딱했다. 어깻죽지를 연방 위아래로 움직거리는 수밖에 없었다.

정거장 대합실에 와서 이렇게 도사리고 앉아 있노라면, 만도는 곧잘 생각나는 일이 한 가지 있었다. 그 일이 머리에 떠오르면 등골을 찬 기운이 좍 스쳐 내려가는 것이었다.
손가락이 시퍼렇게 굳어진, 이끼 낀 나무토막 같은 팔뚝이 지금도 저만큼 눈앞에 보이는 듯했다.
바로 이 정거장 마당에 백 명 남짓한 사람들이 모여 웅성거리고 있었다. 그중에는 만도도 섞여 있었다. 기차를 기다리고 있는 것이었으나, 그들은 모두 자기네들이 어디로 가는 것인지 알지를 못했다. 그저 차를 타라면 탈 사람들이었다. 징용에 끌려 나가는 사람들이었다. 그러니까 지금으로부터 십이삼 년 옛날의 이야기인 것이다.
꽤액 기차 소리였다. 멀리 산모퉁이를 돌아오는가 보다. 만도는 앉았던 자리를 털고 벌떡 일어서며, 옆에 놓아둔 고등어를 집어 들었다. 기적 소리가 가까워질수록 그의 가슴이 울렁거렸다. 대합실 밖으로 뛰어나가 플랫폼이 잘 보이는 울타리 쪽으로 가서 발돋움을 했다. 땡땡땡……. 종이 울자, 잠시 후 차는 소리를 지르면서 달려들었다. 기관차의 옆구리에서는 김이 픽픽 풍겨 나왔다. 만도의 얼굴은 바짝 긴장되었다. 시꺼먼 열차 속에서 꾸역꾸역 사람들이 밀려 나왔다. 꽤 많은 손님이 쏟아져 내리는 것이었다. 만도의 두 눈은 곧장 이리저리 굴렀다. 그러나 아들의 모습은 쉽사리 눈에 띄지 않았다. 저쪽 출찰구로 밀려가는 사람의 물결 속에 두 개의 지팡이를 짚고 절룩거리면서 걸어 나가는 상이군인이 있었으나, 만도는 그 사람에게 주의가 가지는 않았다. 기차에서 내릴 사람은 모두 내렸는가 보다. 이제 미처 차에 오르지 못한 사람들이 플랫폼을 이리저리 서성거리고 있을 뿐인 것이다.

'그놈이 거짓으로 편지를 띄웠을 리는 없을 건데…….'

만도는 자꾸 가슴이 떨렸다.

'이상한 일이다.'

하고 있을 때였다. 분명히 뒤에서,

"아부지!"

부르는 소리가 들렸다. 만도는 깜짝 놀라며 얼른 뒤를 돌아보았다. 그 순간 만도의 두 눈은 무섭도록 크게 떠지고, 입은 딱 벌어졌다. 틀림없는 아들이었으나, 옛날과 같은 진수는 아니었다. 양쪽 겨드랑이에 지팡이를 끼고 서 있는데, 스쳐 가는 바람결에 한쪽 바짓가랑이가 펄럭거리는 것이 아닌가?

만도는 눈앞이 노래지는 것을 어쩌지 못했다. 한참 동안 그저 멍멍하기만 하다 코허리가 찡해지면서 두 눈에 뜨거운 것이 핑 도는 것이었다.

"에라이, 이놈아!"

만도의 입술에서 모지게 튀어나온 첫마디였다. 떨리는 목소리였다.

고등어를 든 손이 불끈 주먹을 쥐고 있었다.

"이기 무슨 꼴이고, 이기?"

"아부지!"

"이놈아, 이놈아……."

만도의 들창코가 크게 벌름거리다가 훌쩍 물코를 들이마셨다. 진수의 얼굴에는 어느 결에 눈물이 꾀죄죄하게 흘러내리고 있었다. 만도는 모든 게 진수의 잘못이기나 한 듯 험한 얼굴로,

"가자, 어서!"

무뚝뚝한 한마디를 내던지고는 성큼성큼 앞장을 서 가는 것이었다.

개천 둑에 이르렀다. 외나무다리가 놓여 있는 그 시냇물이다. 진수는 슬그머니 걱정이 되었다. 물은 그렇게 깊은 것 같진 않지만, 밑바닥이 모래흙이어서 지팡이를 짚고 건너가기가 만만할 것 같지 않기 때문이다. 외나무다리 위로는 도저히 건너갈 재주가 없고…….

진수는 하는 수 없이 둑에 퍼지고 앉아서 바짓가랑이를 걷어 올리기 시작했다.

만도는 잠시 멀뚱히 서서 아들의 하는 양을 내려다보고 있다가,

"진수야, 그만두고 자아, 업자."

하는 것이었다.

"업고 건느면 일이 다 되는 거 아니가. 자아, 이거 받아라."

고등어 묶음을 진수 앞으로 민다.

"······."

진수는 퍽 난처해하면서, 못 이기는 듯이 그것을 받아 들었다. 만도는 등어리를 아들 앞에 갖다 대고 하나밖에 없는 팔을 뒤로 버쩍 내밀며,

"자아, 어서!"

진수는 지팡이와 고등어를 각각 한 손에 쥐고, 아버지의 등어리로 가서 슬그머니 업혔다. 만도는 팔뚝을 뒤로 돌리면서 아들의 하나뿐인 다리를 꼭 안았다. 그리고,

"팔로 내 목을 감아야 될 끼다."

했다. 진수는 무척 황송한 듯 한쪽 눈을 찍 감으면서, 고등어와 지팡이를 든 두 팔로 아버지의 굵은 목줄기를 부둥켜안았다. 만도는 아랫배에 힘을 주며, '끙!' 하고 일어났다. 아랫도리가 약간 후들거렸으나, 걸어갈 만은 했다. 외나무다리 위로 조심조심 발을 내디디며 만도는 속으로,

'이제 새파랗게 젊은 놈이 벌써 이게 무슨 꼴이고? 세상을 잘못 만나서 진수 니 신세도 참 똥이다, 똥!'

이런 소리를 주워섬겼고, 아버지의 등에 업힌 진수는 곧장 미안스러운 얼굴을 하며,

'나꺼정 이렇게 되다니 아버지도 참 복도 더럽게 없지. 차라리 내가 죽어 버렸더라면 나았을 낀데······'

하고 중얼거렸다.

만도는 아직 술기가 약간 있었으나, 용케 몸을 가누며 아들을 업고 외나무다리를 조심조심 건너가는 것이었다. 눈앞에 우뚝 솟은 용머리재가 이 광경을 가만히 내려다보고 있었다.

작품 해설

갈래 : 단편 소설, 전후 소설
성격 : 사실적, 향토적, 비극적
배경 : 일제 강점기부터 6·25 전쟁 직후까지의 경상도 어느 시골 마을
시점 : 전지적 작가 시점 (부분적으로 3인칭 관찰자 시점이 섞임)
제재 : 시대 상황으로 인해 수난을 겪는 아버지와 아들
특징 : · 부자(父子)가 겪는 수난을 통해 민족의 시대적 아픔을 드러냄
　　　　· 상징적 소재를 통해 주제 의식을 드러냄
　　　　· 과거와 현재를 교차하여 서술함
주제 : 수난의 현실과 그 극복 의지

(7) 노새 두 마리

글/ 최일남

노새가 갑자기 달아난 건 어저께 일이었다. 아버지는 연탄을 실은 뒤 노새의 고삐를 잡고 나는 그냥 뒤따르고 있었다. 내가 뒤따르는 것은 아버지에게 큰 도움이 못 되고 하릴없이 따라다니기만 할 뿐이었다. 야트막한 언덕길을 오를 때 마차의 뒤를 밀기도 했으나 그것은 그대로 시늉일 뿐, 내 어린 힘으로 어떻게 된다든가 하는 일은 없었다.

그 가파른 골목길 어귀에 이르자 아버지는 미리서 노새 고삐를 낚아 잡고 한달음에 올라갈 채비를 하였다. 그러나 어쩐 일인지 다른 때 같으면 400장 정도 싣고는 힘 안 들이고 올라설 수 있는 고개인데도 이날따라 오름길 중턱에서 턱 걸리고 말았다. 아버지는 어, 하는 눈치더니 고삐를 거머쥐고 힘껏 당겼다. 이마에 힘줄이 굵게 돋았다. 얼굴이 빨개졌다. 나는 얼른 달라붙어 죽어라고 밀었다. 그러나 길바닥에는 살얼음이 한 겹 살짝 깔려 있어서 마차를 미는 내 발도 줄줄 미끄러져 나가기만 했다. 노새는 앞뒤 발을 딱딱 소리를 낼 만큼 힘껏 땅을 밀어냈으나 마차는 그때마다 살얼음 위에 노새의 발자국만 하얗게 긁힐 뿐 조금도 올라가지 않았다. 아직은 아래쪽으로 밀려 내려가지 않고 제자리에 버티고 선 것만도 다행이었다. 사람들이 몇 명 지나갔으나 모두 쳐다보기만 할 뿐 아무도 달라붙지는 않았다. 그전에도 그랬다. 사람들은 얼핏 도와주고 싶은 생각이 났다가도, 상대가 연탄 마차인 것을 알고는 감히 손을 내밀지 못했다. 도대체 어디다 손을 댄단 말인가. 제대로 하자면 손만 아니라 배도 착 붙이고 밀어야 할 판인데 그랬다간 옷을 모두 망치지 않겠는가, 옷을 망치면서까지 친절을 베풀 사람은 이 세상엔 없다고 나는 믿어 오고 있다. 그건 그렇고, 그런 시간에도 마차는 자꾸 밀려 내려오고 있었다. 돌을 괴려고 주변을 살펴보았으나 그만한 돌이 얼른 눈에 띄지 않을 뿐더러, 그나마 나까지 손을 놓으면 와르르 밀려 내려

올 것 같아서 손을 뗄 수가 없었다. 아버지는 평소의 그답지 않게 사정없이 노새에게 매질을 해
댔다.

"이랴, 우라질 놈의 노새, 이랴!"

노새는 눈을 뒤집어 까다시피 하면서 바득바득 악을 써 댔으나 판은 이미 그른 판이었다. 그때였다. 노새가 발에서 잠깐 힘을 빼는가 싶더니 마차가 아래쪽으로 와르르 흘러내렸다. 뒤미처 노새가 고꾸라지고 연탄 더미가 데구루루 무너졌다. 아버지는 밀려 내려가는 마차를 따라 몇 발짝 뒷걸음질을 치다가 홀랑 물구나무서는 꼴로 나자빠졌다. 나는 얼른 한옆으로 비켜섰기 때문에 아무 일도 없었다. 그러나 정작 일은 그다음에 벌어지고 말았다. 허우적거리며 마차에 질질 끌려가던 노새가 마차가 내박쳐진 자리에서 벌떡 일어서더니 뒤도 안 돌아보고 냅다 뛰기 시작한 것이다. 정확히 말하면 벌떡 일어섰다가 순간적으로 아버지와 내가 있는 쪽을 힐끔 쳐다보고는 이내 뛰어 버린 것이다. 마차가 넘어지면서 무엇이 부러져 몸이 자유롭게 된 모양이었다.

"어어, 내 노새."

아버지는 넘어진 채 그 경황에도 뛰어가는 노새를 쳐다보더니 얼굴이 새하얘졌다. 그러나 그런 망설임도 그때뿐 아버지는 힘들게 일어서자 딴사람이 되어 빠른 걸음으로 노새를 뒤쫓았다.

"내 노새, 내 노새."

"아버지, 이렇게 하면 어때요. 둘이 같이 다닐 게 아니라 따로따로 헤어져서 찾아보도록 해요. 내가 이쪽 길로 갈 테니깐 아버지는 저쪽 길로 가세요, 네?"

아버지는 아무 말 없이 나와는 반대 방향으로 걸어갔다.

내가 집에 돌아온 것은 밤 열 시도 넘어서였으나 아버지는 그때까지 돌아오지 않고 있었다. 할머니와 어머니는 동네 사람들의 귀띔으로 미리 사건을 알고 있었던지, 내가 들어서자 얼른 뛰어나오며 허겁지겁 물었다.

"찾았니?"

"아버지는 어떻게 되셨어?"

내가 혼자 들어서는 걸 보면 찾지 못한 것을 번연히 알면서도 어머니는 다그쳐 물어 댔다. 어머니는 나에게 밥을 줄 생각도 하지 않고 한숨만 내리쉬고 올려 쉬곤 하였다.

아버지가 돌아온 것은 통행금지 시간이 거의 되어서였다. 예상한 일이지만 아버지는 빈 몸이었고 형편없이 힘이 빠져 있었다. 그때까지 식구들은 아무도 잠들지 않았다. 작은형도 일이 일인지라 기타도 치지 않고 죽은 듯이 방 안에만 처박혀 있었다. 아버지를 보고도 아무도 말을 하지

않았다. 다만 할머니만이 말을 걸었다.

"이제 오니?"

"네."

그뿐, 아버지는 더는 말이 없었다. 그러고는 어머니가 보아 온 밥상을 한옆으로 밀어 놓고는 쓰러지듯 방 한가운데 드러눕고 말았다.

아버지와 내가 집을 나선 것은 사람들이 아직 출근하기도 전인 이른 새벽이었다. 큰길로 나오자 두 사람은 막상 어느 쪽부터 뒤져야 할지 막연하기만 했다. 둘 중 아무도 말을 꺼내지는 않았으나 부자는 잠깐 주춤하다가 동네와는 딴 방향으로 걷기 시작했다.

아버지와 내가 동물원에 들어간 것은 거의 해가 질 무렵이었다.

내 경우 동물원에 와 본 것은 지금까지 딱 한 번밖에 없었으니까. 그것도 어린이날 무료 공개한다는 바람에 동네 조무래기들과 함께 와 본 것뿐이었다. 그때는 사람들에 치여 제대로 구경도 못했는데 지금 나는 구경꾼도 별로 없는 동물원을 더구나 아버지와 함께 오게 되었으니, 참 가다가는 별일도 있는 것이구나 하였다. 남들 눈에는 한가하게 동물원 구경을 온 다정한 부자로 비칠 것이 아닌가. 동물원 안은 조용하고 을씨년스러웠다. 동물들은 제집에 처박혀 있거나 가느다란 석양이 비치는 곳에 웅크리고 있거나 하였다. 막상 들어온 아버지는 그런 동물들을 별로 눈여겨보지 않았다. 동물들의 우리를 보다가 하늘을 보다가 할 뿐, 눈에 초점이 없었다. 칠면조도 사자도 호랑이도 원숭이도 사슴도 그런 눈으로 건성건성 보고 지나갈 뿐이었다. 그러던 아버지가 잠시 발을 멈춘 곳은 얼룩말이 있는 우리 앞이었다. 얼룩말은 두 마리였다. 아버지는 그러나 그 앞에서도 멍하니 서 있기만 하지 이렇다 할 감정의 표시를 하지 않았다. 나는 그런 아버지를 한 번 쳐다보고, 얼룩말을 한 번 쳐다보고 하였다. 그러다가 아버지의 얼굴이 어쩌면 그렇게 말이나 노새와 닮았는지 모르겠다고 생각하였다. 그렇게 생각하고 보니 꼭 그랬다. 길게 째진, 감정이 없는 눈이며 노상 벌름벌름한 코, 하마 같은 입, 그리고 덜렁하니 큰 귀가 그랬다. 아버지가 너무 오래 말이나 노새를 다뤄 와서 그런 건지, 애당초 말이나 노새 같은 사람이어서 그런 짐승과 평생을 같이해 온 것인지는 알 수 없으나, 막상 얼룩말 앞에 세워 놓은 아버지는 영락없는 말의 형상이었다.

동물원을 나왔을 때 이미 거리는 밤이었다. 이번엔 집 쪽으로 걸었다. 그럴 수밖에 우리는 더 갈 데가 없었던 것이다. 우리 동네가 저만치 보였을 때 아버지는 바로 눈앞에 있는 대폿집에서 발을 멈추었다. 아버지는 술이 약한 편이어서 저러다가 어쩌나 하고 걱정이 되었다.

"아버지, 고만 드세요. 몸에 해로워요."

"으응."

대답하면서도 아버지는 술잔을 놓지 않았다. 얼마나 지났을까. 안주를 계속 주워 먹었으므로 어느 정도 시장기를 면한 나는 비로소 아버지를 쳐다보았다.

"이제부터 내가 노새다. 이제부터 내가 노새가 되어야지 별수 있니? 그놈이 도망쳤으니까, 이제 내가 노새가 되는 거지."

기분 좋게 취한 듯한 아버지는 놀라는 나를 보고 히힝 한 번 웃었다. 나는 어쩐지 그런 아버지가 무섭지만은 않았다. 그러면 형들이나 나는 노새 새끼고, 어머니는 암 노새고, 할머니는 어미 노새가 되는 것일까? 나도 아버지를 따라 히히힝 웃었다. 어른들은 이래서 술집에 오는 모양이었다. 나는 안주만 집어 먹었는데도 술 취한 사람마냥 턱없이 즐거웠다. 노새 가족 — 노새 가족은 우리 말고는 이 세상에 또 없을 것이었다.

그러나 이러한 생각은 아버지와 내가 집에 당도했을 때 무참히 깨어지고 말았다. 우리를 본 어머니가 허둥지둥 달려 나와 매달렸다.

"이걸 어쩌우. 글쎄 경찰서에서 당신을 오래요. 그놈의 노새가 사람을 다치게 하고 가게 물건들을 박살을 냈대요. 이걸 어쩌지."

"노새는 찾았대?"

"찾고나 그러면 괜찮게요? 노새는 간데온데없고 사람들만 다치고 하니까, 누구네 노새가 그랬는지 수소문 끝에 우리 집으로 순경이 찾아왔지 뭐유."

오늘 낮에 지서에서 나온 사람이 우리 노새가 튀는 바람에 여기저기서 많은 피해를 입었으니 도로 무슨 법이라나 하는 법으로 아버지를 잡아넣어야겠다고 이르고 갔다는 것이었다. 아버지는 술이 확 깨는 듯 그 자리에 선 채 한동안 눈만 뒤룩뒤룩 굴리고 서 있더니 힝 하고 코를 풀었다. 그리고는 아무 말 없이 스적스적 문밖으로 걸어 나갔다. 나는,

"아버지."

하고 뒤를 따랐으나 아버지는 돌아보지도 않고 어두운 골목길을 나가고 있었다.

나는 그 순간 또 한 마리의 노새가 집을 나가는 것 같은 착각을 일으켰다. 그러고는 무엇인가가 뒤통수를 때리는 것을 느꼈다. 아, 우리 같은 노새는 어차피 이렇게 비행기가 붕붕거리고, 헬리콥터가 앵앵거리고, 자동차가 빵빵거리고, 자전거가 쌩쌩거리는 대처에서는 발붙이기 어려운 것인가 하는 생각이 들었다. 언젠가 남편이 택시 운전사인 칠수 어머니가 하던 말,

"최소한도 자동차는 굴려야지 지금이 어느 땐데 노새를 부려."

했다는 말이 생각났다. 그러나 그것은 잠깐 동안이고 나는 금방 아버지를 쫓았다. 또 한 마리의 노새를 찾아 캄캄한 골목길을 마구 뛰었다.

작품 해설

갈래 : 단편 소설, 현대 소설
성격 : 현실적, 비극적
배경 : 1970년대 겨울, 서울 변두리 동네
시점 : 1인칭 관찰자 시점
제재 : 노새
특징 : · '노새'라는 소재를 통해 아버지의 삶을 상징적으로 보여 줌
     · '나'라는 어린아이의 시선을 통해 아버지의 고된 삶을 객관화하여 보여 줌
     · 대조된 공간을 설정하여 주제 의식을 강조함
주제 : 급변하는 시대 상황에 적응하지 못하는 도시 하층민의 고통스러운 삶

(8) 운수 좋은 날
글/ 현진건

새침하게 흐린 품이 눈이 올 듯하더니, 눈은 아니 오고 얼다가 만 비가 추적추적 내리었다.

이날이야말로 동소문 안에서 인력거꾼 노릇을 하는 김 첨지에게는 오래간만에도 닥친 운수 좋은 날이었다. 문안에(거기도 문밖은 아니지만) 들어간답시는 앞집 마나님을 전찻길까지 모셔다 드린 것을 비롯하여 행여나 손님이 있을까 하고 정류장에서 어정어정하며, 내리는 사람 하나하나에게 거의 비는 듯한 눈길을 보내고 있다가, 마침내 교원인 듯한 양복쟁이를 동광 학교(東光學校)까지 태워다 주기로 되었다.

첫째 번에 삼십 전, 둘째 번에 오십 전 — 아침 댓바람에 그리 흉하지 않은 일이었다. 그야말로 재수가 옴 붙어서, 근 열흘 동안 돈 구경도 못 한 김 첨지는 십 전짜리 백통화 서 푼 또는 다섯 푼이 찰깍하고 손바닥에 떨어질 제 거의 눈물을 흘릴 만큼 기뻤다. 더구나 이 날 이 때에 이 팔십 전이라는 돈이 그에게 얼마나 유용한지 몰랐다. 컬컬한 목에 모주 한잔도 적실 수 있거니와, 그보다도 앓는 아내에게 설렁탕 한 그릇도 사다 줄 수 있음이다.

그의 아내가 기침으로 쿨룩거리기는 벌써 달포가 넘었다. 조밥도 굶기를 먹다시피 하는 형편이니 물론 약 한 첩 써 본 일이 없다. 구태여 쓰려면 못 쓸 바도 아니로되, 그는 병이란 놈에게 약을 주어 보내면 재미를 붙여서 자꾸 온다는 자기의 신조(信條)에 어디까지 충실하였다. 따라서 의사에게 보인 적이 없으니 무슨 병인지는 알 수 없으나, 반듯이 누워 가지고 일어나기는새로에 모로도 못 눕는 걸 보면 중증은 중증인 듯, 병이 이대도록 심해지기는 열흘 전에 조밥을 먹고 체한 때문이다. 그 때도 김 첨지가 오래간만에 돈을 얻어서 좁쌀 한 되와 십 전짜리 나무 한 단을 사다 주었더니, 김 첨지의 말에 의하면, 그년이 천방지축으로 냄비에 대고 끓였다. 마음은 급하고 불길은 달지 않아, 채 익지도 않은 것을 그년이 숟가락은 고만두고 손으로 움켜서 두 뺨에 주먹 덩이 같은 혹이 불거지도록 누가 빼앗는 듯이 처박질하더니만 그 날 저녁부터 가슴이 땅긴다, 배가 켕긴다 하고 눈을 홉뜨고 지랄병을 하였다. 그때 김 첨지는 열화와 같이 성을 내며,

"에이, 조랑복은 할 수가 없어, 못 먹어 병, 먹어서 병, 어쩌란 말이야! 왜 눈을 바루 뜨지 못해!"

하고 김 첨지는 앓은 이의 뺨을 한 번 후려갈겼다. 홉뜬 눈은 조금 바루어졌건만 이슬이 맺히었다. 김 첨지의 눈시울도 뜨끈뜨끈한 듯하였다.

이 환자가 그러고도 먹는 데는 물리지 않았다. 사흘 전부터 설렁탕 국물이 마시고 싶다고 남편을 졸랐다.

"이런, 조밥도 못 먹는 년이 설렁탕은……. 또, 처먹고 지랄을 하게."

라고 야단을 쳐 보았건만, 못 사 주는 마음이 시원치는 않았다.

인제 설렁탕을 사 줄 수도 있다. 앓는 어미 곁에서 배고파 보채는 개똥이(세 살먹이)에게 죽을 사 줄 수도 있다. — 팔십 전을 손에 쥔 김 첨지의 마음은 푼푼하였다.

그러나 그의 행운은 그걸로 그치지 않았다. 땀과 빗물이 섞여 흐르는 목덜미를 기름 주머니가 다 된 광목 수건으로 닦으며, 그 학교 문을 돌아 나올 때였다. 뒤에서 "인력거!" 하고 부르는 소리가 났다. 자기를 불러 멈춘 사람이 그 학교 학생인 줄 김 첨지는 한번 보고 짐작할 수 있었다. 그 학생은 다짜고짜로,

"남대문 정거장까지 얼마요?"

라고 물었다. 아마도 그 학교 기숙사에 있는 이로 동기 방학을 이용하여 귀향하려 함이로다. 오늘 가기로 작정은 하였건만, 비는 오고 짐은 있고 해서 어찌할 줄 모르다가 마침 김 첨지를 보고 뛰어나왔음이리라. 그렇지 않으면 왜 구두를 채 신지 못해서 질질 끌고, 비록 '고꾸라' 양복일망정 노박으로 비를 맞으며 김 첨지를 뒤쫓아 나왔으랴.

"남대문 정거장까지 말씀입니까?"

하고 김 첨지는 잠깐 주저하였다. 그는 이 우중에 우장도 없이 그 먼 곳을 철벅거리고 가기가 싫었음일까? 처음 것, 둘째 것으로 고만 만족하였음일까? 아니다. 결코 아니다. 이상하게도 꼬리를 맞물고 덤비는 이 행운 앞에 조금 겁이 났음이다.

그리고 집을 나올 제, 아내의 부탁이 마음에 켕기었다. 앞집 마마한테서 부르러 왔을 제 병인은 그 뼈만 남은 얼굴에 유일의 생물 같은 유달리 크고 움푹한 눈에다 애걸하는 빛을 띠며,

"오늘은 나가지 말아요. 제발 덕분에 집에 붙어 있어요. 내가 이렇게 아픈데……."

라고 모깃소리같이 중얼거리며 숨을 걸그렁걸그렁하였다.

"일 원 오십 전만 줍시요."

이 말이 저도 모를 사이에 불쑥 김 첨지의 입에서 떨어졌다. 제 입으로 부르고도 스스로 그 엄

청난 돈 액수에 놀랐다. 한꺼번에 이런 금액을 불러라도 본 지가 그 얼마 만인가! 그러자 그 돈벌 욕기가 병자에 대한 염려를 사르고 말았다. 설마 오늘 안으로 어떠랴 싶었다. 무슨 일이 있더라도 제일 제이의 행운을 곱친 것보다도 오히려 갑절이 많은 이 행운을 놓칠 수 없다 하였다.

그는 불행이 닥치기 전 시간을 얼마쯤이라도 늘리려고 버르적거렸다.

그럴 즈음에 마침 길가 선술집에서 그의 친구 치삼이가 나온다. 그의 우글우글 살찐 얼굴에 주홍이 돈는 듯, 온 턱과 뺨을 시커멓게 구레나룻이 덮었거든, 노르댕댕한 얼굴이 바짝 말라서 여기저기 고랑이 파이고 수염도 있대야 턱 밑에만 마치 솔잎 송이를 거꾸로 붙여 놓은 듯한 김 첨지의 풍채하고는 기이한 대상을 짓고 있었다.

김 첨지는 연해 코를 들이마시며,

"우리 마누라가 죽었다네."

"뭐, 마무라가 죽다니, 언제?"

"이놈아, 언제는? 오늘이지."

"예끼 미친놈, 거짓말 마라."

"거짓말은 왜, 참말로 죽었어, 참말로……. 마누라 시체를 집에 뻐들쳐 놓고 내가 술을 먹다니, 내가 죽일 놈이야, 죽일 놈이야."

하고 김 첨지는 엉엉 소리를 내어 운다.

치삼은 흥이 조금 깨어지는 얼굴로,

"원, 이 사람이, 참말을 하나, 거짓말을 하나? 그러면 집으로 가세, 가."

하고 우는 이의 팔을 잡아당기었다.

치삼의 잡는 손을 뿌리치더니, 김 첨지는 눈물이 글썽글썽한 눈으로 싱그레 웃는다.

"죽기는 누가 죽어."

하고 득의양양…….

"죽기는 왜 죽어, 생때같이 살아만 있단다. 그년이 밥을 죽이지. 인제 나한테 속았다. 인제 나한테 속았다."

하고 어린애 모양으로 손뼉을 치며 웃는다.

"이 사람이 정말 미쳤단 말인가? 나도 아주먼네가 앓는단 말은 들었는데."

하고 치삼이도 어떤 불안을 느끼는 듯이 김 첨지에게 또 돌아가라고 권하였다.

"안 죽었어, 안 죽었대도 그래."

김 첨지는 화증을 내며 확신 있게 소리를 질렀으되, 그 소리엔 안 죽은 것을 믿으려고 애쓰는 가락이 있었다. 기어이 일 원어치를 채워서 곱빼기 한 잔씩 더 먹고 나왔다. 궂은비는 의연히 추적추적 내린다.

김 첨지는 취중에도 설렁탕을 사 가지고 집에 다다랐다. 집이라 해도 물론 셋집이요, 또 집 전체를 세든 게 아니라 안과 뚝 떨어진 행랑방 한 칸을 빌려 든 것인데, 물을 길어 대고 한 달에 일 원씩 내는 터이다. 만일, 김 첨지가 주기를 띠지 않았던들 한 발을 대문 안에 들여놓았을 제 그곳을 지배하는 무시무시한 정적(靜寂) ── 폭풍우가 지나간 뒤의 바다 같은 정적에 다리가 떨렸으리라. 쿨룩거리는 기침 소리도 들을 수 없다. 그르렁거리는 숨소리조차 들을 수 없다. 다만, 이 무덤 같은 침묵을 깨뜨리는 ── 깨뜨린다느니보담 한층 더 침묵을 깊게 하고 불길하게 만드는 빡빡 하는 그윽한 소리 ── 어린애의 젖 빠는 소리가 날 뿐이다. 만일, 청각이 예민한 이 같으면, 그 빡빡 소리는 빨 따름이요, 꿀떡꿀떡하고 젖 넘어가는 소리가 없으니, 빈 젖을 빤다는 것도 짐작할는지 모르리라.

혹은, 김 첨지도 이 불길한 침묵을 짐작했는지도 모른다. 그렇지 않으면 대문에 들어서자마자 전에 없이,

"남편이 들어오는데 나와 보지도 않아, 이년."

이라고 고함을 친 게 수상하다. 이 고함이야말로 제 몸을 엄습해 오는 무시무시한 증을 쫓아 버리려는 허장성세인 까닭이다.

하여간, 김 첨지는 방문을 왈칵 열었다. 구역을 나게 하는 추기 ── 떨어진 삿자리 밑에서 나온 먼지내, 빨지 않은 기저귀에서 나는 똥내와 오줌내, 가지각색 때가 켜켜이 앉은 옷내, 병인의 땀 섞은 내가 섞인 추기가, 무딘 김 첨지의 코를 찔렀다.

방 안에 들어서며 설렁탕을 한 구석에 놓을 사이도 없이 주정꾼은 목청을 있는 대로 다 내어 호통을 쳤다.

"이년, 주야장천 누워만 있으면 제일이야! 남편이 와도 일어나지를 못해?"

라는 소리와 함께 발길로 누운 이의 다리를 몹시 찼다. 그러나 발길에 차이는 건 사람의 살이 아니고 나뭇등걸과 같은 느낌이 있었다. 이때에 빡빡 소리가 응아 소리로 변하였다. 개똥이가 물었던 젖을 빼어 놓고 운다. 운대도 온 얼굴을 찡그려 붙여서 운다는 표정을 할 뿐이라, 응아 소리도 입에서 나는 게 아니고 마치 뱃속에서 나는 듯하였다. 울다가 울다가 목도 잠겼고, 또 울 기운조차 시진한 것 같다.

　발로 차도 그 보람이 없는 걸 보자, 남편은 아내의 머리맡으로 달려들어 그야말로 까치집 같은 환자의 머리를 겨들어 흔들며,

"이년아, 말을 해, 말을! 입이 붙었어?"

"……."

"으응, 이것 봐, 아무 말이 없네."

"……."

"이년아, 죽었단 말이냐, 왜 말이 없어?"

"……."

"응으, 또 대답이 없네, 정말 죽었나 보이."

　이러다가 누운 이의 흰창이 검은창을 덮은, 위로 치뜬 눈을 알아보자마자

"이 눈깔! 이 눈깔 왜 나를 바루 보지 못하고 천장만 바라보느냐, 응?"

하는 말끝엔 목이 메었다. 그러자 산 사람의 눈에서 떨어진 닭똥 같은 눈물이 죽은 이의 뻣뻣한 얼굴을 어룽어룽 적시었다. 문득 김 첨지는 미친 듯이 제 얼굴을 죽은 이의 얼굴에 비비대며 중얼거렸다.

"설렁탕을 사다 놓았는데 왜 먹지를 못하니? 왜 먹지를 못하니……? 괴상하게도 오늘은 운수가 좋더니만……."

작품 해설

　갈래 : 현대 소설, 사실주의 소설, 단편 소설
　성격 : 현실 고발적, 사실적, 비극적, 반어적
　배경 : 일제 강점기(1920년대), 비 오는 겨울날, 서울 동소문 주변
　시점 : 전지적 작가 시점
　제재 : 인력거꾼의 하루
　특징 : · 묘사와 서술, 대화 등을 통하여 사실성을 부여하고 있음
　　　　　 · 말과 행동을 통해 등장인물의 내면 심리를 묘사하고 있음
　　　　　 · 구체적이고 사실적인 묘사로 사건을 현실감 있게 표현하고 있음
　　　　　 · 비속한 말과 욕설 등 당대 하층민의 생활상을 보여 주는 구체적인 어휘를 적절하게 구사하고 있음
　주제 : 일제 강점하의 하층민의 비참한 삶

(9) 기억 속의 들꽃

글/ 윤흥길

한 떼거리의 피난민들이 머물다 떠난 자리에 소녀는 마치 처치하기 곤란한 짐짝처럼 되똑하니 남겨져 있었다. 정갈한 청소부가 어쩌다가 실수로 흘린 쓰레기 같기도 했다. 하얀 수염에 붉은 털옷을 입고 주로 굴뚝으로 드나든다는 서양의 어느 뚱뚱보 할아버지가 간밤에 도둑처럼 살그머니 남기고 간 선물 같기도 했다.

아무튼 소녀는 우리 마을 우리 또래의 아이들에게 어느 날 아침 갑자기 발견되었다. 선물치고는 무척이나 지저분하고 망측스러웠다. 미처 세수도 하지 못한 때꼽재기 우리들 눈에 비친 그 애의 모습은 거의 거지나 다름없을 정도였다. 우리들 역시 그다지 깨끗한 편이 못 되는데도 그랬다.

내가 소녀를 맨 처음 발견한 것은 한나절로 끝나 버린 그 우스꽝스런 피난길에서 돌아온 바로 그 이튿날이었다.

아침이었다. 마을엔 벌써 낯선 깃발이 펄럭이고 있었다. 마을 사람들이 재 너머 학교를 향해 몰려가고 있었다. 나는 삽짝을 젖히고 골목길을 나섰다.

"얘."

생판 모르는 녀석이 간드러진 소리로 나를 부르고 있었다. 주제 꼴은 꾀죄죄해도 곱살스런 얼굴에 꼭 계집애처럼 생긴 녀석이었다. 우선 생김새에서 풍기는 어딘지 모르게 도시 아이다운 냄새가 나를 당황하도록 만들었다. 더구나 사람을 부르는 방식부터가 우리하고는 딴판이었다. 그처럼 교과서에서나 보던 서울 말씨로 나를 부르는 아이는 아직껏 마을에 한 명도 없었던 것이다.

"너희 엄마 집에 계시지?"

내가 잠시 어물거리는 사이에 녀석은 계속해서 계집애같이 앵앵거리면서 앞으로 다가왔다. 나는 얼김에 고개를 끄덕였다.

"엊저녁부터 굶었더니 배고파 죽겠다. 엄마한테 가서 밥 좀 달래자."

오히려 녀석이 앞장을 서고 내가 그 뒤를 따랐다. 나는 녀석의 바짓주머니가 불룩한 것을 보았다. 걸음을 옮길 적마다 불룩한 주머니가 연방 덜럭거리고 있었다. 틀림없이 간밤에 누구네 밭에서 서리를 한 설익은 참외 아니면 감자가 그 속에 들어 있을 것이었다.

"엄니! 엄니!"

마당에 들어서면서 어머니를 거푸 불렀다. 부엌에서 기명을 부시던 어머니가 무심코 마당을 내다보다가 내 등뒤에서 쏙 볼 가져 나오는 녀석을 발견하고는 대번에 질겁잔망을 했다.

"아줌마, 안녕하세요?"

녀석은 천연스럽게 인사를 챙겼다.

"아침상 퍼얼서다 치웠다. 다른 집에나 가 봐라."

어머니는 얼음처럼 차갑게 말했다.

"사나 새끼가 똑 지집맹키로 생긴 것이 영락없는 물빤드기고만……."

혼잣말을 구시렁거리며 어머니는 한껏 야멸찬 표정을 하고 도로 부엌으로 들어가려 했다.

"아줌마!"

이때 녀석이 또 예의 그 계집애처럼 간드러진 소리로 어머니를 불러 세웠다.

"다른 집에나 가보라니께!"

"아줌마한테 요걸 보여줄려구요."

녀석은 엄지와 인지를 붙여 동그라미를 만들어 보였다. 그 동그라미 위에 다른 또 하나의 작은 동그라미가 노란 빛깔을 띠면서 날름 올라앉아 있었다. 뒤란 그늘 속에서도 그것은 충분히 반짝이고 있었다. 그걸 보더니 어머니의 눈에 환하게 불이 켜졌다.

"아아니, 너 그거 금가락지 아니냐!"

말이 채 끝나기도 전에 금반지는 어느새 어머니의 손에 건너가 있었다. 솔개가 병아리를 채듯이 서울 아이의 손에서 금반지를 낚아채어 어머니는 한참을 칩떠보고 내립떠보는가 하면 혓바닥으로 침을 묻혀 무명 저고리 앞섶에 싹싹 문질러 보다가 나중에는 이빨로 깨물어 보기까지 했다. 마침내 어머니의 얼굴에 만족스런 미소가 떠올랐다.

"아가, 너 요런 것 어디서 났냐?"

옷고름의 실밥을 뜯어 그 속에 얼른 금반지를 넣고 웅숭깊은 저 밑바닥까지 확실히 닿도록 두어 번 흔들고 나서 어머니는 서울 아이한테 물었다. 놀랍게도 어머니의 목소리는 서울아이의 그

것보다 훨씬 더 간드러지게 들렸다.

"땅바닥에서 줏었어요. 숙부네가 떠난 담에 그 자리에 가 봤더니 글쎄 요게 떨어져 있잖아요."
녀석이 이젠 아주 의기양양한 태도로 당당하게 대답했다. 그 말을 어머니는 별로 귀담아 듣는 기색이 아니었다. 어머니는 연신 벙글벙글 웃어 가며 녀석의 잔등을 요란스레 토닥거리고 쓰다듬어 주는 것이었다.

"아가, 요담 번에 또 요런 것 생기거들랑 다른 누구 말고 꼬옥 이 아줌마한테 가져와야 된다. 알었냐?"

"네 그렇게 하겠어요."

"어서어서 방안으로 들어가자. 어린것이 천리 타관서 부모 잃고 식구 놓치고 얼매나 배고프고 속이 짜겠냐."

이런 곡절 끝에 명선이는 우리 집에서 살게 되었다. 마지막으로 마을에 남게 된 유일한 피난민이었다.

갈수록 밥 얻어먹는 설움이 심해지자 하루는 또 명선이가 금반지 하나를 슬그머니 내밀어 왔다. 먼젓번 것보다 약간 굵어 보였다. 찬찬히 살피고 나더니 어머니는 한 돈 하고도 반짜리라고 조심스럽게 결론을 내렸다.

"길에서 줏었다니까요."

어머니의 다그침에 명선이는 천연스럽게 대꾸했다.

"거 참 요상도 허다. 다른 사람은 눈을 까뒤집어도 안 뵈는 노다지가 어째서 니 눈에만 유독이 들어온다냐?"

그러나 어머니는 명선이가 지껄이는 말을 하나도 믿으려 하지 않았다. 명선이가 처음 금반지를 주워 왔을 때처럼 흥분하거나 즐거워하는 기색도 아니었다. 명선이의 얼굴을 유심히 들여다보는 어머니의 눈엔 크고 작은 의심들이 호박처럼 올망졸망 매달려 있었다.

"틀림없다. 몇 개가 되는지는 몰라도 더 있을 게다. 어디다 감췄는지 니가 살살 알아봐라. 혼자서 어딜 가거든 눈치 안 채게 따러가봐라."

입맛을 쩝쩝 다시던 아버지는 나한테 이렇게 분부했다.

"옷 속에다 누볐는지도 모른다."

어머니가 옆에서 거들었다. 어머니 역시 아버지 못잖게 아쉬운 표정이었다. 아버지의 이마에서는 땀방울이 찌걱찌걱 배어나오고 있었다. 아버지는 벌겋게 충혈된 눈을 등잔 불빛에 번들번들 빛내면서 숨을 씩씩거렸다. 꼭 무슨 일을 저지르고야 말 것만 같은 모습이었다.

그 이튿날 점심 무렵부터 명선이에 관한 소문이 마을에 파다하게 퍼졌다. 난리 통에 혈혈단신이 된 서울 아이가 금반지를 많이 가지고 있다는 이야기였다. 어떤 사람들은 그 아이가 열 개도 넘는 금반지를 저만 아는 곳에 꽁꽁 감춰두고 하나씩 꺼낸다더라고 수군거리기도 했다. 입이 방정이라고 정님이가 어머니한테서 호되게 꾸중을 들었다. 어머니의 지시에 따라 누나와 나는 돌아오지 않는 명선이를 찾아 마을 안팎을 온통 헤매고 다녔다.

낮더위가 한풀 꺾이고 어둠 발이 켜켜이 내려앉을 무렵에야 명선이는 당산 숲속에서 발견되었다. 우리가 그 애를 찾아낸 것이 아니라 그 애가 돼지 멱따는 소리로 한바탕 비명을 질러 사람들을 불러모은 결과였다. 이 나무 저 나무 옮아 다니는 매미처럼 당산 숲속을 팔모로 헤집고 다니며 거듭거듭 내지르는 비명 소리를 듣고서 맨 처음 달려간 사람들 축에 아버지도 끼여 있었다.

"너그 놈들이 누구누군지 내 다 안다아! 어디 사는 누군지 내 다 봐뒀으니께 날만 샜다 허면 물꼬를 낼 것이다아!"

해뜩해뜩 뒷모습을 보이며 당산 골짜기 어둠 속으로 꽁지가 빠지게 달아나는 남자들을 향해 아버지는 길길이 뛰며 입에 거품을 물었다.

"아가, 이자 아모 염려 없다. 어서 내려오니라, 어서."

한걸음 뒤늦어 득달같이 달려온 어머니가 소나무 위를 까마득히 올려다보며 한껏 보드라운 말씨로 달랬다. 소나무 둥지에 딱정벌레처럼 달라붙어 꼼짝도 않는 하얀 궁둥이가 보였다. 놀랍게도 명선이는 시원스런 알몸뚱이로 있었다. 어느 겨를에 어떻게 거기까지 기어올라갔는지 명선이는 가마득한 높이에 매달려 홀랑 벌거벗은 채 흐느끼고 있었다. 아무리 내려오라고 타일러도 반응이 없자 아버지가 팔소매를 걷어붙이고 올라가 위험을 무릅쓰고 곡예라도 하듯이 그 애를 등에 업고 내려왔다.

"오매 오매, 자갸 지집애 아녀!"

땅에 내려서기 무섭게 얼른 돌아서며 사타귀를 가리는 명선이를 보고 누군가 이렇게 고함을 질렀다. 나 또한 초저녁 어스름 속에 얼핏 스쳐 지나가는 눈길만으로도 그 애한테는 고추가 없다는 사실을 넉넉히 알아차릴 수 있었다.

어느 날 나는 명선이하고 단둘이서만 다리에 간 일이 있었다. 그때도 그 애는 나한테 시합을 걸어왔다. 나는 남자로서의 위신을 걸고 명선이의 비아냥거림 앞에서 최선의 노력을 다해 봤으나 결국 강바닥에 깔린 뽕나무밭이 갑자기 거대한 팽이가 되어 어찔어찔 맴도는 걸보고 뒤로 물러서지 않을 수 없었다. 이제 명선이한테서 겁쟁이라고 꼼짝없이 수모를 당할 차례였다.

"야아, 저게 무슨 꽃이지?"

그런데 그 애는 놀림 대신 갑자기 뚱딴지같은 소리를 질렀다. 말타듯이 철근 뭉치에 올라앉아서 그 애가 손바닥으로 가리키는 곳을 내려다보았다. 거대한 교각 바로 위 무너져내리다만 콘크리트 더미에 이전에 보이지 않던 꽃송이 하나가 피어 있었다. 바람을 타고 온 꽃씨 한 알이 교각 위에 두껍게 쌓인 먼지 속에 어느새 뿌리를 내린 모양이었다.

"꽃이름이 뭔지 아니?"

난생 처음 보는 듯한, 해바라기를 축소해 놓은 모양의 동전 만한 들꽃이었다.

"쥐바라숭꽃……."

나는 간신히 대답했다. 시골에서 볼 수 있는 거라면 명선이는 내가 뭐든지 다 알고 있다고 믿는 눈치였다. 쥐바라숭이란 이 세상엔 없는 꽃이름이었다. 엉겁결에 어떻게 그런 이름을 지어낼 수 있었는지 나 자신 어리벙벙할 지경이었다.

"쥐바라숭꽃…… 이름처럼 정말 이쁜 꽃이구나. 참 앙증맞게두 생겼다."

또 한바탕 위험한 곡예 끝에 기어코 그 쥐바라숭꽃을 꺾어 올려 손에 들고는 냄새를 맡아보다가 손바닥 사이에 넣어 대궁을 비벼서 양산처럼 팽글팽글 돌리다가 끝내는 머리에 꽂는 것이었다. 다시 이쪽으로 건너오려는데 이때 바람이 휙 불어 명선의 치맛자락이 훌렁 들리면서 머리에서 꽃이 떨어졌다. 나는 해바라기 모양의 그 작고 노란 쥐바라숭꽃 한 송이가 바람에 날려 싯누런 흙탕물이 도도히 흐르는 강심을 향해 바람개비처럼 맴돌며 떨어져내리는 모양을 아찔한 현기증으로 지켜보고 있었다.

그날도 나는 명선이와 함께 부서진 다리에 가서 놀고 있었다. 예의 그 위험천만한 곡예 장난을 명선이는 한창 즐기는 중이었다. 콘크리트 부위를 벗어나 그 애가 앙상한 철근을 타고 거미처럼 지옥의 가장귀를 향해 조마조마하게 건너갈 때였다. 이때 우리들 머리 위의 하늘을 두 쪽으로 가르는 굉장한 폭음이 귀뺨을 갈기는 기세로 갑자기 울렸다. 푸른 하늘 바탕을 질러 하얗게 호주기 편대가 떠가고 있었다. 비행기의 폭음에 가려 나는 철근 사이에서 울리는 비명을 거의 듣지 못하였다. 다른 것은 도무지 무서워할 줄 모르면서도 유독 비행기만은 병적으로 겁을 내는 서울 아이한테 얼핏 생각이 미쳐 눈길을 하늘에서 허리가 동강이 난 다리로 끌어냈을 때 내가 본 것은 강심을 겨냥하고 빠른 속도로 멀어져가는 한 송이 쥐바라숭꽃이었다.

　명선이가 들꽃이 되어 사라진 후 어느 날 한적한 오후에 나는 그때까지 한 번도 성공한 적이 없는 모험을 혼자서 시도해 보았다. 겁쟁이라고 비웃는 사람이 아무도 없으니까 의외로 용기가 나고 마음이 차갑게 가라앉은 것이었다. 나는 눈에 띄는 그 즉시 거대한 팽이로 둔갑해 버리는 까마득한 강바닥을 보지 않으려고 생땀을 흘렸다. 엿가락으로 흘러내리다가 가로지르는 선에 얹혀 다시 오르막을 타는 녹슨 철근의 우툴두툴한 표면만을 무섭게 응시하면서 한뼘 한뼘 신중히 건너갔다. 철근의 끝에 가까이 갈수록 강바람을 맞는 몸뚱이가 사정없이 까불렸다. 그러나 나는 천신만고 끝에 마침내 그 일을 해내고 말았다. 이젠 어느 누구도, 제 아무리 쥐바라숭꽃일지라도 나를 비웃을 수는 없게 되었다.

　지옥의 가장귀를 타고 앉아 잠시 숨을 고른 다음 바로 되돌아 나오려는데 이때 이상한 물건이 얼핏 시야에 들어왔다. 낚시바늘 모양으로 꼬부라진 철근의 끝자락에다 끈으로 칭칭 동여맨 자그만 헝겊 주머니였다. 명선이가 들꽃을 꺾던 때보다 더 위태로운 동작으로 나는 주머니를 어렵게 손에 넣었다. 가슴을 잡죄는 긴장 때문에 주머니를 열어 보는 내 손이 무섭게 경풍하고 있었다. 그리고 그 주머니 속에서 말갛게 빛을 발하는 동그라미 몇 개를 보는 순간 나는 손에 든 물건을 송두리째 강물에 떨어뜨리고 말았다.

작품 해설

갈래 : 현대 소설, 단편 소설
성격 : 사실적, 비극적, 회상적
배경 : 1950년대 6·25 전쟁 중, 만경강 다리 근처의 어느 시골 마을
시점 : 1인칭 관찰자 시점
제재 : 피난민 소녀의 비극적 죽음
특징 : · 과거를 회상하는 형식임
　　　· 어린 아이의 눈을 통해 전쟁의 비극성을 부각함
　　　· 사투리와 비속어로 향토성과 사실성을 높임
주제 : 전쟁으로 인한 인간성 상실의 비극

4 **고전 소설**

1. 고전 소설

19세기 이전에 창작된 소설로, 현대 소설과 구분하여 이르는 말

2. 고전 소설의 특징

1) **주제** : 권선징악 – 착한 사람은 복을 받고 나쁜 사람은 벌을 받는다.

2) **구성** : 일대기적 구성 – 인물이 태어나서부터의 이야기를 시간의 흐름에 따라 전개함

3) **결말** : 행복한 결말

4) **사건**

    비현실적 : 현실에서 일어나기 어려운 사건들이 전개됨

    우연적 : 이야기의 앞뒤 사건이 어떠한 이유 없이 우연히 맞아떨어지는 방식으로
             전개됨

5) **인물**

    전형적 인물 : 한 계층을 대표하는 인물

    평면적 인물 : 이야기의 처음부터 끝까지 성격이 변하지 않는 인물

6) **시점** : 전지적 작가 시점

(1) 홍길동전
글/ 허균

앞부분의 줄거리

조선 세종 임금 시절 명망이 높던 홍 판서에게는 정실부인 유씨가 낳은 아들 인형과 여종 춘섬이 낳은 둘째 아들 길동이 있었다. 홍 판서는 영웅호걸의 기상을 지닌 길동이 서자(庶子)의 신분인 것을 한탄하였다.

길동이 점점 자라 여덟 살이 되자, 총명하기가 보통이 넘어 하나를 들으면 백 가지를 알 정도였다. 그래서 공은 길동을 더욱 귀여워하면서도 길동의 출생이 천하여, 길동이 '아버지'나 '형'이라고 부르면, 즉시 꾸짖어 그렇게 하지 못하게 하였다. 그래서 길동은 열 살이 넘도록 감히 부형을 부르지 못하고 종들로부터 천대받는 것을 뼈에 사무치도록 한탄하면서 마음 둘 바를 몰랐다.

어느 가을 9월 보름께가 되자, 달빛은 처량하게 비치고 맑은 바람은 쓸쓸히 불어와 사람의 마음을 울적하게 하였다. 길동은 서당에서 글을 읽다가 문득 책상을 밀치고 탄식하기를,

"대장부가 세상에 나서 공맹을 본받지 못할 바에야, 차라리 병법이라도 익혀, 대장인을 허리춤에 비스듬히 차고 동정서벌하여 나라에 큰 공을 세우고 이름을 만대에 빛내는 것이 장부의 통쾌한 일이 아니겠는가! 나는 어찌하여 일신이 적막하고, 부형이 있는데도 아버지를 '아버지'라 부르지 못하고 형을 '형'이라고 부르지 못하니, 심장이 터질지라. 이 어찌 통탄할 일이 아니겠는가!"

하고, 뜰에 내려와 검술을 익히고 있었다.

그때 마침, 공이 또한 달빛을 구경하다가, 길동이 서성거리는 것을 보고 즉시 불러 물었다.

"너는 무슨 흥이 있어서 밤이 깊도록 잠을 자지 않느냐?"

길동이 공경하는 자세로 대답했다.

"소인은 마침 달빛을 즐기는 중입니다. 그런데 만물이 생겨날 때부터 오직 사람이 귀한 존재인 줄 아옵니다만 소인에게는 귀함이 없사오니 어찌 사람이라 하겠습니까?"

공은 그 말의 뜻을 짐작은 했지만, 일부러 책망하는 체하며,

"너 그게 무슨 말이냐?"

했다. 길동이 절하고 말씀드리기를,

"소인이 평생 서러워하는 바가 있나이다. 소인이 대감의 정기를 받아 당당한 남자로 태어났고, 또 낳아서 길러 주신 어버이의 은혜를 입었음에도 불구하고 아버지를 '아버지'라 못 하옵고 형을 '형'이라 못 하오니, 어찌 사람이라 하겠습니까?"

하고, 눈물을 흘리며 적삼을 적셨다.

공이 듣고 나자 비록 불쌍하다는 생각은 들었으나 그 마음을 위로하면 방자해질까 염려되어 크게 꾸짖어 말했다.

"재상 집안에 천한 종의 몸에서 태어난 자식이 너뿐이 아닌데, 네가 어찌 이다지도 방자하냐? 앞으로 이런 말을 하면 내 눈앞에 서지도 못하게 하겠다."

이렇게 꾸짖으니, 길동은 감히 한마디도 더 하지 못하고 다만 땅에 엎드려 눈물을 흘릴 뿐이었다.

생략된 내용 : 곡산댁 '초란'은 자객을 매수하여 '길동'을 죽이려고 한다. '길동'은 자객을 죽이고 '홍 판서'에게 하직 인사를 한 후, 집을 떠난다. '홍 판서'는 떠나는 '길동'에게 호부호형을 허락한다. '길동'은 집을 떠나 도적들의 집단인 활빈당의 우두머리가 되어 탐관오리의 재물을 빼앗아 백성을 돕는다. 임금은 '길동'의 아버지인 '홍 판서'와 형인 '인형'을 불러 '길동'을 잡을 것을 명한다. 경상감사로 임명된 '인형'이 '길동'에게 자수할 것을 권하는 글을 써 붙이자 '길동'은 스스로 '인형'을 찾아와 잡히고, '인형'은 '길동'을 서울로 호송한다.

하루는 길동이 공중으로부터 내려와 절하고 말했다.

"제가 지금은 진짜 길동이오니, 형님께서는 아무 염려 마시고 결박하여 서울로 보내십시오."

감사가 이 말을 듣고는 손을 잡고 눈물을 흘리면서 말했다.

"이 철없는 아이야. 너도 나와 동기인데 부형의 가르침을 듣지 않고 온 나라를 떠들썩하게 하니, 어찌 애달프지 않으랴. 네가 이제 진짜 몸이 와서 나를 보고 잡혀가기를 자원하니 도리어 기특한 아이로다."

하고, 급히 길동의 왼쪽 다리를 보니, 과연 혈점이 있었다. 즉시 팔다리를 단단히 묶어 죄인 호송용 수레에 태운 뒤, 건장한 장교 수십 명을 뽑아 철통같이 싸고 풍우같이 몰아가도, 길동의 안색은 조금도 변치 않았다. 여러 날 만에 서울에 다다랐으나, 대궐 문에 이르러 길동이 한 번 몸을 움직이자, 쇠사슬이 끊어지고 수레가 깨어져, 마치 매미가 허물 벗듯 공중으로 올라가며, 나는

듯이 운무에 묻혀 가 버렸다. 장교와 모든 군사가 어이없어 다만 공중만 바라보며 넋을 잃을 따름이었다. 어쩔 수 없이 이 사실을 보고하니, 임금이 듣고,

"천고에 이런 일이 어디 있으랴."

하며, 크게 근심을 했다. 이에 여러 신하 중 한 사람이 아뢰기를,

"길동의 소원이 병조 판서를 한 번 지내면 조선을 떠나겠다는 것이라 하오니, 한번 제 소원을 풀면 저 스스로 은혜에 감사하오리니, 그때를 타 잡는 것이 좋을까 하옵니다."

고 했다. 임금이 옳다 여겨 즉시 길동에게 병조 판서를 제수하고 사대문에 글을 써 붙였다. 그때 길동이 이 말을 듣고 즉시 고관의 복장인 사모관대에 서띠를 띠고 덩그런 수레에 의젓하게 높이 앉아 큰길로 버젓이 들어오면서 말하기를,

"이제 홍 판서 사은하러 온다."

고 했다. 병조의 하급 관리들이 맞이해 궐내에 들어간 뒤, 여러 관원들이 의논하기를,

"길동이 오늘 사은하고 나올 것이니 도끼와 칼을 쓰는 군사를 매복시켰다가 나오거든 일시에 쳐 죽이도록 하자."

하고 약속을 하였다. 길동이 궐내에 들어가 엄숙히 절하고 아뢰기를,

"소신의 죄악이 지중하온데, 도리어 은혜를 입사와 평생의 한을 풀고 돌아가면서 전하와 영원히 작별하오니, 부디 만수무강하소서."

하고 말을 마치며 몸을 공중에 솟구쳐 구름에 싸여 가니, 그 가는 곳을 알 수가 없었다. 임금이 보고 도리어 감탄을 하기를,

"길동의 신기한 재주는 고금에 드문 일이로다. 제가 지금 조선을 떠나노라 하였으니, 다시는 폐 끼칠 일이 없을 것이요, 비록 수상하기는 하나 일단 대장부다운 통쾌한 마음을 가졌으니 염려 없을 것이로다."

하고, 팔도에 사면의 글을 내려 길동 잡는 일을 그만두었다.

작품 해설

갈래 : 고전 소설, 한글 소설, 사회 소설, 영웅 소설
성격 : 현실 비판적, 전기적(傳奇的 : 기이하여 세상에 전할 만한 이야기)
배경 : 조선시대
시점 : 전지적 작가 시점
제재 : 적서 차별 제도
특징 : · 서술자가 작중에 직접 개입함
　　　　· 사회 제도의 불합리성을 비판하고 그에 대한 저항 정신을 드러냄
　　　　· 영웅 일대기라는 서사적 구조가 드러나며, 전기적 요소가 강함
　　　　· 우연적, 비현실적 사건이 발생함
주제 : 적서 차별에 대한 저항과 입신양명에의 의지

(2) 토끼전

글/ 작자 미상

토끼는 별주부와 함께 물가로 내려와 별주부의 등에 올라앉았다. 그러고는 두 눈을 꼭 감았다. 잠시 후, 몸이 두둥실 뜨는가 싶더니만 어느새 바닷속으로 빠져들었다. 눈을 떠 보니 오색구름이 찬란하게 궁궐을 휘감고 있었는데, 문 위에는 '북해 용궁'이란 현판이 걸려 있었다. 용궁 문 앞에는 많은 졸개들이 삼엄하게 늘어서 있었다.

용왕이 토끼에게 가로되,

"과인(寡人)은 수궁의 으뜸인 임금이요, 너는 산중의 조그마한 짐승이라. 과인이 우연히 병을 얻어 고생한 지 오래되었도다. 네 간이 약이 된다는 말을 듣고 특별히 별주부를 보내어 너를 데려왔으니, 너는 죽는 것을 한스럽게 여기지 마라. 너 죽은 후에 비단으로 몸을 싸고 구슬로 장식한 관에 넣어 천하의 명당자리에 묻어 줄 것이니라. 또한, 과인의 병이 낫게 되면, 마땅히 사당을 세워 너의 공을 표하겠노라. 이것이 산중에서 살다가 호랑이나 솔개의 밥이 되거나 사냥꾼에게 잡혀 죽는 것보다 어찌 영화로운 일이 아니겠느냐? 과인의 말은 결코 거짓이 아니니, 너는 죽은 혼이 되더라도 조금도 나를 원망하지 말지어다."

하고는 즉시 토끼의 간을 꺼내 오라고 명령을 내렸다. 그러자 뜰아래에 늘어서 있던 나졸들이 토끼의 배를 가르려 일시에 달려들었다.

이때, 토끼는 용왕의 말을 듣고 난데없는 날벼락을 맞은 듯 정신이 아득해졌다.

'부귀영화를 누리게 해 준다는 별주부의 말에 속아 가족과 고향을 버리고 이렇게 왔으니, 어찌 이런 재앙이 없을쏘냐? 이제는 날개가 있어도 능히 하늘로 날아가지 못할 것이요, 축지법을 쓸지라도 여기서 능히 벗어나지 못하리니 어찌하리오?'

토끼는 절망감에 빠져들었다. 그러다가 다시 생각하되,

'옛말에 이르기를 호랑이 굴에 들어가도 정신만 차리면 산다고 하였으니, 어찌 죽기만 생각하고 살아날 방책을 헤아리지 아니하리오?'
하더니 문득 한 묘한 꾀를 생각해 냈다.

이에, 얼굴빛을 태연스럽게 하고 고개를 들어 용왕을 우러러보며 가로되,

"제가 비록 죽을지라도 한 말씀 아뢰리다. 용왕님은 수궁의 임금이시요, 저는 산중의 하찮은 짐승일 따름이옵니다. 만일, 제 간으로 용왕님의 병환을 낫게 할 수만 있다면, 어찌 한낱 간 따위를 아끼겠나이까? 게다가 죽은 뒤에 후하게 장사를 지내 주고 사당까지 세워 주신다고 하시니, 그 은혜는 하늘과 같이 넓고 크나이다. 비록 지금 죽는다고 한들 어찌 조금이라도 여한이 있겠사옵니까? 다만 애달픈 바는 제가 비록 하찮은 짐승이오나 보통 짐승과 달라, 지금은 간이 없나이다. 저는 본래 하늘의 정기를 타고 태어난 까닭에 아침이면 옥 같은 이슬을 받아 마시며 밤낮으로 향기로운 풀을 뜯어 먹고 사옵니다. 제 간이 영약(靈藥)이 되는 것은 그런 까닭입니다. 그래서 세상 사람은 저를 만날 때마다 간을 달라고 심히 보채지요. 저는 이런 간절한 부탁을 매번 거절하기 어려워 간을 염통과 함께 꺼내 맑은 계곡물에 여러 번 씻어 높은 산, 깊은 바위틈에 감춰 두고 다닌답니다. 그러다가 우연히 별주부를 만나 여기에 따라온 것이니, 만일 용왕님의 병환이 이러한 줄 알았던들 어찌 가져오지 아니하였겠나이까?"
하며 도리어 자라를 꾸짖었다.

"네 진정 임금을 위하는 정성이 있을진대, 어이 이러한 사정을 일언반구(一言半句)도 말하지 아니하였는가?"

용왕이 이 말을 듣고 크게 노하여 꾸짖었다.

"너야말로 진실로 간사한 놈이로다. 천지간에 어느 짐승이 간을 내고 들일 수가 있단 말인가? 네가 얕은 꾀로 살기를 도모하나, 과인이 어찌 허무맹랑한 거짓에 속으리오? 네가 과인을 기만하고 있는 죄 더욱 크도다. 너의 간을 내어 과인의 병을 고침은 물론이요, 임금을 속이려 한 죄를 엄한 벌로 다스리리라."

용왕의 지엄한 꾸짖음을 들은 토끼는 정신이 아득하고 가슴이 답답해졌다. 이젠 속절없이 죽을 수밖에 없다며 곰곰이 앉아 생각하다가, 다시 웃으며 아뢰었다.

"용왕님은 제 말씀을 자세히 들으시고 깊이 생각하시옵소서. 제 배를 갈라 간이 있다면 다행이겠지만, 만약 없으면 용왕님의 병환도 고치지 못하고 부질없이 저만 죽을 따름이오니 어찌 다시 간을 얻겠나이까? 그때는 후회해도 소용없을 것이오니, 바라옵건대 용왕님은 깊이 헤아리소서."

용왕이 토끼의 말을 듣고 보니 그럴 듯도 하거니와, 또 토끼의 얼굴색이 태연한 것을 보고 심히 의아해졌다.

"네 말과 같을진대, 간을 들이고 내는 표가 과연 있는가?"

토끼가 이 말을 듣고 마음속으로 크게 기뻐하며 생각하되,

'이제는 내 살아날 방도가 생겼도다.'

하며 바로 여쭈었다.

"저에게는 다른 짐승과 같지 아니한 일이 많사오니, 잉태를 할 때에는 보름달을 바라보아야 잉태를 하고, 새끼를 낳을 때에는 입으로 낳습니다. 이런 까닭에 간을 넣을 때에는 입으로 넣나이다."

대개 수궁은 육지의 사정에 밝지 못한 까닭에 용왕은 토끼의 말을 묵묵히 듣고 있다가 속으로 헤아리되,

'만일 저 말과 같을진대, 배를 갈라 간이 없으면 애써 잡은 토끼만 죽일 따름이요, 다시 누구에게 간을 얻을 수 있으리오? 차라리 살살 달래어 육지에 나가 간을 가져오게 함이 옳도다.'

하고, 좌우에 명하여 토끼의 결박을 풀고 자리를 마련해 편히 앉도록 했다. 토끼가 자리에 앉아 황공함을 이기지 못하거늘, 용왕이 가로되,

"토 선생은 과인의 무례함을 너무 탓하지 마시게."

하고, 옥으로 만든 술잔에 귀한 술을 가득 부어 권하며 재삼 위로하니, 토끼가 공손히 받아 마신 후 황송함을 아뢰었다.

그때, 한 신하가 문득 앞으로 나와 아뢰었다.

"신이 듣자오니 토끼는 본디 간사한 짐승이라 하옵니다. 바라옵건대 토끼의 간사한 말을 곧이듣지 마시고 바삐 간을 내어 옥체를 보중하옵소서."

모두 바라보니, 간언(諫言)을 잘하는 자가사리였다. 하지만 토끼의 말을 곧이듣게 된 용왕은 기꺼워하지 않으며 말하였다.

"토 선생은 산중의 점잖은 선비인데, 어찌 거짓말로 과인을 속이겠는가? 경은 부질없는 말을 내지 말고 물러가 있으라."

결국 자가사리가 분함을 못 이기고 하릴없이 물러났다.

그리하여 토끼는 다시 별주부의 등에 올라앉아 너른 바닷물을 건너 육지에 이르렀다. 별주부

가 토끼를 내려놓으니, 토끼는 기쁨에 겨워 노래하되,

"이는 진실로 그물을 벗어난 새요, 함정에서 도망 나온 범이로다. 만일 나의 묘한 꾀가 아니었더라면, 어찌 고향 산천을 다시 볼 수 있었으리오?"

하며 사방으로 팔짝팔짝 뛰놀았다.

별주부가 토끼의 이런 모습을 보고 말하였다.

"우리의 갈 길이 바쁘니, 그대는 속히 돌아갈 일을 생각하라."

토끼가 큰 소리로 웃으며,

"미련한 자라야, 뱃속에 든 간을 어이 들이고 낼 수 있겠느냐? 이는 잠시 나의 묘한 꾀로 미련하고 어리석은 너희 용왕과 수국 신하들을 속인 말이로다. 또 너희 용왕이 병든 것이 나와 무슨 관계가 있다는 말이냐? 예로부터 전해지는 풍마우불상급(風馬牛不相及)이란 말은 이를 두고 이름이라. 그리고 이놈, 별주부야! 아무 걱정 없이 산속에서 한가로이 지내던 나를 유인하여 너의 공을 이루려 하였으니, 수궁에서 죽을 뻔한 일을 생각하면 아직도 머리털이 꼿꼿이 서는 듯하다. 너를 죽여 나의 분을 풀어야 마땅하겠지만, 네가 나를 업고 만리창파 너른 바닷길을 왕래한 수고를 생각하여 목숨만은 살려 주겠노라. 죽고 사는 일은 모두 하늘의 명에 달린 것이니, 속히 돌아가 다시는 부질없는 생각을 내지 말라고 용왕에게 전하여라. 나는 청산으로 돌아가노라."

하고는 소나무 우거진 숲 속으로 자취를 감추어 버렸다.

이때, 별주부는 토끼가 간 곳을 바라보며 길게 탄식하여 가로되,

"충성이 부족한 탓에 간특한 토끼에게 속아 빈손으로 돌아가게 되었으니 무슨 면목으로 우리 용왕과 신하들을 대하리오? 차라리 이곳에서 죽는 것만 같지 못하도다."

하고 토끼에게 속은 사연을 적어 바위에 붙이고, 머리를 바위에 부딪쳐 죽었다.

별주부가 떠난 뒤 소식이 없자 용왕은 거북을 보내어 자세한 사정을 알아 오라 분부했다. 거북이 즉시 물가에 이르러 살펴보니, 바위 위에 글이 붙어 있고, 곁에 별주부의 시체가 있었다.

거북이 돌아와 용왕에게 아뢰니, 용왕이 별주부를 불쌍히 여겨 후하게 장사를 지내 주었다. 그 후, 여러 신하들은 산중의 하찮은 토끼가 수궁의 군신을 속인 죄를 묻기 위해서 토끼를 잡아들여야 한다며 용왕에게 상소를 올렸다. 하지만 용왕이 이르기를,

"여러 신하들의 말은 옳지 않다. 과인이 하늘의 명을 모르고 무고한 토끼의 목숨을 빼앗으려 하였으니 어찌 현명하다 하겠느냐? 그대들은 다시 아무 말도 하지 마라."

하고는 태자에게 자리를 물려주고 죽으니, 그때 용왕의 나이 일천팔백 세였다. 태자와 여러 신하들은 애통해하며 성대하게 장사를 치르니, 그 광경이 매우 엄숙하였다.

작품 해설

갈래 : 고전 소설, 판소리계 소설, 우화 소설
성격 : 해학적, 풍자적, 우화적, 교훈적
배경 : 시간적 – 뚜렷하지 않음(조선 시대로 짐작) / 공간적 – 용궁, 바닷속, 산속
시점 : 전지적 작가 시점
제재 : 토끼의 간
특징 : ·동물을 의인화하여 인간 사회를 풍자한 우화적 수법을 사용함
　　　　 ·창작 당시의 사회적 배경을 바탕으로 민중의 비판 의식이 반영됨
주제 : ·표면적 – 위기를 극복하는 지혜, 임금에 대한 충성심, 헛된 욕심에 대한 경계
　　　　 ·이면적 – 봉건적 지배 계층에 대한 비판과 풍자

(3) 양반전

글/ 박지원

'양반'은 사족(士族)을 높여서 부르는 말이다. 강원도 정선 고을에 한 양반이 살고 있었는데, 그는 성품이 어질고 글 읽기를 좋아하였다. 그래서 군수가 새로 부임할 때마다 반드시 그 집에 몸소 나아가서 경의를 표하였다.

그러나 그는 살림이 가난해서 해마다 관가에서 환자(還子)를 타 먹었다. 그렇게 여러 해가 쌓이고 보니, 천 석이나 되었다. 관찰사가 여러 고을을 돌아다니다가 이곳에 이르러 관청 쌀의 출납을 검사하고는 매우 노하였다.

"어떤 놈의 양반이 군량을 이렇게 축냈단 말이냐?" 하고 명령을 내려 그 양반을 잡아들이게 하였다. 군수는 그 양반이 가난해서 갚을 길이 없는 것을 불쌍히 여겼다. 차마 가두고 싶지 않았지만, 그렇다고 가두지 않을 수도 없었다. 양반은 밤낮으로 훌쩍거리며 울었지만 아무런 대책도 나지 않았다. 그러자 그의 아내가 이렇게 욕하였다.

"당신이 한평생 글 읽기를 좋아했지만, 관가의 환자를 갚는 데 아무런 도움도 못 되는구려. 쯧쯧. 양반, 양반 하더니 한 푼어치도 못 되는구려."

그 마을에 부자가 있었는데, 가족들과 서로 의논하였다.

"양반은 아무리 가난해도 언제나 존경을 받지만, 우리는 아무리 부자가 되어도 언제나 하대를 받고 천하거든. 감히 말을 탈 수도 없고, 양반만 보면 저절로 기가 죽어서 굽실거리며 엉금엉금 기어가서 뜰 밑에서 절해야 하지. 코가 땅에 닿도록 무릎으로 기다시피 하면서 우리네는 줄곧 이렇게 창피를 당해야 하거든. 마침 저 양반이 가난해서 환자를 갚지 못해 몹시 곤란해질 모양이야. 참으로 그 양반이라는 자리도 지닐 수 없는 형편이 되었지. 그렇다면 내가 그것을 사서 가져야겠어."

부자는 곧 양반의 집을 찾아가서 환자를 대신 갚겠다고 청하였다. 양반은 크게 기뻐하면서 허락하였다. 부자는 곧바로 곡식을 관가에 보내어 갚았다. 군수는 매우 놀라면서도 이상하게 생각하였다. 직접 양반을 찾아가 위로하면서 환자를 갚은 사정을 물으려고 하였다. 그러자 양반은 벙

거지를 쓰고 베잠방이를 입은 채 길바닥에 엎드려 '쇤네'라고 칭하면서 감히 올려다보지를 못하였다.

　군수가 깜짝 놀라 내려가서 그를 부축하며 "선생께서 어찌 이다지도 스스로를 욕되게 하시는지요?" 하였다. 양반은 더욱 황송하여 어쩔 줄 몰라 하며 머리를 조아리고 엎드렸다.

　"황송하옵니다. 쇤네가 감히 일부러 이런 짓을 하는 것은 아니옵니다. 쇤네는 벌써 스스로 양반을 팔아 환자를 갚았으니, 마을의 부자가 바로 양반이옵니다. 쇤네가 어찌 다시금 뻔뻔스럽게 옛날처럼 양반 행세를 하면서 스스로 높이겠습니까?"

　군수가 감탄하면서 말하였다.

　"군자답구려, 부자시여! 양반답구려, 부자시여! 부유하면서도 아끼지 않으니 정의롭고, 남의 어려움을 돌봐 주니 어질도다. 낮은 신분을 싫어하고 높은 자리를 그리워하니 슬기롭도다. 이야말로 참된 양반이로다. 아무리 그렇더라도 소송이 일어날 꼬투리가 되리다. 내가 그들과 더불어 고을 사람들을 모아 놓고 증인을 세운 뒤에, 증서를 만들어 주리다. 군수인 내 자신이 마땅히 서명해야지."

　군수가 곧 동헌(東軒)으로 돌아와서 온 고을 사족과 농민·공장(工匠) 장사치까지 모두 불러 뜰에 모았다. 부자는 향소(鄕所)의 오른쪽에 앉히고 양반은 공형(公兄) 아래 세운 뒤 바로 증서를 작성하였다.

　"건륭(乾隆) 10년 9월 며칠에 아래와 같이 문권에 밝힌다. 양반을 팔아서 관가의 곡식을 갚은 일이 생겼는데, 그 곡식은 천 섬이나 된다. 이 양반의 이름은 여러 가지이다. 글만 읽으면 '선비'라 하고, 정치에 종사하면 '대부(大夫)'라 하며, 착한 덕이 있으면 '군자(君子)'라고 한다. 무관은 조정에서 서쪽에 서고, 문관은 동쪽에 서며, 이들을 통틀어 '양반'이라고 한다. 이 여러 가지 양반 가운데서 그대 마음대로 골라잡되, 오늘부터는 지금까지 하던 야비한 일들을 깨끗이 끊어 버리고 옛사람을 본받아 뜻을 고상하게 가져야 한다.

　오경(五更)이 되면 언제나 일어나서 성냥을 그어 등불을 켜고, 정신을 가다듬어 눈으로 코끝을 내려다보며, 두 발뒤축을 한데 모아 볼기를 괴고 앉아서, "동래박의(東萊博義)"처럼 어려운 글을 얼음 위에 박 굴리듯이 외워야 한다. 굶주림을 참고 추위를 견디며, 가난하다는 말을 입 밖에 내지 말아야 한다. 이를 두드리며 손가락으로 뒤통수를 튕긴다. 침을 가늘게 뿜어 만든 진액을 삼키고 털 감투를 쓸 때에는 소맷자락으로 털어서 물결무늬가 생겨나게 한다. 세수할 때에는 주먹의 때를 비비지 말 것이며, 입을 양치질해서 입 냄새를 없앤다. 긴 목소리로 '아무개야' 하고 계집종을 부르고, 느리게 걸으면서 뒤축을 끌어야 한다.

　이러한 여러 가지 행위 가운데 부자가 한 가지라도 어기면, 양반은 이 증서를 가지고 관청에 와서 송사하여 바로잡을 수 있다."

이렇게 쓰고 성주 정선 군수가 화압을 하고 좌수와 별감이 모두 서명을 하니, 통인이 관인을 찍었다. 뚜욱뚜욱 하는 그 소리는 마치 엄고 치는 소리 같았고, 그 찍어 놓은 모습은 마치 북두칠성이 세로 놓인 듯, 삼성이 가로 놓인 듯 보였다. 호장이 읽기를 마치자, 부자가 한참이나 멍하게 있다가 말했다.

"양반이 겨우 요것뿐이란 말씀이오? 나는 '양반은 신선과 같다.'고 들었지요. 정말 이것뿐이라면 너무 억울하게 곡식만 빼앗긴 거지유. 아무쪼록 좀 더 이롭게 고쳐 주시오."

그래서 다시 증서를 만들었다.

"하늘이 백성을 낳으실 때에 그 갈래를 넷으로 나누셨다. 이 네 갈래 백성들 가운데 가장 존귀한 이가 선비이고, 이 선비를 양반이라고 부른다. 이 세상에서 양반보다 더 큰 이익을 주는 것은 없다. 그들은 농사짓지도 않고 장사하지도 않는다. 옛글이나 역사를 대략만 알면 과거를 치르는데, 크게 되면 문과(文科)요 작게 이르더라도 진사(進士)이다.

문과의 홍패(紅牌)는 두 자도 채 못 되지만, 온갖 물건이 이것으로 갖추어지니 돈 자루나 다름없다. 진사는 나이 서른에 첫 벼슬을 하더라도 오히려 이름난 음관(蔭官)이 될 수 있다. 훌륭한 남인(南人)에게 잘 보인다면, 수령 노릇을 하느라고 귓바퀴는 일산바람에 희어지고, 배는 동헌 사령들의 '예이!' 하는 소리에 살찌게 되는 법이다. 방 안에서 귀고리로 기생이나 놀리고, 뜰 앞에 곡식을 쌓아 학을 기른다.

(비록 그렇지 못해서) 궁한 선비로 시골에 살더라도 마음대로 행동할 수 있다. 이웃집 소를 몰아다가 내 밭을 먼저 갈고 동네 농민을 잡아내어 내 밭을 김매게 하더라도, 어느 놈이 감히 나를 괄시하랴. 네놈의 코에 잿물을 따르고 상투를 잡고 흔들며 수염을 뽑더라도 원망조차 못하리라."

부자가 그 증서 만들기를 중지시키고 혀를 빼면서 말하였다.

"그만두시오. 제발 그만두시오. 참으로 맹랑합니다그려. 당신네가 나를 도둑놈으로 만들 작정이시오?" 하고는 머리채를 흔들면서 달아났다. 그 뒤부터 그는 죽을 때까지 '양반'이란 소리를 입에 담지도 않았다.

작품 해설

갈래 : 고전 소설, 풍자 소설, 단편 소설
성격 : 풍자적, 현실 비판적
배경 : 시간적 – 조선 후기 / 공간적 – 강원도 정선군
시점 : 전지적 작가 시점
제재 : 양반 신분의 매매
특징 : ·양반 신분의 매매 사건을 통해 양반들의 위선적인 모습을 풍자함
　　　　 ·신분 질서가 흔들리는 조선 후기의 사회상을 사실적으로 드러냄
주제 : 양반들의 허례허식과 무능함, 위선에 대한 비판

(4) 박씨전

글/ 작자 미상

앞부분의 줄거리

조선 인조 때, 이 상공(相公)의 아들 이시백은 어려서부터 매우 총명하고 용맹하여 그 이름을 널리 떨쳤다. 어느 날 박 처사(處士)가 이시백의 집에 찾아가 이시백과 자신의 딸을 정혼시키자고 청하고, 박 처사의 신비한 재주를 보고 감탄한 이 상공은 둘의 혼인을 허락한다. 그러나 박 처사의 딸과 혼인한 이시백은 박씨의 용모가 천하의 박색(薄色)임을 알고 실망하여 박씨를 대면조차 하지 않는다. 박씨는 이 상공에게 청하여 후원에 초당(草堂)을 짓고 시비 계화와 함께 지낸다.

시백이 과거를 보기로 한 날 밤, 박씨는 꿈 하나를 꾸었다. 뒤뜰 연못 가운데 꽃이 활짝 피어 있는데, 그 꽃 위로는 벌과 나비가 날아오르고 꽃 아래에는 백옥으로 만든 연적이 놓여 있었다. 그런데 갑자기 그 연적이 청룡으로 변하더니 푸른 바다 위를 노닐다가 여의주를 얻어 구름을 타고 백옥경(白玉京)으로 올라갔다 놀란 박씨가 잠에서 깨어나니 한바탕 꿈이었다.

잠에서 깨어난 박씨는 더 이상 잠을 이루지 못하고 이런저런 생각에 잠겨 있었다. 어느덧 동방이 밝아 오는 것을 보고 박씨는 급히 밖으로 나왔다. 연못에 다가가니 과연 꽃 아래에 연적이 놓여 있는데, 꿈속에서 본 바로 그 연적이었다. 반가운 마음에 연적을 방에 갖다 놓고 계화를 불렀다.

계화에게 연적을 주며 시백에게 말을 전했다.

"이 연적의 물로 먹을 갈아 글을 지어 바치면 장원 급제할 것입니다. 크게 출세하여 이름을 떨치거든 부모님께 영화를 보이고 가문을 빛내십시오. 그런 후 나같이 복 없는 사람은 생각하지 말고, 이름난 집안에서 아름다운 여자를 얻어 함께 평생 사십시오."

계화에게 이 말을 들은 시백이 연적을 들어 찬찬히 살펴보니 천하에 둘도 없는 보배였다. 시백은 마음속으로 깨닫는 바가 있어, 지난 일을 뉘우치며 매 맞은 계화를 위로하고 박씨에게 말을 전했다.

"이미 지난 일은 어쩔 수 없으니 부인의 넓은 아량으로 다 풀어 버리시오. 태평한 시절을 만나 평생 함께하기를 바랍니다."

시백은 연적을 품에 안고 과거장에 들어가 글제가 내리기를 기다렸다. 제일 먼저 글을 바치고 방이 내리기를 기다렸다. 잠시 후 방이 걸렸는데, '한성부에 사는 이득춘의 아들 시백'이라 쓰여 있었다. 장원 급제였다.

집에 돌아와서는 다시 풍악을 갖추고 잔치를 크게 베풀었다. 잔치에 참석한 여러 재상이 너도나도 상공에게 축하 인사를 드렸고, 상공도 술잔을 돌리며 마음껏 즐거움을 누렸다. 이윽고 날이 저물어 파연곡(罷宴曲) 소리가 울려 퍼지고 손님들은 모두 집으로 돌아갔다.

상공이 시백과 함께 내당(內堂)으로 들어가 촛불을 밝히고 낮을 이어 즐기려 했지만, 얼굴에 나타난 서운한 빛을 감출 수는 없었다. 얼굴 못난 며느리가 손님 보기를 부끄러워하여 피화당에서 나오지 않았기 때문이었다. 상공이 서운해하는 모습을 본 부인이 물었다.

"오늘 이 경사는 평생에 두 번 보지 못할 경사입니다. 이런 날, 대감의 낯빛이 좋지 않은 것은 무슨 까닭입니까? 추악한 박씨가 이 자리에 없어서 그런 것입니까? 참으로 우습습니다."

상공은 즉시 얼굴빛을 고치고 엄숙하게 말했다.

"부인의 소견이 아무리 얕고 짧다고 한들, 어찌 그렇게 가벼운 말을 하는 것이오? 며느리의 신통한 재주는 옛날 제갈공명(諸葛孔明)의 부인 황씨를 누를 것이고, 뛰어난 덕행은 주나라의 임사(姙姒)에 비할 것이오. 우리 가문에 과분한 며느리이거늘, 부인은 다만 생김새만 보고 속에 품은 재주는 생각하지 않으시니 그저 답답할 따름이오."

처사가 오기로 한 날이 되었다. 상공은 집 안을 정결하게 하고 옷을 단정하게 입은 뒤 홀로 바깥채에 앉아 박 처사를 기다렸다. 오래지 않아 오색구름이 영롱해지며 맑은 옥피리 소리가 구름 밖에서 들려왔다. 상공이 창에 기대어 멀리 바라보니, 한 신선이 백학을 타고 오색구름 사이로 내려왔다. 자세히 보니 그가 바로 박 처사였다.

상공이 옷깃을 여미고 뜰아래 내려가 처사를 맞았다. 시백 역시 의관을 갖추고 처사에게 문안을 드렸다. 처사가 시백의 손을 잡고 상공에게 축하 인사를 건넸다.

"영랑(令郞)이 뛰어난 재주로 과거에 급제하였으니 이 같은 경사는 다시 없을 줄 압니다. 그간 제가 시골에 있는 관계로 아직 축하 인사를 드리지 못했습니다."

상공이 술과 안주를 내어 대접하며 처사와 함께 그간 만나지 못한 회포를 풀었다.

하루는 처사가 후원으로 들어가 딸을 불러 앉혔다.

"너의 액운이 다 끝났으니 누추한 허물을 벗어라."

허물을 벗고 변화하는 술법을 딸에게 가르친 뒤 말하였다.

"허물을 벗거든 버리지 말고 시아버지에게 옥으로 된 함을 짜 달라고 해서 그 속에 넣어 두어라."

그러고는 딸과 함께 정담을 나누다가 밖으로 나와 상공에게 작별 인사를 드렸다. 상공이 못내 섭섭해하며 만류했지만 처사는 듣지 않았다. 할 수 없이 한잔 술로 작별을 고하고 문밖으로 나가 전송하였다.

"지금 헤어지면 다시 만나기 어려울 것입니다. 늘 건강하시고 복을 누리시기 바랍니다."

상공이 깜짝 놀라며 물었다.

"그것이 무슨 말씀이십니까?"

"이제 상공과 이별하고 산에 들어가면 다시 속세로 나오지 못할 듯하여 드리는 말씀입니다."

상공이 슬프게 작별 인사를 하니, 처사는 학을 타고 공중에 올라가 오색구름을 헤치며 나아갔다. 잠시 후 구름이 걷혔는데 처사가 간 곳은 보이지 않았다.

그날 밤, 박씨는 몸을 깨끗이 씻은 뒤 둔갑술을 부려 허물을 벗었다.

날이 밝은 후, 박씨는 계화를 불렀다. 계화가 들어가 보니 전에 없던 절세가인(絶世佳人)이 방 안에 앉아 있었다. 여인의 얼굴은 아름답기 그지없었으며, 그 태도는 너무도 기이했다. 월궁항아(月宮姮娥)나 무산 선녀(巫山仙女)라도 따르지 못할 듯했고, 서시와 양귀비도 미치지 못할 정도였다.

중간 부분의 줄거리

이시백은 그동안 박씨를 박대했던 것을 뉘우치고, 부부 간의 정은 날로 깊어 간다. 병조 판서를 지내던 이시백은 임경업과 함께 청나라를 위협하던 가달국을 물리치고, 그 공으로 우의정의 벼슬을 받게 된다. 그러나 날이 갈수록 세력이 커진 청나라는 그 은혜를 잊고 조선을 침범한다. 조선은 임경업을 피해 동쪽으로 쳐들어온 청나라의 용골대, 용울대 형제에게 속수무책으로 당하고, 결국 임금은 남한산성으로 피신한다. 박씨는 피화당을 침범한 용울대의 목숨을 빼앗고, 청나라 군사를 물리친다.

　　용골대는 항서(降書)를 받아 한양 성내로 들어갔다. 그때 장안을 지키던 군사가 급히 보고를 했다.

　　"용 장군이 여자의 손에 죽었습니다."

　　이 말을 들은 용골대는 대성통곡을 했다.

　　"내 이미 조선 왕의 항복을 받았거늘, 누가 감히 내 아우를 해쳤단 말인가? 이 땅은 이제 내 손안에 있으니 원수를 갚기는 어렵지 않을 것이다. 어서 그 집으로 가자."

　　이때 나무 사이로 한 여자가 나타났다.

　　"어리석은 용골대야! 네 동생 용울대가 내 칼에 놀란 혼이 되었는데, 너까지 내 칼에 죽고 싶어 이렇게 찾아왔느냐?"

　　용골대는 이 말을 듣고 분을 참을 수 없었다.

　　"대체 어떤 계집이 감히 장부를 희롱하느냐? 불행하게도 내 동생이 네 손에 죽었지만, 나는 이미 조선 임금의 항서를 받은 몸이다. 이제 너희도 우리나라 백성인데, 어찌 우리를 해치려 하느냐? 나라가 무엇인지도 모르는 여자로구나. 살려 두어도 쓸데가 없으니 나와서 내 칼을 받아라."

　　계화가 들은 척도 하지 않고 계속해서 용울대의 머리만 가리키면서 조롱을 하였다.

　　"나는 충렬 부인의 시비 계화다. 너야말로 참으로 가련한 사내로구나. 네 동생 용울대도 내 손에 죽었는데, 너 역시 나같이 연약한 여자 하나 당하지 못해 그렇듯 분통해하느냐? 참으로 가련한 놈이로다."

　　용골대는 끓어오르는 화를 참지 못하고, 쇠로 만든 활에 왜전(矮箭)을 먹여 쏘았다. 하지만 계화를 맞히기는커녕 예닐곱 걸음 앞에 가 떨어져 버렸다. 화가 머리끝까지 치밀어 오른 용골대가 다시 군사를 몰아쳤다.

　　"모든 군사는 한꺼번에 화살을 쏘아라."

　　명령을 들은 군사들은 앞다투어 화살을 쏘았지만 역시 하나도 맞히지 못했다.

　　용골대가 모든 장졸을 뒤로 물린 후, 왕비와 세자, 대군을 모시고 장안의 재물과 미녀를 거두어 돌아갈 채비를 꾸렸다. 오랑캐에게 잡혀가는 사람들의 슬픈 울음소리가 장안을 진동했다.

　　박씨가 계화를 시켜 용골대에게 소리쳤다.

　　"무지한 오랑캐 놈들아! 내 말을 들어라. 조선의 운수가 사나워 은혜도 모르는 너희에게 패배를 당했지만, 왕비는 데려가지 못할 것이다. 만일 그런 뜻을 둔다면 내 너희를 몰살할 것이니 당장 왕비를 모셔 오너라."

하지만 용골대는 오히려 코웃음을 날렸다.

"참으로 가소롭구나. 우리는 이미 조선 왕의 항서를 받았다. 데려가고 안 데려가고는 우리 뜻에 달린 일이니, 그런 말은 입 밖에 내지도 마라."

오히려 욕설만 무수히 퍼붓고 듣지 않자 계화가 다시 소리쳤다.

"너희의 뜻이 진실로 그러하다면 이제 내 재주를 한 번 더 보여 주겠다."

계화가 주문을 외자 문득 공중에서 두 줄기 무지개가 일어나며 모진 비가 천지를 뒤덮을 듯 쏟아졌다. 뒤이어 얼음이 얼고 그 위로는 흰 눈이 날리니, 오랑캐 군사들의 말발굽이 땅에 붙어 한 걸음도 옮기지 못하게 되었다. 그제야 용골대는 사태가 예사롭지 않음을 깨달았다.

"당초 우리 왕비께서 분부하시기를 장안에 신인(神人)이 있을 것이니 이시백의 후원을 범치 말라 하셨는데, 과연 그것이 틀린 말이 아니었구나. 지금이라도 부인에게 빌어 무사히 돌아가는 편이 낫겠다."

용골대가 갑옷을 벗고 창칼을 버린 뒤 무릎을 꿇고 애걸하였다.

"소장이 천하를 두루 다니다 조선까지 나왔지만, 지금까지 무릎을 꿇은 적은 한 번도 없었습니다. 이제 부인 앞에 무릎을 꿇어 비나이다. 부인의 명대로 왕비는 모셔 가지 않을 것이니, 부디 길을 열어 무사히 돌아가게 해 주십시오."

작품 해설

갈래 : 고전 소설, 역사 소설, 영웅 소설, 군담 소설
성격 : 전기적, 비현실적, 영웅적
배경 : 조선 인조 때 병자호란
시점 : 전지적 작가 시점
제재 : '박씨' 부인의 영웅적 재주와 기상
특징 : ·남성보다 뛰어난 영웅적 면모를 지닌 여성 주인공을 내세움
　　　　·전기적, 비현실적 요소를 지님
　　　　·실존 인물을 등장시켜 현실감을 부여함
주제 : 병자호란의 패배에 대한 굴욕감 극복과 민족적 자존심의 회복

5 극

1. 희곡

무대 상연을 목적으로 하는 연극의 대본

1) 희곡의 특성

① 무대 상연을 전제로 함

② 막과 장을 기본 단위로 함

③ 시간과 공간, 등장인물의 수에 제약을 받음

④ 등장인물의 대사와 행동을 통해 사건이 전개됨

⑤ 대립과 갈등을 중심으로 이야기가 전개되는 산문 문학임

⑥ 현재화된 인생의 표현

2) 희곡의 구성 요소

형식적 요소			
	해설		희곡의 첫머리에서 등장인물, 때와 장소 등을 설명하는 부분
	대사	대화	등장인물 사이에 주고받는 말
		독백	한 명의 등장인물이 상대역 없이 혼자 하는 말
		방백	상대역에게는 들리지 않고 관객에게만 들리는 것으로 약속하고 하는 말
	지시문	무대 지시문	무대 장치, 분위기, 효과음, 조명 등을 지시함
		동작 지시문	등장인물의 행동, 표정, 심리, 말투 등을 지시함

2. 시나리오

영화나 드라마 제작을 목적으로 하여 쓴 대본

1) 시나리오의 특성

① 영화나 드라마 상영을 전제로 함

② 장면(Scene)을 기본 단위로 함

③ 시간과 공간, 등장인물의 수에 제약이 거의 없음

④ 촬영을 고려한 특수 용어가 사용됨

⑤ 대사 외에 내레이션이 사용되기도 함

2) 주요 시나리오 용어

S#(Scene Number)	장면 번호
F.I.(Fade In)	어두운 화면이 점점 밝아지는 기법
F.O.(Fade Out)	밝은 화면이 점점 어두워지는 기법
Ins.(Insert)	화면과 화면 사이에 다른 화면을 끼워 넣는 것
O.L.(Over Lap)	한 화면에 다른 화면을 겹쳐서 장면을 전환하는 것
C.U.(Close Up)	어떤 특정 부분을 강조하기 위해 크게 확대해 찍는 것
E.(Effect)	효과음. 주로 화면 밖에서의 음향이나 대사에 의한 효과
NAR.(Narration)	화면 밖에서 들리는 설명 형식의 대사
Montage	여러 장면을 적절히 떼어 붙여서 새로운 장면을 만드는 것. 사건의 진행을 축약해서 보여 주는 효과가 있음

(1) 챔피언

글/ 홍자람

S# 18. 체육관

8반 아이들이 신난 표정으로 걸어 나오고 있다.

세리 야, 우리 잔치하자! 우리도 이번에 떡 하는 거야!

옥림 (좋으면서도) 아직 1등은 못 했잖아.

세리 7반이 제일 센데 걔들 꺾은 우리가 1등인 거지. 떡 하자, 떡.

멈칫하는 세리. 7반 아이들이 체육 선생님에게 항의하고 있다. 그 뒤로 욱과 순신 등이 어이없는 듯 서 있다. 옥림 등이 궁금해서 다가간다.

7반 농구부원 분명히 선 밟았단 말예요! 본 사람이 얼마나 많은데요!

7반 반장 맞아요, 저도 봤어요! 저희 너무 억울해요. 재경기해야 돼요.

체육 선생님 (약간 짜증이 난 말투로) 경기 다 끝나고 이러면 어떡해? 아까까진 가만있다가 말야. 다들 들어가, 들어가! (간다.)

7반 아이들이 재경기해야 한다고 요구하며 체육 선생님을 따라가고, 옥림을 비롯한 8반 아이들이 그 모습을 기막힌 듯 지켜본다.

옥림 (어이없는) 세상에 웬일이니? 저러고 싶을까?

세리 진짜 추하다. 무슨 말이 되는 걸 갖고 시비를 걸어야지. 야, 됐어, 됐어. 그냥 가. (하다가 멈칫한다.)

S# 20. 피시방(밤)

옥림을 비롯한 8반 아이들이 동영상을 다시 돌려 보고 있다. 숫하는 욱이 선을 밟은 것이 보인다. 옥림과 함께 있는 하림, 윤정, 용우, 세리, 보비 모두 멍하니 말없이 컴퓨터 화면만 바라보고 있다.

하림   (멍해서) 이게 어떡하다 찍힌 거라고?

옥림   내가 잘못 눌러서 녹화를 한 건데……

일동   (모두 할 말을 잃고 정지된 화면만 보며 멍하니 있다.)

하림   (눈치를 힐끔 보고서) 잘못 찍혔다? (어색하게 웃으며 조심스레) 그럼, 잘못 찍힌 거……. 이건 그럼 버려도 되는 거 아냐? 어?

일동   (하림을 본다.)

하림   찍으려고 찍은 게 아니라며. 경기도 끝났겠다, 어? 중요한 건 그거거든.

일동   (같은 마음에 합세해서) 그치? 그치, 끝났지.

하림   (아이들의 반응에 더 크게) 솔직히 이거 있으나 없으나 변할 거 있어? 우리가 잘못한 건 없거든. 호루라기 소리 들리면 그걸로 끝이야.

일동   (같은 마음으로 더 열심히 "그럼, 그럼.", "당연하지." 하며 수긍한다.)

하림   (주위를 빨리 살피고는 빠르고 작게) 야, 그럼 넌 일단 카메라 안에 그거 다 지우고, (옥림, 바로 지우기 시작한다.) 이건 우리만 알고 있는 거야. 다들 입조심하고. 특히 장욱! 그 자식한텐 절대 비밀이야.

일동, 주위를 살피며 책가방을 들고 빠르게 빠져나간다. 이때 반대편 칸에서 누군가가 스윽 일어난다. 7반 반장이 8반 아이들이 나간 쪽을 바라보며 서 있다.

S# 21. 학교 게시판 앞(아침)

놀란 표정으로 멍하게 벽보를 보고 있는 옥림, 세리, 하림. 학교 게시판에 붙은 대자보 앞에 아이들이 엄청나게 몰려 있다. '8반과의 재경기를 요구한다! 8반은 동영상을 공개하라!'는 벽보가 보인다.

S# 32. 8반 교실(낮)

특별 활동 시간. 세리가 안건과 결정된 사항을 적고 있고, 욱이 사회를 보고 있다. 아이들, 지루해서 몸을 뒤틀고 있다.

욱   7반과 농구 시합을 다시 했으면 합니다.

아이들 잠시 놀라 멍하게 욱을 바라보다 "쟤가 갑자기 무슨 소리를 하고 있어?", "야, 너 뭐야?"라며 소란스럽게 떠든다. 용우, 윤정, 보비 등은 계속 소리를 치고, 정민은 무슨 일인지 어리둥절해한다. 옥림은 욱을 가만히 바라본다.

욱   (담담하면서도 결연한 표정으로 약간 소리 높여) 그리고…… 제가 선을 밟은 동영상도 같이 공개를 했으면 합니다.

세리   (당황해서 못 박듯 욱에게) 야, 너 반장이라고 뭐든지 네 맘대로 해도 된다고 생각하나 본데, 왜 이러셔? 나도 부반장이야! 너 혼자 7반 가서 사과하고, 시합하고, 나 그 꼴 못 봐. 아니, 안 봐.

욱   그러니까 지금 너희들한테 동의를 구하는 거 아냐.

순신   딴 거 다 집어치우고, 너 우리가 인정하면 7반 애들이 어떻게 나올 것 같냐? 7반 애들이 우리 반 멋있다 칭찬해 줄 줄 알아? 아니. 오리발 내밀더니 결국 자백했네. 꼴 좋네. 난리 피울 거야 분명히. 난 딴 건 몰라도 그 꼴은 절대 못 봐.

욱   (잠깐 말 못하고 있다가) 걔들이 어떻게 나오느냐가 중요한 게 아니잖아. 우리가 생각할 때 스스로 당당한가 아닌가, 그게 중요한 거 아냐?

정민   안 당당할 건 또 뭔데.

욱   (정민을 본다.) …….

정민   솔직히 말해서 7반 애들 반칙한 거, 팔꿈치로 용우랑 하림이 칠 때도 그렇고 체육 선생님 7반 애들 반칙 못 보고 놓친 거 많아. 그렇게 하나하나 따지기 시작하면 완벽한 경기란 거, 세상에 없는 거 아냐?

욱   (정민 향해 열심히 말하는) 하지만 세상엔 멋진 경기도 있어. 우리 그런 경기 보면 기분 좋잖아. 최소한 그렇게 하려고 노력은 해야 되는 거 아냐?

정민   (욱을 보다가 한숨쉬며 좋게 말하는) 니가 너무 맘이 불편해서 양심선언을 꼭 하고 싶다면 그건 말릴 생각 없어. 하지만 그런다고 세상이 바뀌거나 하지는 않아. 다시 말해서 네가 깨끗해지고 싶다는 건 그냥 자기만족이나 결벽증 같은 거야.

욱　(말 못하고 있다.)

세리　(기선을 잡았다는 듯이) 그래, 결벽증! 너 혼자만 깨끗해서 뭘 어떻게 하겠다고 그러냐?

보비　(삐죽이며) 맞아! 흙탕물에 생수 한 병 붓는다고 물이 깨끗해져? 계속 흙탕물이지.

정민의 말로 반 분위기가 완전히 기울어진 듯 아이들이 욱에게 마구 말을 쏟아 낸다. 그때,

옥림　그래도…… 흙탕물이 묽어지긴 하잖아.

8반 아이들　(멈칫해서 옥림을 본다.)

세리　(퉁명스럽게) 아, 그래서 결론이 뭔데? 재경기하자고, 말자고?

옥림　(어설프게 웃으며 얼버무리듯) 그냥…… 투표로 결정할래, 우리?

S# 33. 8반 교실(낮)

교실에 작은 박스로 만든 투표함이 돌고 있다. 아이들, 각자 적은 쪽지를 넣고 있다. 투표 중이다.

내레이션　투표로 결정하자고 하긴 했지만 결과는 불을 보듯 뻔하다.

욱이 개표를 시작하고, 세리가 그 옆에서 감시하듯 보며 결과를 적고 있다.

시간 경과. 아이들, 입이 떡 벌어져 칠판을 보고 있다. 1번 아홉 표, 2번 서른한 표. 아이들, 서로 믿기지 않는지 서로의 얼굴을 보며 멍하니 칠판을 바라보고 있다.

하림　(멍하니 보다가 아이들을 향해 어이없어 하며) 야, 이거 뭐야? 니들 제대로 찍은 거야? 1번이 재경기 안 한다야, 어?

세리　(당황하여) 야, 혹시 잘못 찍은 사람 손 들어 봐! 수정해 줄게. 어? 어?

서로만 두리번거리며 보던 아이들. 조금씩 미소가 배어 나온다.

내레이션 결정은 번복되지 않았다. 오히려 아이들은 자신들이 그런 결과를 만들어 냈다는 데 대해 살짝 감동까지 먹은 눈치였다.

작품 해설

갈래 : 드라마 대본(시나리오)
성격 : 허구적, 교훈적
제재 : 반 대항 체육 대회
특징 : ·승부에 민감한 청소년들의 심리를 잘 드러냄
　　　　·갈등의 원인과 진행 과정이 뚜렷하게 드러남
　　　　·'챔피언'이라는 제목이 주제를 상징함
주제 : 진정한 챔피언은 경기의 승자가 아니라 양심을 지키며 떳떳한 경기를 한 사람이다.

(2) 들판에서

글/ 이강백

등장인물 : 형, 아우, 측량 기사, 조수들, 사람들

장소 : 들판

무대 뒤쪽에 들판의 풍경을 그린 커다란 걸개그림이 걸려 있다. 샛노란 민들레꽃, 빨간 양철 지붕의 집, 한가롭게 풀을 뜯는 젖소들이 동화책의 아름다운 그림을 연상시킨다.

막이 오른다. 형과 아우, 들판에서 그림을 그리고 있다. 형은 오른쪽에서, 아우는 왼쪽에서 수채화를 그린다. 둘 다 즐거운 표정으로, 휘파람을 불거나 노래를 부른다. 형, 아우에게 다가가서 그림을 바라본다.

아우   난 이곳에서 평생토록 형님과 함께 살고 싶어요.

형   나도 너와 함께 아름다운 이곳에서 행복하게 살고 싶어.

형과 아우, 다정하게 포옹한다.

형   돌아가신 부모님께서 우리의 이런 모습을 보신다면…….

아우   분명히 저 하늘 위에서 바라보고 계실 거예요.

형   정말 고마우신 부모님이시다. 이렇게 좋은 곳을 우리 형제에게 물려주셨으니!

형, 주위에 피어 있는 민들레꽃을 꺾어서 아우에게 내민다.

형   들판에 피어 있는 이 민들레꽃에 걸고서 맹세하자. 우리 형제는 언제나 사이좋게 지내기로⋯⋯.

아우   그래요. (민들레꽃을 꺾어 형에게 내밀며) 이 민들레꽃이 우리 맹세의 증표예요.

형과 아우, 흐뭇한 표정으로 민들레꽃을 주고받은 뒤, 각자의 그림 앞으로 되돌아간다.

형   난 인제 집을 그려야겠다.

아우   나는 저 파란 하늘과 해님을 그리겠어요.

형과 아우, 열심히 그림을 그린다. 측량 기사와 두 명의 조수가 등장한다. 측량 기사는 측량기를 세워 놓고 조준경을 들여다보면서 조수들에게 손짓으로 신호를 보낸다. 측량 기사 앞쪽에는 한 명의 조수가 눈금이 그려진 표지봉을 들고 서 있다. 측량 기사의 뒤쪽에서는 측량이 끝난 지점마다 다른 조수가 말뚝을 박고 밧줄을 맨다.

형과 아우, 밧줄을 사이에 두고 가위바위보를 한다. 아우가 이긴다. 그는 형 쪽으로 껑충 뛰어넘어 가서 뽐내며 의기양양하게 다니다가 자기 쪽으로 되돌아온다. 아우는 세 번이나 형을 이기고, 똑같은 행동을 되풀이한다.

형   그만하자, 그만해!

아우   왜요?

형   너는 나보다 늦게 낸다! 내가 가위를 내면 너는 기다렸다가 바위를 내놓고, 내가 보를 내면 너는 그걸 본 다음 가위를 내놓잖아?

아우   아뇨! 난 형님과 동시에 냈어요!

형   난 그림이나 그려야겠다. (뒤돌아서서 자신의 그림 앞으로 걸어가며) 다시는 너하고는 놀이 안 해!

아우   형님, 나한테 지더니만 심통이 났군요?

형   너는 날 속이고 이겼어!

아우   아뇨! 형님이 지금 화를 내는 건 동생인 내가 이겼기 때문이에요. 형님은 언제나 이겨야 하고, 동생인 나는 항상 져야 한다! 그게 바로 형님의 고정 관념이지요!

형　　　미리 경고해 두겠는데, 내 허락 없이는 이쪽으로 넘어오지 마라!

아우　　그럼 형님도 내 땅에 넘어오지 마요!

아우, 자신의 그림 앞으로 되돌아간다. 형과 아우는 침묵 속에서 그림을 그린다.

측량 기사와 조수들, 등장한다.

측량 기사　(먼저, 형에게 다가가서 묻는다.) 측량을 끝냈으니 다음엔 무슨 일을 할까요?

형　　　그걸 왜 나에게 묻죠?

측량 기사　우리가 일을 정확히 하기 위해서죠. 처음 약속대로 말뚝과 밧줄을 치워 드릴까요?

형　　　아니, 그냥 둬요.

측량 기사　(동생에게 넘어가서 묻는다.) 어떻게 할까요? 당신 형님은 말뚝과 밧줄을 그냥 두라
　　　　　는데요?

아우　　밧줄은 약해요. 더 튼튼한 건 없어요?

측량 기사　더 튼튼한 거라면…….

아우　　젖소들이 넘어가지 못할 만큼 튼튼한 것이 필요해요.

측량 기사　그거야 철조망도 있고, 높다란 벽도 있죠.

아우　　좋아요. 땅 반절을 드릴 테니 벽을 설치해 주세요.

조수들, 벽 공사를 시작한다. 그들은 칸막이 형태의 벽을 운반해 오더니 재빠르게 조립해서 밧
줄을 따라 세워 놓는다. 형과 아우 사이에 벽이 가로놓인다.

형　　　바람이 거칠게 불어오는군.

아우　　하늘이 점점 흐려지고 있어.

형, 요란한 총소리에 놀라 전망대에서 황급히 내려온다. 그는 두려움에 질린 모습이 되어 움츠
리고 앉는다. 측량 기사, 가죽 가방을 든 두 명의 조수와 함께 등장한다.

측량 기사	저쪽 동생이 미쳤군요. 형님에게 총질을 하다니!
조수들	(웃으며) 완전히 미쳤어요.
형	무서워요······.
측량 기사	이젠 동생이 아니라, 적이라고 생각하는 게 좋겠어요. 철저히 무장하고 자신을 지켜야지, 가만있다간 죽게 됩니다. (조수들에게) 여봐, 이분에게 총을 드려.
조수들	네.

　조수들, 가죽 가방을 열고 장총의 분해품을 꺼낸다. 그들은 재빠르게 조립해서 형의 손에 쥐여 준다.

조수 1	손이 떨려서 총을 잡지 못하는데요?
측량 기사	꼭 쥐어 드리고 방아쇠 당기는 법을 가르쳐 드리라고.
조수 2	(형에게) 잘 보세요. 총 쏘는 건 간단해요.

　조수 2, 형이 쥐고 있는 장총의 방아쇠를 당긴다. 요란한 총소리가 울려 퍼진다. 벽 너머의 아우, 그 소리에 놀라 몸을 움츠리더니 허공을 향해 위협사격을 한다. 놀란 형 역시 반사적으로 총을 쏘아 댄다. 하늘에서 번개가 치고 천둥소리가 울린다.

　측량 기사, 퇴장한다. 번개가 치고 천둥이 울리면서 비가 쏟아진다. 형과 아우, 비를 맞으며 벽을 지킨다. 긴장한 모습으로 경계하면서 벽 앞을 오고 간다. 그러다 차츰차츰 걸음이 느려지더니, 벽을 사이에 두고 멈추어 선다.

형	어쩌다가 이런 꼴이 된 걸까! 아름답던 들판은 거의 다 빼앗기고, 나 혼자 벽 앞에 있어.
아우	내가 왜 이렇게 됐지? 비를 맞으며 벽을 지키고 있다니······.
형	저 요란한 천둥소리! 부모님께서 날 꾸짖는 거야!
아우	빗물이 눈물처럼 느껴져!

형과 아우, 탄식하면서 나누어진 들판을 바라본다.

형	들판에는 아직도 민들레꽃이 피어 있군! (총을 내려놓고 허리를 숙여 발밑의 민들레꽃을 바라본다.) 우리가 언제나 다정히 지내기로 맹세했던 이 꽃…….
아우	형님과 내가 믿을 수 있는 건 무엇일까? 그것이 단 하나라도 남아 있다면 좋을 텐데……. 그렇구나, 민들레꽃이 남아 있어! (총을 내던지고, 민들레꽃을 꺾어 든다.) 이 꽃을 보니까 그 시절이 그립다. 형님과 함께 행복하게 지냈던 시절이 그리워…….
형	벽 너머 저쪽에도 민들레꽃은 피어 있겠지…….
아우	형님이 보고 싶어!
형	동생 얼굴이 보고 싶구나!

형과 아우, 그들 사이를 가로막은 벽을 안타까운 표정으로 바라본다. 비가 그치면서 구름 사이로 한 줄기 햇빛이 비친다.

형	하지만, 내 마음을 어떻게 저 벽 너머로 전하지?
아우	비가 그치고, 산들바람이 부는군.
형	저 벽을 자유롭게 넘어갈 수만 있다면……. 가만있어 봐. 민들레꽃은 씨를 맺으면 어떻게 되지? 바람을 타고 멀리 날아가잖아?
아우	햇빛이 비치니까 샛노란 민들레꽃이 더 예쁘게 보여.
형	이 꽃을 꺾어서 벽 너머로 던져 주어야지. 동생이 이 민들레꽃을 보면, 진짜 내 마음을 알아줄 거야.
아우	형님에게 이 꽃을 드리겠어. 벽 너머의 형님이 이 꽃을 받으면, 동생인 나를 생각하겠지.

형과 아우, 민들레꽃을 여러 송이 꺾는다. 그들은 벽으로 다가가서 민들레꽃을 서로 던져 준다. 형은 아우가 던져 준 꽃들을 주워 들고 반색하고, 아우는 형이 던진 꽃들을 주워 들고 기뻐한다. 서로 벽을 두드리며 외친다.

아우	형님, 내 말 들려요?
형	들린다, 들려! 너도 내 말 들리냐?
아우	들려요!
형	우리, 벽을 허물기로 하자!
아우	네, 그래요. 우리 함께 빨리 허물어요!

　무대 조명, 서서히 꺼진다. 다만, 무대 뒤쪽의 들판 풍경을 그린 걸개그림만이 환하게 밝다. 막이 내린다.

– 막 –

작품 해설

갈래 : 희곡
성격 : 상징적, 교훈적
제재 : 형제 간의 갈등과 화해
특징 : · 의도적인 날씨 설정으로 분위기를 조성하고 갈등 상황의 변화를 일으킴
　　　 · 벽, 총, 민들레 등과 같은 소재를 사용하여 남북의 분단 현실을 상징적으로 표현함
주제 : 형제 간의 우애 회복(남북 분단의 현실과 그 극복 의지)

6 수필

1. 수필

글쓴이가 일상 속에서 경험한 일이나 경험에서 얻은 생각과 느낌을 일정한 형식에 얽매이지 않고 자유롭게 표현한 글

2. 수필의 특성

① 개성적인 문학 : 글쓴이의 가치관, 생활 방식, 정서, 말투 등의 독특한 개성이 드러남

② 형식이 자유로운 글 : 일정한 형식의 제약 없이 자유롭게 쓸 수 있음

③ 비전문적인 글 : 전문 작가가 아니더라도 누구나 쓸 수 있음

④ 고백적인 글 : 글쓴이 자신의 생각이나 느낌을 꾸밈없이 솔직하게 표현함

⑤ 신변잡기적인 글 : 글쓴이의 주변에서 일어나는 여러 가지 일들을 글의 소재로 삼음

3. 수필과 소설의 공통점과 차이점

	수필	소설
공통점	· 줄글 형식의 산문 문학 · 독자에게 감동과 즐거움을 줌	
차이점	· 직접 경험한 사실을 씀 · 글 속의 '나'는 글쓴이 자신임 · 정해진 형식이 없음 · 글쓴이의 생각이 직접적으로 드러남	· 허구적으로 꾸며낸 이야기임 · 글 속의 '나'는 글쓴이가 만들어 낸 인물임 · 구성 단계에 따른 형식이 있음 · 글쓴이의 생각이 이야기를 통해 간접적으로 드러남

(1) 사막을 같이 가는 벗

글/ 양귀자

학창 시절에는 유별나게도 학년이 바뀌고 반이 바뀌어 친구들과 뿔뿔이 흩어져야 하는 신학기가 싫었다. 마음으로 간절히 원했던 친구는 거의 언제나 다른 반으로 가버렸고, 한 반이 되지 않기를 빌고 빌었던 친구는 어김없이 한 반으로 편성되곤 하는 불행 아닌 불행 앞에서 얼마나 많이 속상해 했었는지 모른다.

그래서 학년이 바뀌고 처음 얼마 동안은 늘 마음을 잡지 못했었다. 아침에 눈을 떠 학교에 갈 일을 생각하면 가슴 한켠이 써늘해지곤 하던 그 느낌을 지금도 나는 선연히 떠올릴 수가 있다.

이제는 반이 나뉘고 새로운 급우들한테서 실컷 낯설음을 맛봐야 하는 신학기 따위는 영영 내 곁에서 사라졌다. 그 대신 시기하고 미워하며, 또는 빼앗고 속이고 황폐한 세상살이에 낯가림하며 사는 나날 속으로 내던져지고 말았다.

망망대해를 헤매는 듯한 인생의 항해는 신학기 잠시의 외로움을 극복하는 일 따위와는 비교도 할 수 없을 만큼 두려움 가득하고 힘들다. 삶은 고난투성이고 끝없는 인내를 요구하기만 하는데, 그러나 홀로 헤치는 파도는 높고 거칠기만 한 것이다.

바로 이때에 영혼을 함께 나눌 친구가 절실히 필요해진다. 인생이란 험난한 항해를 같이 겪고 있다는 동지애의 확인, 혹은 내 삶의 따뜻한 동반자라는 느낌이 전해져 오는 친구와 같이 있는 시간에는 이 세상도 한번 살아볼 만하다는 용기가 솟는다.

목소리만 듣고도 친구가 처해 있는 상황을 눈치채는 우정, 눈짓만 보아도 친구가 무얼 원하는지 알아채는 우정, 그런 돈독한 우정을 상호 간에 교환하고 있는 이들이라면, 그렇다면 적어도 실패한 삶은 아니라고 단정할 수 있는 것이다.

누군가 말했었다. 친구 없이 사는 일만큼 무서운 사막은 없다고. 또 누군가는 말했었다. 친구 없이 사는 것은 증인 없이 죽는 일이라고.

그 말들을 새기고 있으면 불현듯 마음이 찡해 온다. 나는 지금 무서운 사막을 홀로 걷고 있는 것은 아닌지, 지금 내 삶의 의미를 설명해 줄 단 한 사람의 증인도 없이 마음을 닫고 살아가는 것은 아닌지.

하지만 우정은 상호 간의 교류이다. 일방적인 행위가 결코 아닌 것이다. 말하자면 내가 먼저 쌓아야 할 탑이고 내가 밭을 경작해서 맺어야 할 열매인 것이다. 그럼에도 불구하고 탑을 제대로 쌓는 사람, 혹은 빛깔 곱고 아름다운 열매를 맺는 사람은 참 드물다. 친구는 많지만 진정으로 벗이라 부를 만한 이는 몇이나 되는지, 그것만이라도 한번쯤 되새겨 보며 살아야 하는 것 아닐까.

이상한 일이지만, 그러나 한번 더 생각해 보면 이해가 되지 않는 일도 아니지만, 진정한 친구로 사귀어왔다고 자부하는 사이면서도 그 친구가 성공을 거두면 마음 깊은 곳에서 솟구치는 질투심으로 어쩔 줄 몰라 하는 사람들이 의외로 많다. 불행을 당한 친구 앞에서는 얼마든지 위로를 할 수 있지만, 그러나 뜻밖의 행운을 얻거나 화려한 성공을 거둔 친구 앞에서는 진심으로 축하를 하기가 쉽지 않은 것이다.

이 모순투성이의 인간 마음 앞에서 진정한 친구인지 아닌지가 금방 구별되어진다. 친구의 행복을 아무런 질투 없이 기뻐하기 위해서는 남다른 우정이 필요한 법이고, 그런 우정을 보일 수 있는 사람 역시 성공한 사람이라고 단정하면 좀 지나친 것일까.

아니다, 그렇지 않다. 친구의 행운 앞에서 질투심 따위의 천박한 이기심을 버릴 수 있을 만큼 자신의 성품을 고귀하게 닦은 사람이라면 충분히 자기 인생을 성공으로 이끌 수 있는 사람이다.

누군가의 사람됨이 어떠한가를 알고 싶으면 그의 친구가 어떤 사람인지 알아보라고 말들을 한다. 영혼의 교류를 함께하는 친구한테서 또 다른 모습의 자기를 찾을 수 있다는 말은 어쩌면 당연한 것인지도 모른다.

우리한테 참다운 벗이 없다는 말은 그러므로 우리가 누군가에게 참다운 벗이 되어주지 않았다는 말과 조금도 다름이 없다.

세상이 참 각박하다고들 말한다. 세상이 온통 거짓과 불화로 가득 차 있다고 말한다. 그러면 그럴수록, 그렇기 때문에 더욱 우리에게 필요한 것은 누군가의 따뜻한 가슴일 것이다. 그리고 또한 누군가에게 따뜻한 가슴이 되어주는 일일 것이다.

작품 해설

갈래 : 수필
성격 : 회상적, 고백적
제재 : 학창 시절 신학기의 외로움
특징 : 글쓴이가 삶을 바라보는 관점과 삶에서 중요하게 생각하는 가치가 드러남
주제 : 진정한 벗의 필요성과 진정한 벗이 되기 위해 먼저 노력하는 자세의 중요성

(2) 고래들의 따뜻한 동료애

글/ 최재천

　몇 년 전 일이다. 어디론가 가기 위해 바삐 걷던 중 저만치 앞에서 휠체어를 탄 장애인이 차도로 내려서는 것을 보았다. 위험할 터인데 왜 저러나 싶어 살펴보니 그의 앞에 큼직한 자동차가 인도를 꽉 메운 채 버티고 있는 것이 아닌가. 어쩔 수 없는 상황에서 차도라도 돌아가려는 그에게 차들은 한 치의 양보도 하지 않았고 심지어는 요란하게 경적을 울리는 이들도 있었다.

　나는 황급히 그에게 다가가 그의 휠체어 손잡이를 잡으며 도와드리겠다고 했다. 그러나 나의 도움은 아무런 효과가 없었다. 차들은 여전히 매정하게 우리 앞을 가로지르고 있었고 세워달라고 내가 손을 흔들 때면 더 빠른 속도로 달려오곤 했다. 그러자 그는 나에게 휠체어는 혼자서도 운전할 수 있으니 미안하지만 차도로 내려가 오는 차들을 잠시 멈추게 해 줄 수 있느냐고 부탁했다. 그러면서 자기처럼 장애인이 되지 않도록 조심하라는 당부를 잊지 않았다. 나는 곧바로 차도에 뛰어들어 달려오는 차들을 막아 세웠고 그는 차도로 우회한 후 다시 인도로 올라가 가던 길을 계속 갈 수 있었다.

　해마다 우리는 장애인의 날이면 행사를 하며 법석을 떤다. 정작 그들에게 따뜻한 눈길 한번 주지 않으면서 길 한번 제대로 비켜주지 않으면서 말이다. 그날만 장애인을 걱정하는 것처럼 가장하고 그 동안 그러하지 못했던 것을 속죄하는 척하기만 하면 되는 것처럼 하루를 보낸다. 이제 우리는 일상생활에서 장애인과 함께 사는 법을 배워야 한다. 그래서 하루 빨리 장애인의 날 같은 건 사라지게 말이다.

　자연계는 언뜻 보면 늙고 병약한 개체들은 어쩔 수 없이 늘 포식자의 밥이 되고 마는 비정한 세계처럼만 보인다. 하지만 인간에 버금가는 지능을 지닌 고래들의 사회는 다르다. 거동이 불편한 동료를 결코 나 몰라라 하지 않는다. 다친 고래를 여러 고래들이 둘러싸고 거의 들어 나르는 듯한 모습이 고래학자들의 눈에 여러 번 관찰되었다. 그물에 걸린 동료를 구출하기 위해 그물을 물어뜯는가 하면 다친 동료와 고래잡이배 사이에 과감히 뛰어들어 사냥을 방해하기도 한다.

고래는 비록 물속에 살지만 엄연히 허파로 숨을 쉬는 젖먹이동물이다. 그래서 상처를 입어 움직이지 못하면 무엇보다도 물위로 올라와 숨을 쉴 수 없으므로 쉽사리 목숨을 잃는다. 그런 친구를 혼자 등에 업고 그가 충분히 기력을 되찾을 때까지 떠받치고 있는 고래의 모습을 보면 저절로 머리가 숙여진다. 또 많은 고래가 육체적인 도움을 주지 않더라도 무언가로 괴로워하는 친구 곁에 그냥 오랫동안 있기도 한다.

우리 사회의 장애인들에게도 휠체어를 직접 밀어줄 사람들보다 그들이 스스로 밀고 갈 수 있도록 길을 비켜주고 따뜻하게 함께 있어줄 사람들이 필요한 것인지도 모른다. 그들이 당당하게 삶을 꾸릴 수 있도록 여건을 마련해준 후 그저 다른 이들을 대하듯 똑같이만 대해주면 될 것이다.

앞으로 좀 더 자세한 연구가 진행되어야 밝혀질 일이겠지만 남을 돕는 고래가 모두 다친 고래의 가족이거나 가까운 친척만은 아닐지도 모른다. 우리 인간이 그렇듯이 장애가 있는 동생을 보살피는 것과 전혀 연고도 없는 장애인을 돕는 것은 근본적으로 다르다. 다친 고래를 등에 업고 있는 고래가 가족이나 친척으로 밝혀질 가능성은 충분히 있지만 다친 고래를 가운데 두고 보호하는 그 모든 고래가 다 가족일 가능성은 적은 것 같다. 고래들의 사회에 우리처럼 장애인의 날이 있어 "장애고래를 도웁시다."라는 구호를 외치며 배웠을 리 없건만 결과만 놓고 보면 고래들이 우리보다 훨씬 낫다.

작품 해설

갈래 : 수필
성격 : 체험적, 비판적, 설득적
제재 : 고래들의 동료애와 장애인
특징 : · 글쓴이의 경험을 바탕으로 장애인에 대한 우리 사회의 현실을 보여 줌
· 고래들의 모습과 우리 사회의 모습을 비교하여 글쓴이의 생각을 펼침
주제 : 장애인에 대한 이해와 배려의 필요성

(3) 흙을 밟고 싶다
글/ 문정희

동네 꼬마들이 흙장난을 하고 있다. 그것도 흙냄새가 향기로운 아파트 정원에 앉아서.

'출입금지'라는 팻말에도 아랑곳없이 흙 위에 풀썩 주저앉아 노는 모습이 좋은 놀이터라도 발견한 듯 신이 나 있는 표정이다.

화단 내에 들어가지 말 것을 주의를 주어야 함에도 불구하고 나는 동심으로 돌아가 모르는 척 그들 노는 모습을 망연자실 지켜보고 있다. 아파트 내에서 그나마 흙냄새 나는 곳이 있다는 게 다행이란 생각이 들었기 때문이다. 곱슬머리 남자아이가 운동화를 벗더니 신발 가득 흙을 담기 시작했다. 짐 실은 트럭을 만들기 위한 것이라고 한다. 이에 뒤질세라 그중 가장 나이가 어려 보이는 여자아이는 무엇을 하려는지 흙을 산더미처럼 쌓기 시작했다.

흙을 갖고 온갖 놀이를 구상하는 모습이 어찌나 진지해 보이는지, 군데군데 나무와 화초가 심어진 정원이 그들의 천국인 양 평온하기가 이를 데 없다.

한데 그것도 잠시였다. 아이를 찾던 곱슬머리 소년의 엄마가 헐레벌떡 달려오더니 다짜고짜 아이를 야단치기 시작했다. 놀이터를 놔두고 왜 하필 더러운 흙을 만지며 노느냐는 것이다. 트럭을 만들려고 흙을 담아 놓은 운동화를 보자 아이 엄마의 얼굴은 더 일그러졌다. 새 신발에 흙을 묻혀 놓아 짜증스럽다는 표정이다.

"내버려 두세요, 흙 놀이도 자연을 알게 하는 산 공부인데."라는 말이 목구멍까지 올라왔지만 차마 입이 떨어지질 않았다. 아이의 옷에 흙 묻히는 걸 싫어하는데 불난 집에 부채질하는 격이 될 것 같아서였다.

흙을 가득 실은 운동화 트럭을 운전해 보지도 못한 채 엄마 손에 이끌려가는 아이의 모습이 안타까웠다. 흙 내음을 맡으며 모처럼 도시의 딱딱함으로부터 해방된 것 같은 기분을 그 아이들은 느꼈을 터였다.

기성세대의 고집이 아이들의 감성을 짓누른다 생각하니 왠지 쓸쓸한 생각이 들었다. 물론 아파트에 놀이터가 한두 군데 있기는 하지만 모두 모래여서 부드럽고 촉촉한 흙의 감촉에는 비할 바가 못 된다. 온통 시멘트 바닥에다 빼곡 빼곡 붙어 있는 빌딩 숲에서 어찌 생명의 경이로움을 가슴으로 느낄 수 있으랴. 신기한 장난감도 오래 가지고 놀면 흥미를 잃기 마련인데, 온갖 놀이 기구가 풍성해도 풀 한 포기 자라지 않은 아파트 놀이터에 싫증을 느꼈는지도 모른다.

나도 어렸을 적 흙 놀이를 즐겼었다. 학교 이동이 잦았던 아버지께서 외지로 발령이 나자 어머니는 나를 사랑채에 사시는 증조할머니와 기거토록 하였다.

신기한 놀이 시설도, 특별한 장난감도 없었지만 나는 할머니와 지내는 게 신이 났다. 촉촉한 흙냄새가 나는 마당에 앉아 손으로 흙을 주물며 놀아도 야단치는 일이 없었기 때문이다. 그래서 흙이 질펀한 마당은 언제나 내 놀이터였다. 길에서 민들레를 뽑아다 흙을 일구어 심기도 하고, 신발에 흙을 담아 할머니 채마밭 고랑에 뿌리기도 하였다. 주위가 어둑해질 때까지 흙장난에 지칠 줄 모르는 나를 보고도 증조할머니는 웬일인지 화를 내지 않으셨다. 흙강아지가 되도록 실컷 놀라고 하실 뿐이었다.

생명을 키워내는 흙의 신비로움과 풍요를 온몸으로 느끼게 해 주고 싶어서 일까. 흙을 만지다 나뭇가지에 찔려 피가 흘러도 할머니는 그다지 놀라지 않으셨다. 할머니 손은 약손이라며 흙 한 줌 손으로 집어 상처 난 부위에 훌훌 뿌리는 것으로 치료를 대신하곤 했다. 사람은 흙으로 빚어졌으니 상처도 흙을 바르면 낫는다는 것이었다.

아무런 조건도 없이 오랜 세월을 베풀어 주기만 한 땅, 조상이 물려준 토지에 집을 짓고 편안히 사는 게 모두 땅의 은덕이라 생각하신 듯싶었다. 발을 딛고 다니는 땅이야말로 살 속에 깃든 영혼이고 모든 생명의 고향이라 생각한 것이다. 하지만 요즈음 땅을 밟고 산다는 게 하나의 사치처럼 되어 가는 느낌이다.

하늘과 가까운 고층 아파트에 살다보니 흙을 가까이할 기회가 적어진 것이다. 가끔 이러다가는 하늘의 공간에서 영영 땅으로 내려오지 못하는 건 아닐까 하는 생각이 들기도 한다. 손바닥만 한 마당이라도 있는 주택으로 주거지를 옮기겠다고 입버릇처럼 말하면서도 결국 아파트의 편리함에 젖어 다시 주저앉게 되니 말이다.

그래서인지 근래 들어선 마음까지도 시멘트 벽을 닮아가고 있는 것 같다. 오 년 동안 한 아파트 통로에 사는 아주머니와는 엘리베이터에서 만났어도 가벼운 목례를 하는 것 정도가 고작이고 서로 왕래해 본 일이 없다. 가까운 이웃이 없다면 훈훈한 정도 느끼지 못할 텐데 철저하게 혼자

사는 생활에 익숙해져 가고 있다.

　지구의 절반 이상이 흐르는 물로 덮여 있음에도 수구라 하지 않고 지구라 칭한 것도 흙이 생명의 모태이기 때문이 아닐까. 땅과 멀어질수록 병원을 가까이한다는 말이 있듯이 무디어진 심성을 깨우치는 건 자연과 가까이 하는 일이지 않나 싶다.

작품 해설

갈래 : 수필
성격 : 회상적, 경험적, 비판적
제재 : 흙
특징 : · '곱슬머리 소년의 엄마'와 '나'의 흙을 바라보는 관점이 대비됨
　　　· 글쓴이의 경험과 사색을 통해 흙의 긍정적 가치를 제시함
　　　· 흙을 멀리하는 요즘 사람들에 대한 비판적 태도가 드러남
주제 : 흙을 가까이하는 삶을 살아야 한다.

(4) 실수

글/ 나희덕

옛날 중국의 곽휘원이란 사람이 떨어져 살고 있는 아내에게 편지를 보냈는데, 그 편지를 받은 아내의 답시는 이러했다.

벽사창에 기대어 당신의 글월을 받으니
처음부터 끝까지 흰 종이뿐이옵니다.
아마도 당신께서 이 몸을 그리워하심이
차라리 말 아니 하려는 뜻임을 전하고자 하신 듯하여이다.

이 답 시를 받고 어리둥절해진 곽휘원이 그제야 주위를 둘러보니, 아내에게 쓴 의례적인 문안 편지는 책상 위에 그대로 있는 게 아닌가. 아마도 그 옆에 있던 흰 종이를 편지인 줄 알고 잘못 넣어 보낸 것인 듯했다. 백지로 된 편지를 전해 받은 아내는 처음엔 무슨 영문인가 싶었지만, 꿈보다 해몽이 좋다고 자신에 대한 그리움이 말로 다할 수 없음에 대한 고백으로 그 여백을 읽어 내었다. 남편의 실수가 오히려 아내에게 깊고 그윽한 기쁨을 안겨 준 것이다. 이렇게 실수는 때로 삶을 신선한 충격과 행복한 오해로 이끌곤 한다.

실수라면 나 역시 일가견이 있는 사람이다. 언젠가 비구니들이 사는 암자에서 하룻밤을 묵은 적이 있다.

다음날 아침 부스스해진 머리를 정돈하려고 하는데, 빗이 마땅히 눈에 띄지 않았다. 원래 여행할 때 빗이나 화장품을 찬찬히 챙겨가지고 다니는 성격이 아닌데다 그날은 아예 가방조차 가지고 있지 않았다. 그러던 중에 마침 노스님 한분이 나오시기에 나는 아무 생각도 없이 이렇게 여쭈었다.

"스님, 빗 좀 빌릴 수 있을까요?"

스님은 갑자기 당황한 얼굴로 나를 바라보셨다. 그제야 파르라니 깎은 스님의 머리가 유난히 빛을 내며 내 눈에 들어왔다. 나는 거기가 비구니들만 사는 곳이라는 사실을 깜박 잊고 엉뚱한 주문을 한 것이었다. 본의 아니게 노스님을 놀린 것처럼 되어 버려서 어쩔 줄 모르고 서 있는 나에게, 스님은 웃으시면서 저쪽 구석에 가방이 하나 있을 텐데 그 속에 빗이 있을지 모른다고 하셨다.

방 한구석에 놓인 체크무늬 여행 가방을 찾아 막 열려고 하다 보니 그 가방 위에는 먼지가 소복하게 쌓여 있었다. 적어도 오륙 년은 손을 대지 않은 것처럼 보이는 그 가방은 아마도 누군가 산으로 들어오면서 챙겨 들고 온 속세의 짐이었음에 틀림없었다. 가방 속에는 과연 허름한 옷가지들과 빗이 한 개 들어 있었다.

나는 그 빗으로 머리를 빗으면서 자꾸만 웃음이 나오는 걸 참을 수가 없었다. 절에서 빗을 찾은 나의 엉뚱함도 우물가에서 숭늉 찾는 격이려니와, 빗이라는 말 한 마디에 그토록 당황하고 어리둥절해하던 노스님의 표정이 자꾸 생각나서였다. 그러나 그 순간 나는 보았다. 시간을 거슬러 올라가 검은 머리칼이 있던, 빗을 썼던 그 까마득한 시절을 더듬고 있는 그분의 눈빛을. 이십 년 또는 삼십 년, 마치 물길을 거슬러 올라가는 연어 떼처럼 참으로 오랜 시간이 그 눈빛 위로 스쳐 지나가는 듯했다. 그 순식간에 이루어진 회상의 끄트머리에는 그리움인지 무상함인지 모를 묘한 미소가 반짝하고 빛났다. 나의 실수 한 마디가 산사의 생활에 익숙해져 있던 그분의 잠든 시간을 흔들어 깨운 셈이다. 그걸로 작은 보시는 한 셈이라고 오히려 스스로를 위로해보기까지 했다.

이처럼 악의가 섞이지 않은 실수는 봐줄 만한 구석이 있다. 그래서인지 내가 번번이 저지르는 실수는 나를 곤경에 빠뜨리거나 어떤 관계를 불화로 이끌기보다는 의외의 수확이나 즐거움을 가져다줄 때가 많았다. 겉으로는 비교적 차분하고 꼼꼼해 보이는 인상이어서 나에게 긴장을 하던 상대방도 이내 나의 모자란 구석을 발견하고는 긴장을 푸는 때가 많았다. 또 실수로 인해 웃음을 터뜨리다 보면 어색한 분위기가 가시고 초면에 쉽게 마음을 트게 되기도 했다. 그렇다고 이런 효과 때문에 상습적으로 실수를 반복하는 것은 아니지만, 한번 어디에 정신을 집중하면 나머지 일에 대해서 거의 백지상태가 되는 버릇은 쉽사리 고쳐지지 않는다. 특히 풀리지 않는 글을 붙잡고 있거나 어떤 생각거리에 매달려 있는 동안 내가 생활에서 저지르는 사소한 실수들은 내 스스로도 어처구니가 없을 지경이다.

결국 실수는 삶과 정신의 여백에 해당한다. 그 여백마저 없다면 이 각박한 세상에서 어떻게 숨을 돌리며 살 수 있겠는가. 그리고 발 빠르게 돌아가는 세상에 어떻게 휩쓸려가지 않고 남아 있을 수 있겠는가. 어쩌면 사람을 키우는 것은 능력이 아니라 실수의 힘일지도 모른다.

작품 해설

갈래 : 수필
성격 : 교훈적, 자기 고백적
제재 : 실수
특징 : · 일화를 통해 읽는 이의 관심과 흥미를 유발함
　　　　 · 단어의 뜻을 통해 제재에 의미를 부여함
주제 : 실수의 긍정적 의미, 실수를 너그럽게 용서해 주는 태도의 필요성

(5) 괜찮아

글/ 장영희

초등학교 때 우리 집은 서울 동대문구 제기동에 있는 작은 한옥이었다. 골목 안에는 고만고만한 한옥 여섯 채가 서로 마주 보고 있었다. 그 때만 해도 한 집에 아이가 보통 네댓은 됐으므로 골목길 안에만도 초등학교 다니는 아이가 줄잡아 열 명이 넘었다. 학교가 파할 때쯤 되면 골목은 시끌벅적, 아이들의 놀이터가 되었다.

어머니는 내가 집에서 책만 읽는 것을 싫어하셨다. 그래서 방과 후 골목길에 아이들이 모일 때쯤이면 대문 앞 계단에 작은 방석을 깔고 나를 거기에 앉히셨다. 아이들이 노는 걸 구경이라도 하라는 뜻이었다.

딱히 놀이 기구가 없던 그때, 친구들은 대분분 술래잡기, 사방치기, 공기놀이, 고무줄놀이 등을 하고 놀았지만 나는 공기놀이 외에는 그 어떤 놀이에도 참여할 수 없었다. 하지만 골목 안 친구들은 나를 위해 꼭 무언가 역할을 만들어 주었다. 고무줄놀이나 달리기를 하면 내게 심판을 시키거나 신발주머니와 책가방을 맡겼다. 그뿐인가. 술래잡기를 할 때는 한곳에 앉아 있어야 하는 내가 답답해할까 봐 어디에 숨을지 미리 말해 주고 숨는 친구도 있었다.

우리 집은 골목에서 중앙이 아니라 모퉁이 쪽이었는데 내가 앉아 있는 계단 앞이 늘 친구들의 놀이 무대였다. 놀이에 참여하지 못해도 난 전혀 소외감이나 박탈감을 느끼지 않았다. 아니, 지금 생각하면 내가 소외감을 느낄까 봐 친구들이 배려해 준 것이었다.

그 골목길에서의 일이다. 초등학교 1학년 때였던 것 같다. 하루는 우리 반이 좀 일찍 끝나서 나 혼자 집 앞에 앉아 있었다. 그런데 그때 마침 골목을 지나던 깨엿 장수가 있었다. 그 아저씨는 가위를 쩔렁이며, 목발을 옆에 두고 대문 앞에 앉아 있는 나를 흘낏 보고는 그냥 지나쳐 갔다. 그러더니 리어카를 두고 돌아와 내게 깨엿 두 개를 내밀었다. 순간 아저씨와 내 눈이 마주쳤다. 아저씨는 아무 말도 하지 않고 아주 잠깐 미소를 지어 보이며 말했다.

"괜찮아."

무엇이 괜찮다는 건지 몰랐다. 돈 없이 깨엿을 공짜로 받아도 괜찮다는 것인지, 아니면 목발을 짚고 살아도 괜찮다는 말인지…… . 하지만 그건 중요하지 않다. 중요한 것은 내가 그날 마음을 정했다는 것이다. 이 세상은 그런대로 살 만한 곳이라고, 좋은 친구들이 있고 선의와 사랑이 있고, '괜찮아'라는 말처럼 용서와 너그러움이 있는 곳이라고 믿기 시작했다는 것이다.

괜찮아 — 난 지금도 이 말을 들으면 괜히 가슴이 찡해진다. 2002년 월드컵 4강에서 독일에 졌을 때 관중들은 선수들을 향해 외쳤다.

"괜찮아! 괜찮아!"

혼자 남아 문제를 풀다가 결국 골든벨을 울리지 못해도 친구들이 얼싸안고 말해 준다.

"괜찮아! 괜찮아!"

"그만하면 참 잘했다."라고 용기를 북돋아 주는 말, "너라면 뭐든지 다 눈감아 주겠다."라는 용서의 말, "무슨 일이 있어도 나는 네 편이니 넌 절대 외롭지 않다."라는 격려의 말, "지금은 아파도 슬퍼하지 말라."라는 나눔의 말, 그리고 마음으로 일으켜 주는 부축의 말, 괜찮아.

그래서 세상 사는 것이 만만치 않다고 느낄 때, 죽은 듯이 노력해도 내 맘대로 일이 풀리지 않는다고 생각될 때, 나는 내 마음속에서 작은 속삭임을 듣는다. 오래전 내 따뜻한 추억 속 골목길 안에서 들은 말 — '괜찮아! 조금만 참아. 이제 다 괜찮아질 거야.'

아, 그래서 '괜찮아'는 이제 다시 시작할 수 있다는 희망의 말이다.

작품 해설

갈래 : 수필
성격 : 회상적, 체험적
제재 : 어린 시절 골목길에서의 추억
특징 : ·어린 시절 경험에서 얻은 깨달음을 진솔하게 표현함
· 자신의 체험과 보고 들은 일화를 제시하여 말하고자 하는 바를 강조함
주제 : 타인의 처지를 이해하고 배려하는 자세의 소중함

핵/심/총/정/리

(6) 이옥설(理屋設)

글/ 이규보

행랑채가 퇴락하여 지탱할 수 없게끔 된 것이 세 칸이었다. 나는 마지못하여 이를 모두 수리하였다. 그런데 그중의 두 칸은 비가 샌 지 오래되었으나, 나는 그것을 알면서도 이럴까 저럴까 망설이다가 손을 대지 않았던 것이고, 나머지 한 칸은 처음 비가 샐 때 서둘러 기와를 갈았던 것이다. 이번에 수리하려고 보니 비가 샌 지 오래된 것은 그 서까래, 추녀, 기둥, 들보가 모두 썩어서 못 쓰게 된 까닭으로 수리비가 엄청나게 들었고, 한 번밖에 비가 새지 않았던 한 칸의 재목들은 온전하여 다시 쓸 수 있었기 때문에 그 비용이 많이 들지 않았다.

나는 이제 느낀 것이 있었다. 사람의 경우도 마찬가지라는 사실을. 잘못을 알고서도 바로 고치지 않으면 곧 그 자신이 나쁘게 되는 것이 마치 나무가 썩어서 못 쓰게 되는 것과 같다. 잘못을 알고 고치기를 꺼리지 않으면 해(害)를 받지 않고 다시 착한 사람이 될 수 있으니, 저 집의 재목처럼 말끔하게 다시 쓸 수 있는 것이다.

그뿐만 아니라 나라의 정치도 이와 같다. 백성을 좀먹는 무리들을 내버려 두었다가는 백성들이 도탄에 빠지고 나라가 위태롭게 된다. 그런 뒤에 급히 바로잡으려 해도 이미 썩어 버린 재목처럼 때는 늦은 것이다. 어찌 삼가지 않겠는가?

작품 해설

갈래 : 고전 수필, 설(設)
성격 : 경험적, 비판적, 유추적, 교훈적
제재 : 행랑채를 수리한 일(집수리)
특징 : · '집-사람-나라의 정치'를 연관시켜 논지를 확대하고 있음
　　　　 · 경험한 내용을 먼저 제시하고 그에 대한 의견을 덧붙이는 방식으로 내용을 전개하고 있음
　　　　 · 체험을 서술한 예화를 통해 깨달은 점을 다른 상황에 적용하여 해석하는 유추의 방식을 활용하여 내용을 전개하고 있음
주제 : 잘못을 알고 그것을 고쳐 나가는 자세의 중요성

7 전기문

1. 전기문
특정 인물의 생애, 업적, 일화 등을 사실을 바탕으로 기록한 글

2. 전기문의 구성 요소
① 인물 : 인물의 출생, 성장 과정, 가정 환경, 성품, 재능 등
② 사건 : 인물의 활동과 업적, 그 인물과 관련된 일화 등
③ 배경 : 인물이 활동했던 시대적 · 공간적 · 사회 문화적 환경 등
④ 비평 : 인물의 업적과 삶에 대한 글쓴이의 생각, 느낌, 평가 등

3. 전기문의 특성
① 사실성 : 인물, 사건, 배경이 모두 사실을 바탕으로 함
② 교훈성 : 인물의 인품이나 업적 등을 통해 독자에게 감동과 교훈을 줌

(1) 가난한 환자들 곁에 선 참의사, 장기려

글/ 고영하

장기려는 어려서부터 의사가 되겠다는 꿈을 꾸었다. 총명하고 의지가 굳센 장기려는 꿈을 이루기 위해 노력했고, 의성 학교, 송도 고등 보통학교를 거쳐 경성 의학 전문학교에 입학하게 되었다. 하지만 집안 형편이 넉넉하지 않아 공부하는 내내 어려움을 겪어야 했다. 어려움 속에서 장기려는 의사를 한 번도 못 보고 죽어 가는 사람들을 위해 평생을 바치겠다고 다짐했다. 그리고 몇 년 후 의사가 된 장기려는 결혼해, 오 남매를 낳아 화목한 가정을 꾸렸다.

장기려는 평양에 있는 병원에서 환자들을 치료하였다. 그러나 꿈을 이루고 가족들과 행복하게 살면서도 마음속에는 채워지지 않는 빈자리가 있었다. 이때 우리나라에는 가난 때문에 몸이 아파도 병원을 구경조차 못하고 죽어 가는 사람이 많았다.

그러던 중 전쟁이 일어났다. 1950년 6월 25일의 일이었다. 전쟁이 계속되면서 사람들의 생명은 시시각각 위협받았다. 결국 장기려는 그해 겨울, 가족들과 함께 피란을 떠나기로 결정했다.

"여보, 가용(장기려의 둘째 아들)이와 내가 먼저 가고 있을 테니 얼른 뒤따라오시오."

둘째 아들과 장기려가 남쪽으로 발길을 돌리고 나서, 뒤에 따라오고 있던 아내와 네 남매 앞에 인민군이 나타났다. 그들은 남은 가족들의 발걸음을 막았다. 장기려의 남은 가족들은 그대로 북에 머물러 있어야만 했다. 가족들을 두고 떠나는 장기려의 마음은 젖은 솜이불처럼 무거웠다. 하지만 곧 다시 만날 수 있으리라 생각하며 발걸음을 재촉했다. 그때만 해도 이 헤어짐이 영원하리라고는 상상조차 못했던 것이다.

피란길에서 만난 전쟁은 너무나 참혹했다. 부상당한 사람들은 피 흘리고 있었고 마을은 온통 쑥대밭이었다. 다치지 않은 사람들도 끼니조차 잇기 힘들었다.

장기려는 부산에 도착했다.

"우선 천막을 치고라도 사람들을 치료해야겠어."

장기려는 의사로서 고통받는 사람들을 모른 체할 수 없었다. 우선 급한 대로 창고를 빌려 병원을 세우고 환자들을 치료하기 시작했다. 어느 교회 창고를 병원으로 개조한 허름하고 낡은 병원이었다. 병실도 모자라서 몇 개는 천막을 세우고 운영했다. 그리고 수술대라고 해 봐야 나무를 다듬어 꾸며 놓은 것이 전부였다.

　세월이 흘러 장기려의 병원도 제법 자리를 잡아 가고 있던 어느 날 저녁이었다. 막 수술을 마치고 원장실로 돌아와 책상을 정리하고 있었는데 문을 두드리는 소리가 들렸다. 잠시 후 슬며시 문을 열고는 초라한 행색의 환자 한 명이 들어왔다.

　"어쩐 일이십니까?"

　"죄송합니다만 내일모레가 퇴원인데 병원비가 없습니다. 모자라는 돈은 어떻게든 벌어서 갚겠다고 해도 도무지 믿어 주질 않고……."

　환자는 힘없이 고개를 떨구었다. 제대로 말도 잇지 못했다. 장기려는 잠시 생각에 잠겼고 환자는 죽은 듯 앉아 대답만을 기다리고 있었다. 원장실에는 무거운 침묵이 흘렀다.

　장기려는 한참을 고민하다가 입을 열었다.

　"자, 내가 시키는 대로 하시오. 그럴 수 있겠소?"

　"어떤……."

　"그냥 살짝 도망가시오. 내가 밤에 병원 뒷문을 살짝 열어 놓을 테니 퇴원 준비를 하고 있다가 몰래 도망가세요."

　장기려의 말을 들은 환자는 어안이 벙벙하여 그의 얼굴을 물끄러미 바라보고만 있었다.

　"자, 빨리 가서 퇴원 준비를 하세요. 직원들이 보면 불호령 떨어집니다."

　환자는 여전히 머뭇머뭇하며 몸 둘 바를 모르고 서 있었다.

　"원장님, 지금 저보고 도망가라고 하셨습니까? 어떻게 그럴 수가? 제가 아무리 염치가 없어도 그렇지, 그렇게는……."

　환자가 어쩔 줄 몰라 하는 사이에 장기려는 그를 문밖으로 떠밀 듯이 내보냈다.

　그날 밤, 장기려는 직원들이 퇴근하는 걸 기다려 병원 후문을 살짝 열어 놓았다. 그러고는 병실에 들러 그 환자에게 눈치를 보냈다.

　"원장님, 정말 그냥 가도 됩니까?"

　장기려 박사는 대답 대신 호주머니에서 지갑을 꺼내더니 있는 대로 지폐를 뽑아 환자의 손에 쥐여 주었다.

　"자, 얼마 되지 않지만 여비로 사용하세요."

　환자는 눈가에 이슬이 맺힌 채 울먹이고 있었다.

　"이 은혜 평생 잊지 않겠습니다. 평생……."

　이런 일이 처음은 아니었다. 장기려는 형편이 어려운 환자가 찾아올 때마다 돈보다 환자의 마음을 생각했다. 그러면서 건강이 최우선이라는 생각으로 환자들을 무료로 진료했다. 그는 항상 형편이 어려운 환자가 찾아오면 "어서 오세요. 아파서 왔으니까 치료를 먼저 받아야지요." 하고 반갑게 맞았다.

장기려는 가난한 이들을 무료로 치료해 왔지만 빠듯한 병원 재정 상태로는 여간 힘든 게 아니었다. 그는 건강했을 때 돈을 모아 두었다가 병이 들면 그 돈으로 혜택을 받는 제도가 있으면 좋겠다고 늘 생각해 오던 차였다.

당시 우리나라는 1963년에 '의료 보험법'을 만들었지만 6 · 25 전쟁을 겪으면서 온 나라가 가난에 허덕이고 있던 처지라 제대로 실시되지 못하고 있는 형편이었다.

장기려는 외국의 의료 보험 조합 관련 문서를 샅샅이 뒤져 보았다. 그러던 중 눈에 띄는 문서 하나를 발견했다.

"바로 이거야! 청십자 의료 조합!"

청십자 의료 조합은 회원들이 꾸준히 회비를 내어 회원 중에 환자가 생기면 그 돈으로 환자를 치료해 주는 방식의 의료 보험이었다.

그 후 '의료 협동조합'을 본떠 정부에서 시작한 농어촌 의료 보험이 도시 지역까지 그 범위가 넓혀져 보다 많은 사람들이 의료 보험의 혜택을 누릴 수 있게 되었다.

1979년에 장기려는 아시아의 노벨상이라고 불리는 막사이사이상을 수상하였다. 그는 사회봉사 부문에서 상을 받았는데, 막사이사이 재단은 장기려 박사에게 상을 준 이유를 다음과 같이 설명했다.

"장기려 박사는 평생 동안 가난하고 병든 사람들을 위하여 치료하고 봉사하며 살았다. 항상 받기보다는 주기를 원했고 쉬지 않고 일했다."

장기려의 삶은 물질 만능 주의에 젖은 현대인들에게 큰 귀감이 되었다. 주위에서 자신을 너무 돌보지 않는다며 걱정하면 그는 오히려 "늙어서 가진 것이 별로 없다는 것은 다소의 기쁨이기는 하나 죽었을 때 물레밖에 안 남겼다는 간디에 비하면 나는 아직도 가진 것이 너무 많다."라고 하여 주위 사람들을 숙연하게 했다.

○──────────────────────────

작품 해설

갈래 : 전기문
성격 : 교훈적
제재 : '장기려'의 삶
특징 : · 구체적인 일화를 제시해 '장기려'의 인물됨을 보여 줌
· '장기려'의 긍정적인 태도를 부각하여 보여 줌
· 시간의 흐름에 따라 내용을 전개함
주제 : 가난한 환자들을 위해 평생을 바친 '장기려'의 희생과 헌신

02 비문학

1 설명문

1. 설명문

어떤 사물이나 사실, 현상, 지식 등에 대한 정보를 읽는 이가 알기 쉽게 풀어 쓴 객관적인 글

2. 설명문의 특징

① 객관성 : 있는 그대로의 사실을 정확하게 전달함

② 사실성 : 정보나 지식을 사실에 근거하여 전달함

③ 평이성 : 독자들이 이해할 수 있도록 쉽게 씀

④ 체계성 : 일정한 구조(처음-가운데-끝)에 따라 내용을 짜임새 있게 구성함

3. 다양한 설명 방법

① 정의 : 대상의 개념이나 뜻을 풀이하여 밝히며 설명하는 방법

　　　　예 문학은 언어를 표현 수단으로 하는 예술이다.

② 예시 : 대상에 대한 구체적인 예를 들어 설명하는 방법

　　　　예 언어는 시간의 흐름에 따라 변한다. 예를 들어 '어리다'는 단어는 '어리석 다'는 뜻에서 '나이가 적다'로 의미가 변했다.

③ 비교 : 둘 이상의 대상을 견주어 공통점이나 유사점을 중심으로 설명하는 방법

　　　　예 텔레비전과 라디오는 둘 다 대중 매체로서, 사람들에게 지식과 정보를 제공 한다.

④ 대조 : 둘 이상의 대상을 견주어 차이점을 중심으로 설명하는 방법

　　　　예 희곡은 연극의 대본이고, 시나리오는 영화의 대본이다.

⑤ 분류 : 대상을 일정한 기준에 의해 나누어 설명하는 방법

　　　　예 문학의 종류에는 시, 소설, 수필, 희곡 등이 있다.

(1) 조상의 슬기가 낳은 석빙고

글/ 이광표

여름이 되면 냉장고에 있는 얼음에 자꾸 손이 가기 마련이다. 지금은 집집마다 냉장고가 있어서 손쉽게 얼음을 구할 수 있다. 그런데 옛사람들도 더운 여름에 얼음을 사용했다고 한다. 냉장고가 없었는데, 어떻게 얼음을 구했을까? 냉장고가 없었던 옛날, 우리 조상들은 겨울에 채취한 얼음을 석빙고(石氷庫)에 저장했다가 여름에 사용했다. 겨울철에 석빙고에 저장한 얼음을 어떻게 한여름까지 보관할 수 있었는지, 그 비밀을 알아보자.

석빙고의 얼음 저장 과정은 냉각과 저온 유지의 두 단계로 나뉜다. 얼음을 넣기 전에 내부를 냉각하는 것이 첫 번째 단계이고, 얼음을 넣은 뒤 7~8개월 동안 내부 온도를 낮게 유지하는 것이 두 번째 단계이다. 두 단계 중 어느 하나라도 잘못되면 더운 여름철에 차가운 얼음을 맛볼 수 없다. 석빙고의 얼음 저장 과정은 첫 번째 단계는 겨울에 석빙고의 내부를 냉각하는 것이다. 석빙고 내부를 차게 만드는 것은 얼음을 저장하는 데 가장 기본적인 작업이라고 할 수 있다. 전문가들이 측정한 바에 따르면 경주 석빙고의 겨울철 내부 온도는 평균 영상 3.9도라고 한다. 일반적으로 건물의 지하실 내부 평균 온도가 영상 15도 안팎이라는 것을 생각하면 석빙고 내부가 얼마나 차가운지 쉽게 알 수 있다.

겨울이라고 해도 건물 내부를 냉각하는 것이 쉽지는 않다. 그런데 우리 조상들은 어떻게 석빙고 내부를 잘 냉각할 수 있었을까? 그 비밀은 석빙고 출입문 옆에 세로로 튀어나온 '날개벽'에 숨어 있다. 겨울에 부는 찬 바람은 날개벽에 부딪히면서 소용돌이로 변한다. 이 소용돌이는 추진력이 있어서 빠르고 힘차게 석빙고 내부 깊은 곳까지 밀고 들어간다. 석빙고 내부는 그렇게 해서 냉각된다.

두 번째 단계는 2월 말 무렵에 얼음을 저장하고 나서 7~8개월 동안 석빙고 내부를 저온 상태로 유지하는 것이다. 늦겨울에 저장한 얼음은 봄이 지나고 여름이 되어도 녹지 않아야 한다. 전혀 녹지 않게 할 수는 없겠지만, 석빙고 내부를 저온 상태로 유지해 녹는 속도를 최대한 늦춰야 하는 것이다. 그렇다면 어떻게 한여름에도 저온 상태를 유지할 수 있었을까?

그 비밀을 알려면 먼저 석빙고의 절묘한 천장 구조를 살펴보아야 한다. 석빙고의 천장은 아래 사진에서 보듯, 1~2미터 간격을 두고 나란히 배치된 4~5개의 아치형 구조물로 이루어져 있다. 각각의 아치 사이에는 자연히 움푹 들어간 공간이 생기게 된다. 이 공간을 '에어 포켓'이라고 하는데, 여기에 비밀이 숨어 있다. 얼음을 저장하고 나서 시간이 지나면 내부 공기는 조금씩 더워진다. 하지만 더운 공기가 에어 포켓 위쪽에 설치된 환기구를 통해 밖으로 빠져나간다. 이렇게 해서 석빙고 내부는 한여름에도 저온 상태를 유지할 수 있었다. 실로 놀라운 구조이다.

석빙고가 한여름에도 저온 상태를 유지할 수 있었던 비밀은 또 있다. 우리 조상들은 얼음 보관에 치명적인 물을 재빨리 밖으로 빼내려고 바닥에 배수로를 만들었다. 또한 빗물이 석빙고 안으로 새어 들어가는 것을 막으려고 석빙고 외부에 석회와 진흙으로 방수층을 만들었다. 얼음과 벽, 얼음과 천장, 얼음과 얼음 사이에는 밀짚, 왕겨, 톱밥 등의 단열재를 채워 넣어 외부 열기를 차단했다. 또 석빙고 외부에 잔디를 심었는데, 이는 햇빛을 흐트러뜨려 열전달을 방해하는 효과가 있었다.

지금까지 겨울철에 석빙고에 저장한 얼음을 한여름까지 보관할 수 있었던 비밀을 알아보았다.

우리 조상들은 자연의 원리를 잘 알고 그것을 활용하여 석빙고라는 놀라운 과학적 구조물을 만들었다. 그 덕분에 여름에도 시원한 얼음을 즐길 수 있었다. 이와 같이 석빙고에는 과학적 원리를 이용한 우리 조상들의 슬기가 담겨 있다.

작품 해설

갈래 : 설명문
성격 : 분석적, 체계적
제재 : 석빙고
특징 : ·석빙고의 얼음 저장 과정에 담긴 과학적 원리를 구체적으로 설명함
　　　　·처음 부분에 질문을 제시하여 독자의 흥미와 궁금증을 유발함
주제 : 석빙고의 얼음 저장 원리

(2) 지혜가 담긴 음식, 발효 식품

글/ 진소영

중국 신장의 요구르트, 스페인 랑하론의 하몬, 우리나라 구례 양동 마을의 된장, 이 음식들의 공통점은 무엇일까? 이것들은 모두 발효 식품으로, 세계의 장수 마을을 다룬 어느 방송에서 각 마을의 장수 비결로 꼽은 음식들이다.

발효 식품은 건강식품으로 널리 알려져 있다. 또한 다양한 발효 식품이 특유의 맛과 향으로 사람들의 입맛을 사로잡고 있다. 앞에서 소개한 요구르트, 하몬, 된장을 비롯하여 달콤하고 고소한 향으로 우리를 유혹하는 빵, 빵과 환상의 궁합을 자랑하는 치즈 등을 그 예로 들 수 있다. 이렇게 몸에도 좋고 맛도 좋은 식품을 만들어 내는 발효란 무엇일까? 그리고 발효 식품은 왜 건강에 좋을까? 먼저 발효의 개념을 알아보고, 우리나라의 전통 발효 식품을 중심으로 발효 식품의 우수성을 자세히 알아보자.

발효란 곰팡이나 효모와 같은 미생물이 탄수화물, 단백질 등을 분해하는 과정을 말한다. 미생물이 유기물에 작용하여 물질의 성질을 바꾸어 놓는다는 점에서 발효는 부패와 비슷하다. 하지만 발효는 우리에게 유용한 물질을 만드는 반면에, 부패는 우리에게 해로운 물질을 만들어 낸다는 점에서 차이가 있다. 그래서 발효된 물질은 사람이 안전하게 먹을 수 있지만, 부패한 물질은 식중독을 일으킬 수 있어서 함부로 먹을 수 없다.

그렇다면, 발효를 거쳐 만들어지는 전통 음식에는 무엇이 있을까? 가장 대표적인 전통 음식으로 김치를 꼽을 수 있다. 김치는 채소를 오랫동안 저장해 놓고 먹기 위해 조상들이 생각해 낸 음식이다. 김치는 우리가 채소의 영양분을 계절에 상관없이 섭취할 수 있도록 해 주고, 발효 과정에서 좋은 성분으로 우리의 건강을 지키는 데도 도움을 준다.

김치 발효의 주역은 젖산균이다. 채소를 묽은 농도의 소금에 절이면 효소 작용이 일어나면서 당분과 아미노산이 생기고, 이를 먹이로 삼아 여러 미생물이 성장하면서 발효가 시작된다. 이때 김치 발효에 가장 중요한 역할을 하는 젖산균도 함께 성장하고 증식한다. 젖산균은 포도당을 분해하면서 젖산을 만들어 낸다. 젖산은 약한 산성 물질이어서 유해균이 증식하는 것을 억제하고,

김치가 잘 썩지 않게 한다. 그 덕분에 우리는 김치를 오래 두고 먹을 수 있다.

우리 김치가 우수한 것은 바로 이 젖산균과 젖산 때문이다. 젖산균과 젖산은 우리 몸 안에서 소화를 촉진하고 노폐물이 잘 배설될 수 있도록 돕는다. 또한 유해균이 번식하거나 발암 물질이 생성되는 것을 억제하기도 한다. 그래서 젖산균과 젖산이 풍부한 김치는 변비 및 대장암, 당뇨병 등을 예방하는 데에 효과적이다.

맛있는 음식을 만들 때 빠질 수 없는 전통 양념인 간장과 된장도 발효 식품이다. 먼저 간장을 만드는 과정을 살펴보자. 콩을 푹 삶아서 찧은 다음, 덩어리로 만든다. 이 콩 덩어리가 바로 메주이다. 메주를 따뜻한 곳에 두어 발효하고 소금물에 담가 우려낸다. 그 국물을 떠내어 달이면 간장이 완성된다.

메주가 소금물 속에서 발효될 때, 젖산균의 일종인 바실루스가 콩에 들어 있는 단백질을 분해하여 아미노산을 만들어 낸다. 그리고 아미노산은 소금물에 녹아들어 감칠맛을 더하고 영양소를 공급한다. 이처럼 간장은 음식을 더 맛있게 만들고 건강에도 좋기 때문에 우리 조상들은 장 담그는 일에 정성을 기울였다.

이제 된장을 만드는 과정을 살펴보자. 간장을 만들고 나면 메주가 남는다. 이 메주를 건져 내어 잘게 으깨고, 여기에 소금을 넣어서 잘 섞는다. 이를 장독에 넣어 1개월 이상 숙성시키면, 맛있는 된장이 완성된다.

된장은 필수 아미노산이 풍부해서, 아미노산이 적은 쌀밥을 주로 먹는 우리에게 꼭 필요한 식품이다. 또한 간 기능을 높이고, 피부병과 성인병을 예방하는 데에도 효과적이다. 이와 더불어 된장은 '암을 이기는 한국인의 음식' 중 하나로 꼽힐 정도로 항암 효과가 뛰어나다. 이는 메주가 발효되는 과정에서 항암 물질이 만들어지기 때문이다.

지금까지 우리의 전통 음식을 중심으로 발효 식품의 우수성을 알아보았다. 발효 식품은 오래 보관할 수 있고, 영양가가 풍부할 뿐만 아니라 그 재료와 미생물의 종류에 따라 독특한 맛과 향을 지녀서 우리 밥상을 풍성하게 해 준다. 이렇게 멋진 발효 식품을 물려준 조상님께 고마워하면서, 오늘 저녁밥으로 보글보글 끓인 된장찌개와 아삭아삭한 김치를 먹는 것은 어떨까? 앞으로 전통 발효 식품을 발전시킬 방법도 생각해 보면서 말이다.

작품 해설

갈래 : 설명문
성격 : 객관적, 논리적, 설명적
제재 : 우리나라의 전통 발효 식품
특징 : ·다양하고 구체적인 예를 통해 발효 식품의 우수성을 설명함
· 발효 식품을 만드는 과정을 순서대로 나열함
주제 : 우리나라의 전통 발효 식품의 우수성

2 논설문

1. 논설문

글쓴이가 자신의 주장이나 의견에 대해 타당한 근거를 들어 독자를 설득하는 글

2. 논설문의 특징

① 주관성 : 글쓴이의 주장과 의견이 뚜렷하게 드러남

② 설득적 : 독자를 설득하는 것을 목적으로 함

③ 타당성 : 글쓴이의 주장을 뒷받침하는 근거는 합리적이고 타당해야 함

3. 논설문을 읽는 방법

① 글의 내용을 주장과 근거로 구분하며 읽는다.

② 주장을 뒷받침하는 근거가 타당한지 판단하며 읽는다.

(1) 더위가 알려 준 진짜 충격

글/ 김산하

더위, 이보다 우리를 압도하는 것이 있을까? 여름이 되면 더위 때문에 꼼짝달싹도 못 하며 겨우 살아가는 날들이 끝도 없이 이어진다. 너무 더운 나머지 세상만사가 다 귀찮아질 정도이다. 온도 몇 도의 차이가 이렇게 대단한 것이구나? 우리는 혀를 내두른다. 냉방이 되는 공간을 산소통 찾듯 찾아다니는 나약한 몸을 내려다보면서, 아무리 훌륭하고 똑똑한 척을 해도 사람은 결국 하나의 생물일 뿐이구나, 우리는 탄식한다.

더위는 우리가 근본적인 고민을 하도록 만든다. 당장의 더위를 해결하지 않는 이상 그 어떤 것도 중요하지 않음을 몸소 경험함으로써 우리는 알게 모르게 이 시대의 문제를 마주하게 된다. 그렇다. 기후 변화는 현대의 큰 문제이다. 모든 이의 피부에 와 닿는 가장 심각한 전 지구적 문제, 나와 무관하다며 모든 것을 무시해 버려도 끝내 외면할 수 없는 생존의 문제이다.

기후 변화에 관한 내용을 하도 많이 들어서 지겹겠지만 더위는 더 이상 단순 기상 현상이 아니고, 날씨는 더 이상 인사치레의 주제가 아니다. 지금 우리가 목격하기 시작한 유례없는 이 '열의 위력'은 우리 문명이 그동안 쌓아 올린 어마어마한 빚더미의 맛보기일 뿐이다. 하필 이 시점에 태어나 살고 있는 우리는 억울할지도 모른다. 그러나 다음 세대와 그 이후를 생각하면 오히려 얼마나 행운아인지를 깨닫게 된다. 왜냐하면 이 고통은 잠시 있다가 떠날 것이 아니며, 오히려 가면 갈수록 심해질 것이 분명하기 때문이다.

미국 국립 해양 대기청과 미국 국립 항공 우주국에 따르면 2015년은 1880년 기상 관측이 시작된 이래 가장 더웠던 해로 분석되었다. 2015년 지구의 연평균 기온은 20세기 평균치인 13.9도보다 0.9도 높았고, 종전 최고치였던 2014년보다 0.16도 상승하였다. 그리고 지구의 연평균 기온이 높은 상위 15개 연도가 모조리 21세기일 정도로 지구의 연평균 기온은 계속 상승하는 추세를 보인다.

예전에는 뉴스로 들었던 것을 지금은 몸으로 느낀다. 나만이 아니다. 우리나라만이 아니다. 전 세계가 이 순간 함께 허덕이고 있다. 그러나 이는 사실 이미 예상된 것이어서 충격이 아니다. 몸으로 느끼면서도 우리가 변하지 않는다는 것, 그것이 충격이다. 국제 에너지 기구 조사에 의하면 세계 여러 나라가 1인당 탄소 배출량을 줄이는 데 애쓰는 것과 달리 우리나라는 오히려 1인당 탄소 배출량이 늘어난다.

국제 생태 발자국 네트워크라는 단체가 운영하는 '지구 생태 용량 과용의 날'이라는 것이 있다. 지구의 일 년 치 자원을 12월 31일에 다 쓰는 것으로 가정하고 실제로 자원이 모두 소모되는 날을 측정하는 것이다. 2015년은 8월 13일이었던 것이 2016년에는 8월 8일로 5일 앞당겨졌다. 우리가 현재처럼 자원을 소비하면서 자원을 지속적으로 사용할 수 있는 상태를 유지하기 위해서는 지구가 3.3개 필요하다고 한다. 한마디로 우리의 에너지 사용량, 그리고 그 증가량이 심하다고 할 수 있다.

그런데도 우리는 더위 앞에서 에너지 사용량을 줄일 생각까지 미치지 못한다. 더위에 대응하는 근본적인 대책에 관해 우리 모두 관심이 적다. 우리 모두가 이렇게 위험성을 인식하지 못하고 있는 사실이 이 더위보다 충격적이라 할 수 있다. 지금부터라도 기후 변화가 중요한 문제임을 인식하고 자원을 아껴 사용해야 할 것이다. 그리고 지속적으로 발전할 수 있는 녹색 성장을 준비해야 할 것이다.

작품 해설

갈래 : 논설문
성격 : 설득적, 논리적, 비판적
제재 : 더위, 기후 변화
특징 : ·글의 서두에 화제와 질문을 던져 독자의 주의를 환기함
　　　　 ·실생활과 직접적인 관련이 있는 소재를 바탕으로 사회적 문제를 제시함
　　　　 ·통계 자료를 제시하여 주장에 신뢰성을 더함
주제 : 기후 변화가 중요한 문제임을 인식하고 이를 해결하기 위해 노력해야 한다.

(2) 1 젓가락으로 시작하는 밥상머리 교육

글/ 윤상원

'젓가락질 참 특이하게 하네. 저러면 음식을 제대로 집을 수 있나?' 얼마 전 식당에서 한 젊은 이가 젓가락질하는 모습을 보면서 든 생각이다. 손가락 사이에 끼워진 젓가락은 한 치의 공간도 없이 서로 딱 붙어 있었다. 젓가락으로 반찬을 집어 먹는 것이 아니라 끼워 먹는 수준이었다. 누가 보아도 젓가락질이 서투르고 이상했다.

밥상머리 교육의 출발은 젓가락질 가르치기였다. 젓가락질을 못하면 못 배웠다는 흉을 들을 정도로 엄격히 가르쳤다. 그러므로 젓가락질하는 것만 보아도 밥상머리 교육을 제대로 받았는지 판단할 수 있었다. 그런데 요즘 어린이들은 어떤가. 서투른 젓가락질 때문에 후루룩거리며, 흘리며 먹는 경우가 많다. 기업들이 이런 사정을 눈치 채고 젓가락질 어려워하는 어린이들을 겨냥한 기능성 젓가락을 개발했다. 기능성 젓가락은 젓가락을 변형하여 젓가락질을 쉽게 하도록 만든 것이다. 하지만 이러한 기능성 젓가락은 편리함만 추구하고, 젓가락의 숨겨진 힘은 깨닫지 못한 장난처럼 보인다.

원래 젓가락은 막대기 두 개면 충분했다. 젓가락질 동작은 겉보기에는 단순하지만, 계속되는 뇌의 자극 과정이다. 젓가락질의 미세한 움직임은 유아기 및 어린이들의 성장 발육에도 아주 유익하다. 젓가락질을 바르게 하려면 손가락 각각의 관절과 근육의 정확성과 섬세함이 요구된다.

우리 지역 초등학교들이 어린이들에게 바른 젓가락질을 가르치는 '젓가락의 날'을 운영한다고 한다. 정말 반가운 소식이다. 올바른 젓가락질 교육으로 미래에 세계 최고의 실력을 뽐낼 인재를 키울 수 있기를 기대해 본다.

작품 해설

갈래 : 논설문
성격 : 비판적
제재 : 젓가락질
특징 : · 현재의 젓가락질에 대한 비판적인 시각을 드러냄
· 올바른 젓가락질 교육의 필요성을 강조하기 위해 다양한 사례를 나열함
주제 : 올바른 젓가락질을 가르쳐야 한다.

2 젓가락질 잘해야만 밥 잘 먹나요

글/ 엄지원

식사할 때마다 젓가락질 때문에 어른들에게 한 소리씩 듣는다는 친구는 하소연합니다. 젓가락질을 못 배워도 밥만 잘 먹는다고. 그리고 보면 생각해 볼 만한 문제입니다. 정석에 가까운 젓가락질을 해야만 밥을 잘 먹을까? 표준 젓가락질을 따르지 않으면 식사 예절에 어긋나는 것일까?

국제표준화기구에도 등록되지 않은 젓가락 사용법을 가지고 '누가 젓가락질을 잘하네, 못하네' 따지는 도도한 움직임이 언제 비롯됐는지는 따져 볼 만합니다. 한국인의 젓가락 · 숟가락 문화를 20년 가까이 연구한 주영하 한국학중앙연구원 민속학 교수는 "얼마나 젓가락질을 잘하는지 따지는 것은 일본에서 들어온 풍속"이라고 설명합니다.

원래 한국 문화에서는 숟가락이 더 중요했다는 것입니다. 밥과 국만으로 연명한 조선 민중에게 젓가락은 호사스러운 물건이었습니다. 잘게 썬 밑반찬을 푸짐하게 차려 먹던 양반님네나 소장하는 희귀품이었던 것이지요. 실제 옛 풍속화를 보면 민초들이 숟가락을 들고 밥 먹는 풍경을 볼 수 있습니다. 젓가락은 양반가의 남자가 아니면 가진 경우가 드물었고 양반 여성들도 숟가락으로만 밥을 먹었습니다.

반면 숟가락을 쓰지 않는 일본에서는 젓가락 사용법이 정교하게 발달했습니다. 근대화 이후 어린이들을 대상으로 한 젓가락질 교육 프로그램을 만든 것도 일본이고, 최근 젊은 엄마들 사이에 유행하는 젓가락 교정기를 발명한 것도 일본이거든요. 일제 강점기 이후 조선에서도 외식업과 근대적 위생관이 발달하면서 젓가락이 주목받게 되었다는 것이 주영하 교수의 추정입니다.

젓가락질을 잘 못하신다고요? 그래서 "젓가락질 못 배웠냐?"라고 구박을 받으신다고요? 그럴 때에는 당당히 이야기하세요. "한국인의 얼은 숟가락에 담습니다."라고

작품 해설

갈래 : 논설문
성격 : 논리적, 비판적
제재 : 젓가락질
특징 : · 전문가의 의견을 근거로 삼아 주장을 뒷받침함
      · 역사적, 문화적인 관점에서 젓가락질에 대한 의미를 살핌
주제 : 젓가락질을 잘 못해도 괜찮다.

(3) 냉장고의 이중성

글/ 박정훈

냉장고는 현대 가정의 필수품이다. 요즘 사람들은 냉장고 없이 사는 것을 상상할 수도 없을 것이다. 그런데 냉장고가 과연 문명의 이기(利器)이기만 한 것일까? 혹 우리의 삶을 위협하고 있지는 않을까? 여기서는 우리가 미처 생각하지 못했던 냉장고의 부정적인 측면에 대해 생각해 보도록 하자.

먼저 냉장고를 사용하면 전기를 낭비하게 된다. 언제 먹을지 모를 음식을 보관하는 데 필요 이상으로 전기를 쓰게 되는 것이다. 전기를 낭비한다는 것은 전기를 만드는 데 쓰이는 귀중한 자원을 낭비하는 것과 같다.

우리는 냉장고를 쓰면서 인정을 잃어 간다. 냉장고가 없던 시절에는 식구가 먹고 남을 정도의 음식을 만들거나 얻게 되면 미련 없이 이웃과 나누어 먹었다. 여러 가지 이유가 있겠지만 그 이유 가운데 하나는 남겨 두면 음식이 상한다는 것이었다. 그런데 냉장고를 사용하게 되면서 그 이유가 사라지게 되고, 이에 따라 이웃과 음식을 나누어 먹는 일이 줄어들게 되었다. 냉장고에 넣어 두면 일주일이고 한 달이고 오랫동안 상하지 않게 보관할 수 있기 때문이다. 냉장고는 점점 커지고, 그 안에 넣어 두는 음식은 하나둘씩 늘어난다.

또한 냉장고는 당장 소비할 필요가 없는 것들을 사게 한다. 그리하여 애꿎은 생명을 필요 이상으로 죽게 만들어서 생태계의 균형을 무너뜨린다. 짐승이나 물고기 등을 마구 잡고, 당장 죽이지 않아도 될 수많은 가축을 죽여 냉장고 안에 보관하게 한다. 대부분의 가정집 냉장고에는 양의 차이는 있지만 닭고기, 쇠고기, 돼지고기, 생선, 멸치, 포 등이 쌓여 있다. 이것을 전국적으로, 아니 전 세계적으로 따져 보면 엄청난 양이 될 것이다. 우리는 냉장고를 사용함으로써 애꿎은 생명들을 필요 이상으로 죽여 냉동하는 만행을 습관적으로 저지르고 있는 셈이다.

냉장고를 사용하면서 우리는 많은 음식을 버리게 되었다. 냉장고가 커질수록 먹지 않는 음식도 늘어나기 때문이다. 아까운 전기를 써서 냉동실에 오랫동안 보관한 음식들은 쓰레기통으로 들어가기 일쑤다. 이런 현상은 잘사는 나라뿐 아니라 남태평양이나 아프리카의 가난한 나라에서도 일어나고 있다. 물고기를 시장에 내다 팔며 소박하게 살던 사람들이, 동물들을 필요 이상으로 죽이고, 저마다 자기 것을 챙겨 냉장고에 넣어 두고 혼자만 잘 먹고 잘 살려는 각박한 사람들로 변하고 있는 것이다.

냉장고의 사용은 아동 건강에도 좋지 않은 영향을 미친다. 어느 때고 먹을 수 있는 음식들이 냉장고에 쌓이면서 아이들은 필요 이상의 열량을 섭취하게 되었다. 옛날 아이들은 밥때가 될 때까지 참아야 했지만, 요즘 아이들은 냉장고에서 언제든지 음식을 꺼내어 먹을 수 있으니 참을 이유가 없다. 그래서인지 비만 아동도 기하급수적으로 늘어나고 있다. 아동의 비만은 운동 능력을 떨어뜨리며, 건강을 해친다.

이렇듯 냉장고는 우리의 삶과 환경을 위협하고 있다. 냉장고를 많이 사용할수록 자원은 낭비되고, 삶은 각박해진다. 또 냉장고는 우리에게 당장 필요하지 않은 것들을 사게 해서 생태계의 균형을 무너뜨리게 하고, 많은 음식을 버리게 한다. 그리고 우리의 몸을 병들게 한다. 그렇다고 냉장고를 당장에 버리고 사용하지 말자는 것은 아니다. 다만 우리의 삶과 환경을 위협하는 냉장고의 폐해를 인식하고, 우리의 냉장고 사용 습관을 한 번쯤 되돌아보자는 것이다.

작품 해설

갈래 : 논설문
성격 : 논리적, 비판적
제재 : 냉장고를 사용하면서 생겨난 여러 문제점
특징 : ·일상생활에서 일어나는 일을 예로 들어 주장을 뒷받침하고 있음
　　　　·구체적인 연구 결과를 들어 주장을 뒷받침하고 있음
주제 : 우리의 냉장고 사용 습관을 되돌아보자.

(4) 도시의 밤은 너무 눈부시다.

글/ 박경화

해가 저물면 도시는 화려한 불빛을 갈아입고 다시 태어난다. 도심 한가운데에 우뚝 솟아 화려한 불빛을 비추는 고층 빌딩과 오색찬란한 네온사인, 촘촘히 서 있는 가로등과 자동차 전조등까지, 도시의 밤은 빛의 잔치가 펼쳐진다. 그렇게 우리가 빛이 펼쳐 보이는 환상의 세계를 즐기는 동안, 촘촘한 꼬마전구와 전선을 온몸에 휘감고 서 있는 가로수의 기분은 어떨까?

이 빛은 식물 내부의 생체 리듬을 어지럽히고, 밤을 낮으로 인식하여 낮에 일어나야 할 광합성을 하게 만든다. 밤에 일어나야 할 생리 반응이 제대로 이루어지지 않아 생체 대사 균형이 깨진다. 그래서 나무가 겨울을 나고 봄을 대비하는 데 필요한 적응력이 약해진다.

인공 불빛의 피해는 사람에게도 이어진다. 우리나라의 도시에 사는 아이들은 시골 아이들보다 안과를 자주 찾는다. 세계적인 과학 잡지인 ≪네이처≫에는 밤에 항상 불을 켜 놓고 자는 아이의 34%가 근시라는 연구 결과가 실렸다. 불빛 아래에서 잠이 드는 데 걸리는 시간인 수면 잠복기가 길어지고 뇌파도 불안정해지기 때문이다.

사람의 몸에는 멜라토닌이라는 생체 리듬 호르몬이 있다. 멜라토닌은 강력한 산화 방지 역할을 하며 노화를 억제하고 면역 기능을 강화한다. 이 멜라토닌이 부족해지면 면역 기능이 떨어지고 암에 걸릴 수도 있다. 2004년 영국 런던에서 열린 '국제아동백혈병학술회의'에 참가한 학자들은 야간 조명이 암을 발생시킬 수 있다고 경고했다. 야간 조명이 세포의 증식과 사멸을 조절하는 멜라토닌 분비를 방해해서 암과 연관 있는 유전 변이를 일으킨다는 것이다.

생물체가 건강하게 살아가려면 햇빛 못지않게 어둠과 고요의 시간도 필요하다. 어둠 속에서 편히 쉬어야 다시 생기를 얻을 수 있다. 어둠의 시간이 있어야 박꽃이 뽀얗게 피어나고 달맞이꽃이 노란 꽃잎을 연다. 밤을 보낸 곤충은 아침에 이슬을 털고 힘차게 날아오르고, 사람도 깊은 잠을 자야 다시 일어설 수 있다.

　그러나 도시의 밤은 더 이상 어둡지가 않다. 온갖 조명과 네온사인과 가로등 빛이 반사되어 붉게 달아오른 하늘에서는 별빛 한 점 찾아볼 수가 없다. 별 볼 일이 없는 밤, 전등 스위치를 끄고 어둠 속에서 가만히 기다리면 우주 저편에서 수십 광년 전에 잠시 반짝였던 불빛이 조용히 등 하나를 내걸어 줄 것이다.

작품 해설

갈래 : 논설문
성격 : 설득적, 비판적
제재 : 야간의 인공 불빛
특징 : · 야간의 인공 불빛으로 생기는 문제점을 제시함
　　　· 믿을 만한 자료를 인용하여 글의 신뢰성을 높이고 문제의 심각성을 강조함
주제 : 생물체의 건강한 삶을 위해 야간의 인공 불빛을 줄이자.

3 건의문

1. 건의문

일상생활에서 발생하는 여러 가지 일에 대해 문제 해결을 요구할 목적으로 쓴 설득하는 글

2. 건의문의 특징

① 독자가 정해져 있고 그에 어울리는 격식이나 형식을 갖추어 씀
② 문제 상황과 그에 대한 요구사항이 들어 있음
③ 건의가 받아들여졌을 경우의 긍정적 효과를 강조함

(1) 도서관 개방 시간을 늘려 주세요

도서관 담당 선생님께

안녕하세요. 저는 2학년 3반 최한결입니다.

저는 책을 빌리거나 시험 기간에 공부하기 위해 학교 도서관을 자주 이용합니다. 하지만 도서관 개방 시간이 너무 짧아서 이용하기에 불편한 점이 많습니다. 지금 우리 학교 도서관 개방 시간은 점심시간과 방과 후 1시간입니다.

우선 점심시간에는 밥을 먹고 나면 도서관에 갈 여유 시간이 20분 정도밖에 되지 않습니다. 도서관에 가서 찬찬히 살펴보면서 책을 고르기에는 부족한 시간입니다. 방과 후 1시간 동안 도서관을 이용하면 된다고 하지만, 그 시간도 청소 당번이 되어 청소를 한다거나 하면 금방 가 버립니다.

점심시간은 정해진 시간이고, 이후에 오후 수업도 진행되니 도서관 개방 시간을 늘려 달라고 할 수는 없을 듯해요. 하지만 방과 후에는 개방 시간을 늘릴 수 있지 않을까요? 그리고 일과 중 쉬는 시간이나, 방학 중에도 개방한다면 좋을 것 같아요.

그렇게 되면 저처럼 도서관을 이용하고자 하는 학생들이 여유롭게 도서관을 이용할 수 있을 것입니다. 시험 기간에 좀 더 오래 도서관에서 공부할 수 있고, 평소에 책을 잘 읽지 않던 학생들도 책을 접할 기회가 늘어날 것입니다. 또 학교 전체적으로도 학생들이 자유롭게 책을 읽고 스스로 학습하는 분위기가 만들어져서 좋을 것 같아요.

제 건의가 받아들여진다면 저뿐만 아니라 많은 학생이 정말 기뻐할 것입니다. 그럼 안녕히 계세요.

최한결 올림

작품 해설

갈래 : 건의문
성격 : 설득적
제재 : 도서관 개방 시간이 짧음
특징 : 건의 내용이 실현되었을 때의 기대 효과를 제시하여 설득력을 높임
주제 : 도서관 개방 시간을 연장해 달라고 건의함

4 보고서

1. 보고서
어떤 주제에 대하여 관찰, 조사, 실험한 과정과 결과를 체계적으로 정리한 글이다.

(1) 우리 동네 관광지에 대한 보고서

대구 근대 문화 골목은 우리 고장의 역사와 문화가 잘 남아 있는 곳으로, 대구의 대표적인 관광지이다. 대구 근대 문화 골목을 이루고 있는 유적지를 다른 지역 사람들에게 알리기 위해 이곳을 조사하기로 하였다.

우리 학교 학생 100명 중 33명이 다른 지역에 소개하고 싶은 우리 지역 관광지로 '근대 문화 골목'을 추천하였다. 이에 따라 조사 대상을 '근대 문화 골목'으로 선정하였다.

대구 근대 문화 골목의 유적지를 ○○월 ○○일로부터 ○○월 ○○일까지 조사하였다.

대구 근대 문화 골목의 유적지 소개

대구의 근대 문화 골목은 대구 도심에 자리하고 있으며, 오래된 건축물들을 비롯한 근대의 문화유산이 잘 보존되어 있다. 그 이유는 이 지역이 한국 전쟁 당시 다른 지역에 비해서 피해가 크지 않았기 때문이다. 따라서 대구 근대 문화 골목에 찾아오면 한국 전쟁 이전의 생활상을 엿볼 수 있다.

　　청라 언덕은 근대 문화 골목 입구에 있는 작은 공원이다. '청라'라는 이름은 '푸른 담쟁이'라는 뜻으로, 1893년경부터 대구에서 선교 활동을 하던 미국인 선교사들이 이 근방에 담쟁이를 많이 심은 데서 유래하였다. 청라 언덕에는 서양식으로 꾸며진 정원과 세 채의 주택이 있는데, 이 역시 미국인 선교사들이 짓고 자신들의 집으로 사용하던 것이다.

　　· 김진규 외, 『근대 로(路)의 여행』 대구 광역시 중구청, 2012

　　· 대구광역시 중구청 누리집(http://www.jung.daegu.kr)

　　· 『KBS 뉴스』 2017.6.21

작품 해설

갈래 : 보고서
성격 : 객관적, 사실적
제재 : 근대 문화 골목
특징 : · 조사 동기, 조사 대상, 조사 기간, 조사 방법 등을 밝힘
　　　　· 자료의 출처를 밝힘
주제 : 근대 문화 골목의 소개

5 토의와 토론

1. 토의

공동의 문제에 대한 최선의 해결 방안을 찾기 위해 여러 사람이 의견을 나누는 과정을 말한다. 토의는 여러 사람이 협력하여 해결하는 데에 초점을 맞추기 때문에 일상생활에서 일어나는 문제점을 합리적으로 해결할 수 있다.

토의에 참여하는 올바른 태도

① 다른 사람의 의견을 경청하고 능동적으로 수용한다.

② 타당한 근거를 들어 자신의 생각을 조리 있게 이야기한다.

③ 다른 토의 참여자들을 존중하고, 예의를 지키면서 토의에 참여한다.

④ 토의의 목적이 협동적인 문제 해결임을 알고 적극적인 태도로 참여한다.

2. 토론

어떤 논제에 대하여 찬성과 반대의 의견을 가진 양측이 서로 논리적인 근거를 들어 상대측을 설득하는 것을 목적으로 하는 말하기이다.

토론할 때 유의할 점

① 발언 순서와 시간을 준수함

② 토론 주제에서 벗어난 말은 하지 않음

③ 상대측 토론자의 발언을 끝까지 듣고, 의견의 차이를 존중함

⑤ 상대측 토론자에 대한 비방이나 감정적인 발언을 삼가고 예의를 갖춤

문법

1. 언어의 본질

자의성	언어의 의미(내용)와 말소리(형식) 사이에는 필연적인 관련이 없다. 예 같은 대상을 우리말로는 '하늘'이라고 하고, 영어로는 'sky[스카이]'로 부르고, 중국어로는 '天[티엔]'이라고 부름
규칙성	인간이 사용하는 언어에는 일정한 규칙이 있다. 예 '동생이 빠른 걷는다.'라는 문장을 이상하다고 여김
사회성	언어는 그 언어를 사용하는 사람들 사이의 사회적 약속이다. 의미와 말소리는 자의적으로 연결되지만, 그 말을 사회 구성원 모두가 사용하여 사회적 약속으로 굳어지면 개인이 함부로 바꿀 수 없다. 예 한 사람이 '떡'이라는 말을 '딸꾹'이라고 바꾸어 부를 수 없음
역사성	사회적 약속으로 굳어져 사용되는 말들도 시간의 흐름에 따라 끊임없이 새로 생기고, 사라지고, 변화한다. 예 '즈믄', '가람'이라는 말이 사라짐, '어리다'라는 말의 의미가 변함, '인터넷', '인공지능' 등과 같은 새로운 말이 생겨남
창조성	사람들은 이미 아는 단어와 문장만 사용하는 것이 아니라 새로운 단어나 문장을 무한히 만들 수 있다. 예 '꽃이 예쁘다.'라는 문장을 바탕으로 '꽃이 아주 예쁘다.', '빨간 꽃이 예쁘다.'처럼 많은 문장을 만들어 낼 수 있음

2. 음운

말의 뜻을 구별해 주는 소리의 가장 작은 단위를 말하며, 자음과 모음이 있다.

1) 자음 : 목 안 또는 입 안의 어떤 자리가 완전히 막히거나, 공기가 간신히 지나갈 만큼 좁혀지거나 하여 발음 기관의 장애를 받고 나는 소리

소리의 성질 \ 소리나는 위치		입술소리	잇몸소리	센입천장 소리	여린입천장 소리	목청소리
안울림 소리	예사소리	ㅂ	ㄷ, ㅅ	ㅈ	ㄱ	ㅎ
	된소리	ㅃ	ㄸ, ㅆ	ㅉ	ㄲ	
	거센소리	ㅍ	ㅌ	ㅊ	ㅋ	
울림 소리	비음	ㅁ	ㄴ		ㅇ	
	유음		ㄹ			

2) **모음** : 발음 기관의 아무런 장애를 받지 않고 순조롭게 나는 소리

① **단모음** : 아무리 길게 내더라도 그 소리를 발음하는 도중에 입술이나 혀가 고정되어 움직이지 않는 모음

혀의 앞뒤 위치 / 입술모양 / 혀의 높낮이	전설모음		후설모음	
	평순	원순	평순	원순
고모음	ㅣ	ㅟ	ㅡ	ㅜ
중모음	ㅔ	ㅚ	ㅓ	ㅗ
저모음	ㅐ		ㅏ	

② **이중 모음** : 소리를 내는 도중에 입술 모양이나 혀의 위치가 달라지는 모음

(ㅑ, ㅕ, ㅛ, ㅠ, ㅒ, ㅖ, ㅘ, ㅙ, ㅝ, ㅞ, ㅢ) 11개

3. 음운의 변동

1) **음절의 끝소리 규칙**

우리말에서는 'ㄱ, ㄴ, ㄷ, ㄹ, ㅁ, ㅂ, ㅇ'의 7자음만이 음절의 끝소리로 발음된다. 그 이외의 받침은 이 7자음 중의 하나로 바뀌어 발음됨

예 부엌[부억], 낫[낟], 낮[낟], 밭[받], 꽃[꼳], 숲[숩]

2) **자음 동화**

자음과 자음이 만났을 때, 서로 영향을 주고받아 한쪽이나 양쪽 모두 비슷한 소리로 바뀌는 음운의 변동 현상

예 신라[실라], 국민[궁민], 담력[담녁], 독립[동닙]

3) **구개음화**

자음 'ㄷ, ㅌ'이 모음 'ㅣ'나 반모음 'ㅣ'를 만나 구개음 'ㅈ, ㅊ'으로 변하는 현상

예 굳이[구지], 해돋이[해도지], 같이[가치], 붙이다[부치다]

4) 음운의 축약

두 음운이 합쳐져서 하나의 음운으로 줄어 소리 나는 현상

ㄱ, ㄷ, ㅂ, ㅈ + ㅎ → [ㅋ, ㅌ, ㅍ, ㅊ]

예 국화[구콰], 맏형[마텽], 굽히다[구피다], 젖히다[저치다]

5) 음운의 탈락

두 음운이 만나면서 한 음운이 사라져 소리 나지 않는 현상

'ㄹ' 탈락	ㄴ, ㄷ, ㅅ, ㅈ 앞에서 'ㄹ' 탈락	솔나무 → 소나무 딸님 → 따님 바늘질 → 바느질
'ㅎ' 탈락	모음 앞에서 'ㅎ' 탈락	좋은 → [조은]

6) 된소리되기

두 개의 안울림소리가 만나면 뒷소리가 된소리로 발음된다.

예 입고[입꼬], 앞길[압길 → 압낄], 먹자[먹짜]

7) 사잇소리 현상

① 'ㅅ' 첨가

  ⊙ 복합어에서 앞말의 끝소리가 모음이고, 뒷말의 첫소리가 안울림 예사소리이면 뒤의 예사소리가 된소리로 발음되며, 표기상 'ㅅ'이 첨가됨

    예 초 + 불 : 촛불[초뿔], 시내 + 가 : 시냇가[시내까]

  ⓒ 복합어에서 뒷말의 첫소리가 'ㄴ'이나 'ㅁ'일 때 앞말의 끝에 'ㄴ'이 첨가되어 발음되며, 표기상 'ㅅ'이 첨가됨

    예 이 + 몸 : 잇몸[인몸], 코 + 날 : 콧날[콘날]

  ⓒ 복합어에서 앞말의 끝과 뒷말이 첫소리로 'ㄴ, ㄴ'이 첨가되어 발음되며, 표기상 'ㅅ'이 첨가됨

    예 깨 + 잎 : 깻잎[깬닙], 대 + 잎 : 댓잎[댄닙]

② 'ㄴ' 첨가

복합어에서 앞말의 끝소리가 자음이고 뒷말이 '이, 야, 여, 요, 유'로 시작할 때 'ㄴ'
이 첨가되어 '니, 냐, 녀, 뇨, 뉴'로 발음됨

예 논일[논닐], 눈요기[눈뇨기], 한여름 [한녀름]

4. 음절

음운이 결합하여 이루어진 것으로, 발음할 때 한 번에 낼 수 있는 소리의 단위

예 공기가 맑아서 좋다. [공기가 말가서 조타] → 8개의 음절

1) 음절의 종류

① 모음하나 : 예 아, 어, 유

② 자음 + 모음 : 예 자, 카, 히

③ 모음 + 자음 : 예 압, 옥, 일

④ 자음 + 모음 + 자음 : 예 강, 답, 잘

5. 단어의 짜임

단일어	하나의 어근으로 이루어진 단어 예 강, 가을, 하늘	
복합어	합성어	어근 + 어근 예 봄바람, 밤나무, 뛰놀다
	파생어	어근 + 접사 / 접사 + 어근 예 맨손, 풋사랑, 일꾼, 덮개

① 어근 : 단어를 형성할 때 실질적인 의미를 나타내는 부분

② 접사 : 어근에 붙어 그 뜻을 제한하는 부분

6. 품사

형태, 기능, 의미 등의 기준에 따라 묶어 놓은 낱말의 무리를 말한다. 우리말에는 명사, 대
명사, 수사, 동사, 형용사, 관형사, 부사, 조사, 감탄사의 아홉 개 품사가 있다.

의미를 기준으로 한 품사의 종류

명사	사람이나 사물의 이름을 나타내는 품사 예 자동차, 연필, 홍길동, 평화 등
대명사	사람, 사물, 장소 등의 이름을 대신 나타내는 품사 예 너, 그녀, 이것, 여기 등
수사	사물의 수량이나 순서를 나타내는 품사 예 하나, 둘, 첫째, 둘째 등
동사	사람이나 사물의 움직임이나 작용을 나타내는 품사 예 가다, 먹다, 놀다, 자다 등
형용사	사람이나 사물의 상태나 성질을 나타내는 품사 예 예쁘다, 높다, 슬프다, 덥다 등
관형사	문장에서 체언을 꾸며 주는 품사 예 새, 헌, 모든, 무슨 등
부사	문장에서 용언이나 다른 부사, 문장 전체를 꾸며 주는 품사 예 갑자기, 과연, 결코, 매우 등
조사	주로 체언 뒤에 붙어서 그 말과 다른 말과의 문법적 관계를 나타내거나 특별한 뜻을 더해 주는 품사 예 이/가, 을/를, 이다, 에게 등
감탄사	말하는 사람의 느낌이나 놀람, 부름, 대답 등을 나타내는 품사 예 어머, 와, 네, 아니요 등

분류 기준에 따른 품사의 종류

형태	기능	의미
불변어 (서술격 조사 '이다' 제외)	체언	명사
		대명사
		수사
	수식언	관형사
		부사
	관계언	조사
	독립언	감탄사
가변어	용언	동사
		형용사

7. 문장 성분

주성분	주어	서술의 주체가 되는 성분으로 '누가', '무엇이' 에 해당하는 말	예 <u>하늘이</u> 아름답다. <u>나뭇잎이</u> 떨어진다.
	서술어	주어의 행위나 상태를 나타내는 성분으로 '어찌하다', '어떠하다' 에 해당하는 말	예 하늘이 <u>아름답다</u>. 나뭇잎이 <u>떨어진다</u>.
	목적어	서술어의 대상이 되는 성분으로 '누구를', '무엇을' 에 해당하는 말	예 나는 <u>선생님을</u> 만났다. 아이가 <u>과자를</u> 먹는다.
	보어	서술어 '되다', '아니다'를 보충하는 성분으로 '무엇이' 에 해당하는 말	예 물이 <u>얼음이</u> 되었다. 저것은 <u>수박이</u> 아니다.
부속 성분	관형어	문장에서 체언을 꾸며 주는 성분으로 '어떤', '무슨' 에 해당하는 말	예 <u>새</u> 모자가 예쁘구나. <u>빨간</u> 사과가 있다.
	부사어	문장에서 주로 용언 또는 문장 전체를 꾸며 주는 성분으로 '어떻게', '언제' '어디서'에 해당하는 말	예 기차가 <u>빨리</u> 달린다. 민수가 <u>운동장에서</u> 달린다.
독립 성분	독립어	문장에서 독립적으로 쓰이는 성분으로 부름, 감탄, 응답 등을 나타내는 말	예 <u>성민아</u>, 우리 도서관 갈까? <u>우와</u>, 이 차 멋있다.

8. 문장의 종류

홑문장	주어와 서술어의 관계가 한 번만 나타나는 문장 예 해가 지다. 새가 울었다.
겹문장	주어와 서술어의 관계가 두 번 이상 나타나는 문장 · 이어진 문장 : 해가 지고 새가 울었다. 　　　　　　　봄이 와서 날씨가 따뜻하다. · 안은 문장 : 우리는 <u>그가 떠났음을</u> 알았다. 　　　　　　그는 <u>발에 땀이 나도록</u> 뛰었다.

9. 문장의 종결 표현

① 평서문 : 말하는 이가 듣는 이에게 특별한 의도를 드러내지 않고 평범하게 진술하는 문장 종결 방식

예 더워서 못 견디겠다.

② 의문문 : 말하는 이가 듣는 이에게 문장의 내용을 질문하여 그 대답을 요구하는 문장 종결 방식

　　예 너도 지금 떠나겠느냐?

③ 명령문 : 말하는 이가 듣는 이에게 어떤 행동을 하게 하거나, 하지 않도록 요구하는 문장 종결 방식

　　예 지체 말고 빨리 가 보아라.

④ 청유문 : 말하는 이가 듣는 이에게 어떤 행동을 함께 하기를 요청하는 문장 종결 방식

　　예 시간이 늦었으니 빨리 떠나자.

⑤ 감탄문 : 말하는 이가 듣는 이를 의식하지 않거나 혼잣말처럼 자기의 느낌을 표현하는 문장 종결 방식

　　예 네가 벌써 고등학생이 되는구나.

10. 우리말 어휘의 체계

① 고유어 : 우리말에 본디부터 있었거나 우리말에 기초하여 새로 만들어진 말

　　예 거울, 주머니, 사람, 길, 하늘, 바다

② 한자어 : 한자에 기초하여 만들어진 말

　　예 감기(感氣), 고생(苦生), 편지(便紙), 식구(食口), 친구(親舊)

③ 외래어 : 다른 나라에서 들어와 우리말처럼 쓰이는 말

　　예 커피, 컴퓨터, 버스, 호텔, 고무

④ 전문어
　· 특정 분야에서 전문적인 개념을 표현하기 위해 사용하는 말
　· 의미가 정밀하여 전문적인 작업을 효과적으로 수행하는 데 도움을 줌
　　예 레가토, 세뇨, 어레스트, 반감기

⑤ 유행어
　· 비교적 짧은 시기에 사람들의 입에 오르내리며 유행하는 말
　· 생명이 짧고 쉽게 변하며, 당대의 사회상을 반영하는 경우가 많음
　　예 훈남, 얼짱, 꽃미남, 엄친아, 이태백, 사오정

⑥ 은어

· 다른 사람들이 알아듣지 못하도록 집단 구성원들끼리만 비밀스럽게 사용하는 말

· 다른 집단에 대해 무엇을 숨길 목적으로 비밀을 유지하기 위해 사용함

예 청과물 시장 상인들이 숫자를 '먹주(일)', '대(이)'로 부름

11. 단어들의 의미 관계

단어들이 의미 중심으로 맺고 있는 관계

① 유의 관계 : 의미가 서로 비슷한 단어들의 관계

예 가끔 ≒ 이따금

② 반의 관계 : 의미가 서로 짝을 이루어 대립하는 단어들의 관계

예 가끔 ↔ 자주

③ 하의 관계 : 의미상 한쪽이 다른 쪽을 포함하거나 포함되는 단어들의 관계

예 가수, 배우, 무용가 → 연예인

④ 동음이의 관계 : 소리는 같으나 의미가 다른 단어들의 관계

예 다리 : 사람이나 동물의 몸통 아래 붙어 있으며 걷고 서는 일 등을 하는 신체의 부분

다리 : 건너다닐 수 있도록 만든 시설물

12. 시간 표현

① 과거 시제 : 화자가 말하고 있는 시점보다 이전에 일어난 사건을 표현하는 시제

예 나는 어제 새를 잡았다. / 내가 잡은 새

② 현재 시제 : 화자가 말하고 있는 시점에서 일어나는 사건을 표현하는 시제

예 나는 지금 새를 잡는다. / 내가 잡는 새

③ 미래 시제 : 화자가 말하고 있는 시점보다 이후에 일어날 사건을 표현하는 시제

예 나는 내일 새를 잡겠다. (잡을 것이다) / 내가 잡을 새

13. 높임 표현

말하는 이가 어떤 대상에 대하여 높임의 태도를 나타내는 문법 기능

1) 주체 높임

뜻	서술의 주체를 높이는 방법으로, 말하는 이보다 서술의 주체가 나이나 사회적 지위 등에서 상위자일 때에 사용함
형식	· 주체 높임 선어말 어미 '-(으)시'를 통해 실현됨 · 서술의 주체에 주격 조사 '께서'를 덧붙여 서술어와 호응을 이룸 · 특수 어휘(댁, 생신, 계시다, 잡수시다, 주무시다, 돌아가시다 등)를 통해서도 실현됨 예) 할아버지께서는 댁에 계십니다. 할머니께서 시장에 가시었다.

2) 객체 높임

뜻	목적어나 부사어가 지시하는 대상, 즉 서술의 객체를 높이는 방법
형식	· 주로 특정 동사(드리다, 여쭈다, 모시다, 뵙다)에 의해 실현됨 · 객체에 높임 부사격 조사 '께'를 덧붙여 서술어와 호응을 이룸 예) 형이 어머니께 선물을 드렸다. 언니가 할머니를 모시고 산책을 나갔다.

3) 상대 높임

뜻	말하는 이가 듣는 이에 대하여 높이거나 낮추어 말하는 방법으로, 국어의 높임법 가운데 가장 발달되어 있음
형식	· 주로 종결 어미에 의해 실현됨 · 격식체 : '해라체, 하게체, 하오체, 하십시오체'에 해당함 · 비격식체 : '해체, 해요체'에 해당함 예) 자리에 앉으십시오.(하십시오체) 자리에 앉아요.(해요체)

14. 사동 · 피동 표현

1) **주동 표현** : 문장의 주체가 어떤 동작이나 행동을 자기 스스로 하는 것

　예) 아기가 옷을 입는다.

2) **사동 표현**

　① 문장의 주체가 어떤 동작이나 행동을 남에게 시키는 것

　② 접미사 '-이/ 히/ 리/ 기/ 우/ 구/ 추-' 또는 '-시키다', '-게 하다' 사용

예 엄마가 아기에게 옷을 입히다. (입게 하다)

형이 동생에게 밥을 먹이다. (먹게 하다)

슬픈 영화가 나를 울리다.

3) **능동 표현** : 문장의 주체가 어떤 동작이나 행동을 제 힘으로 하는 것

예 경찰이 도둑을 잡았다.

4) **피동 표현**

① 문장의 주체가 어떤 동작이나 행동을 다른 힘에 의하여 당하는 것

② 접미사 '-이/ 히/ 리/ 기-' 또는 '-어지다', '-게 되다' 사용

예 도둑이 경찰에게 잡히다.

마을이 눈에 덮이다.

문이 바람에 열리다.

쥐가 고양이에게 쫓기다.

15. 한글(훈민정음)의 탄생

1) 한글의 창제와 반포 시기

한글 창제 이전의 문자 생활 : 한자로 생활하거나, 한자의 음과 뜻을 이용해 우리말을 표기함

① 한글의 창제 시기 : 세종 25년(1443년)

② 한글의 반포 시기 : 세종 28년(1446년)

2) 한글의 자음자와 모음자

자음자(17자)	ㄱ, ㄴ, ㄷ, ㄹ, ㅁ, ㅂ, ㅅ, ㅇ, ㅈ, ㅊ, ㅋ, ㅌ, ㅍ, ㅎ, ㆁ, ㆆ, ㅿ
모음자(11자)	ㆍ, ㅏ, ㅑ, ㅓ, ㅕ, ㅗ, ㅛ, ㅜ, ㅠ, ㅡ, ㅣ

· 현대 국어에서는 'ㆍ(아래아), ㆁ(옛이응), ㆆ(여린히읗), ㅿ(반치음)'이 사용되지 않음

3) 한글 자음자의 제자 원리

① 상형(象形) : 기본 글자는 발음 기관의 모습을 본떠 만듦 (ㄱ, ㄴ, ㅁ, ㅅ, ㅇ)

② 가획(加劃) : 기본 글자에 획을 더하여 글자를 만듦 (ㅋ, ㄷ, ㅌ, ㅂ, ㅍ, ㅈ, ㅊ, ㆆ, ㅎ)

기본 글자	본뜬 모양	가획자	이체자
ㄱ	혀뿌리가 목구멍을 막는 모양을 본뜸	ㅋ	ㆁ
ㄴ	혀끝이 윗잇몸에 닿는 모양을 본뜸	ㄷ, ㅌ	ㄹ
ㅁ	입의 모양을 본뜸	ㅂ, ㅍ	
ㅅ	이의 모양을 본뜸	ㅈ, ㅊ	ㅿ
ㅇ	목구멍의 모양을 본뜸	ㆆ, ㅎ	

③ 병서(竝書) : 상형이나 가획의 원리로 만들어진 자음 글자를 가로로 나란히 붙여서 만듦 (ㄲ, ㄸ, ㅃ, ㅆ, ㅉ, ㆅ 등)

4) 한글 모음자의 제자 원리

① 상형(象形) : 만물을 구성하는 세 가지 기본 요소인 '하늘, 땅, 사람'의 모양을 본떠 만듦

② 합성(合成) : 기본자끼리 합성하여 초출자를 만들고, 초출자에 'ㆍ'를 합성하여 재출자를 만듦

기본 글자	기본 글자를 결합해서 만든 글자	
	초출자 (ㆍ가 한 번 결합한 글자)	재출자 (ㆍ가 두 번 결합한 글자)
ㆍ(하늘)		
ㅡ(땅)	ㅏ, ㅓ, ㅗ, ㅜ	ㅑ, ㅕ, ㅛ, ㅠ
ㅣ(사람)		

5) 한글의 창제 정신

① 자주 정신 : 우리나라 말이 중국과 다름을 인식하고 우리만의 문자를 만듦

② 애민 정신 : 문자로 의사 표현을 하지 못하는 백성의 고통을 인식함

③ 창조 정신 : 다른 글자를 모방하거나 변형하지 않고 새로운 글자 체계를 창안함

④ 실용 정신 : 모든 사람이 쉽게 익혀 편하게 문자 생활을 하도록 함

핵·심·총·정·리

중학교 졸업자격 검정고시

II. 수학

Mathematics

수와 연산(1)

(1) 소인수분해

① 소수
  · 1과 자기 자신의 수를 약수로 갖는 수
    예 2, 3, 5, 7, 11, 13, 17, …

② 거듭제곱
  · 같은 수 또는 문자를 여러 번 곱한 것을 나타낸 것
    예 $a \times a = a^2$, $3 \times 3 \times 3 = 3^3$, …

③ 소인수분해
  · 소수의 곱으로 표현하는 것
    예 $8 = 2^3$, $12 = 2^2 \times 3$, $30 = 2 \times 3 \times 5$, …

④ 소인수분해하는 방법
$$60 = 2 \times 30$$
$$= 2 \times 2 \times 15$$
$$= 2 \times 2 \times 3 \times 5$$

(2) 공약수와 공배수

① 공약수 : 두 개 이상의 자연수의 공통인 약수

② 최대공약수 : 공약수 중에서 가장 큰 수
  [예시] 4의 약수 : 1, 2, 4,   8의 약수 : 1, 2, 4, 8
    → 공약수 : 1, 2, 4
    → 최대공약수 : 4

③ 서로소 : 최대공약수가 1인 두 자연수

④ 공배수 : 두 개 이상의 자연수의 공통인 배수

⑤ 최소공배수 : 공배수 중에서 가장 작은 수

　[예시]　4의 배수 : 4, 8, 12, 16, 20, 24, …　　　　8의 배수 : 8, 16, 24, …

　　　　→ 공배수 : 8, 16, 24, …

　　　　→ 최소공배수 : 8

●●○ 핵/심/문/제

01 다음 중 18의 약수가 <u>아닌</u> 것은?

① 1   ② 2

③ 8   ④ 18

02 다음 중 옳지 <u>않은</u> 것은?

① 3은 12의 약수이다.

② 16의 약수는 4개이다.

③ 1은 모든 자연수의 약수이다.

④ 10은 10의 약수이고, 배수이다.

03 다음 중 소인수분해를 바르게 한 것은?

① $8 = 2^3$ ② $12 = 2^3 \times 3$

③ $16 = 2^5$ ④ $18 = 2^2 \times 3^2$

04 $24 = 2^3 \times 3$에서 약수가 <u>아닌</u> 것은?

① 1   ② 2^2

③ 2×3 ④ 3^2

05 다음 중 옳은 것은?

① $2^3 = 6$

② $4 \times 4 \times 4 = 3^4$

③ $2 \times 2 \times 2 \times 3 \times 3 = 2^3 \times 3^2$

④ $a + a + a + a = a^4$

06 $2^3 = a$, $3^b = 81$을 만족하는 자연수 a, b에 대하여 $a + b$의 값은?

① 7   ② 12

③ 20   ④ 89

07 두 수 24, 36의 공약수의 개수는?

① 4개   ② 6개

③ 7개   ④ 10개

08 다음 중 10과 서로소인 수는?

① 2   ② 3

③ 5   ④ 8

09 두 수 12, 20의 최대공약수는?

① 2   ② 3

③ 4   ④ 5

10 두 수 4, 18의 최소공배수는?

① 4   ② 12

③ 18   ④ 36

정답 | 01. ③   02. ②   03. ①   04. ④   05. ③   06. ②   07. ②   08. ②   09. ③   10. ④

수와 연산(2)

(1) 정수

① 양의 정수(자연수), 0, 음의 정수 이렇게 이루어진 수를 정수라고 하며, 보통 양수, 0, 음수라고 한다.

$$\begin{cases} \text{양의 정수(양수)} \ + \\ 0 \\ \text{음의 정수(음수)} \ - \end{cases}$$

② 정수의 덧셈과 뺄셈

· 계산 방법 : $\begin{cases} \text{부호가 같을시 숫자끼리 더하고, 그 부호를 붙인다.} \\ \text{부호가 다를시 (큰 수)} - \text{(작은 수)하고, 큰 수의 부호를 붙인다.} \end{cases}$

예 $-3-5=-8$, $4-7=-3$, $3+8=+11$

③ 정수의 곱셈과 나눗셈

· 계산 방법 : $\begin{cases} \text{다른 부호끼리의 곱 또는 나눗셈은 부호가} \ - \ \text{가 된다.} \\ \text{같은 부호끼리의 곱 또는 나눗셈은 부호가} \ + \ \text{가 된다.} \end{cases}$

[예시] $3 \times (-2) = -6$, $-3 \times (-5) = 15$, $4 \div (-2) = -2$

(2) 유리수

① 정수를 포함하고, 정수가 아닌 유리수

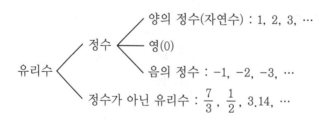

② 유한소수

· 소수점 아래의 숫자가 유한개인 소수

  예 0.3, 0.123, 1.5, …

· 소인수분해를 통해 분모에 2 또는 5 이외의 소인수가 없으면 유한소수라고 한다.

  [예시] 유한소수 $\dfrac{3}{2 \times 5}, \dfrac{1}{2}, \dfrac{3}{5}, \cdots$

③ 무한소수

· 소수점 아래의 숫자가 무한개인 소수

· 순환소수 : 소숫점 아래로 특정숫자가 반복되는 소수

  예 0.1111 …

· 순환소수는 무한소수이지만, 분수로써 표현할 수 있기 때문에 유리수로 분류된다.

  [예시] $0.333 \cdots \rightarrow 0.\dot{3}$, $1.121212 \cdots \rightarrow 1.\dot{1}\dot{2}$, $0.153153 \cdots \rightarrow 0.\dot{1}5\dot{3}$

  (반복되는 숫자를 순환마디라고 부르며, 반복되는 숫자 위에 점을 찍는다. 그러나 순환마디가 3개 이상일 때는 양쪽 끝의 숫자에만 점을 찍으므로 유의한다.)

· $0.\dot{3} = \dfrac{3-0}{9} = \dfrac{3}{9} = \dfrac{1}{3}$, $0.\dot{1}\dot{5} = \dfrac{15-0}{99} = \dfrac{15}{99} = \dfrac{5}{33}$

  (소숫점 이하 점 하나당 숫자 9를 의미한다. $0.\dot{1}\dot{5}$는 점이 두 개이므로 분모가 99가 되었다.)

④ 절댓값

· 크기, 길이, 부피 등을 표현할 때 쓰이며, 수의 값을 양의 값으로 나타내는 것을 말한다. $|a|$(절댓값 a라고 읽는다.)

  [예시] $|3| = 3$, $|-3| = 3$

(3) 무리수

① 순환하지 않는 무한소수를 무리수라 부른다.

② 제곱근
   · $a \geq 0$ 일 때, x를 제곱해서 a가 되는 수, x를 a의 제곱근이라 한다.
   [예시] $x^2 = a \rightarrow x = \pm\sqrt{a}$, $x^2 = 4 \rightarrow x = \pm 2$

③ 제곱근의 성질
   · $a \geq 0$ 일 때,
   $(\sqrt{a})^2 = a$, $(-\sqrt{a})^2 = a$, $\sqrt{a^2} = a$, $\sqrt{(-a)^2} = a$

④ 무리수의 덧셈과 뺄셈
   · 루트 안의 숫자가 같을 때에만 계산을 할 수 있으며, 루트 안의 숫자는 건드리지 않고, 루트 밖의 숫자끼리 계산한다.
   [예시] $3\sqrt{b} + 2\sqrt{b} = 5\sqrt{b}$, $\sqrt{8} + \sqrt{2} = 2\sqrt{2} + \sqrt{2} = 3\sqrt{2}$

⑤ 무리수의 곱셈과 나눗셈
   · 숫자끼리만 곱하거나 나누면 되고, 루트가 없는 것끼리, 루트가 있는 것끼리 곱하고 나눈다.
   [예시] $\sqrt{3} \times \sqrt{2} = \sqrt{6}$, $3\sqrt{2} \times 5\sqrt{5} = 15\sqrt{10}$
   $\sqrt{8} \div \sqrt{4} = \sqrt{2}$, $4\sqrt{6} \div 2\sqrt{2} = 2\sqrt{3}$

⑥ 분모의 유리화
   · 분수에서 분모가 무리수이면, 반드시 루트를 벗겨내서 유리수로 만드는 것을 말한다.
   [예시] $\dfrac{1}{\sqrt{2}} \Rightarrow \dfrac{1}{\sqrt{2}} \times \dfrac{\sqrt{2}}{\sqrt{2}} = \dfrac{\sqrt{2}}{2}$

●○ 핵/심/문/제

[1~6] 다음 수에 대한 물음에 답하여라.

$$-1.2, \quad +\frac{1}{3}, \quad -3, \quad +1, \quad -\frac{6}{3}, \quad +\frac{3}{5}, \quad 0$$

01 양의 정수의 개수는?

① 1개   ② 2개
③ 3개   ④ 4개

02 음의 정수의 개수는?

① 1개   ② 2개
③ 3개   ④ 4개

03 정수가 아닌 양의 유리수의 개수는?

① 1개   ② 2개
③ 3개   ④ 4개

04 정수가 아닌 음의 유리수의 개수는?

① 1개   ② 2개
③ 3개   ④ 4개

05 정수의 개수는?

① 1개   ② 2개

③ 3개   ④ 4개

06 유리수의 개수는?

① 1개   ② 3개

③ 5개   ④ 7개

07 다음 수에서 절댓값이 가장 큰 수는?

$$\frac{3}{2}, \quad -5, \quad -1.5, \quad 0, \quad +3$$

① -5 ② $\frac{3}{2}$

③ 0 ④ 3

08 3보다 2 작은 수는?

① 1   ② 3

③ 5   ④ -1

09 $(+3)-(-7)$의 값을 구하면?

① 4   ② -10

③ 10   ④ -4

10 다음 수의 대소관계가 옳은 것은?

① $-2 > -1$
② $0.5 > 2$
③ $\dfrac{1}{2} < -1$
④ $0 > -1$

11 다음 분수 중에서 유한소수로 나타낼 수 있는 것은?

① $\dfrac{4}{3 \times 5}$
② $\dfrac{18}{2^2 \times 3^2}$
③ $\dfrac{6}{2^2 \times 3^2 \times 5}$
④ $\dfrac{6}{2 \times 7}$

12 다음 순환소수 $1.212121\cdots$의 순환마디는?

① 1
② 2
③ 12
④ 21

13 다음 중에서 9의 제곱근은?

① 3
② -3
③ $\sqrt{3}$
④ ± 3

14 $\sqrt{(-3)^2}$ 의 값은?

① 3
② -3
③ 9
④ -9

15 $\sqrt{8} = a\sqrt{b}$ 로 고치면?

① $2\sqrt{6}$ ② $2\sqrt{2}$

③ $3\sqrt{2}$ ④ $4\sqrt{3}$

16 $4\sqrt{3} + 6\sqrt{3}$ 의 값을 구하면?

① $10\sqrt{6}$ ② $10\sqrt{3}$

③ $24\sqrt{6}$ ④ $24\sqrt{3}$

17 $\dfrac{1}{\sqrt{10}}$ 을 유리화하면?

① $\sqrt{10}$ ② $\dfrac{\sqrt{10}}{10}$

③ $\dfrac{1}{10}$ ④ 10

정답| 01. ①   02. ②   03. ②   04. ①   05. ④   06. ④   07. ①   08. ①   09. ③   10. ④
        11. ②   12. ④   13. ④   14. ①   15. ②   16. ②   17. ②

문자와 식

(1) 문자와 식

① 미지수를 문자(알파벳)로 표현한다.

② (계수) $x^{(차수)}$

③ $a \times 3$은 $\times$를 생략한다.

④ $a \times b$는 $\times$를 생략한다.

⑤ 같은 문자끼리의 곱은 문자를 한 번만 쓴다.

[예시] $a \times 3 = 3a$, $a \times b = ab$, $a \times a = a^2$

(2) 단항식과 다항식

① 항 : 곱으로 연결된 상태를 말한다.

② 단항식 : 항이 1개만 있는 것을 단항식이라 한다.

③ 다항식 : 항이 2개 이상 있는 것을 다항식이라 한다.

④ 동류항 : 문자가 같고 차수가 같은 항

[예시] $3a$, $5b$, ab, $2ab$, 1, 2, 3, $\cdots$, $a+b$, $2a-3$, $a^2 + 3a + 2$, $\cdots$

$a+3a = 4a$, $a+b =$ 계산불가, $a + a^2 =$ 계산불가

(3) 다항식의 곱셈

① 괄호와 괄호 사이에는 곱하기가 생략되어 있다.

② 전개

· 다항식끼리의 곱셈을 전개라 부른다.

③ 분배법칙

· 하나하나 구분해서 곱하여 전개하는 것을 말한다.

[예시] $(\ )\times(\ ) \Rightarrow (\ )(\ )$, $2\times(\ ) \Rightarrow 2(\ )$, $2(a+b) = 2a+2b$

④ 곱셈공식

· 완전제곱식 $(a+b)^2 = a^2 + 2ab + b^2$, $(a-b)^2 = a^2 - 2ab + b^2$

· 합차공식 $(a+b)(a-b) = a^2 - b^2$

· 합곱공식 $(x + a)(x + b) = x^2 + (a + b)x + ab$

$(ax + b)(cx + d) = acx^2 + (ad + bc)x + bd$

(4) 지수법칙

$a > 0$, $b > 0$이고, m과 n이 유리수일 때,

① $a^m \times a^n = a^{m+n}$

② $a^m \div a^n = a^{m-n}(m > n)$, $a^0 = 1(m = n)$, $a^{-1} = \dfrac{1}{a}(m < n)$

③ $(a^m)^n = a^{m \times n}$

④ $(ab)^m = a^m b^m$

⑤ $\left(\dfrac{b}{a}\right)^m = \dfrac{b^m}{a^m}$

(5) 인수분해

① 전개된 하나의 다항식을 두 개 이상의 다항식의 곱으로 표현하는 것

② 항이 2개 있는 경우에는 공통인수로 묶어서 인수분해 하거나, 합차공식으로 인수분해한다.

[예시]　$a^2 + 2a = a(a + 2)$, $a^2 - 4 = (a + 2)(a - 2)$

③ 항이 3개 있는 경우에는 일반적으로 곱셈공식을 이용하여 인수분해한다.

[예시]　$a^2 + 3a + 2 = (a + 2)(a + 1)$, $a^2 + 4a + 4 = (a + 2)(a + 2) = (a + 2)^2$

(6) 식의 값

· 문자(미지수)의 값을 대입하여 식을 계산하는 것

[예시]　$x = 3$일 때, $2x + 1 = 2 \times (3) + 1 = 6 + 1 = 7$

●○ 핵/심/문/제

01 다항식 $(2x - 3) + (x - 2)$를 계산하면?

① $3x - 1$ ② $3x + 5$

③ $3x - 5$ ④ $3x + 1$

02 다항식 $(x + 3) - (2x - 1)$을 계산하면?

① $3x + 2$ ② $x - 2$

③ $-x + 4$ ④ $x - 4$

03 다항식 $(x + 1)(x + 3)$을 전개하면?

① $x^2 + 3$ ② $x^2 + 4x$

③ $x^2 + 4x + 4$ ④ $x^2 + 4x + 3$

04 다항식 $(x + 5)^2$을 전개하면?

① $x^2 + 10x + 25$ ② $x^2 + 5x + 25$

③ $x^2 + 25$ ④ $x^2 + 5x + 10$

05 다항식 $x^2 + 3x$를 인수분해하면?

① $(x + 3)^2$ ② $x(x + 3)$

③ $(x + 1)(x + 2)$ ④ $(x + 1)(x + 3)$

06 $x^2 + 2x + 1$을 인수분해하면?

① $(x + 1)^2$ ② $(x + 1)(x + 2)$

③ $(x - 1)^2$ ④ $(x + 1)(x - 2)$

07 다음 식 $(a^2)^3 \div (a)^2$을 계산하면?

① a^4 ② a^6

③ a^3 ④ a

08 다음 $(2x^2)^3$을 계산하면?

① $2x^6$ ② $6x^6$

③ $8x^6$ ④ $8x^2$

09 $x = 3$일 때, $4x + 1$을 구하면?

① 7 ② 10

③ 13 ④ 16

10 $x = 2$, $y = 3$일 때, $x + 2y$를 계산하면?

① 8 ② 10

③ 14 ④ 16

정답 | 01. ③ 02. ③ 03. ④ 04. ① 05. ② 06. ① 07. ① 08. ③ 09. ③ 10. ①

04 방정식과 부등식

(1) 일차방정식

① 방정식 : 미지수 x의 값에 따라 참 또는 거짓이 되는 식

② 방정식의 해 : 등호가 참이 되는 미지수의 값을 '해'라고 하며, '근' 또는 '방정식을 푼다'라고 말한다.

③ 일차방정식 : 미지수 x의 차수가 1인 방정식

④ 푸는 방법 : 등호(=)를 기준으로 좌변은 미지수, 우변은 상수로 만들어 해를 구한다.

[예시] $x + 2 = 3 \Rightarrow x = 3 - 2 \Rightarrow x = 1,$

$\qquad 2x + 1 = 3 \Rightarrow 2x = 3 - 1$

$\qquad \Rightarrow 2x = 2 \Rightarrow x = 1$

(2) 연립 일차방정식

① 미지수가 두 개(보통 x, y)인 방정식, 두 개 이상의 공통의 해를 구하는 방정식

② 푸는 방법

· 가감법 : 두 문자 중 어느 한 문자를 소거해서 미지수 값을 구하는 방법이다.

[예시] $\begin{cases} x + y = 1 \\ x - y = 3 \end{cases}$ 두 식을 더하면 $2x = 4 \Rightarrow x = 2$이고, $x = 2$를

$x + y = 1$에 대입하면 $y = -1$이 된다.

· 대입법 : 두 식에서 어느 한 식을 선택하여 x 또는 y에 대해서 정리해준 다음 그 값을 다른 식에 대입해주는 것이다.

[예시] $\begin{cases} x + y = 1 \\ x - y = 3 \end{cases} \Rightarrow x + y = 1$에서 x에 대해서 정리해주면, $x = 1 - y$가

된다. 이 식을 $x - y = 3$ 이라는 식에 대입하면, $1 - y - y = 3$이

되고, $y = -1$의 값을 얻게 된다.

이 값을 $x = 1 - y$에 대입하면 $x = 2$가 된다.

(3) 일차부등식

① 부등호를 사용하여 두 수 또는 식의 대소 관계를 나타낸 식

② 부등식의 해 : 부등식을 참이 되게 하는 문자의 값

③ 부등식의 성질

· 부등식의 양변에 같은 수를 더하거나 빼어도 부등호의 방향은 바뀌지 않는다.

$a < b$이면 $a + c < b + c$, $a - c < b - c$

· 부등식의 양변에 같은 양수를 곱하거나 나누어도 부등호의 방향은 바뀌지 않는다.

$a < b$이고 $c > 0$이면 $ac < bc$, $\dfrac{a}{c} < \dfrac{b}{c}$

· 부등식의 양변에 같은 음수를 곱하거나 나누면 부등호의 방향은 바뀐다.

$a < b$이고 $c < 0$이면 $ac > bc$, $\dfrac{a}{c} > \dfrac{b}{c}$

· 부등식의 해를 수직선 위에 나타내기

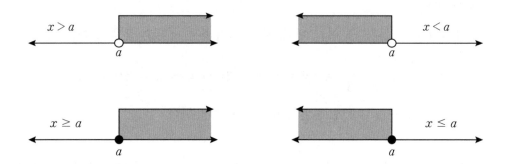

(4) 이차방정식

① 차수가 2인 방정식을 이차방정식이라 부른다.

[예시] $x^2 + 5x + 6 = 0$, $x^2 - x - 2 = 0$ ⋯ 등등

② 푸는 방법

· 인수분해 풀이, 근의 공식 풀이, 완전제곱식 풀이법이 있지만, 인수분해 풀이법만 소개한다.

[예시] $x^2 - x - 2 = 0 \Rightarrow (x-2)(x+1) = 0$

$\quad\quad\quad x - 2 = 0$ 또는 $x + 1 = 0$ 에서 $x = 2$ 또는 $x = -1$

③ 근과 계수와의 관계

· 이차방정식 $ax^2 + bx + c = 0 \, (a \neq 0)$에서 두 근을 α, β라 할 때,

$$\alpha + \beta \, (\text{두 근의 합}) = -\frac{b}{a}, \ \alpha\beta \, (\text{두 근의 곱}) = \frac{c}{a}$$

●○ 핵/심/문/제

01 일차방정식 $x + 1 = 3x - 5$ 를 풀면?

① $x = 2$ ② $x = 3$

③ $x = 4$ ④ $x = 6$

02 일차방정식 $3x - 1 = 5$ 의 해를 구하면?

① $x = 2$ ② $x = 3$

③ $x = 4$ ④ $x = 6$

03 다음 연립방정식 $\begin{cases} x + y = 4 \\ x - y = 6 \end{cases}$ 을 풀면?

① $x = 2,\ y = -2$ ② $x = 2,\ y = 2$

③ $x = 5,\ y = -1$ ④ $x = -5,\ y = 1$

04 다음 연립방정식 $\begin{cases} x + y = 8 \\ x = y + 2 \end{cases}$ 를 풀면?

① $x = -5,\ y = 3$ ② $x = 3,\ y = 5$

③ $x = 5,\ y = -3$ ④ $x = 5,\ y = 3$

05 $a > b$일 때, 다음 □ 안에 부등호 방향이 <u>다른</u> 하나는?

① $a + 3 \,\square\, b + 3$ ② $a - 4 \,\square\, b - 4$
③ $a \times (-5) \,\square\, b \times (-5)$ ④ $a \div 6 \,\square\, b \div 6$

06 다음 일차부등식 $2 + x \geq 1$ 풀면?

① $x \geq 1$ ② $x \geq -1$
③ $x \leq 1$ ④ $x \leq -1$

07 다음 중 해가 아래 그림이 나타내는 x 값의 범위인 부등식을 고르면?

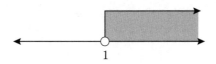

① $3x - x > 2$ ② $5 + x > 1$
③ $x + 2 > 1$ ④ $2x > 1 - x$

08 이차방정식 $x^2 - 2x - 8 = 0$의 해를 구하면?

① $x = -2$ 또는 $x = 4$ ② $x = 2$ 또는 $x = 4$
③ $x = 2$ 또는 $x = -4$ ④ $x = -2$ 또는 $x = -4$

09 이차방정식 $(x+3)(x-2)=0$의 한 근이 -3일 때, 다른 한 근은?

① 3   ② 2

③ -2 ④ -3

10 이차방정식 $x^2+3x-10=0$의 두 해를 m, n이라 할 때, mn의 값은?

① 3   ② -3

③ 10   ④ -10

11 이차방정식 $(x-2)(x-4)=0$의 두 근의 합은?

① 6   ② -6

③ 8   ④ -8

정답 | 01. ②   02. ①   03. ③   04. ④   05. ③   06. ②   07. ①   08. ①   09. ②   10. ④   11. ①

05 함수

(1) 좌표평면과 그래프

① 좌표 : 수직선 위의 한 점에 대응하는 수

② 원점 : 좌표가 0인 점

[예시] 수직선에서 수 -5가 점 A의 좌표일 때, 기호로 $A(-5)$로 나타낸다.

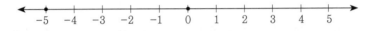

③ 순서쌍 : 두 수나 문자의 순서를 정하여 짝을 지어 나타낸 것

[예시] $(1, 5)$, $(-3, 1)$ 이때, 먼저 나온 수는 x, 나중에 나온 수는 y 이다.

④ 좌표평면 : 가로의 수직선을 X축, 세로의 수직선을 Y축으로 정하고, X축과 Y축이 만나는 교점을 원점으로 하는 평면

⑤ 사분면 : 좌표평면에서 오른쪽 위부터 시계반대방향으로 1사분면, 2사분면, 3사분면, 4사분면으로 4개의 면으로 나뉘어진 면

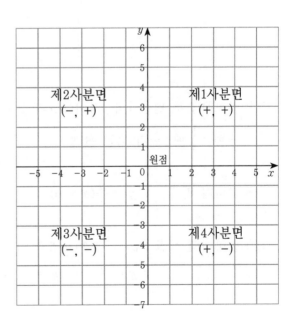

(2) 정비례와 반비례

① 정비례 : 두 변수 x와 y사이에 x의 값이 2배, 3배, 4배, …가 될 때, y의 값도 2배, 3배, 4배, …가 되는 관계

② 정비례 관계식 : $y = ax(a \neq 0)$

③ 정비례의 성질 : y가 x에 정비례할 때, x의 값에 대한 y 값의 비 $\dfrac{y}{x}(x \neq 0)$의 값은 항상 a로 일정하다. $y = ax \rightarrow \dfrac{y}{x} = a\,(일정)$

④ 정비례 관계의 그래프 : x 값의 범위가 수 전체일 때, 정비례 관계 함수는 원점을 지나는 직선이다.

[예시]

⑤ 반비례 : 두 변수 x와 y사이에 x의 값이 2배, 3배, 4배, …가 될 때, y의 값은 $\dfrac{1}{2}$배, $\dfrac{1}{3}$배, $\dfrac{1}{4}$배, …가 되는 관계

⑥ 반비례 관계식 : $y = \dfrac{a}{x}(a \neq 0)$

⑦ 반비례의 성질 : y가 x에 반비례할 때, xy의 값은 항상 a로 일정하다.
$$y = \frac{a}{x} \rightarrow xy = a\,(일정)$$

[예시]

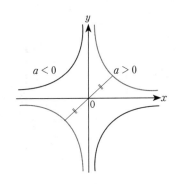

(3) 일차함수

① 함수 : x값 한 개를 대입했을 때, 단 한 개의 y값이 나오는 것을 말한다.

[예시]

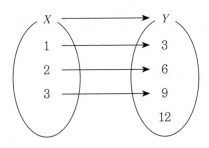

⇒ 정의역 $\{1, 2, 3\}$, 공역 $\{3, 6, 9, 12\}$, 치역 $\{3, 6, 9\}$

⇒ $f(x) = 3x$에서 $f(1) = 3$, $f(2) = 6$, $f(3) = 9$

② 일차함수 : 일차다항식으로 된 함수

③ 수식 : $y = f(x)$이며, $y = ax + b$의 형태로 식을 표현한다.

④ 기울기 : $\dfrac{y증가량}{x증가량}$

⑤ 두 직선의 위치 관계

ⓐ 평행 : 두 직선이 평행한 것을 말하며, 평행하다는 것은 기울기가 같다는 뜻이다.

ⓑ 수직 : 두 직선이 교차했을 때, 직각이 생기는 경우, 두 직선의 기울기의 곱은 언제나 -1이 된다.

[예시]

〈두 직선이 평행〉 〈두 직선이 수직〉

(4) 이차함수

① 함수 y가 이차식 x^2에 대응되는 식을 이차함수라고 한다.

② 수식 : $y = ax^2 + bx + c \, (a \neq 0)$

③ $y = x^2$의 그래프

· 원점 O를 지나고, 곡선의 모양이 아래로 볼록하다.

· y축에 대하여 대칭이다.

· 치역이 $\{y \mid y \geq 0\}$이므로 제 1, 2 사분면 위에 있다.

· x가 증가할 때, $x < 0$의 범위에서 y는 감소하고, $x > 0$의 범위에서 y는 증가한다.

④ 이차함수 $y = -x^2$의 그래프

· 원점 O를 지나고 위로 볼록하다.

· y축에 대하여 대칭이다.

· x가 증가할 때, $x < 0$의 범위에서 y는 증가하고, $x > 0$의 범위에서 y는 감소한다.

· 원점 이외의 부분은 모두 x축보다 아래에 있다.

[예시]

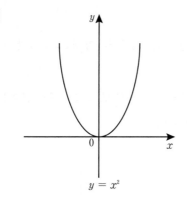

$y = x^2$

$y = -x^2$

⑤ $y = ax^2 + q$의 그래프

· $y = ax^2$의 그래프를 y축의 양의 방향으로 q만큼 평행이동한 것이다.

· y축을 축으로 하고, 점 $(0, q)$를 꼭짓점으로 하는 포물선이다.

[예시]

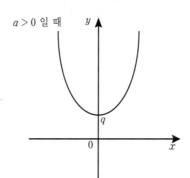

⑥ 이차함수 $y = a(x - p)^2$의 그래프

· $y = ax^2$의 그래프를 x축의 방향으로 p만큼 평행이동한 것이다.

· 직선 $x = p$를 축으로 하고, 점 $(p, 0)$을 꼭짓점으로 하는 포물선이다.

[예시]

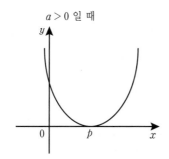

⑦ 이차함수 $y = a(x-p)^2 + q$ 의 그래프

· $y = ax^2$ 의 그래프를 x축의 방향으로 p만큼, y축의 방향으로 q만큼 평행이동 한 것이다.

· 직선 $x = p$를 축으로 하고, 점 $(p,\ q)$를 꼭짓점으로 하는 포물선이다.

· 최솟값, 최댓값은 꼭짓점 좌표의 y좌표이다.

[예시]

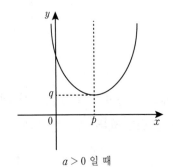

$a > 0$ 일 때

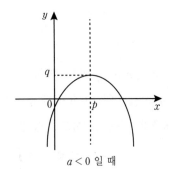

$a < 0$ 일 때

●○ 핵/심/문/제

01 다음 중 좌표평면 위의 점의 좌표와 그 점이 속하는 사분면이 바르게 연결된 것은?

① $A(5, 2)$: 제 4사분면

② $B(-2, -12)$: 제 1사분면

③ $C(-2, 15)$: 제 2사분면

④ $D(5, -3)$: 제 3사분면

02 다음 중 제 2사분면 위의 점은?

① $(-9, 2)$ ② $(0, 12)$

③ $(8, 3)$ ④ $(5, -6)$

03 다음 중 y가 정비례하는 것은?

① $y = 5$ ② $y = 6x$

③ $y = \dfrac{x}{2} + 3$ ④ $y = \dfrac{3}{x}$

04 다음 표에서 x와 y사이에 $y = ax(a \neq 0)$인 관계식이 성립할 때, 상수 a의 값을 구하면?

x	1	2	3	4	…
y	6	12	18	24	…

① 2   ② 4

③ 6   ④ 12

05 다음 〈보기〉에서 y가 x에 반비례하는 것은 모두 몇 개인가?

〈 보기 〉

ㄱ $y = -3x$ ㄴ $y = -\dfrac{2}{x}$ ㄷ $y = x^2$

ㄹ $y = \dfrac{8}{x}$ ㅁ $y = 15x$

① 1개   ② 2개
③ 3개   ④ 4개

06 일차함수 $y = ax + 1$의 그래프가 점 $(1, 2)$를 지날 때, a의 값은?

① 1   ② 2
③ 3   ④ 4

07 일차함수 $y = x + 1$의 그래프에 대한 설명으로 옳은 것은?

① 기울기가 1이다.   ② y절편이 2이다.
③ 점 $(1, 3)$을 지난다.   ④ 4사분면을 지난다.

08 기울기가 3이고 y절편이 2인 일차함수의 식을 구하면?

① $y = 3x$ ② $y = 2x$
③ $y = 3x + 2$ ④ $y = 2x + 3$

09 일차함수 $y = 2x + 1$과 평행한 함수는?

① $y = 2x - 2$ ② $y = x$
③ $y = 1$ ④ $y = 3x + 1$

10 다음 이차함수 $y = (x - 3)^2$의 꼭짓점의 좌표는?

① $(3, 0)$ ② $(0, 3)$

③ $(3, 1)$ ④ $(1, 3)$

11 다음 중 이차함수인 것을 고르면?

① $y = 5$ ② $y = \dfrac{1}{x^2} - 1$

③ $y = x^2 - 1$ ④ $y = x + 2$

12 다음 그래프를 보고 옳지 <u>않은</u> 것을 고르면?

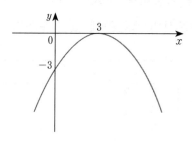

① 위로 볼록하다.

② 꼭짓점의 좌표는 $(3, 0)$이다.

③ 점 $(-3, 0)$을 지난다.

④ $x = 3$에서 대칭이다.

통계 확률

(1) 자료의 정리 및 관찰

① 전체의 자료를 몇 개의 계급으로 나누고, 각 계급에 속하는 도수를 조사하여 나타낸 표를 도수분포표라고 한다.

② 변량 : 자료를 수량으로 나타낸 것

③ 계급 : 변량을 나눈 구간

④ 계급의 크기 : 구간의 너비

⑤ 도수 : 각 계급에 속한 자료의 수

⑥ 계급값 : 계급을 대표하는 값으로 계급의 중앙값

$$(계급값) = \frac{(계급의\ 양\ 끝값의\ 합)}{2}$$

⑦ 상대도수 : 상대도수는 전체 도수에 대한 각 계급의 도수의 비율이다.

⑧ 줄기와 잎 : 줄기와 잎을 이용하여 자료를 나타낸 표로써, 줄기는 세로선의 왼쪽에 있는 수이고, 잎은 세로선의 오른쪽에 있는 수이다.

[예시]

(1/4는 14)

줄기	잎				
0	5	7	9		
1	3	4	5	6	
3	0	2	5	7	8
4	1	7			
5	3	6			

⑨ 도수분포표

수학 점수	학생 수(명)
60미만	7
60이상 ~ 70미만	9
70이상 ~ 80미만	6
80이상 ~ 90미만	4
90이상 ~ 100미만	2
합계	28

⑩ 히스토그램

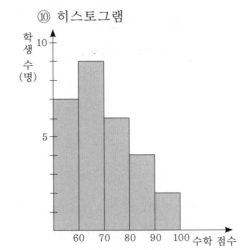

(2) 경우의 수와 확률

① 경우의 수 : 어떤 일이 발생할 수 있는 모든 가짓수

② 시행 : 어떤 행위를 시도하는 것

③ 사건 : 어떤 행위를 시도한 후 나온 결과

④ 합의 법칙 : 두 사건 A, B가 있을 때, 사건 A가 일어날 경우의 수를 m가지, 사건 B가 일어날 경우의 수를 n가지라 할 때, 두 사건 A, B가 동시에 일어나지 않을 때, A 또는 B가 일어날 경우의 수는 $m+n$ 가지이다.

⑤ 곱의 법칙 : 두 사건 A, B가 있을 때, 사건 A가 일어날 경우의 수를 m가지, 사건 B가 일어날 경우의 수를 n가지라 할 때, 두 사건 A, B가 동시에 일어날 경우의 수는 $m \times n$가지이다.

⑥ 확률 : 어떤 사건이 일어날 가능성을 분수로 표현한 것

[예시]

사건 A가 일어날 확률을 P라고 하면, $P = \dfrac{\text{내가 원하는 특정 경우의 수}}{\text{일어날 수 있는 모든 경우의 수}}$

⑦ 확률의 성질

· 사건 A가 일어날 확률을 P라고 하면 확률의 범위는 $0 \leq P \leq 1$ 이다.

· 사건이 완전히 일어날 수 없는 확률은 0이고, 완전히 일어날 확률은 1이다.

· 여사건의 확률 : 사건 A가 일어날 확률을 p, 사건 B가 일어나지 않을 확률을 q라고 하면 $q = 1 - p$

· 확률의 덧셈과 곱셈 : 두 사건 A, B의 확률을 각각 p, q라 하고, 동시에 일어나지 않을 때, A 또는 B가 일어날 확률은 $p+q$, 동시에 일어날 확률은 $p \times q$로 계산한다.

(3) 대푯값

① 평균 $= \dfrac{\text{자료의 총합}}{\text{자료의 개수}}$

② 중앙값 : 자료를 작은 값에서 크기 순으로 나열할 때, 정 중앙에 오는 값

③ 최빈값 : 자료 중 가장 많이 나타나는 값

(4) 산포도

① 산포도 : 자료의 흩어진 정도를 하나의 수치로 나타낸 것

② 편차 = 변량 − 평균

· 편차의 합은 언제나 0이다.

· 편차의 절댓값이 작으면 평균과 가깝다.

③ 분산 $= \dfrac{(편차)^2의\ 총합}{변량의\ 총\ 개수}$

④ 표준편차 : $\sqrt{분산}$

(5) 상관관계

① 상관도 : 아래 그림과 같이 두 변량의 한 쪽을 x축, 다른 한 쪽을 y축으로 하여 각
변량의 순서쌍 $(x,\ y)$를 좌표평면 위에 점으로 찍어 나타낸 그래프

② 상관관계 : 두 변량 $x,\ y$에서 한 쪽 변량의 변화와 다른 쪽 변량의 변화 사이의 관계

③ 양의 상관관계 : 상관도에서 주어진 두 변량 $x,\ y$ 사이에 x의 값이 커짐에 따라 y
의 값도 대체로 커지는 관계

④ 음의 상관관계 : 양의 상관관계와 반대로 x의 값이 커짐에 따라 y의 값이 대체로
작아지는 관계

⑤ 상관관계가 없다 : 상관도에서 점들이 흩어져 있거나 축에 평행일 때

[예시]

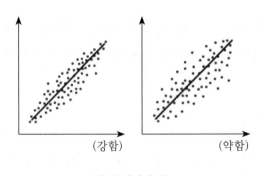

〈양의 상관관계〉

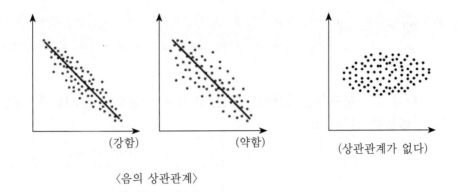

(강함)   (약함)   (상관관계가 없다)

〈음의 상관관계〉

⑥ 상관표 : 가로와 세로에 계급의 크기를 정하여 두 변량의 도수분포를 나타낸 표

●○ 핵/심/문/제

※ [1~3] 다음 도수분포표는 중학교 학생 30명을 대상으로 봉사활동 시간을 조사한 것이다. 물음에 답하시오.

봉사활동 시간	학생 수(명)
$0^{이상}$ ~ $2^{미만}$	12
2 ~ 4	8
4 ~ 6	A
6 ~ 8	3
8 ~ 10	2
계	30

01 A의 값을 구하면?

① 1 ② 3 ③ 5 ④ 7

02 계급값이 가장 큰 도수값은?

① 12 ② 8 ③ 3 ④ 2

03 도수가 가장 큰 계급의 계급값은?

① 1 ② 3 ③ 4 ④ 5

04 1분 동안의 줄넘기 횟수를 조사하여 줄기와 잎 그림으로 나타낸 것이다. 잎이 가장 많은 줄기는?

(2/3은 23회)

줄기	잎
2	3 4 5 9
3	1 1 3 4 5 7 7
4	3 4 5 8 8
5	2 5 6 9

① 2 ② 3 ③ 4 ④ 5

05 다음은 학생 5명의 팔굽혀펴기 횟수를 나타낸 자료이다. 이 자료의 평균을 구하여라.

(단위 : 회)

10	20	15	25	20

① 15 ② 18

③ 25 ④ 30

06 다음 자료의 최빈값을 구하면?

1,	1,	2,	2,	2,	4,	5

① 1 ② 2

③ 4 ④ 5

07 다음 자료의 중앙값을 구하면?

3,	7,	1,	11,	9

① 1 ② 3

③ 7 ④ 9

08 다음 자료에서 분산을 구하면?

1,	2,	3,	4,	5

① 5 ② 4

③ 3 ④ 2

09 동전 한 개와 주사위 한 개를 동시에 던질 때, 일어나는 모든 경우의 수를 구하면?

① 12 ② 6

③ 3 ④ 1

10 남자 3명과 여자 4명으로 구성된 동아리가 있다. 이때 대표 한 명을 뽑을 때, 여자를 대표로 뽑을 확률을 구하면?

① $\frac{1}{7}$　　　　② $\frac{2}{7}$　　　　③ $\frac{3}{7}$　　　　④ $\frac{4}{7}$

11 다음 상관도 중에서 음의 상관관계를 나타내고 있는 것은?

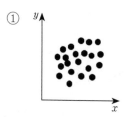

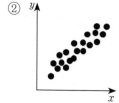

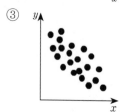

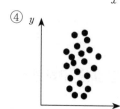

12 다음은 A반 15명의 수학 성적과 영어 성적의 상관도이다. 수학 성적과 영어 성적이 같은 학생 수는?

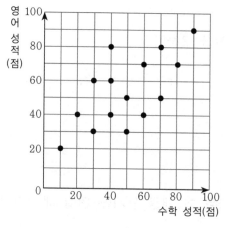

① 2　　　　② 3　　　　③ 4　　　　④ 5

정답 | 01. ③　02. ④　03. ①　04. ②　05. ②　06. ②　07. ③　08. ④　09. ①　10. ④
11. ③　12. ③

07 평면도형

(1) 기본도형

① 점, 선, 면
- 우리 주변에서 접하는 사물은 대부분 점, 선, 면으로 이루어진 도형으로 나타낼 수 있다. 이때 도형을 이루는 점, 선, 면을 도형의 기본 요소라고 한다.

② 평면도형과 입체도형
- 삼각형, 원과 같이 한 평면 위에 있는 도형을 평면도형이라 하고, 직육면체, 원기둥, 구와 같이 한 평면 위에 있지 않은 도형을 입체도형이라고 한다.

[예시]

평면도형   입체도형

③ 각
- 오른쪽 그림과 같이 두 반직선 OA와 OB로 이루어진 도형을 각 AOB라고 하며, 이것을 기호로 $\angle AOB$와 같이 나타낸다.
  이때 $\angle AOB$를 간단히 $\angle O$로 나타내기도 한다.

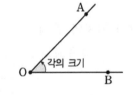

④ 각의 크기의 종류
- 직각의 크기는 $90°$이고, 평각의 크기는 $180°$이다. 또 예각은 크기가 $0°$보다 크고 $90°$보다 작은 각이고, 둔각은 크기가 $90°$보다 크고 $180°$보다 작은 각이다.

⑤ 교각과 맞꼭지각

· 아래 그림과 같이 두 직선이 한 점에서 만날 때 생기는 네 개의 각 $\angle a$, $\angle b$, $\angle c$, $\angle d$를 두 직선의 교각이라고 한다.

이때, $\angle a$와 $\angle c$, $\angle b$와 $\angle d$와 같이 서로 마주 보는 두 각을 맞꼭지각이라고 하고, 맞꼭지각의 크기는 서로 같다.

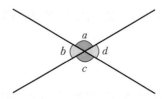

⑥ 동위각과 엇각

· 평행한 두 직선 위에 다른 직선을 교차시킬 때 만나서 생기는 각으로써 그 각끼리는 서로 같다. 같은 위치에 있는 각을 동위각이라고 하며, 평행한 두 직선 위에 다른 직선을 교차시킬 때 만나서 각이 생길 때, 서로 반대쪽에서 상대하는 각을 엇각이라고 한다.

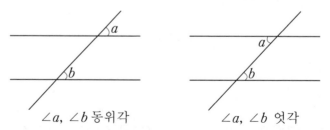

$\angle a$, $\angle b$ 동위각 $\angle a$, $\angle b$ 엇각

(2) 위치와 관계

① 평면에서 두 직선의 위치관계

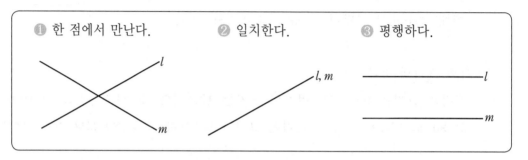

❶ 한 점에서 만난다.   ❷ 일치한다.   ❸ 평행하다.

위의 ❶과 ❷는 두 직선이 만나는 경우이고, ❸은 두 직선이 만나지 않는 경우이다.

② 공간에서 두 직선의 위치관계

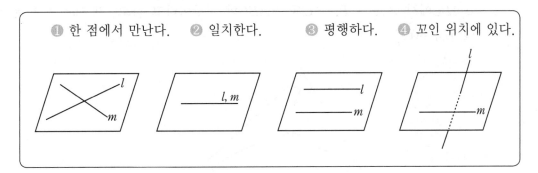

위의 ❶과 ❷는 두 직선이 만나는 경우이고, ❸과 ❹는 두 직선이 만나지 않는 경우이다.

(3) 삼각형과 합동

① 삼각형의 합동 조건

· 모양과 크기가 같아서 완전히 포개지는 두 도형을 서로 합동이라고 한다. 합동인 두 도형에서 서로 포개지는 꼭짓점과 꼭짓점, 변과 변, 각과 각은 서로 대응한다고 한다.

· 삼각형 ABC와 삼각형 DEF가 합동일 때, 이것을 기호 $\equiv$를 사용하여 $\triangle ABC \equiv \triangle DEF$와 같이 나타낸다.

[예시]

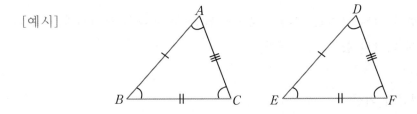

· 세 쌍의 대응변의 길이가 각각 같을 때(SSS 합동)
· 두 쌍의 대응변의 길이가 각각 같고, 그 끼인 각의 크기가 같을 때(SAS 합동)
· 한 쌍의 대응변의 길이가 같고, 그 양 끝 각의 크기가 각각 같을 때(ASA 합동)

② 삼각형의 내각의 크기의 합

· △ABC에서 ∠A, ∠B, ∠C를 △ABC의 내각이라고 하고, 세 내각의 합은 언제나 180°이다.

[예시]

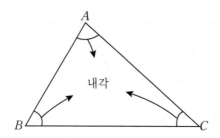

③ 삼각형의 외각의 크기

· 변 BC의 연장선 위에 점 D를 잡으면 ∠ACD가 생긴다. 이 각을 ∠C의 외각이라한다.

[예시]

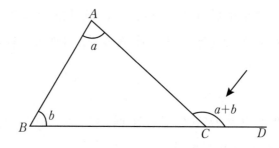

· 삼각형의 한 외각의 크기는 그와 이웃하지 않는 두 내각의 크기의 합과 같다.
· 삼각형의 세 외각의 합은 360°이다.

④ 삼각형의 내심과 외심

· 삼각형 ABC에 세 변이 원 I에 접할 때, 원 I는 삼각형 ABC에 내접한다고 한다.
또 원 I를 삼각형 ABC의 내접원이라 하며, 내접원의 중심 I를 삼각형 ABC의 내심이라고 한다.

[예시]

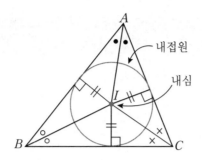

· 삼각형 ABC의 세 꼭짓점이 원 O 위에 있을 때, 원 O는 삼각형 ABC에 외접한다고 한다. 또 원 O를 삼각형 ABC의 외접원이라 하며, 외접원의 중심 O를 삼각형 ABC의 외심이라고 한다.

[예시]

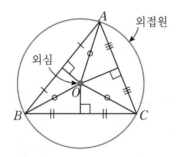

⑤ 이등변삼각형

· 오른쪽 그림과 같이 두 변의 길이 $\overline{AB} = \overline{AC}$ 인 삼각형을 이등변삼각형이라 한다.

[예시]

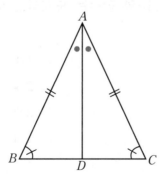

· 이등변삼각형의 두 밑각의 크기는 같다.
· 이등변삼각형의 꼭지각의 이등분선은 밑변을 수직이등분한다.

●○ 핵/심/문/제

01 다음 각 x를 구하면?

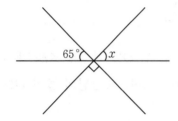

① 25°

② 65°

③ 90°

④ 180°

02 다음 각 x를 구하면?

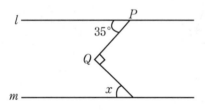

① 35°

② 55°

③ 90°

④ 125°

03 아래 삼각기둥에서 모서리 AB와 만나는 모서리는 모두 몇 개인가?

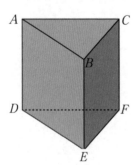

① 1개

② 2개

③ 3개

④ 4개

04 다음 삼각형 ABC에서 x의 값을 구하면?

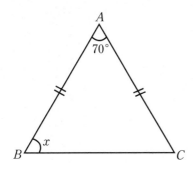

① 40°

② 55°

③ 65°

④ 90°

05 다음 삼각형 ABC에서 x의 값을 구하면?

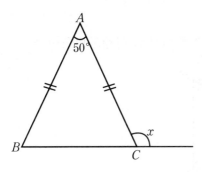

① 30°

② 50°

③ 90°

④ 115°

06 다음 그림에서 점 O가 △ABC의 외심일 때, $\angle x$의 크기를 구하면?

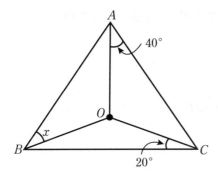

① 20°

② 30°

③ 40°

④ 50°

08 사각형의 성질

(1) 평행사변형

① 평행사변형이 되는 조건

· 두 쌍의 대변이 각각 평행하다.

· 두 쌍의 대변의 길이가 각각 같다.

· 두 쌍의 대각의 크기가 각각 같다.

· 한 쌍의 대변이 평행하고, 그 길이가 같다.

· 두 대각선이 서로를 이등분한다.

② 직사각형

· 직사각형은 네 각의 크기가 모두 직각인 사각형이므로 평행사변형이다.

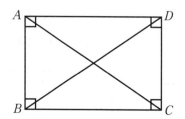

③ 마름모

· 마름모는 네 변의 길이가 모두 같은 사각형이므로 평행사변형이다.

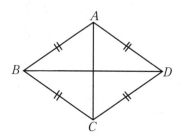

④ 정사각형

· 정사각형은 네 각의 크기가 모두 같고 네 변의 길이가 모두 같은 사각형이므로, 직사각형과 마름모의 성질을 모두 만족시킨다.

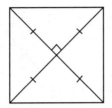

⑤ 한 쌍만 평행한 사다리꼴

· 사다리꼴은 한 쌍의 대변이 평행한 사각형이다.

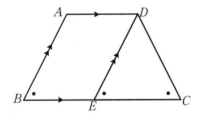

●○ 핵/심/문/제

01 다음 그림에서 사각형 $ABCD$가 평행사변형일 때 $x+y$의 값을 구하면?

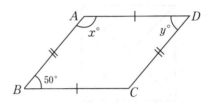

① 50

② 80

③ 100

④ 180

02 다음 그림에서 사각형 $ABCD$가 평행사변형일 때 $x+y$의 값을 구하면?

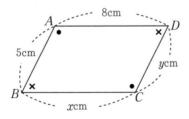

① 5

② 8

③ 13

④ 20

03 다음 그림에서 □*ABCD*가 직사각형일 때, *x*의 값을 구하면?

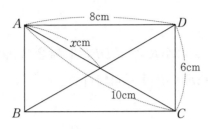

① 5   ② 6

③ 7   ④ 8

04 다음 그림에서 □*ABCD*가 $\overline{AD} // \overline{BC}$ 인 등변사다리꼴일 때, *x*의 값을 구하면?

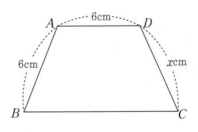

① 6   ② 8

③ 10   ④ 12

정답 | 01. ④   02. ③   03. ①   04. ①

09 닮음꼴

(1) 도형의 닮음

① 닮음 : 아래 그림과 같이 △ABC와 △DEF가 닮은 도형일 때, 이것을 기호 ∽를 사용하여 △ABC∽△DEF와 같이 나타낸다.

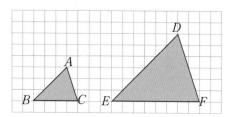

② 평면도형에서 닮음의 성질

· 닮은 두 평면도형에서 대응변의 길이의 비는 일정하다.

· 대응각의 크기는 각각 같다.

[예시]

 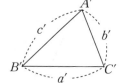 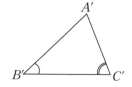

(2) 닮음의 활용

① 삼각형의 중점연결 정리

· 아래 삼각형 ABC에서 두 변 AB, AC의 중점을 각각 M, N이라고 하면

$\overline{AB} : \overline{AM} = \overline{AC} : \overline{AN} = 2:1$이므로 $\overline{MN} = \dfrac{1}{2}\overline{BC}$

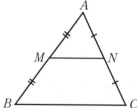

② 삼각형의 무게중심

· 삼각형의 세 중선은 무게중심에서 만나고, 무게중심은 세 중선의 길이를 각 꼭짓점으로부터 각각 2 : 1 로 나눈다.

즉, $\overline{AG} : \overline{GD} = \overline{BG} : \overline{GE} = \overline{CG} : \overline{GF} = 2:1$

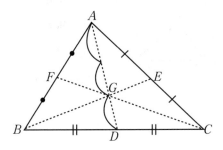

③ 닮은 평면도형의 넓이의 비

· 두 닮은 평면도형의 넓이의 비는 닮음비의 제곱과 같다. 즉, 닮음비가 $m : n$ 이면 넓이의 비는 $m^2 : n^2$ 이다.

④ 닮은 입체도형의 부피의 비

· 두 닮은 입체도형의 부피의 비는 닮음비의 세제곱과 같다. 즉, 닮음비가 $m : n$ 이면 부피의 비는 $m^3 : n^3$ 이다.

●○ 핵/심/문/제

01 아래 그림에서 △ABC ∽ △DEF일 때, 선분 AB의 길이를 구하면?

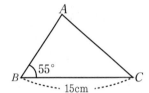 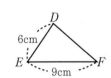

① 6cm

② 9cm

③ 10cm

④ 15cm

02 아래 그림에서 △ABC ∽ △DEF일 때, x와 y를 각각 구하면?

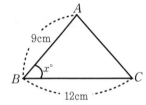 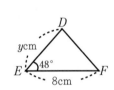

① $x = 48$, $y = 9$

② $x = 48$, $y = 12$

③ $x = 48$, $y = 8$

④ $x = 48$, $y = 6$

03 다음 x의 길이를 구하면?

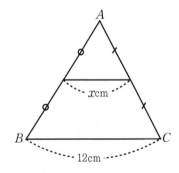

① 6

② 7

③ 8

④ 9

04 G는 삼각형 ABC의 무게중심이다. 삼각형 ABC의 넓이가 $48cm^2$일 때, 삼각형 BGD의 넓이는?

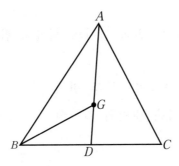

① 3

② 6

③ 8

④ 12

05 두 닮음 도형의 길이의 비가 $1:3$일 때, 넓이의 비는?

① $1:3$

② $2:6$

③ $1:9$

④ $1:27$

정답 | 01. ③   02. ④   03. ①   04. ③   05. ③

10 피타고라스의 정리

(1) 피타고라스의 정리

① 직각삼각형에서 직각을 낀 두 변의 길이의 제곱의 합은 빗변의 길이의 제곱과 같다.

[예시] 직각삼각형에서 직각을 낀 두 변의 길이의 제곱의 합은 빗변의 길이의 제곱과 같다.

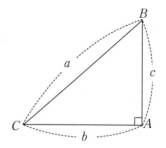

$\triangle ABC$에서 $\angle A = 90°$이면

$$a^2 = b^2 + c^2$$

$\uparrow$ $\uparrow$ $\uparrow$

빗변   직각을 낀 두 변

(2) 피타고라스의 정리의 활용

① 평면도형에서의 활용

· 가로의 길이가 a, 세로의 길이가 b인 직사각형 $ABCD$의 대각선 BD의 길이를 l이라고 하자. $\triangle BCD$는 직각삼각형이므로 피타고라스 정리에 의하여 $l^2 = a^2 + b^2$이다.

[예시]

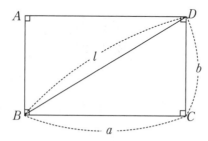

② 좌표평면에서 두 점 사이의 거리

· 좌표평면 상의 두 점 $A(x_1, y_1)$, $B(x_2, y_2)$가 있을 때, 두 점 사이의 거리는

$$\overline{AB} = \sqrt{(x_2 - x_1)^2 + (y_2 - y_1)^2}$$

●○ 핵/심/문/제

01 다음 x의 길이를 구하면?

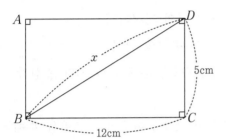

① 3cm

② 4cm

③ 8cm

④ 13cm

02 다음 사각형의 대각선의 길이 x를 구하면?

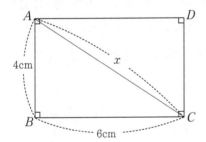

① 2cm

② 8cm

③ $2\sqrt{13}$ cm

④ 10cm

03 다음 좌표평면에서 원점 O와 A 사이의 거리를 구하면?

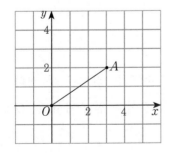

① 2

② 5

③ $\sqrt{13}$

④ 7

정답| 01. ④ 02. ③ 03. ③

11 원의 성질

(1) 원

① 정의 : 평면 위의 한 점으로부터 원의 중심까지의 직선의 거리가 일정한 모든 점들의 집합

② 반지름 : 원의 중심으로부터 원 위의 한 점까지의 직선거리

③ 호 : 원 위의 두 점 A, B를 양 끝점으로 하는 곡선의 길이

④ 중심각 : 두 반지름 OA, OB가 이루는 $\angle AOB$를 부채꼴 OAB의 중심각 또는 호 AB에 대한 중심각이라 한다.

⑤ 부채꼴 : 원 O에서 두 반지름 OA, OB와 호 AB로 이루어진 도형을 부채꼴 OAB라고 한다.

⑥ 지름 : 중심을 지나는 원의 양 끝점을 이은 직선

⑦ 현 : 원 위의 두 점을 이은 선분을 현이라 하며, 두 점 A, B를 양 끝점으로 하는 현을 현 AB라고 한다. 특히 원의 중심을 지나는 현은 그 원의 지름이다.

⑧ 활꼴 : 원 O에서 현 CD와 호 CD로 이루어진 도형을 활꼴이라고 한다.

[예시]

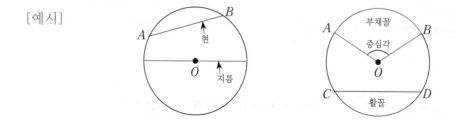

(2) 원의 접선

· 접선의 길이 : 원 O 밖의 한 점 P에서 이 원에 그을 수 있는 접선은 두 개다. 두 접선의 접점을 각각 A, B라고 할 때, 선분 PA, PB의 길이를 점 P에서 원 O에 그은 접선의 길이라고 한다.

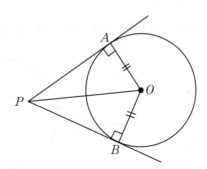

· $\triangle PAO$와 $\triangle PBO$에서 $\angle PAO = \angle PBO = 90°$, $\overline{OP}$ 는 공통, $\overline{OA} = \overline{OB}$ (반지름)
이다. 따라서 $\triangle PAO \equiv \triangle PBO$이므로 $\overline{PA} = \overline{PB}$ 이다.

(3) 원주각

① 한 호에 대한 원주각의 크기는 일정하고, 그 호에 대한 중심각의 크기의 반이다.

$$\angle APB = \frac{1}{2} \angle AOB$$

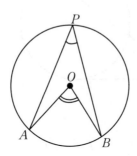

② 원주각의 성질

· 한 호에 대한 원주각의 크기는 모두 같다.

· 반원에 대한 원주각의 크기는 90°이다. 즉, 선분 AB가 지름이면 $\angle ACB = 90°$

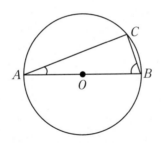

(4) 원의 접선과 할선

① 한 원의 두 현 AB, CD 또는 이들의 연장선이 만나는 점을 P라고 하면

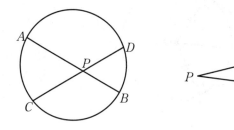

$$\overline{PA} \cdot \overline{PB} = \overline{PC} \cdot \overline{PD}$$

② 접선과 할선의 선분의 비

· 한 원 외부의 한 점 P에서 그 원에 접선 PT와 할선 PAB를 그으면

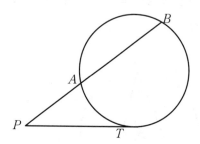

$$\overline{PT}^2 = \overline{PA} \cdot \overline{PB}$$

●●○ 핵/심/문/제

01 다음 그림에서 x의 값을 구하면?

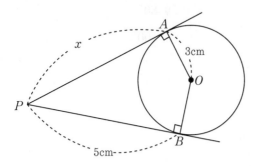

① 5cm

② 4cm

③ 3cm

④ 2cm

02 다음 그림에서 x의 값을 구하면?

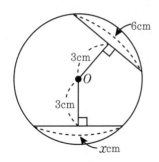

① 3

② 6

③ 9

④ 12

03 다음 x의 길이를 구하시오.

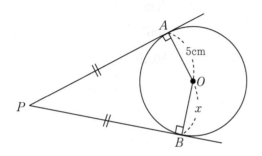

① 3cm

② 5cm

③ 9cm

④ 12cm

04 다음 그림에서 각 x의 크기를 구하면?

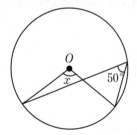

① 40°

② 50°

③ 60°

④ 100°

05 다음 원에서 x의 값을 구하여라.

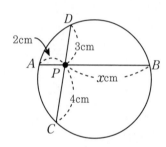

① 2

② 6

③ 8

④ 10

06 다음 x의 길이를 구하면?

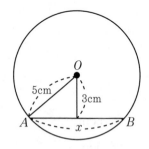

① 4cm

② 6cm

③ 8cm

④ 10cm

12 삼각비

(1) 삼각비

· 다음 그림의 $\angle C = 90°$인 직각삼각형 ABC에서 $\angle A$, $\angle B$, $\angle C$의 대변의 길이를 각각 a, b, c라고 하면

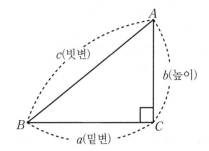

① $\sin B = \dfrac{\text{높이}}{\text{빗변}} = \dfrac{b}{c}$

② $\cos B = \dfrac{\text{밑변}}{\text{빗변}} = \dfrac{a}{c}$

③ $\tan B = \dfrac{\text{높이}}{\text{밑변}} = \dfrac{b}{a}$

(2) 삼각비의 활용

① 특수한 각의 삼각비

삼각비 \ θ	0°	30°	45°	60°	90°
$\sin \theta$	0	$\dfrac{1}{2}$	$\dfrac{\sqrt{2}}{2}$	$\dfrac{\sqrt{3}}{2}$	1
$\cos \theta$	1	$\dfrac{\sqrt{3}}{2}$	$\dfrac{\sqrt{2}}{2}$	$\dfrac{1}{2}$	0
$\tan \theta$	0	$\dfrac{\sqrt{3}}{3}$	1	$\sqrt{3}$	없다

② 삼각형의 넓이 : 삼각형 ABC에서 두 변의 길이 a, c와 그 끼인각 $\angle B$(예각)의 크기를 알 때, 삼각형 ABC의 넓이 $S = a \times c \times \dfrac{1}{2} \times \sin B$로 구할 수 있다.

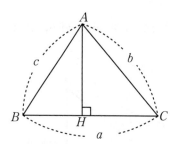

· 삼각형 ABC에서 두 변의 길이 b, c와 그 끼인각 $\angle A$(둔각)의 크기를 알 때, 삼각형 ABC의 넓이 $S = b \times c \times \dfrac{1}{2} \times \sin(180° - A)$로 구할 수 있다.

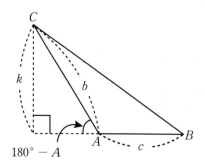

●●○ 핵/심/문/제

01 직각삼각형 ABC에서 $\sin B$의 값을 구하면?

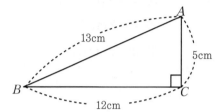

① $\dfrac{5}{13}$

② $\dfrac{12}{13}$

③ $\dfrac{5}{12}$

④ $\dfrac{12}{5}$

02 다음 그림과 같이 $\angle C = 90°$인 직각삼각형 ABC에서 $\tan B$의 값은?

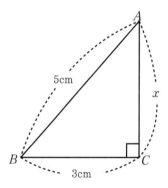

① $\dfrac{5}{4}$

② $\dfrac{4}{3}$

③ $\dfrac{4}{5}$

④ $\dfrac{3}{4}$

03 다음 삼각형의 넓이를 구하면?

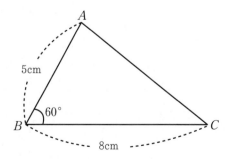

① $\sqrt{3}\,\text{cm}^2$

② $10\sqrt{3}\,\text{cm}^2$

③ $20\sqrt{3}\,\text{cm}^2$

④ $40\sqrt{3}\,\text{cm}^2$

04 다음 삼각형의 넓이를 구하면?

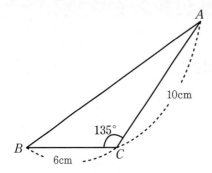

① $\sqrt{2}\,\text{cm}^2$

② $10\sqrt{3}\,\text{cm}^2$

③ $15\sqrt{2}\,\text{cm}^2$

④ $20\sqrt{2}\,\text{cm}^2$

핵·심·총·정·리

중학교 졸업자격 검정고시

Ⅲ.

영어

ENGLISH

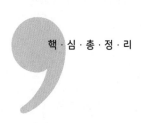

핵 · 심 · 총 · 정 · 리

중학교 졸업자격 검정고시

영어

ENGLISH

PART1 문법정리

01 명사

명사란? 사람이나 사물의 이름을 나타내는 단어를 묶어서 명사라 부른다.

1. 셀 수 있는 명사와 셀 수 없는 명사

명사는 크게 '셀 수 있는 명사'와 '셀 수 없는 명사'로 구분한다.

1) 셀 수 있는 명사 : 한 개, 두 개씩 우리가 개수를 셀 수 있는 모든 명사

  예) apple(사과), book(책), car(자동차), door(문) 등

2) 셀 수 없는 명사 : 너무 입자가 작거나, 액체, 기체처럼 흐르거나, 감정 같이 개수를 셀 수 없는 모든 명사

  예) salt(소금), water(물), air(공기), happiness(행복) 등

2. 단수와 복수

┌ 단수 : 셀 수 있는 명사가 1개
└ 복수 : 셀 수 있는 명사가 2개 이상 (여러 개)

1) 단수 : 명사 앞에 a 또는 an을 쓴다.

  – '하나', '한 개'라는 의미이지만 보통 해석은 잘 하지 않는다.

  – 첫 소리가 자음 소리가 나면 a, 모음소리가 나면 an을 쓴다.

   ※ 모음 = a, e, i, o, u

   예) an apple, an egg, a book, a chair

2) 복수 : 셀 수 있는 명사가 2개 이상인 경우, 복수형을 사용한다.

  – 규칙형 : 단어의 뒤에 (–s) 또는 (–es)를 붙여 '~들'이라는 뜻을 붙인다.

   예) pencil → pencils / desk → desks / house → houses

  – 불규칙 변화

   man → men   woman → women

   child → children   person → people

문제톡톡

※ [1-2] 다음 빈칸에 쓸 수 <u>없는</u> 것은?

1.
I have a _____.

① book　　　　② car　　　　③ water　　　　④ table

2.
I have _____ albums.

① an　　　　② two　　　　③ many　　　　④ red

정답 | 267 쪽

02 대명사

대명사란? 명사를 대신해서 쓰는 단어들을 묶어서 대명사라 부른다.

1. 인칭대명사

사람, 사물, 동물 등의 이름을 대신해서 쓰는 말

인칭	수 \ 격	주격 (~은/는)	소유격 (~의)	목적격 (~을/를)	소유대명사 (~의 것)
1인칭	단수	I	my	me	mine
	복수	we	our	us	ours
2인칭	단수	you	your	you	yours
	복수	you	your	you	yours
3인칭	단수	he / she / it	his / her / its	him / her / it	his / hers / –
	복수	they	their	them	theirs

> ※ **인칭**　　1인칭은 나 = I, we
> 　　　　　　2인칭은 너 = you
> 　　　　　　3인칭은 1인칭, 2인칭을 제외한 제3자와 사물

1) **주격** : 주어의 역할로, '은, 는, 이, 가'로 해석한다.

I have a book. (**나는** 한 권의 책을 갖고 있다.)

He builds a house. (**그는** 집 한 채를 짓는다.)

2) **소유격** : 명사와 함께 사용하고 소유의 뜻을 나타낸다. '~의'로 해석한다.

This is **my** car. (이것은 **나의** 차다)

This is **your** car. (이것은 **너의** 차다.)

3) **목적격** : 목적어의 역할로, '~을/를, ~에게' 등으로 해석한다.

I love **you**. (나는 **너를** 사랑한다.)

Jane likes **him**. (제인은 **그를** 좋아한다.)

4) **소유대명사** : '~의 것'이라고 해석한다.

It is **mine**. (그것은 **나의 것**이다.)

문제톡톡

1. 다음 문장의 괄호 안에서 가장 알맞은 말을 고르시오.

(1) (She, Her) is my wife.　　　　(2) (I, Me) am a student.

(3) This is (his, him) book.

정답 | 267 쪽

---

2. 지시대명사

특정 사람, 사물 등을 가리킬 때 쓰는 말. 한국어의 '이것, 저것' 등에 해당한다.

1) This 이것 / 이 사람 – These 이것들 / 이 사람들

This는 가까이에 있는 사람이나 사물을 가리킬 때 쓰인다.

This is a watch. (**이것은** 손목시계다.) **These** are my books. (**이것들은** 나의 책들이다.)

2) That 저것 / 저 사람 – Those 저것들 / 저 사람들

That은 멀리 있는 사람이나 사물을 가리킬 때 쓰인다.

That is a tiger. (**저것은** 호랑이다.) / **Those** are his aunts. (**저 사람들은** 그의 숙모들이다.)

3) It 그것 – They 그것들 / 그 사람들 : 앞에서 이미 언급된 단어를 대신하는 표현

This is my dog. **It** is white. (이것은 나의 개다. **그것은** 하얀색이다.)

Those are my sisters. **They** are kind. (저 사람들은 나의 여동생들이다. **그들은** 친절하다.)

※ **비인칭 주어 it**

It은 '그것'이라는 의미로 쓰이기도 하지만 시간, 날씨, 날짜, 계절, 요일, 명암, 거리 등을 나타낼 때 사용하는 비인칭 주어로도 사용한다. 비인칭 주어로 사용할 땐 해석을 하지 않는다.

It's Sunday. (일요일이다.) / **It**'s 7 o'clock. (7시 정각이다.)

핵/심/총/정/리

정답 | 267 쪽

문제톡톡

2. 다음 빈칸에 공통으로 들어갈 말로 가장 알맞은 것은?

· _____ is your computer.
· _____ is Saturday today.

① This   ② It   ③ They   ④ That

정답 | 267 쪽

3. 재귀대명사

자신이 '직접, 스스로'라는 의미를 강조하거나 주어와 동사의 대상(목적어)이 동일할 때 사용한다.

I looked at __myself__ in a mirror. (나는 거울로 **나 자신을** 보았다.) – 생략불가

My brother does his homework __himself__.

(나의 형은 그의 숙제를 __스스로__ 한다.) – 강조용법으로 생략가능

4. 부정대명사

부정대명사의 여러 가지 표현

1) 둘 중 하나를 가리킬 때, 하나는 one, 나머지 하나는 the other

2) 셋 중 하나를 가리킬 때, 하나는 one, 다른 하나는 another 나머지 하나는 the other

3) 여러 가지 중 일부는 some, 일부의 모든 나머지는 the others

4) 여러 가지 중 일부는 some, 나머지의 일부들은 others

문제톡톡

3. 다음 빈칸에 가장 알맞은 것은?

A : Do you have brothers?
B : Yes, One is a doctor and _____ is a teacher.

① the other   ② the others   ③ another   ④ others

정답 | 267 쪽

be동사

be동사란? "~(이)다, 있다" 라는 의미를 가지고 있으며, 주어에 따라 모양은 바뀌지만 뜻은 동일하다는 특징이 있다.

be동사 원형 : be	am	주어가 I 일 때 예 I am
	are	주어가 you, 복수일 때 (2인칭 또는 복수) 예 You are
	is	주어가 I, You를 제외한 단수 (3인칭 단수) 예 He is / She is

주의) am, are, is는 모두 뜻이 동일하다.

1. be동사 문장 만들기

주어 + be동사 + ~ : 주어는 ~(이)다

예 I / **am** / a student. (나는 / **이다** / 학생 = 나는 학생**이다**.)

2. be동사 부정문 만들기

주어 + be동사 + not + ~ : 주어는 ~(이)다

예 I / **am not** / Jane. (나는 / **아니다** / 제인 = 나는 제인이 **아니다**.)

3. be동사 의문문 만들기

Be동사 + 주어 + ~ : 주어 ~ 입니까?
긍정의 대답 : Yes, 주어 + be동사 / 부정의 대답 : No, 주어 + be동사 + not

You <u>are</u> a farmer. (당신은 농부**입니다**.) → <u>Are</u> you a farmer? (당신은 농부**입니까**?)

긍정 : Yes, I am. (네, 저는 (농부가) 맞습니다.)

부정 : No, I'm not. (아니요, 저는 (농부가) 아닙니다.)

He <u>is</u> a singer. (그는 가수**입니다**.) → <u>Is</u> he a singer? (그는 가수**입니까**?)

긍정 : Yes, he is. (네, 그는 (가수가) 맞습니다.)

부정 : No, he isn't. (아니요, 그는 (가수가) 아닙니다.)

4. There + be동사 : ~(들)이 있다

1) There is + (a/an) + 단수명사 : ~이 있다

<u>There is</u> a dog under the tree. (나무 아래에 개가 한 마리 **있다**.)

2) There are + 복수명사 : ~들이 있다

<u>There are</u> cats on the table. (탁자 위에 고양이**들이 있다**.)

문제톡톡

※ [1-2] 다음 대화의 빈칸에 가장 알맞은 말을 고르시오.

1.
> A : Are you a student?
> B : Yes, _____.

① I am ② you are ③ he is ④ her is

2.
> A : Excuse me. Are you Bill?
> B : _____. I'm Tony

① Yes, I am ② No, I'm not

③ Yes, you are ④ No, you're not

3. 다음 괄호 안에서 알맞은 말을 고르시오.

(1) There (is, are) a ball in the box.

(2) There (is, are) eleven players on the soccer team.

정답 | 267 쪽

핵·심·총·정·리

04 형용사와 부사

형용사란? 사람이나 사물의 상태, 성질, 색, 크기 등을 나타내는 말이며, 명사를 꾸며주거나 동사 뒤에 온다.

1. 형용사의 쓰임

1) **제한적 용법** : 명사를 꾸며준다.

a <u>tall</u> boy : **키 큰** 소년

an <u>honest</u> girl : **정직한** 소녀

a <u>kind</u> student : **친절한** 학생

2) **서술적 용법** : 주어를 보충 설명한다.

Kim <u>is cute</u>. (킴은 **귀엽다**.)

My bag <u>is big</u>. (나의 가방은 **크다**.)

You <u>are happy</u>. (너는 **행복하다**.)

2. 부정수량 형용사

특정한 수나 양을 나타내지 않고 막연한 수나 양을 나타내는 말

	많은	약간, 조금	거의 없는
셀 수 있는	many	a few	few
셀 수 없는	much	a little	little
둘 다	a lot of lots of	some any	

1) **많은** : many와 much

<u>**Many students**</u> like playing tennis. (**많은 학생들이** 테니스 치는 것을 좋아한다.)

We had **much rain** last year. (작년에는 **많은 비가** 내렸다.)

2) 적은 : (a) few 와 (a) little

* 'a' 가 붙는다면 '약간은 있다' 는 **긍정적**인 느낌으로, 'a' 가 없으면 '거의 없다' 는 **부정적**인 느낌으로 사용된다.

The boys have **a few** cups. (그 소년들은 **약간의** 컵들을 가지고 있다.)

The boys have **few** cups. (그 소년들은 컵들을 **거의 가지고 있지 않다**.)

The girls have **a little** money. (그 소녀들은 **약간의** 돈을 가지고 있다.)

The girls have **little** money. (그 소녀들은 돈이 **거의 없다**.)

3) 약간, 조금 : some과 any

I have **some** money. (나는 **약간의** 돈이 있다).

I don't have **any** money. (나는 **조금의** 돈도 없다.)

문제톡톡

1. 다음 빈칸에 어울리는 것을 <보기>에서 찾아 넣으시오.

<보기>   many, much, few, little

(1) _____ people supported him. (많은 사람들이 그를 지지해 주었다.)

(2) He has _____ friends. (그는 친구가 거의 없다.)

(3) I drink _____ coffee. (나는 많은 커피를 마신다.)

정답 | 267 쪽

---

3. 부사

부사란? 장소, 방법, 시간, 정도 등을 나타내는 말로 동사, 형용사, 다른 부사, 문장 전체를 꾸며준다.

① 장소를 나타내는 부사 : here, there, up, down

② 시간을 나타내는 부사 : now, then, once, today, before, after

③ 정도를 나타내는 부사 : too, very, quite, pretty, much, little

④ 빈도를 나타내는 부사 : always, usually, often, sometimes, never

1) 형용사와 모양이 같은 부사

early	형 이른 부 일찍	well	형 건강한 부 잘	hard	형 굳은, 단단한 부 열심히, 몹시
fast	형 빠른 부 빨리	much	형 많은 부 매우	little	형 작은 부 거의 ~않다

2) too와 either : (문장 끝에 쓰일 때) 또한, 역시

문장의 맨 끝에 쓰이는 too와 either는 '또한, 역시'라는 의미가 있고 too는 긍정문에
either은 부정문에 쓰인다.

A : I am a teacher. (나는 교사입니다.)

B : I am a teacher, <u>too</u>. (나 또한 교사입니다.)

A : He is not tall. (그는 키가 크지 않아요.)

B : I am <u>not</u> tall, <u>either</u>. (나도 마찬가지로 키가 크지 않습니다.)

문제톡톡

2. 다음 문장의 괄호 안에서 가장 알맞은 말을 고르시오.

> A : I am hungry.
> B : Me, _____.

① so   ② too   ③ either   ④ and

정답 | 267 쪽

핵·심·총·정·리

비교

비교란? 형용사와 부사는 원급, 비교급, 최상급의 형태변화가 있다.

1. 원급 – 비교급 – 최상급

1) 규칙 변화

① 대부분의 경우 : 형용사나 부사의 어미에 –er / –est

원급	비교급	최상급
short 짧은 long 긴 old 오래된	shorter 더 짧은 longer 더 긴 older 더 오래된	shortest 가장 짧은 longest 가장 긴 oldest 가장 오래된

② 3음절 이상의 단어 : 단어 앞에 more, most를 붙인다.

원급	비교급	최상급
beautiful 아름다운	more beautiful 더 아름다운	most beautiful 가장 아름다운
famous 유명한	more famous 더 유명한	most famous 가장 유명한
delicious 맛있는	more delicious 더 맛있는	most delicious 가장 맛있는

2) 불규칙 변화

원급	비교급	최상급
good / well 좋은 / 건강한, 잘	better 더 좋은 / 더 잘	best 가장 좋은 / 가장 잘
bad / ill 나쁜 / 아픈	worse 더 나쁜 / 더 아픈	worst 가장 나쁜 / 가장 아픈
many / much 많은, 많이	more 더 많은, 더 많이	most 가장 많은, 가장 많이
little 적은, 적게	less 더 적은, 더 적게	least 가장 적은, 가장 적게

2. 원급을 이용한 표현

1) as 원급 as A : A만큼 ~한

She <u>is as tall as</u> Bill. (그녀는 Bill **만큼 키가 크다**.)

2) not as(so) 원급 as A : A만큼 ~하지 않은

Bill <u>is not as old as</u> Tom. (Bill은 Tom **만큼 나이가 많지 않다**.)

3. 비교급을 이용한 표현

1) 비교급 than A : A보다 더 ~한

An elephant <u>is bigger than</u> a mouse. (코끼리는 쥐**보다 더 크다**.)

This book <u>is more interesting than</u> that book. (이 책은 저 책**보다 더 재미있다**.)

2) 비교급의 강조 : '훨씬'의 의미로 비교급을 강조하는 표현

much, even, still, far, a lot

My teacher is **much** taller than Mr. Choi.

(나의 선생님은 최선생님보다 **훨씬** 키가 크다.)

The sun is **a lot** bigger than the moon. (태양은 달보다 **훨씬** 더 크다.)

3) the + 비교급, the + 비교급 : ~하면 할수록 더 …하다

The more, the better. (많으면 많을수록, 더 좋다.)

The higher, the colder. (높으면 높을수록, 더 춥다.)

4. 최상급을 이용한 표현

1) (the) 최상급 + in(of) ~ : ~(중)에서 가장 …한

Mt. Everest is <u>the highest</u> mountain in the world.

(에베레스트산은 세계에서 **가장 높은** 산이다.)

This is <u>the biggest</u> building in this city. (이것은 이 도시에서 **가장 큰** 건물이다.)

문제톡톡

1. 다음 괄호 안에서 알맞은 말을 고르시오.

   (1) Seoul is the (larger, largest) city in Korea.

   (2) Health is the (important, most important) thing of all.

2. 다음 표의 내용과 일치하지 <u>않는</u> 것은?

Name	Age
Kim	13
Tom	15
John	16
Smith	17

① Kim is younger than Tom.

② Tom is younger than Smith.

③ John is as old as Kim.

④ Smith is the oldest of all.

정답 | 267 쪽

일반동사

일반동사란? 주어의 상태나 움직임을 나타내는 동사로, be동사, 조동사와 구분하기 위해 쓰인다. 일반동사는 '~(하)다'라고 해석된다.

1. 일반동사의 형태

- 동사원형 : do, make, have
- 3인칭 단수형 : does, makes, has

I **speak** English. (나는 / **말한다** / 영어를)

He **speaks** English. (그는 = 3인칭 단수 / **말한다** / 영어를)

2. 일반동사의 부정문

1) do not(=don't) + 동사원형 : ~하지 않다

I **have** much money. (나는 / **가지고 있다** / 많은 돈을)

→ I **don't have** much money. (나는 / **가지고 있지 않다** / 많은 돈을)

2) 주어가 3인칭 단수인 경우 : does not(= doesn't) + 동사원형

She **likes** baseball. (그녀는 / **좋아한다** / 야구를)

→ She **doesn't like** baseball. (그녀는 / **좋아하지 않는다** / 야구를)

3. 일반동사의 의문문

1) Do + 주어 + 동사원형 ~?

You like a dog. (너는 / 좋아한다 / 개를)

→ **Do** you like a dog? (너는 개를 좋아**하니**?)

    Yes, I do. / No, I don't.

2) Does + 3인칭 단수 주어 + 동사원형 ~?

He likes a dog. (그는 / 좋아한다 / 개를)

→ **Does** he like a dog? (그는 개를 좋아**하니**?)

Yes, he does. / No, he doesn't.

문제톡톡

1. 다음 대화의 빈칸에 들어갈 알맞은 말을 <보기>에서 고르시오.

<보기> do,   don't,   does,   doesn't

(1) A : Do you have many pencils?

B : Yes, I _____.

(2) A : Do I look ugly?

B : No, you _____.

(3) A : Does she have breakfast?

B : Yes, she _____.

(4) A : Does he like English?

B : No, he _____.

정답 | 267 쪽

07 조동사

조동사란? 동사 앞에 위치하여 동사를 보조해주는 역할을 한다. 조동사 뒤에 반드시 동사의 원형이 온다.

1. can (could)

1) 가능 : ~할 수 있다. (= be able to)

He **can** play the piano. (그는 피아노를 **칠 수 있다**.)

Can you speak Korean? (한국어를 말**할 수 있니**?)

Yes, I **can**. / No, I **can't**.

2) 허락 : ~해도 좋다. (= may)

Can(= May) I use your pen? (당신의 펜을 사용**해도 될까요**?)

2. will (would)

1) 미래 : ~할 것이다. (= be going to)

He **will** go to the park. (그는 공원에 갈 **것이다**.)

Will you help me? (나를 도와**줄래**?)

Yes, I **will**. / No, I **won't**.

3. may (might)

1) 허락 : ~해도 좋다 (= can)

May I use your telephone? (당신의 전화기를 써도 **될까요**?)

Yes, you **may**. / No, you **may not**.

2) 추측 : ~일지도 모른다.

It **may not** be easy. (그것은 쉽지 **않을지도 모른다**.)

4. must (= have to)

1) 의무(= have to) : (반드시) ~해야 한다.

You **must** do your homework. (너는 숙제를 **해야 한다**.)

2) 강한 추측 : ~임에 틀림없다.

She **must** be a liar. (그녀는 거짓말쟁이**임에 틀림없다**.)

5. should : 권장, 권고; ~해야 한다, ~하는 것이 좋겠다.

You **should** study hard. (너는 공부를 열심히 **하는 것이 좋겠다**.)

6. had better : ~하는 것이 낫다.

You **had better** take a rest. (너는 휴식을 취**하는 것이 낫다**.)

문제톡톡

1. 다음 대화의 빈칸에 들어갈 말로 알맞은 것을 고르시오.

> A : Can you help me?
> B : _____. I'm busy now.

① Yes, I may   ② No, I can't

③ Yes, I can   ④ No, you can't

2. 다음 밑줄 친 단어를 바꿀 수 있는 조동사는?

> They <u>are going to</u> go on a picnic.

① may   ② can

③ could   ④ will

정답 | 267 쪽

08 문장

문장이란? 주어와 동사를 포함한 단어들이 일정한 순서로 모여 '의미' 를 전달하는 것을 문장이라 한다.

1. 영어의 문장성분

1) 주어(S) : ~은/는/이/가

Tom is my friend. (Tom은 나의 친구이다.)

2) 동사(V) : ~이다, 하다

Tom is my best friend. (Tom은 나의 가장 친한 친구이다.)

3) 목적어(O) : 직접 목적어(을, 를), 간접 목적어(~에게)

I read a book. (나는 책을 읽는다.)

I love him. (나는 그를 사랑한다.)

4) 보어(C) : 문장에서 설명이 부족한 부분을 보충해 주는 말. 주격 보어, 목적격 보어

My father is tall. (나의 아버지는 키가 크다.)

2. 문장의 종류

1) 평서문

① 긍정문 : ~이다, ~하다

She is my friend. (그녀는 나의 친구이다.)

② 부정문 : ~가 아니다, ~하지 않다.

She isn't my friend. (그녀는 나의 친구가 아니다.)

2) 의문문

① 의문사가 없는 의문문

Are you interested in math? (너는 수학에 관심이 있니?)

Yes, I am. / No, I'm not.

Do you like soccer? (너는 축구를 좋아하니?)

Yes, I do. / No, I don't.

Will you go to the party tonight? (너는 오늘 밤 파티에 갈 것이니?)

Yes, I will. / No, I won't.

② 의문사가 있는 의문문

의문사 : who, when, where, what, how, why, which, whose

┌ 의문사 + be동사(am/are/is) + 주어 ~?
└ 의문사 + do/does/did 또는 조동사 + 주어 + 일반동사의 원형 ~?

Who is Min-su? (민수가 **누구**니?)

When do you swim in the sea? (너는 바다에서 **언제** 수영하니?)

③ 부가 의문문 : '그렇죠? 그렇지 않나요?' 같이 상대방에게 확인, 동의를 구하는 표현

It is difficult, **isn't it**? (이것은 어려워요, **그렇지 않나요**?)

They are beautiful, **aren't they**? (그들은 아름답습니다, **그렇지 않나요**?)

문제톡톡

1. 다음 문장의 빈칸에 들어갈 말로 가장 적절한 것을 고르시오.

He can't play the piano, _____?

① is he　　　② does he　　　③ can he　　　④ can't he

정답 ┃ 267 쪽

3) 명령문

① 긍정 명령문 : ~해라

주어 you를 생략하고 동사원형으로 시작한다. please를 붙여 공손한 표현으로 쓸 수 있다.

You open the door. → Open the door. (문 열어.)

You come here. → Please, come here. (여기로 와주세요.)

② 부정 명령문 : ~하지 마라 (금지)

명령문 앞에 Don't 또는 Never를 붙여 금지의 표현으로 쓸 수 있다.

Open your mouth. (입을 열어라.) → Don't open your mouth. (입을 열지 마라.)

4) 감탄문 : 정말 ~하군요!

① How + 형용사 + 주어 + 동사

How pretty she is! (그녀는 참 예쁘구나!)

② What + (a/an) + 형용사 + 명사 (+ 주어 + 동사)

What a pretty woman she is! (그녀는 참 예쁜 여자구나!)

09 의문사

의문사란? 문장 맨 앞에 와서 의문문을 이끈다. Yes, No가 아닌 구체적 사실로 대답한다.

1. Who : 누가, 누구

   A : <u>Who</u> are you? (넌 <u>누구</u>니?)

   B : I'm Jane. (나는 제인이야.)

2. Whose : 누구의, 누구의 것

   A : <u>Whose</u> bike is this? (이것은 <u>누구의</u> 자전거니?)

   B : It is mine. (그것은 나의 것이야.)

3. When : 언제

   A : <u>When</u> is your birthday? (너의 생일은 <u>언제</u>니?)

   B : It's January 16th. (1월 16일이야.)

   ※ 구체적인 시각을 물을 때는 What time을 사용한다.

   <u>What time(= When)</u> do you get up in the morning?

   (너는 아침 몇 시(=언제)에 일어나니?)

4. Where : 어디에, 어디서

   A : <u>Where</u> is my bag? (나의 가방이 <u>어디에</u> 있니?)

   B : Your bag is on the chair. (너의 가방은 의자 위에 있어.)

5. What

   1) 무엇, 무엇을

   A : <u>What</u> is this? (이것은 <u>무엇</u>이니?)

   B : It is a computer. (그것은 컴퓨터야.)

2) What + 명사 : 무슨 ~, 어떤 ~

    A : <u>What sport</u> do you like? (너는 **어떤 운동을** 좋아하니?)

    B : I like football. (나는 축구를 좋아해.)

6. How

1) 어떻게

    A : <u>How</u> do you go to school? (너는 학교에 **어떻게** 가니?)

    B : I go to school **by bus**. (나는 학교에 **버스를 타고** 간다.)

    A : <u>How</u> is your father? (너희 아버지는 **어떠시니**?)

    B : He's fine. (잘 지내셔.)

2) How + 형용사 / 부사

  ① How + often : 얼마나 자주

    A : <u>How often</u> do you visit your hometown? (**얼마나 자주** 고향에 가시나요?)

    B : Twice a month. (한 달에 2번이요.)

    한 번 : once   두 번 : twice   세 번 : three times   네 번 : four times …

  ② How + old : 얼마나 오래된, 몇 살 (나이를 묻는 표현)

    A : <u>How old</u> are you? **몇 살**이세요?

    B : I'm 30 years old. 저는 30살입니다.

  ③ How + tall : 얼마나 높은, 얼마나 큰 (키를 묻는 표현)

    A : <u>How tall</u> are you? (**키가 얼마나** 되세요?)

    B : I'm 175cm. (저는 175cm입니다.)

  ④ How + many + 복수명사 : 얼마나 많은 (수)

    A : <u>How many</u> brothers do you have? (형제가 **얼마나 많이** 있으신가요?)

    B : I have a brother. (형제가 한 명 있습니다.)

⑤ How + much + 셀 수 없는 명사 : 얼마나 많은 (양), 얼마 (가격)

　　A : **How much** is it? (**얼마**예요?)

　　B : It's 20 dollars. (20달러입니다.)

⑥ How + long : 얼마나 오래 (시간의 길이)

　　A : **How long** does it take to Seoul? (서울까지 **얼마나 오래** 걸리나요?)

　　B : About 2 hours. (약 2시간이요.)

　　| 분 : minute　시 : hour　일 : day　주 : week　월 : month　년 : year |

⑦ How + far : 얼마나 먼 (거리를 묻는 표현)

　　A : **How far** is it to the station? (역까지 **얼마나 먼**가요?)

　　B : It's 500m. (500m입니다.)

7. Which : 어느, 어느 것

　　A : **Which** color do you like better, blue or red? (빨간색과 파란색 중 **어느** 색이 더 좋니?)

　　B : I like blue better. (파란색이 더 좋아.)

　　※ Which ~, A or B? : A와 B 중에서 어느 것을 ~하니?

8. Why : 왜

　　A : **Why** do you like coffee? (**왜** 커피를 좋아하니?)

　　B : **Because** it's tasty. (맛있기 **때문이야**.)

문제톡톡

1. 대화의 빈칸에 들어갈 말로 가장 알맞은 것을 <보기>에서 고르시오.

<보기> Who, When, Where, What, How, Why

(1) A : _____ shall we meet?

   B : Let's meet at 5.

(2) A : _____ is he so tired?

   B : Because he didn't sleep well last night.

(3) A : _____ is he?

   B : He is my uncle.

(4) A : _____ are you, Tim?

   B : I'm in my room.

(5) A : _____ do you go to Hanyang Academy?

   B : By subway.

정답 | 267 쪽

10 시제

시제란? 시간의 상태를 이야기하며, 크게 과거, 현재, 미래가 있다.

1. 동사의 변화 : 현재형, 과거형, 과거 분사형

1) 규칙 변화 : 동사의 원형에 -(e)d를 붙인다.

현재(-하다)	과거(~했었다)	과거분사(~된, 되어진, ~당한)
like (좋아하다)	liked	liked
love (사랑하다)	loved	loved
play (놀다, 연주하다, 경기하다)	played	played
help (돕다)	helped	helped
talk (이야기하다)	talked	talked
study (공부하다)	studied	studied

※ 자음 + y로 끝나는 동사 : y를 i로 고치고 -ed

2) 불규칙 변화

현재(~하다)	과거(~했었다)	과거분사(~된, 되어진, ~당한)
do (하다)	did	done
drink (마시다)	drank	drunk
eat (먹다)	ate	eaten
give (주다)	gave	given
go (가다)	went	gone
come (오다)	came	come
say (말하다)	said	said
speak (말하다)	spoke	spoken
tell (말하다)	told	told
have (가지다, 먹다)	had	had

※ be동사

현재		과거	과거분사
be (원형)	am	was	been
	is		
	are	were	

2. **시제** : 동사의 동작과 상태의 시간을 나타내는 표현

1) 현재 시제

　① 현재의 습관적인 동작 (습관, 직업, 성질, 능력)

　　He **gets up** at six every morning. (그는 매일 아침 6시에 **일어난다**.)

　　She **doesn't tell** a lie. (그녀는 거짓말을 **하지 않는다**.)

　② 불변의 진리, 격언

　　The earth **moves** around the sun. (지구는 태양 주변을 **돈다**.)

　　Practice **makes** perfect. (연습이 완벽을 **만든다**.)

2) 과거 시제

　① 과거 한 시점에서의 동작 또는 상태

　　I **got up** at six this morning. (나는 오늘 아침 6시에 **일어났다**.)

　　He **didn't tell** a lie. (그는 거짓말을 **하지 않았다**.)

　② 역사적 사실

　　Columbus **discovered** America in 1492. (콜롬버스는 1492년 미대륙을 **발견했다**.)

3) 미래 시제

　① 미래에 일어날 사실, 진행할 의지

　　I **will do** my best. (나는 최선을 **다 할 것이다**.)

　　The wedding **will take place** in May. (그 결혼은 5월에 **열릴 것이다**.)

4) 진행형

주어 + be동사 + 동사원형ing : ~하고 있다, ~하는 중이다.

He **is talking** on the phone now. (그는 지금 전화로 **이야기 하는 중이다**.)

I **am looking** for ties for my father. (나는 아버지를 위한 넥타이를 **찾는 중이다**.)

She **was reading** a novel when I arrived.

(내가 도착했을 때 그녀는 소설을 **읽는 중이었다**.)

문제톡톡

1. 괄호 안에서 가장 알맞은 말을 고르시오.

(1) He (watches, watched) TV too much yesterday.

(2) My sister was (swim, swimming) in the pool.

(3) I (go, will go) to Paris next Monday.

정답 | 267 쪽

11 태

태란? 능동태와 수동태로 나뉘는데, 능동태는 주어가 어떤 일을 스스로 한다는 의미이며, 수동태는 주어가 어떤 일을 당한다는 의미를 나타낸다.

┌ **능동태** : 주어가 동작을 하는 의미 (~가 …을 하다.)

　　　Columbus discovered America. (콜럼버스가 아메리카 대륙을 발견했다.)

└ **수동태** : 주어가 동작을 받는 의미 (~가 …을 당하다.)

　　　America was discovered by Columbus.

　　　(아메리카 대륙은 콜럼버스에 의해 발견되었다.)

> **수동태의 형태** : be동사 + 과거분사
>
> ※ 수동태의 시제는 be동사로 나타낸다.

1) 수동태 만들기

능동태 문장 :　　　I　　　make　　　the pizza.

수동태 문장 :　　The pizza　　is made　　by me.

2) by 이외의 전치사를 쓰는 수동태

① be interested in : ~에 흥미있다

　I <u>am interested in</u> sports. (나는 스포츠<u>에 흥미있다</u>.)

② be surprised at : ~에 놀라다

　She <u>was surprised at</u> the news. (그녀는 그 소식<u>에 놀랐다</u>.)

③ be covered with : ~으로 덮여있다

　The mountain's top <u>is covered with</u> snow. (그 산의 꼭대기는 눈<u>으로 덮여있다</u>.)

3) **be filled with** : ∼으로 가득하다 (= be full of)

The bottle **was filled with** wine. (그 병은 와인**으로 가득했다**.)

문제톡톡

1. 다음 빈칸에 들어갈 말로 알맞은 것은?

> The church _____ 100 years ago.

① build　　　② built　　　③ building　　　④ was built

정답 | 267 쪽

12 to부정사

> to + 동사원형의 형태
> 문장 속에서 명사, 형용사, 부사의 역할을 한다.

1. 명사적 용법

문장 안에서 주어, 목적어, 보어의 역할. '~하는 것, ~하기'

1) 주어 : ~하는 것(은)

To study English is very difficult. (**영어를 공부하는 것은** 매우 어렵다.)

To take a walk is good for health. (**산책하는 것은** 건강에 좋다.)

2) 목적어 : ~하는 것(을)

I want **to go** with you. (나는 너와 같이 **가기를** 원한다.)

He decided **to learn English**. (그는 **영어를 배울 것을** 결심했다.)

3) 보어 : ~하는 것이다 (be동사 + to부정사)

Her job is **to drive a bus**. (그의 직업은 **버스를 운전하는 것이다**.)

4) 의문사 + to부정사 : (의문사) 할지

I don't know **what to do**. (나는 **무엇을 해야 할지** 모르겠다.)

how to do : 어떻게 해야 할지	what to do : 무엇을 해야 할지
where to go : 어디로 가야 할지	when to go : 언제 가야 할지

2. 형용사적 용법

형용사와 마찬가지로 명사를 수식. '~해야 할, ~할' 등으로 해석한다.

We have a lot of work **to do**. (우리는 **할** 일이 많이 있다.)

I have no friend **to help me**. (나는 **나를 도와줄** 친구가 없다.)

He needs a chair **to sit on**. (그는 **앉을** 의자가 필요하다.)

3. 부사적 용법

목적, 원인, 결과, 판단의 근거 등을 표현하는 부사처럼 사용

1) 목적 : ~하기 위하여

He came here **to play**. (그는 **놀기 위해** 여기에 왔다.)

2) 감정의 원인 : ~해서

I'm happy **to see** you. (나는 너를 **봐서** 행복하다.)

3) 판단의 근거 : ~하다니

You must be crazy **to say** so. (그렇게 **말하다니** 너는 미친 것이 분명하다.)

4. 관용적인 표현

1) too … to 동사원형 (= so … that 주어 can't 동사) : 너무 …해서 (동사)할 수 없다.

I'm **too** tired **to** study English. (나는 **너무** 피곤**해서** 영어공부를 **할 수 없다**.)

= I'm so tired that I can't study English.

2) enough to 동사원형 (= so … that 주어 can 동사) : (동사)할 만큼 충분히 …하다.

He is rich **enough to** buy the house. (= 그는 그 집을 살**만큼 충분히** 부자다.)

= He is so rich that he can buy the house.

문제톡톡

1. 다음 빈칸에 들어갈 말로 알맞은 것을 고르시오.

> He is _____ young to drink.
> = He is so young that he can't drink.

① such   ② very   ③ too   ④ either

정답 | 267 쪽

13 동명사

동명사란? 동사원형의 뒤에 ing를 붙여 동사를 명사의 역할을 하도록 만든 것이다.

동사원형 + ing : ~하는 것

1. 동명사의 쓰임

1) 주어 : ~하는 것은

Playing tennis is very interesting. (**테니스를 치는 것은** 매우 흥미롭다.)

2) (동사의) 목적어 : ~하는 것을

He began learning English. (그는 **영어 배우기를** 시작했다.)

3) 보어 : ~하는 것이다 (be동사 + 동명사)

His job is driving a bus. (그의 직업은 **버스를 운전하는 것이다**.)

2. 동명사와 부정사의 비교

1) 동명사만을 목적어로 취하는 동사

enjoy, finish, stop, give up, mind + 동명사

I enjoy playing tennis after school. (나는 방과 후에 테니스 **치는 것을 즐긴다**.)

2) to부정사만을 목적어로 취하는 동사

hope, want, expect, decide, agree, promise + to부정사

I want to be a scientist. (나는 과학자가 **되기를 원한다**.)

문제톡톡

1. 다음 빈칸에 들어갈 말로 알맞은 것을 고르시오.

Would you mind _____ the door?

① open   ② opened   ③ opening   ④ have opened

정답 | 267 쪽

핵·심·총·정·리

14 관계사

관계사란? 두 문장을 연결하여 관계절을 이루는 접속사를 말하며, 관계대명사와 관계부사가 있다.

1. 관계대명사

관계대명사는 두 문장을 연결하는 **접속사의 역할**과 앞의 명사를 대신하는 **대명사의 역할**을 동시에 한다.

예) I have a friend. She is good at tennis.

(나는 친구 한 명이 있다. 그녀는 테니스를 잘 친다.)

→ I have a friend **who** is good at tennis. (나는 테니스를 잘 치는 <u>한 친구</u>를 가진다.)

※ 관계대명사가 이끄는 문장은 관계대명사가 없는 경우 불완전한 문장이며 형용사의 역할을 한다.

1) 관계대명사는 선행사와 관계대명사절에서 생략된 명사가 원래 어떻게 쓰였는지에 따라 다르게 사용한다.

선행사 \ 격	주격	소유격	목적격
사람	who	whose	who(m)
사물, 동물	which	whose, of which	which
사람, 사물, 동물	that	×	that
선행사 포함	what	×	what

① 주격

I know a boy. He is very tall. (나는 한 소년을 안다. 그는 키가 매우 크다.)

→ I know <u>a boy</u> **who** is very tall. (나는 키가 매우 큰 <u>한 소년</u>을 안다.)

② 소유격(whose)

This is the girl. Her hobby is skating.

(이 사람은 소녀다. 그녀의 취미는 스케이트 타는 것이다.)

→ This is <u>the girl</u> **whose** hobby is skating.

(이 사람은 스케이트 타는 것이 취미인 <u>그 소녀</u>이다.)

③ 목적격

This is the pen. Min-su gave it to me.

(이것은 펜이다. 민수는 그 펜을 나에게 주었다.)

→ This is <u>the pen</u> **which** Min-su gave to me. (이것은 민수가 나에게 준 <u>펜</u>이다.)

※ that은 사람, 사물 관계없이 쓰인다.

2) 관계대명사 what

what = the thing(s) which(that) = 선행사를 포함하는 관계대명사 = ~하는 것(들)

This is **the thing which** I want to know. = This is **what** I want to know.

(이것은 내가 알기를 원하는 것이다.)

2. 관계부사

관계부사는 두 문장을 연결하는 접속사의 역할을 함과 동시에 선행사에 따라 시간, 장소, 이유, 방법을 나타내는 부사의 역할을 한다.

▨ 관계부사의 종류

선행사		관계부사
장소	the place	where
시간	the time	when
방법	the way	how
이유	the reason	why

※ 관계부사가 이끄는 문장은 관계부사가 없어도 완전한 문장이며 형용사의 역할을 한다.

1) **where** : 선행사가 장소(place, house, city, town, …)일 때

   This is <u>the place</u> **where** I was born. (이것은 내가 태어난 <u>장소</u>이다.)

2) **when** : 선행사가 시간(time, day, month …)일 때

   I don't know <u>the time</u> **when** she helped me.

   (나는 그녀가 나를 도와줬던 <u>때</u>를 알지 못한다.)

3) **why** : 선행사가 이유(the reason)일 때

   This is <u>the reason</u> **why** I was absent from school.

   (이것이 내가 학교를 결석한 <u>이유</u>이다.)

4) **how** : 선행사가 방법(the way)일 때

   This is <u>how</u> he made it. (이것은 그가 그것을 만든 **방법**이다.)

   ※ the way와 how는 같이 쓰지 않고, 둘 중 하나를 생략한다.

문제톡톡

1. 다음 문장의 빈칸에 가장 알맞은 말을 고르시오.

Jenny has some friends _____ live in Japan.

① who   ② whom   ③ whose   ④ which

2. 다음 문장의 괄호 안에서 가장 알맞은 말을 고르시오.

   (1) The hotel (when, where) we stayed was by a beautiful lake.

   (2) Sunday is the day (when, where) I go to church.

정답 | 267 쪽

핵·심·총·정·리

15 접속사

접속사란? 단어와 단어, 구와 구, 절과 절을 연결해 주는 역할을 한다.

1. 접속사의 종류

1) 등위접속사

① and

ⓐ '그리고, ~와(과)'

> 예 You **and** I are good friends. (너**와** 나는 좋은 친구이다.)
>
> I like English **and** music. (나는 영어**와** 음악을 좋아한다.)

ⓑ 명령문 다음에 쓰이면 '그러면' 의 뜻이 된다.

> 예 Exercise everyday, **and** you'll be healthy.
>
> (매일 운동해라, **그러면** 너는 건강할 것이다.)
>
> = If you exercise everyday, you'll be healthy.
>
> (만약 너가 운동을 매일 한다면, 너는 건강할 것이다.)

② or

ⓐ '혹은, 또는, 아니면'

> 예 Do you go to school by bus **or** by subway?
>
> (너는 버스 **또는** 지하철로 학교를 가니?)

ⓑ 명령문 다음에 쓰이면 '그렇지 않으면' 의 뜻이 된다.

> 예 Hurry up, **or** you'll be late. (서둘러라, **그렇지 않으면** 넌 늦을 거야.)
>
> = If you don't hurry up, you'll be late.
>
> (만약 너가 서두르지 않으면 늦을 거야.)

③ but : 그러나

> 예 I like cats, **but** she doesn't like cats.
>
> (나는 고양이를 좋아**하지만**, 그녀는 고양이를 좋아하지 않는다.)

④ for : 왜냐하면

예) We can't do our homework, <u>for</u> the light is turned off.

(전등이 꺼졌기 **때문에** 우리는 숙제를 할 수 없다.)

⑤ so : 그래서

예) I wanted to buy this camera, <u>so</u> I bought it.

(나는 그 카메라를 사길 **원해서** 그것을 구매했다.)

문제톡톡

> 1. 다음 문장의 괄호 안에서 가장 알맞은 말을 고르시오.
>
> (1) Tell the truth, (and, or) mom won't forgive you.
> (2) Open the door, (and, or) you'll be cool.

정답 | 267 쪽

2) 등위상관접속사 (= 짝으로 이루어진 접속사)

① both A and B : A와 B 둘 다

예) <u>Both you and I</u> will win the game. (**너와 나 둘 다** 그 경기에서 이길 것이다.)

② not only A but also B : A뿐만 아니라 B도 역시 (= B as well as A)

예) <u>Not only you but also I</u> will win the game.

(**너뿐만 아니라 나도** 그 경기를 이길 것이다.)

= <u>I as well as you</u> will win the game.

3) 종속접속사 : 주절과 종속절(이어진 문장에서 시간, 조건, 원인 따위를 나타내는 문장) 을 이어주는 역할

ⓐ 시간을 나타내는 접속사

> when(~할 때), since(~이후로), after(~후에), before(~전에), until(~까지), while(~하는 동안)

예) <u>When</u> my father came home, we slept.

(나의 아버지가 집으로 오셨을 **때**, 우리는 자고 있었다.)

ⓑ 원인, 이유를 나타내는 접속사

because(~이기 때문에), since(~이니까), as(~하므로)

　　예 She was very angry, **because** I was late.

　　　(내가 늦었기 **때문에** 그녀는 매우 화가 났다.)

ⓒ 조건을 나타내는 접속사

if(만약 ~라면), unless(만약 ~아니라면)

　　예 **If** it rains tomorrow, we can't go there.

　　　(**만일** 내일 비가 **오면**, 우리는 거기에 갈 수 없다.)

※ 접속사 문제와 관련하여 자주 나오는 단어, 숙어

for example(= for instance) (예를 들면)	moreover (게다가, 더욱이)
therefore (그러므로)	as a result (그 결과)
however (그러나, 하지만)	on the other hand (그 반면, 반면에)
fortunately (다행스럽게)	unfortunately (불행히도)

문제톡톡

2. 우리말과 일치하도록 할 때 빈칸에 들어갈 말로 가장 적절한 것을 고르시오.

> I had to stay home _____ I didn't feel well.
> (나는 몸이 좋지 않아서 집에 있어야 했다.)

① because　　　② so　　　③ before　　　④ until

정답 | 267 쪽

16 전치사

전치사란? 명사, 대명사, 동명사 앞에 놓여 형용사구, 부사구의 역할을 한다.

1. 전치사의 종류

1) 시간을 나타내는 전치사

□ at + 시, 분, 초 : ~에	□ on + 요일, 날짜 : ~에
□ in + 달, 계절, 연도 : ~에	□ for + 기간 : ~동안
□ since : ~이후로	□ during : ~동안
□ by : ~까지는 (동작의 완료)	□ till(until) : ~까지 (동작의 계속)

We eat breakfast <u>at</u> eight. (우리는 8시<u>에</u> 아침을 먹는다.)

We go on a picnic <u>in</u> spring. (우리는 봄<u>에</u> 소풍을 간다.)

He goes to church <u>on</u> Sundays. (그는 주일<u>에</u> 교회에 간다.)

기타 시간을 나타내는 표현

□ at noon : 정오에	□ at night : 밤에
□ in the morning : 아침에	□ in the afternoon : 오후에

2) 장소를 나타내는 전치사

□ at : (좁은 장소) ~에	□ around : 주위에
□ in : (넓은 장소) ~에	□ up : 위쪽에
□ on : ~위에	□ down : 아래쪽에
□ over : 바로 위에	□ along : ~을 따라서
□ under : ~아래에	□ across : ~을 가로질러서
□ between : ~사이에 (둘 사이에)	□ before : ~앞에
□ among : ~사이에 (3개 이상)	□ behind : ~뒤에

We arrived <u>at</u> the airport at four. (우리는 4시에 공항<u>에</u> 도착했다.)

There is a bag <u>on</u> the table. (식탁 <u>위에</u> 가방 하나가 있다.)

3) 기타 전치사

> □ by : ~에 의하여   □ with + 사람 : ~와 (함께)
>
> □ about : ~에 관하여   □ with + 도구 : ~으로
>
> □ to : ~로, ~에, ~까지   □ without : ~없이
>
> □ from : ~부터 (시간, 장소)   □ for : ~을 위해
>
> * by + 교통수단 : ~을 타고서 (단, 걸어서는 on foot)

This building was built **by** Romans. (이 건물은 로마인들에 **의해** 지어졌다.)

I go **to** school. (나는 학교**에** 간다.)

2. 전치사가 있는 숙어

1) 전치사구

> □ in front of : ~앞에   □ because of : ~때문에
>
> □ according to : ~에 의하면, ~에 따르면   □ thanks to : ~덕분에

She is standing **in front of** the building with her mother.

(그녀는 엄마와 함께 그 건물 **앞에** 서 있다.)

2) 동사 + 전치사

> □ call on : (사람을) 방문하다   □ look after : ~을 돌보다
>
> □ look for : ~을 찾다   □ run after : ~을 뒤쫓다
>
> □ wait for : 기다리다   □ attend to : ~을 돌보다, 처리하다

I'm **look**ing **for** pants. (나는 바지를 **찾고 있는 중이다**.)

3) 동사 + 부사 + 전치사

> □ look forward to : ~을 고대하다   □ look up to : ~을 존경하다
>
> □ speak well of : ~을 칭찬하다   □ do away with : 제거하다

We should **look up to** parents. (우리는 부모님을 **공경해야 한다**.)

4) 동사 + 명사 + 전치사

> □ make use of : ~을 이용하다   □ take care of : ~을 돌보다
>
> □ get rid of : ~을 제거하다

I must **take care of** my sister all day. (나는 나의 여동생을 하루종일 **돌봐야** 한다.)

5) 형용사 + 전치사 : 보통 be동사와 함께 사용된다.

> □ be afraid of : ~을 두려워하다   □ be absent from : ~에 결석하다
>
> □ be full of : ~이 가득하다   □ be fond of : ~을 좋아하다
>
> □ be famous for : ~로 유명하다   □ be good at : ~에 능숙하다
>
> □ be proud of : ~을 자랑스러워하다   □ be different from : ~와 다르다

My mom **is good at** cooking. (나의 엄마는 요리를 **잘 하신다**.)

문제톡톡

1. 다음 대화의 빈칸에 알맞은 말을 고르시오.

> A : When are you going to meet him?
>
> B : _____ three o'clock.

① At   ② In   ③ On   ④ Of

정답 | 267 쪽

핵·심·총·정·리

17 가정법

가정법이란? 앞으로의 소망을 나타내거나, 사실과 반대되는 가정을 나타내는 표현방식을 말한다.

1. 가정법의 여러 가지 형태

1) 가정법 과거 : 현재 사실과 반대되는 가정

> If + 주어 + 동사(과거형/were) + ~, 주어 + 조동사의 과거형(would/could) + 동사원형 ~
> 만약 ~라면(조건절)   ~할 텐데(주절)

※ 동사의 형태는 과거지만 현재로 해석한다.

※ 가정법의 if절에서 be동사를 쓸 때는 주어의 인칭, 수와 관계없이 were를 사용한다.

If I **were** a bird, I **could fly** to you. (**만일** 내가 새**라면**, 너에게 **날아갈 수 있을텐데**.)

(= As I am not a bird, I can't fly to you.)

(내가 새가 아니어서 너에게 날아갈 수 없다.)

2) 가정법 과거완료 : 과거 사실과 반대되는 가정

> If + 주어 + had + 과거분사 + ~, 주어 + 조동사의 과거형(would/could) + have + 과거분사 ~
> 만약 ~했더라면(조건절)   ~했을 텐데(주절)

If I **had had** much money, I **could have bought** a car.

(**만일** 내가 돈이 **많았더라면**, 나는 차 한 대를 **살 수 있었을 텐데**.)

(= As I didn't have much money, I couldn't buy a car.)

(내가 돈이 많지 않았기 때문에, 차를 살 수가 없었다.)

3) I wish + 가정법 : '~하면 좋을 텐데', 이룰 수 없는 소망을 표현할 때 쓴다.

<u>I wish</u> I were tall. (나는 키가 크길 <u>**소망한다**</u>.)

<u>I wish</u> he were honest. (나는 그가 정직하기를 <u>**소망한다**</u>.)

4) as if : 마치 ~인 것처럼

He speaks **as if** he were a doctor. (그는 **마치** 그가 의사인 **것처럼** 말한다.)

문제톡톡

※ [1-2] 다음 빈칸에 들어갈 알맞은 말을 고르시오.

1.
   | If I _____ a bird, I would fly to her. |

   ① be   ② was   ③ were   ④ are

2.
   | 그녀가 지금 여기 있다면 좋을 텐데. |
   | → I wish she _____ here now. |

   ① is   ② were   ③ was   ④ has been

정답 | 267 쪽

중학교 졸업자격 검정고시

영어

ENGLISH

PART2 생활영어

생활영어

1 인사 및 소개하기

① 누군가를 다른 사람에게 소개하기

This is Ms. Kang. (이 분은 강 선생님입니다.)

Let me introduce Mr. Park (to you). (박 선생님을 소개해 드리겠습니다.)

> ┌ 여성일 경우 Ms.
> └ 남성일 경우 Mr.

② 처음 뵙겠습니다.

How do you do? * How do you do? 의 대답은 동일하게 How do you do? 로 한다.

③ 만나서 반갑습니다.

Nice(Glad) to meet you.

Nice(Glad) to meet you, too.

④ 자기 소개하기

My name is Tom. 제 이름은 Tom입니다.

I am a student. 저는 학생입니다.

⑤ 안부 묻기

How are you (today)? (오늘) 어떠세요?

= How are you doing? = How's it going?

대답 : (I'm) okay / fine / good / very well. (저는) 괜찮아요.

Not too(so) bad. 그리 나쁘진 않아요.

문제톡톡

1. 다음 빈칸에 들어갈 말로 알맞은 것을 고르시오.

> Jang : Kim, this is my friend, Kang.
> Kim : How do you do, Kang?
> Kang : _____, Kim?

① How are you   ② How do you do

③ No, thanks   ④ My pleasure

정답 | 267 쪽

2 감사 표현

① 감사합니다.

Thanks (a lot). / Thank you very(so) much.

② Thank you for ~ : ~에 대해서 고맙습니다.

Thank you for inviting me. (저를 초대해 주셔서 감사합니다.)

Thank you for your present. (선물해줘서 고마워.)

③ 천만에요.

You're welcome. / Don't mention it. / Not at all. / My pleasure.

문제톡톡

2. 다음 빈칸에 들어갈 말로 알맞은 것을 고르시오.

> A : I like your dress. It is so pretty.
> B : _____.

① Thank you   ② Don't mention it

③ No, thanks   ④ Of course

정답 | 267 쪽

3 사과 표현

① 사과

I'm sorry. (미안합니다.)

It's my fault. (제 잘못입니다.)

I'm sorry for ~ : ~에 대해서 미안합니다.

I'm sorry for being late. (늦어서 미안합니다.)

② 괜찮습니다.

That's OK. / That's all right. / Never mind. / It doesn't matter.

문제톡톡

3. 다음 빈칸에 들어갈 말로 알맞은 것은?

> A : I'm sorry for being late.
> B : _____.

① Don't mention it   ② My pleasure

③ That's all right   ④ You're welcome

---

4 유감 표현

① 무슨 일 있습니까?

What's wrong (with you)? / What's the problem? / What's the matter?

② 유감 표현하기

I'm sorry to hear that. 그 말을 들으니 유감입니다.

I'm afraid we have no room. 유감이지만 우리는 방이 없습니다.

That's too bad. 그것 참 안됐구나.

I'm worried. 나는 걱정된다.

문제톡톡

4. 다음 밑줄 친 문장이 의미하는 것은?

> A : Will you go to the movie with me?
> B : I'm sorry, but I can't.

① 거절   ② 희망   ③ 승낙   ④ 안부

정답 | 267 쪽

5 전화 표현

① ~와 통화할 수 있나요?

May I speak to Tom? / Can I talk to Tom?

② 누구세요?

Who's calling, please? / Who's this?

③ 저는 ~입니다. / 접니다.

This is (자기이름 / he / she).

This is (자기이름 / he / she) speaking.

※ 전화상으로 "전데요" 라는 표현은 I am 대신 **This is**를 쓴다.

④ 전화 잘못 거셨어요.

You have the wrong number.

⑤ 메시지를 남기시겠어요?

May I take a message?

Would you like to leave a message?

문제톡톡

5. 다음 전화 통화에서 빈칸에 들어갈 말로 알맞은 것은?

> A : May I speak to Inho?
> B : _____.
> A : When will he be back?

① Sorry, he's out now   ② He's here now

③ He can talk now   ④ He can make it now

정답 | 267 쪽

6 물건사기

① ~을 도와드릴까요?

May I help you? / What can I do for you? / Do you need help?

② ~은 어떤가요?

How about ~? / What about ~?

③ 여기 있습니다.

Here you are.

Here it is / Here they are.

④ ~을 찾고 있습니다.

I'm looking for ~.

⑤ 살게요.

I'll take it.

문제톡톡

6. 다음 대화에서 빈칸에 들어갈 말로 알맞은 것은?

> A : How about this blue shirt?
> B : I like it. _____.

① Too expensive   ② Don't worry

③ No, thanks   ④ I will take it

정답 | 267 쪽

7 제안하기

① ~하자. (~합시다.)

Let's ~. / Why don't we ~? / How(What) about ~ing? / Shall we ~?

② 제안 승낙의 표현

That sounds good. / That's a good idea. / OK. (= All right.) /

Why not? / Sure. I'd love to. / Of course.

③ 상대방 말에 동의하기

I agree with you. / I think so, too. / You can say that again.

④ 제안 거절의 표현

I'm sorry, but I can't. / I'm afraid I can't. / I'd love to, but ~.

문제톡톡

7. 다음 말의 의도로 알맞은 것은?

> A : How about playing soccer?

① 격려하기   ② 제안하기   ③ 감사하기   ④ 거절하기

정답 | 267 쪽

8 권유하기 / 요청하기

① 요청이나 권유의 표현

Will you ~? / Would you ~?

🔊 Will you help me?

Would you like something to drink?

② 응답 표현

승낙 : Yes, please.

거절 : No, thank you.

문제톡톡

8. 다음 밑줄 친 말의 의도로 알맞은 것은?

A : <u>Would you like to</u> go to a zoo with me?
B : Sure, I'd love to.

① 안부　　　② 거절　　　③ 권유　　　④ 승낙

정답 | 267 쪽

---

9 길 안내

① 길을 물을 때

Where is (장소)?

How can I get to (장소)?

Would you show(tell) me the way to the (장소)?

② 길 안내

Go straight. 직진하세요.

Go down this street. 이 길 따라서 내려가세요.

Turn left. 좌회전 하세요.

Turn right. 우회전 하세요.

It'll be on your left(right). 당신 왼쪽(오른쪽)에 있을 거예요.

③ 저도 초행길입니다.

I'm a stranger here, too.

④ 꼭 찾으실 겁니다.

You can't miss it.

문제톡톡

9. 다음 밑줄 친 말의 의도로 알맞은 것은?

> A : Excuse me. <u>How can I get to the Hanyang market</u>?
> B : Go straight and turn left at the corner.
> A : Thank you very much.

① 안부 인사   ② 감사하기

③ 길 묻기   ④ 거절하기

정답 | 267 쪽

---

10 장소 / 관계

① **post office 우체국**

stamp (우표) / postcard (엽서) / mail (우편) / letter (편지)

② **hospital 병원**

fever (열) / cold (감기) / ache (통증) / runny nose (콧물 흐름) / sore throat (인후염)

broken (부러진, 골절된) / medicine (약) / prescription (처방전)

③ **airport 공항**

passport (여권)

④ **restaurant (식당)**

order (주문) / menu (메뉴) / salad (샐러드) / hamburger (햄버거) / sandwich (샌드위치)

⑤ **기타 장소**

bank (은행) / library (도서관) / bookstore (서점) / station (역) / museum (박물관)

문제톡톡

10. 다음 대화가 일어나는 장소는?

A : I'd like to buy two tickets for Seoul.
B : One way or round trip?
A : Round trip, please.

① 식당   ② 경찰서   ③ 기차역   ④ 병원

정답 | 267 쪽

---

11 날씨

① **날씨가 어떻습니까?**

How is the weather? = What's the weather like?

② **날씨를 나타내는 표현**

sunny (햇빛 비치는) / rainy (비오는) / cold (추운) / snowy (눈 오는) / windy (바람 부는)
cloudy (구름 낀) / hot (더운) / foggy (안개 낀)

문제톡톡

11. 다음 빈칸에 들어갈 말로 알맞은 것은?

A : How is the _____ there in Busan?
B : It's sunny today.

① time   ② weather   ③ season   ④ year

정답 | 267 쪽

PART 3

Part 1. 문법

1. 명사
문제톡톡. 1. ③　　문제톡톡. 2. ①

2. 대명사
문제톡톡. 1. (1) She　(2) I　(3) his
문제톡톡. 2. ②　　문제톡톡. 3. ①

3. be동사
문제톡톡. 1. ①　　문제톡톡. 2. ②
문제톡톡. 3. (1) is　　(2) are

4. 형용사와 부사
문제톡톡. 1. (1) Many
　　　　(2) few
　　　　(3) much
문제톡톡. 2. ②

5. 비교
문제톡톡. 1. (1) largest
　　　　(2) most important
문제톡톡. 2. ③

6. 일반동사
문제톡톡. 1. (1) do　　(2) don't
　　　　(3) does　(4) doesn't

7. 조동사
문제톡톡. 1. ②　　문제톡톡. 2. ④

8. 문장
문제톡톡. 1. ③

9. 의문사
문제톡톡. 1. (1) When
　　　　(2) Why
　　　　(3) Who
　　　　(4) Where
　　　　(5) How

10. 시제
문제톡톡. 1. (1) watched
　　　　(2) swimming
　　　　(3) will go

11. 태
문제톡톡. 1. ④

12. to부정사
문제톡톡. 1. ③

13. 동명사
문제톡톡. 1. ③

14. 관계사
문제톡톡. 1. ①
문제톡톡. 2. (1) where　　(2) when

15. 접속사
문제톡톡. 1. (1) or　　(2) and
문제톡톡. 2. ①

16. 전치사
문제톡톡. 1. ①

17. 가정법
문제톡톡. 1. ③
문제톡톡. 2. ②

Part 2. 생활영어

1. 인사 및 소개하기
문제톡톡. 1. ②

2. 감사표현
문제톡톡. 2. ①

3. 사과표현
문제톡톡. 3. ③

4. 유감표현
문제톡톡. 4. ①

5. 전화표현
문제톡톡. 5. ①

6. 물건사기
문제톡톡. 6. ④

7. 제안하기
문제톡톡. 7. ②

8. 권유하기 / 요청하기
문제톡톡. 8. ③

9. 길 안내
문제톡톡. 9. ③

10. 장소 / 관계
문제톡톡. 10. ③

11. 날씨
문제톡톡. 11. ②

핵 · 심 · 총 · 정 · 리

중학교 졸업자격 검정고시

IV.

사회

SOCIAL STUDIES

핵·심·총·정·리

중학교 졸업자격 검정고시

사회

SOCIAL STUDIES

1학년

1. 내가 사는 세계
2. 우리와 다른 기후, 다른 생활
3. 자연으로 떠나는 여행
4. 다양한 세계, 다양한 문화
5. 지구 곳곳에서 일어나는 자연재해
6. 자원을 둘러싼 경쟁과 갈등
7. 개인과 사회생활
8. 문화의 이해
9. 정치 생활과 민주주의
10. 정치 과정과 시민 참여
11. 일상생활과 법
12. 사회 변동과 사회 문제

내가 사는 세계

1 다양한 지도 읽기

1. 지구의 모습

1) 대륙

① 육지 : 지구 표면의 약 30%

② 6대륙 : 유럽, 아시아, 아프리카, 북아메리카, 남아메리카, 오세아니아, (남극)

2) 해양

① 바다 : 지구 표면의 약 70%

② 5대양 : 태평양, 대서양, 인도양, 북극해, 남극해

2. 지도의 원리

1) 지도 : 지표면의 여러 가지 지리적 현상을 약속된 기호로써 평면에 나타낸 그림

⇒ 넓은 범위를 지도 안에 담기 위해 실제 공간을 일정한 비율로 줄여서 나타냄

2) 지도의 구성요소 : 축척, 방위, 기호, 등고선 등으로 이루어짐

3) 사용 목적 및 내용에 따른 구분 : 일반도, 주제도로 나누어짐

3. 지도 읽기와 표현 환경

1) 지도 읽기 : 지도에 담겨있는 정보를 읽어 그 지역의 특징을 파악하는 것

2) 지도에 표현된 자연환경과 인문환경

① 자연환경 : 지형, 기후, 식생, 바다, 평야 등

② 인문환경 : 인구, 도시, 산업, 교통 등

2 위치에 따른 인간 생활

1. 큰 규모의 위치 표현

1) 대륙과 해양 : 주변의 대륙과 해양을 이용하여 위치를 표현

2) 위도와 경도

① 위도(위선)

· 의미 : 적도(위도 0°)를 기준으로 그은 가상의 가로선

· 표현 : 북위(N)와 남위(S) 각 0°~ 90°

② 경도(경선)

· 의미 : 본초자오선(경도 0°)을 기준으로 그은 가상의 세로선

· 표현 : 동경(E)과 서경(W) 각 0°~180°

2. 작은 규모의 위치 표현

1) **주소** : 행정구역을 근거로 위치를 표현함

2) **랜드마크**

① 의미 : 그 지역의 대표적인 장소, 건물 등을 활용하여 위치를 표현

② 대표적 : 파리 "에펠탑", 뉴욕 "자유의 여신상", 호주 "오페라 하우스" 등

3. 위도에 따른 주민 생활

1) **위도에 따른 기온 차이**

① 발생 원인 : 지구가 둥글기 때문에 지역에 따라 햇볕을 받는 차이 발생

② 지역별 기온 분포 : 저위도에서 고위도로 갈수록 기온이 낮아짐

③ 영향 : 의식주, 생활양식 등의 생활 모습이 달라짐

2) **위도에 따른 계절 차이**

① 발생 원인 : 지구의 자전축이 23.5° 기울어진 채 공전 ⇒ 남반구와 북반구의 계절이 반대로 나타남

② 영향 : 사람들의 생활방식에 차이 발생

· 가옥 : 북반구는 남향집, 남반구는 북향집

· 농업 및 관광 : 계절이 반대라서 농산물의 교역이 이루어지며, 계절차이로 인한 관광산업도 발달

4. 경도에 따른 주민 생활

1) **경도에 따른 시간 차이**

① 발생 원인 : 지구가 하루에 한 바퀴씩 서쪽에서 동쪽으로 자전하기 때문에 발생

② 표준시 : 각 국가나 지방에서 사용하는 통일된 표준 시각(경도 15°마다 1시간씩 차이)

　·세계 표준시 : 본초자오선(경도 0°)을 기준으로 함

　·우리나라 표준시 : 동경 135°를 기준 ⇒ 세계 표준시보다 9시간 빠름

③ 날짜 변경선 : 동경 180° 선과 서경 180° 선이 만나는 선

2) 시간 차이와 인간 생활

① 시차의 영향 : 해외 여행, 지역 간 교류, 국제 무역 등

② 시차의 활용 : 지구 반대편에 있는 나라들이 시차를 이용해 협력하여 업무를 진행

3 지리 정보와 지리 정보 기술

1. 지리 정보

1) 의미 : 우리가 살아가는 공간 및 지역에 관련된 지식과 정보

2) 사례 : 버스 노선도, 도로 표지판, 관광 안내도 등

2. 지리 정보 기술의 발전

1) 발달 : 정보 통신 기술의 발달로 여러 지역의 지리 정보를 쉽게 얻을 수 있음

2) 사례

① 원격탐사 : 직접 접촉하지 않고도 멀리 떨어진 곳의 정보를 수집하는 방법

② 지리 정보 시스템(GIS) : 컴퓨터를 이용하여 사용자의 요구에 따라 다양한 방법으로 분석·종합하여 제공하는 정보 처리 시스템

③ 위성 위치 확인 시스템(GPS) : 인공위성을 이용하여 사용자의 위치를 알려주는 시스템

3. 지리 정보 기술의 활용

1) 일상생활 속 활용 : 내비게이션, 교통안내 시스템, 스마트폰 길 찾기 프로그램 등

2) 공공 부문에서의 활용 : 국토관리, 자연재해 대비, 교통상황 파악 등

02 우리와 다른 기후, 다른 생활

1 세계의 다양한 기후 지역

1. 기후와 지역 구분

1) 날씨와 기후

① 날씨 : 짧은 시간 동안 나타나는 대기의 상태

② 기후 : 오랜 기간 동안 일정하게 나타나는 대기의 상태

2) 세계의 기후 지역

① 구분 기준 : 기온, 강수량

② 세계의 다양한 기후

· 열대 기후 : 적도 부근으로 연중 일사량이 많음, 아마존 밀림(정글)과 같은 열대 우림과 야생동물이 살기 적합한 열대 사바나(초원)로 이루어짐

· 건조 기후 : 연 강수량 500mm 미만이며, 강수량보다 증발량이 많음

· 온대 기후 : 중위도 지역으로 기온이 온화하고, 강수량이 풍부 ⇒ 인간의 거주에 유리

· 냉대 기후 : 기온의 연교차가 크며, 겨울이 춥고 길다. 침엽수림(타이가)이 분포함

· 한대 기후 : 극지방 및 그 주변으로 짧은 여름 시기에 일부 지역에서 이끼나 풀이 자람(툰드라)

2. 인간의 거주와 자연환경과 기후

1) 거주지 선정

① 자연 환경 : 기후, 지형, 토양, 식생 등

② 인문 환경 : 교통, 문화, 경제, 정치 등

2) **거주에 유리한 기후** : 온대기후, 열대 고산 기후 지역 등

3) **거주에 불리한 기후** : 적도 부근, 극지방, 건조 기후, 해발고도가 높은 산지 등

2 열대 우림 지역 생활

1. **특색**

1) 연중 기온이 높고 강수량이 많아 덥고 습함(가장 추운 달의 평균 기온이 18℃ 이상)

2) 매일 짧은 시간에 집중적으로 스콜이 내림 ⇒ 밀림(정글) 형성

2. **대표 지역** : 아프리카 콩고 분지, 남아메리카 아마존 분지 등의 적도 지역

3. **주민 생활**

1) **의복** : 얇고 간편한 옷

2) **주거** : 개방적 가옥 구조, 지붕이 급경사, 바닥을 띄운 고상 가옥

3) **농업**

① 이동식 화전 농업 : 삼림을 불태워 농작물을 재배 ⇒ 지력이 떨어지면 다른 곳으로 이동하여 농사를 지음

② 플랜테이션 : 열대기후 + 선진국의 자본과 기술 + 원주민의 노동력을 결합한 농업

4) **음식** : 염장식품 · 기름 · 향신료 등을 많이 사용

3 온대 지역 생활

1. **특색** : 중위도 지역을 중심으로 분포, 농경에 유리 ⇒ 인간 거주에 적합, 계절의 변화가 나타남

2. **구분**

1) **온대 계절풍 기후**

① 분포 : 중위도 대륙 동쪽에 주로 분포(동남 · 동부아시아)

② 특징 : 여름에는 고온 다습하며, 겨울에는 한랭 건조함 ⇒ 벼농사 발달

2) **서안 해양성 기후**

① 분포 : 서부 및 북부유럽, 북아메리카 북서 해안 등

② 특징 : 연교차 작고, 연중 고른 강수량 ⇒ 혼합농업, 낙농업, 원예농업 발달

3) 지중해성 기후

① 분포 : 남부 유럽, 북아프리카 지중해 연안, 미국 캘리포니아 일대 등

② 특징 : 여름이 고온 건조하며, 겨울이 온화하고 많은 비가 내림 ⇒ 수목농업 발달

4 건조 지역과 툰드라 지역의 생활

1. 건조 지역의 생활

1) 특색 : 강수량보다 증발량이 많고, 사막과 초원(스텝)으로 구분

2) 주민 생활

① 사막 지역 : 연 강수량 250mm 미만

· 의복 : 온몸을 감싸는 헐렁한 옷

· 주거 : 지붕이 평평하고 벽이 두껍고 창문이 작은 흙집

· 농업 : 오아시스 농업, 일부지역은 관개 농업

② 스텝 지역 : 연 강수량 500mm 미만

· 주거 : 천막 형태의 이동식 가옥구조

· 농업 : 유목, 관개시설을 이용하여 대규모 소 방목 및 밀 재배

③ 주민 생활의 변화

· 산업화의 진행으로 정착하여 생활하는 유목민이 늘고 있음

· 사막화 현상 : 초원지대가 사막으로 변함(대표지역 : 사헬 지대)

2. 툰드라 지역 생활

1) 특색 : 연중 기온이 낮음(짧은 여름철에 0℃ 이상 올라감)

2) 분포 : 북극해 주변, 남극해 주변의 섬, 그린란드 주변 등

3) 식생 : 짧은 여름철 땅이 녹으면서 이끼류 자람 ⇒ 순록을 기르는 유목 생활

4) 주민 생활

① 의복 : 두꺼운 옷, 털가죽 옷

② 음식 : 날고기, 날생선, 사냥(바다표범, 산양 등) 등

③ 주거 : 폐쇄적 가옥구조, 고상 가옥

④ 주민 생활의 변화

· 관광산업의 발달 : 백야현상, 빙하, 오로라 등을 체험하기 위해 관광객 증가

· 도시로 이주하는 원주민 증가 : 자원 개발 및 도시 발달로 생태계가 훼손되고 오염됨

03 자연으로 떠나는 여행

1 지형 경관

1. 지형 형성

1) 의미 : 지구 내부의 힘과 외부의 힘을 받아 다양한 지형이 형성

2) 지형 형성 작용

① 지구 내부의 힘 : 조륙 운동, 조산 운동, 화산 활동 ⇒ 큰지형 형성

※ 세계의 큰산맥

· 고기 습곡 산지 : 해발 고도 낮음(지각 안정), 우랄 산맥/ 애팔래치아 산맥 등

· 신기 습곡 산지 : 해발 고도 높음(지각 불안정), 알프스 산맥/ 히말라야 산맥

② 지구 외부의 힘 : 침식, 운반, 퇴적 작용 등 ⇒ 작은 지형 형성

2. 산지 지형

1) 의미 : 해발 고도가 높고 평지에 비해 기온이 낮고 경사진 지형

2) 주민 생활

① 농업 및 거주 공간이 불리

② 지하자원과 삼림자원이 풍부하며, 자연환경을 이용하여 관광산업이 발달하기도 함

2 해안 지형의 형성

1. 해안 지형의 원인 및 구분

1) 형성 원인 : 파랑이나 조류의 침식, 운반, 퇴적 작용으로 형성

2) 침식에 의한 형성

① 형성 작용 : 파랑의 침식 작용으로 형성됨

② 대표적 지형 : 해식애, 시스택, 해식동굴 등

3) 퇴적에 의한 형성

① 형성 작용 : 파랑의 퇴적 작용 또는 조류의 작용으로 형성

② 대표적 지형 : 사빈, 사구, 갯벌 등

2. 주민 생활

1) 식량 자원을 쉽게 얻음(농업, 수산업 등)

2) 무역항, 공업도시, 관광 산업으로 도시로 성장함

3) **개발의 문제점** : 환경 파괴, 교통 체증, 범죄 증가 등

3 기타 다양한 지형

1. 하천 지형

1) **의미** : 하천의 물이 흐르면서 침식과 퇴적 작용으로 형성된 여러 지형

2) **구분**

① 침식으로 형성된 지형 : 폭포, V자곡 등

② 퇴적으로 형성된 지형 : 선상지, 범람원, 삼각주 등

2. 빙하 지형

1) **의미** : 빙하가 이동하면서 침식, 운반, 퇴적 작용으로 형성

2) **대표적 지형** : U자곡, 피오르 해안, 호른 등

3. 카르스트 지형

1) **형성 원인** : 석회암 지대에서 지하수의 용식 작용으로 형성

2) **주요 지형** : 석회 동굴, 탑카르스트 등

3) **대표적 관광지** : 베트남 "하롱베이", 중국 "구이린" 등

4. 건조 지형

1) **형성 원인** : 모래 바람에 의한 침식 · 퇴적 작용으로 형성

2) **주요 지형** : 버섯바위, 사구 등

4 우리나라의 자연 경관

1. **산지** : 동고서저의 지형이며, 해발 고도가 낮고 경사가 완만

2. **해안**

	서(황) · 남해안	동해안
수심	얕다	깊다
해안선	복잡하고 섬이 많다	단조롭다
조석간만의 차	크다	작다
지형	갯벌	사빈, 사주, 석호
이용	염전, 양식장, 간척지, 관광지 등	해수욕장, 관광지 등

3. **제주도**

1) **형성** : 화산활동에 의해 형성됨

2) **독특한 지형**

① 한라산 : 백록담, 세계 자연 유산 지정

② 오름 : 한라산의 사면에 형성된 작은 화산들(기생 화산)

③ 주상절리 : 용암이 바다로 떨어져 식으면서 다각형의 기둥 모양으로 형성

④ 용암 동굴 : 용암이 흐르면서 만든 동굴 예 만장굴, 김녕굴 등

4. **카르스트 지형**

1) **의미** : 지하수가 오랜 시간 석회암을 녹이면서 형성

2) **분포 지역** : 강원 남부 및 충청북도 북부 일대 등

3) **석회동굴**

① 내부에 종유석, 석순, 석주 등이 발달

② 대표 지역 : 단양 고수동굴, 삼척의 환선굴, 울진의 성류굴 등

04 다양한 세계, 다양한 문화

1 다양한 문화 지역

1. 문화의 의미와 특징

1) **의미** : 어떤 지역이나 집단의 종교, 언어, 의·식·주 등을 포함하는 공통된 생활양식

2) **특징**

① 지역마다 서로 다른 다양한 문화가 나타남

② 다른 지역과의 문화 교류를 통해 변화하고 발달함

※ 문화 지역(문화권)

① 의미 : 언어, 종교, 인종, 풍습 등이 비슷한 지역을 묶은 공간적 범위(다양한 기준)

② 대표적 : 유럽 문화지역, 건조 문화지역, 동아시아 문화지역, 라틴 아메리카 문화 지역 등

2. 문화의 지역 차

1) **자연 환경에 따른 문화의 지역 차**

① 원인 : 자연환경에 적응하거나 이를 이용하는 방식이 지역마다 다르기 때문

② 사례

· 열대 기후 : 얇고 간단한 옷, 지붕이 급경사, 고상 가옥 등

· 건조 기후 : 온 몸을 감싸는 옷, 흙집, 게르 등

· 냉대·한대 기후 : 털 옷, 가죽 옷, 고상 가옥 등

2) **인문 환경에 따른 문화의 지역 차**

① 원인 : 종교, 산업, 제도 등이 지역마다 다르기 때문

② 사례

㉠ 종교 : 종교는 지역의 의식주 생활이나 행동양식에 많은 영향을 줌

· 크리스트교 문화 지역 : 십자가를 세운 성당이나 교회, 크리스마스 행사, 부활절 등

· 이슬람교 문화 지역 : 모스크, 쿠란, 돼지고기 금지, 하루 다섯 번 기도 등

· 불교 문화 지역 : 사찰, 불상, 탑, 연등행사 등

· 힌두교 문화 지역 : 소를 숭배하며 소고기 먹지 않음, 카스트제도, 갠지스 강에서 목욕 등

ⓛ 산업 : 산업이 발달한 지역은 높은 건물과 현대적인 생활양식을 하며, 발달하지 못한 지역은 전통적인 생활양식을 유지하는 경우가 많음

ⓒ 제도나 관습 등의 차이 : 결혼이나 장례 문화도 다르게 나타남

2 세계화와 문화 변용

1. 문화 변용

1) 의미 : 문화 전파로 외부에서 새로운 문화가 들어오면서 기존 문화가 변하는 현상

2) 유형

① 문화 융합 : 기존 문화와 융합하여 새로운 문화를 창조

② 문화 공존 : 기존 문화와 새로운 문화가 함께 존재

③ 문화 동화 : 전파된 문화에 동화되어 고유한 문화적 특성이 소멸

2. 세계화에 따른 문화 변용

1) 문화의 세계화

① 의미 : 세계화에 따라 세계 각 지역의 문화가 비슷해지는 현상

② 영향

· 긍정 : 전 세계의 사람들이 비슷한 문화를 함께 즐길 수 있고 새로운 문화를 창조함

· 부정 : 문화의 획일화

2) 세계화에 따른 문화 변용의 특징

① 문화의 융합 : 특정 지역의 문화와 융합이 되어 새로운 문화가 나오기도 함

② 문화의 동질화 : 전 세계적으로 같은 문화를 공유하는 현상

3 문화의 공존과 갈등

1. 문화의 공존

1) 의미 : 같은 지역 내에서 다른 문화가 함께 조화를 이루면서 함께 형성

2) 사례

- · 미국 : 다양한 인종과 민족이 어울려 살아감
- · 스위스, 싱가포르 : 4개의 공용어를 사용 ⇒ 다민족으로 구성되어 있음
- · 우리나라 : 유교, 불교, 크리스트교, 민간 신앙 등이 공존하고 있음

2. 문화의 갈등

1) 의미 : 서로 다른 특성(언어, 종교 등)으로 문화적 갈등이 일어나기도 함

2) 사례

① 언어

- · 캐나다 퀘벡주 : 영어와 프랑스어를 사용하는 사람들 간의 갈등
- · 벨기에 : 네덜란드어를 사용하는 북부와 프랑스어를 사용하는 남부 간의 갈등

② 종교

- · 카슈미르 : 힌두교와 이슬람교의 갈등
- · 팔레스타인 : 유대교와 이슬람교의 갈등

3) 갈등의 극복 방안

① 갈등의 원인 : 상대방의 문화를 인정하지 않고 자신의 문화만을 인정하는 태도

② 갈등 극복을 위한 노력

- · 문화 상대주의적 태도 : 다양한 문화를 인정하고 각각의 고유한 삶의 방식을 존중
- · 자신의 문화를 상대방에게 강요하지 않아야 함
- · 소수의 문화도 존중해야 함

05 지구 곳곳에서 일어나는 자연재해

1 자연재해 발생 지역과 주민 생활

  1. 자연재해

    1) 의미 : 인간 생활에 피해를 주는 자연 현상

    2) 종류

      ① 기상 현상에 의한 재해 : 홍수, 가뭄, 태풍, 폭설 등

      ② 지각 변동에 의한 재해 : 지진, 지진해일(쓰나미), 화산활동 등

  2. 기상 현상에 의한 재해

    1) 홍수

      ① 의미 : 많은 비로 하천이나 호수의 물이 넘쳐 발생하는 재해

      ② 기능

        · 나쁜 기능 : 저지대의 가옥, 농경지 등이 물에 잠기는 등의 많은 피해 발생

        · 좋은 기능 : 가뭄 문제가 해결되며, 토양에 영양분을 공급하여 땅을 비옥하게 함

    2) 가뭄

      ① 의미 : 강수량이 부족하여 물 부족현상이 나타나는 재해

      ② 피해 : 각종 용수 부족, 농작물 생산량 감소, 난민 증가 등

    3) 열대 저기압

      ① 의미 : 적도 부근 해상에서 형성되어 중위도 지역으로 이동하면서 강한 바람과 많은 비를 동반함

      ② 명칭 : 태풍, 사이클론, 허리케인 등으로 발생하는 지역에 따라 명칭이 다름

      ③ 기능

        · 나쁜 기능 : 많은 비와 강한 바람으로 피해가 발생하며, 홍수 등의 자연재해가 발생

        · 좋은 기능 : 가뭄 및 더위를 식혀주며, 바닷물을 순환시켜 적조 현상을 완화시켜줌

3. 지각 변동에 의한 재해

1) 지진

① 의미 : 지구 내부 에너지가 지표면에 전달되면서 땅이 갈라지거나 흔들리는 현상

② 피해 : 각종 시설물 붕괴, 화재 발생, 산사태 등

2) 화산 활동

① 의미 : 지구 내부의 마그마가 지각의 약한 부분을 뚫고 지표로 분출되는 현상

② 피해 : 농경지와 각종 시설물에 피해, 화산재로 인한 기온 하강, 항공 교통 장애 등

3) 지진해일(쓰나미) : 지진과 화산 활동이 바다 밑에서 일어나면서 해수면이 급격히 상승하고 일시적으로 높은 파도와 함께 해안지역에 큰 피해를 주는 현상

2 인간 활동과 자연재해

1. 인간과 자연재해

1) 자연재해 특징

① 대부분의 자연재해는 인간의 힘으로 조절할 수 없음

② 자연재해의 피해는 인간의 활동으로 피해가 줄어들거나 늘어날 수도 있음

2) 인간의 활동과 자연재해 : 산업화와 도시화 등에 따른 인간 활동으로 생태계 파괴 및 자연재해 증가

3) 인간의 활동과 홍수와 사막화

① 홍수

· 도시화로 인한 녹지공간의 감소 및 포장 면적 증가는 빗물이 토양에 흡수되지 못하고 하천으로 빠르게 흘러들어 홍수 피해가 발생함

· 하천의 물길을 직선으로 바꾸어 하류 지역에 급격히 늘어난 물로 홍수 피해 발생함

② 사막화

· 원인 : 가뭄, 인간의 지나친 방목과 농경지 개발, 무분별한 삼림 벌채 등

· 대표 : 사헬 지대, 중국 내륙의 건조 기후, 아랄해 주변 등

2. 자연재해의 피해 줄이기

  1) 기상에 의한 재해 대책

    ① 홍수 및 가뭄

      · 다목적 댐, 저수지 등 저수 및 배수시설과 제방 시설 마련

      · 숲을 가꾸어 녹색 댐의 역할을 할 수 있게 함

    ② 열대 저기압

      · 발생 시기와 이동 경로 등을 예측 통보하고 때에 따라서는 대피도 시킴

      · 배수시설과 제방 시설을 정비

  2) 지각 변동에 의한 재해 대책

    ① 지진

      · 예보 체계 구축

      · 내진 설계 의무화

      · 대피 훈련 및 복구 체계 마련

    ② 화산 활동

      · 화산 폭발 예측 시스템 구축

      · 방호벽 설치 또는 인공 하천 조성

      · 대피 훈련 및 복구 체계 마련

자원을 둘러싼 경쟁과 갈등

1 자원의 의미와 자원 갈등

1. 자원의 의미와 특성

1) 자원의 의미 : 인간 생활에 유용하고, 기술적·경제적인 가치가 있는 것

2) 자원의 분류

① 의미에 따른 분류

· 좁은 의미의 자원 : 천연 자원

· 넓은 의미의 자원 : 천연 자원 + 인적 자원 + 문화적 자원

② 재생 가능성에 따른 분류

· 재생(순환) 가능 자원 : 태양열(광), 조력, 풍력, 지열 등

· 재생 불가능한(고갈자원) 자원 : 석유, 석탄, 천연가스 등

3) 자원의 특성

① 가변성 : 자원의 의미와 가치가 기술발달, 산업화, 사회·문화적 배경에 따라 변함

② 유한성 : 사용할 수 있는 자원의 매장량은 한정

③ 편재성 : 자원의 분포가 특정 지역에 집중

2. 자원의 분포

1) 에너지 자원

① 석탄 : 제철 공업, 화력 발전의 연료로 사용, 여러 지역에 비교적 골고루 매장

② 석유 : 수송용 연료, 석유화학 공업의 원료로 사용, 페르시아만 연안(서남아시아)에 집중 매장

③ 천연가스 : 냉동액화 기술과 수송 수단의 발달로 이용량 증가, 대기오염물질의 배출이 적음

2) 식량 자원

① 쌀 : 주로 아시아의 고온다습한 환경에서 생산 및 소비

② 밀 : 재배 지역이 넓고, 소비지역 또한 넓음

③ 옥수수 : 가축 사료와 바이오 에너지의 원료로 사용

3) 물 자원

① 특징 : 인간 생활에 필수적이며, 대체할 수 있는 자원이 없음

② 분포 : 적도 지방은 물 자원이 풍부하나 사막과 그 주변 지역은 부족함

3. 자원을 둘러싼 갈등

1) 갈등의 원인 : 자원의 편재성과 유한성, 자원의 소비량 증가 등

※ 자원 민족주의 : 자원을 보유한 국가들이 자원을 무기로 삼아 자국의 이익을 극대화
하고 국제 사회에서 영향력을 확대하려는 태도

2) 대표적 갈등

① 석유 자원 : 페르시아만 연안, 기니만 연안, 카스피해, 북극해 등

② 물 자원 : 국제 하천을 둘러싸고 상류와 하류 국가 간의 갈등이 일어남

③ 식량 자원 : 인구 증가에 따른 수요 증가, 식량 공급의 불균형 등

2 자원과 주민 생활

1. 자원 개발의 영향

1) 긍정적 : 자원을 이용한 산업 발달 및 자원 수출 ⇒ 일자리 증가, 생활 수준 향상

2) 부정적 : 환경파괴와 오염, 소유권을 둘러싼 갈등, 불평등한 소득 분배

2. 자원이 풍부해서 잘 사는 국가 : 사우디아라비아, 쿠웨이트, 미국, 캐나다 등

3. 자원이 풍부하지만 어려움을 겪는 국가 : 나이지리아, 시에라리온, 콩고민주공화국 등

4. 자원이 부족해도 잘 사는 국가 : 한국, 일본, 싱가포르 등

3 지속 가능한 자원 개발

1. 지속 가능한 자원(신재생 에너지)

1) 의미 : 친환경적이며, 고갈 가능성이 적은 재생 자원

2) 종류

① 태양광(열) 에너지 : 태양을 에너지원으로 전력을 생산함

② 조력 에너지 : 밀물과 썰물의 차를 이용하여 전력을 생산함

③ 풍력 에너지 : 강한 바람의 힘을 이용하여 전력을 생산함

④ 지열 에너지 : 지하의 열을 이용하여 전력을 생산함

⑤ 바이오 에너지 : 동·식물의 유기물을 분해하여 전력을 생산함

※ 우리나라의 사례

· 풍력 발전 : 대관령, 제주도 일대

· 조력 발전 : 경기도 시화호 조력 발전소

· 태양광 : 호남 및 경북 일대

2. 지속 가능한 자원의 특징

1) 장점

① 오염물질의 배출이 적어 환경 친화적임

② 재생이 가능하여 고갈되지 않음

③ 전 세계에 고른 분포

2) 단점

① 대량생산이 어렵고 화석 연료에 비해 경제성이 떨어짐

② 초기 개발 비용이 많이 발생함

③ 저장과 수송이 쉽지 않음

07 개인과 사회생활

1 사회화와 청소년기

1. 사회화

1) 의미 : 자신이 속한 사회에 필요한 지식, 가치, 행동 등을 학습해 나가는 과정

2) 사회화 기관

① 가정 : 1차적 사회화 기관이며 가장 기초적인 사회화 기관

② 또래집단 : 친구들과 놀이를 통해 규칙과 질서 등을 배우고 자신들만의 문화를 형성하여 소속감과 심리적 안정을 추구함

③ 학교 : 2차적 사회화 기관이며 지식, 기술, 규범 등을 공식적 · 체계적으로 배움

④ 대중매체 : 새로운 정보를 제공하며 현대 사회에서 큰 영향력을 행사함

⑤ 회사 : 업무에 필요한 지식 습득

3) 재사회화

① 의미 : 변화하는 환경에 적응하기 위해 새로운 지식과 생활양식 등을 학습하는 과정

② 사례 : 노인들의 컴퓨터 및 인터넷 교육 등

2. 청소년기와 자아정체성

1) 청소년기

① 의미 : 아동기와 성인기의 과도기적 시기로 신체적, 심리적으로 급격히 변화하는 시기

② 표현 : 질풍노도의 시기, 이유 없는 반항기, 심리적 이유기, 주변인 등

2) 자아정체성

① 의미 : "나는 누구인가?"라는 물음을 끊임없이 반복하며 답을 찾아가는 과정에서 다른 사람들과 구별되는 자신만의 독특한 모습

② 청소년과 자아 정체성

· 자아 정체성은 주로 청소년기에 형성됨

· 청소년기에 자아 정체성이 어떻게 형성되는지에 따라 개인의 삶에 큰 영향을 끼침

③ 올바른 자아 정체성 확립 : 자신을 소중히 여기고 삶의 목표를 탐구하려 노력해야 함

2 사회적 지위와 역할

1. 사회적 지위

1) 의미 : 개인이 사회적 관계 속에서 차지하는 위치

2) 종류

　① 귀속 지위 : 선천적으로 갖게 되는 지위

　　　　　　 예 아들, 딸, 왕, 노비 등

　② 성취 지위 : 개인의 능력이나 노력으로 얻어지는 지위

　　　　　　 예 의사, 검사, 아빠 등

2. 역할과 역할 갈등

1) 역할 : 지위에 따라 기대되는 행동 양식

　※ 역할의 수행 결과 : 칭찬(보상) 또는 비난(처벌)을 받을 수 있음

2) 역할 갈등 : 한 개인이 가지는 둘 이상의 지위에 따른 역할들이 충돌하는 것

3 사회 집단

1. 사회 집단 : 두 사람 이상이 소속감과 공동체 의식을 가지고 지속적인 상호작용을 하는 집단

　※ 집단의 유형 : 소속감, 접촉 방식, 결합의지 등으로 분류됨

2. 준거집단 : 자신의 행동이나 판단의 기준으로 삼고 있는 집단

3. 사회 집단에서의 차별과 갈등

1) 차이와 차별

　① 차이 : 서로 같지 않고 다른 것

　② 차별 : 차이를 이유로 특정 개인이나 집단을 부당하게 대우하는 것

2) 차별의 극복 방안 : 편견과 고정관념 극복, 법제도 마련 등

08 문화의 이해

1 문화의 의미와 특징

1. 문화의 의미

1) **좁은 의미** : 세련되고 교양 있는 것, 문학·예술 분야 등

2) **넓은 의미** : 인간이 환경에 적응하면서 만들어낸 공통의 생활양식

2. 문화의 속성

1) **학습성** : 문화는 후천적 학습에 의해 습득되는 것

2) **공유성** : 한 사회의 구성원이 공통적으로 가지는 생활양식

3) **축적성** : 상징체계 등을 이용해 다음 세대로 계승되고 축적됨

4) **변동성** : 문화는 고정 불변하는 것이 아니라 시간의 흐름에 따라 계속 변화함

5) **전체성** : 문화의 각 요소들은 상호 밀접한 관련을 맺으면서 전체를 이룸

2 문화를 이해하는 태도

1. 자문화 중심주의

1) **의미** : 자신의 문화가 가장 우수한 것이라고 생각하여, 다른 문화를 무시하는 태도

2) **사례** : 중화사상, 히틀러의 나치즘 등

2. 문화 사대주의

1) **의미** : 타 문화를 우수한 것으로 믿고 자신의 문화를 열등하다고 여기는 태도

2) **사례** : 조선시대 "한글은 천하고 한자는 귀하다", 1980년대 "밥솥은 일제가 최고야" 등

3. 문화 상대주의

1) **의미** : 문화를 그 사회가 처한 특수한 환경과 사회적 맥락 속에서 이해하는 태도

2) **주의점** : 보편적 가치를 무시하는 극단적 문화 상대주의는 인정하지 않음

3 대중 매체와 대중문화

1. 대중 매체

1) **의미** : 다수의 사람들에게 대량의 정보를 동시에 전달하는 수단

　　　📌 신문, 잡지, 라디오, 텔레비전, 인터넷 등

2) **유형**

	기존의 대중 매체	새로운 대중 매체(뉴미디어)
종류	신문, 잡지, 라디오, 텔레비전 등	인터넷, 스마트폰, 케이블 TV 등
특징	· 일방적 정보 전달 · 정보 생산자와 소비자의 명확한 구분	· 쌍방향 의사소통 · 정보 생산자와 소비자의 경계 모호

2. 대중문화

1) **의미** : 대중이 손쉽게 접하고 즐기며 누리는 문화

2) **형성 배경** : 보통선거 실시, 교육 기회의 확대, 대중매체의 발달, 대량 생산 및 소비 등

3) **특징** : 대중화, 상업성, 획일성

　※ 대중 문화의 부정적 기능 : 문화의 획일화, 상업성, 폭력성, 정치적 무관심 등

3. 대중문화를 바라보는 태도

1) **비판적 수용** : 대중문화를 있는 그대로 받아들이기보다는 비판적인 시각으로 바라보고 자신의 관점에서 해석 및 검토해 봐야 함

2) **적극적 참여** : 잘못된 정보를 바로잡을 수 있도록 적극적인 요구를 해야 함

3) **주체적 활용** : 미디어를 올바르게 활용하려는 자세를 지녀야 함

09 정치 생활과 민주주의

1 정치의 의미와 기능

1. 정치의 의미

1) 좁은 의미 : 정치 권력을 획득하고 행사하는 활동  정치인들의 활동

2) 넓은 의미 : 사회 구성원 간의 대립과 갈등을 조정하여 합의를 이루게 하는 과정

 학급회의, 주민회의 등

2. 정치의 기능

1) 사회 통합 및 질서유지 : 사회 구성원 간의 대립과 갈등을 조정하여 사회를 통합하고 사회 질서 유지

2) 사회 문제 해결 및 사회 발전 방향 제시 : 사회 문제의 해결책을 마련하고, 사회가 나아가야 할 방향을 제시하기도 하며, 개인의 더 큰 행복을 보장하는 공동체를 만들 수 있음

3) 시민의 다양한 요구를 충족 : 여론을 정책에 반영하여 제도를 개선함

2 민주 정치의 의미와 발전

1. 민주 정치의 의미

① 어원 : 민중(demos) + 지배(cratia) ⇒ 민중에 의한 지배(Democracy)

② 민주 정치의 의미

· 정치 형태 : 다수 시민이 주권을 가지고 나라를 다스리는 정치 형태

· 생활 양식 : 민주적 의사 결정 방식이 모든 생활 영역으로 확대

2. 민주 정치의 발전

1) 고대 아테네의 민주 정치

① 정치 모습

· 모든 시민은 민회에서 국가의 정책을 결정

· 공직자를 추첨이나 윤번으로 선출

    ② 특징

       · 제한된 민주 정치 : 시민권이 있는 성인 남성만 정치에 참여

       · 직접 민주 정치 : 모든 시민이 국가의 일을 직접 결정함

2) 근대 민주 정치

    ① 배경 : 시민혁명

    ② 특징

       · 제한된 민주 정치 : 상공 시민층에게 참정권 확대

       · 간접 민주 정치 : 시민이 선출한 대표가 의회에서 정책을 결정

3) 현대 민주 정치

    ① 배경 : 노동자, 농민, 여성 등이 참정권 및 선거권 확대를 얻기 위해 꾸준히 노력함

    ② 특징 : 보통 선거 제도를 실시하여 모든 사회 구성원들이 정치에 참여

3 민주주의의 이념과 민주 정치의 기본 원리

1. 민주주의의 이념

1) 근본 이념 : 인간의 존엄성 실현

2) 실현 방법 : 자유와 평등의 보장

    ① 자유 : 외부의 간섭 없이 자신의 의지에 따라 판단 및 행동하는 것

    ② 평등 : 성별, 인종, 재산 등에 따라 차별 받지 않고 동등하게 대우를 받는 것

2. 민주 정치의 기본 원리

1) 국민 주권의 원리

    ① 의미 : 국가의 의사를 결정하는 최고의 권력인 주권이 국민에게 있다는 원리

    ② 헌법 제 1조 1항 : 대한민국의 주권은 국민에게 있고, 모든 권력은 국민으로부터 나온다.

2) 국민 자치의 원리

    ① 의미 : 주권을 가진 국민이 스스로 다스려야 한다는 원칙

    ② 실현 방법 : 직접 민주 정치, 간접 민주 정치

3) 입헌주의 원리

　① 의미 : 국민의 기본권 보장과 정치 권력의 행사가 헌법에 의해 이루어져야 한다는 원리

　② 목적 : 국가 권력의 남용을 방지하여 국민의 자유와 권리를 보장하기 위함

4) 권력분립의 원리

　① 의미 : 국가의 기능을 분리하여 권력 기관 상호 간의 견제와 균형을 이루려는 원리

　② 목적 : 국가 기관 간 상호 견제와 균형을 통해 국가 권력의 남용을 방지하여 국민의 자유와 권리 보장

　※ 우리나라는 3권 분립 : 입법부, 사법부, 행정부

4 민주 정치와 정부 형태

1. 정부 형태의 구분

1) 대통령제 : 입법부와 행정부가 엄격히 분리되어 대통령을 중심으로 국정을 운영

2) 의원내각제 : 입법부와 행정부가 밀접한 관계를 맺고 총리를 중심으로 국정을 운영

2. 대통령제와 의원내각제 비교

1) 대통령제

　① 의미 : 대통령을 중심으로 국정을 운영하는 정부 형태

　② 대표 국가 : 미국, 대한민국 등

　③ 구성 : 국민이 선거를 통해 대통령과 국회의원을 뽑고, 대통령이 행정부를 구성

　④ 특징

　　· 대통령은 법률안 거부권을 통해 국회에서 의결한 법률을 거부할 수 있음

　　· 의회는 행정부를 불신임 할 수 없으며, 행정부는 의회를 해산할 수 없음

　　· 의회는 국정조사나 국정 감사, 탄핵소추권 등으로 행정부를 견제할 수 있음

2) 의원내각제

　① 의미 : 총리를 중심으로 국정을 운영하는 정부 형태

　② 대표 국가 : 영국, 일본 등

③ 구성 : 국민이 선거를 통해 국회의원을 뽑고, 의회 다수당의 대표가 총리가 되고 의원
　　들을 중심으로 내각을 구성

④ 특징
　　· 내각은 의회에 법률안을 제출하거나 의회를 해산할 수 있음
　　· 의회는 내각을 불신임 할 수 있음
　　· 의회의 의원은 내각의 장관을 겸할 수 있음

3. 우리나라의 정부 형태

1) 대통령제 : 기본 정치 형태

① 국민이 선출한 대통령이 행정부의 수반이 되어 국정을 운영함

② 대통령의 임기는 5년이며, 중임 불가

2) 의원내각제 요소 일부 도입

① 국무총리제도

② 행정부의 법률안 제출

③ 국회의원의 장관 겸직 가능

10 정치 과정과 시민 참여

1 정치 과정과 정치 주체

1. 정치 과정

1) **의미** : 사회 구성원 간의 다양한 이해관계가 표출되고 집약되어 갈등과 대립이 해결되고 사회가 통합에 이르는 과정

2) **과정(단계)**

다양한 이익 표출 ⇒ 이익 집약(여론 수렴) ⇒ 정책 결정 ⇒ 정책 집행 ⇒ 정책 평가

2. 정치 주체

1) **의미** : 정치 과정에 참여하는 다양한 개인이나 집단

2) **종류**

① 공식적 주체 : 국회, 법원, 정부 등의 국가 기관

② 비공식적 주체 : 개인, 정당, 이익 집단, 시민 단체, 언론 등

※ 비공식적 주체

　① 개인

　　· 선거에 직접 출마 혹은 선거(투표) 등을 통해 자신의 의사를 표현함

　　· 블로그, 언론 등에 자신의 주장을 알림

　② 정당

　　· 의미 : 정치적 견해를 같이하는 사람들이 만든 단체

　　· 목적 : 정권획득

　　· 역할 : 여론 형성 및 조직화, 정책안 마련, 선거에 후보자 추천 등

　　· 특징 : 정치적 책임이 있음

　③ 이익 단체

　　· 의미 : 이해관계를 같이 하는 사람들이 자신의 이익 실현을 목적으로 만든 단체

　　· 사례 : 의사협회, 약사협회, 노동조합 등

· 순기능

– 다양한 집단의 이해관계 대변

– 특정 분야의 전문적 지식을 바탕으로 사회문제에 대안 제시 및 해결책 제시 등

· 역기능 : 자기 집단의 이익만을 지나치게 강조할 경우 혼란을 가져올 수 있음

④ 시민단체

· 의미 : 공익 추구를 목적으로 시민들이 자발적으로 만든 단체

· 사례 : 그린피스, 국경 없는 의사회, 참여연대 등

· 순기능

– 시민의 정치 참여를 유도하고 여론을 형성함

– 국가 기관의 정책 결정 및 집행과정을 감시 및 비판함

– 사회문제 해결을 위한 대안을 제시함

· 역기능 : 지나치게 강조할 경우 혼란을 가져올 수 있음

⑤ 언론

· 의미 : 대중 매체를 통해 정보를 알리거나 여론을 형성함

· 특징 : 여론 형성에 중요한 역할을 함

· 역할 : 정책에 관한 정보들을 빠르게 전달함, 정책에 대한 감시 및 비판 등을 함

2 선거와 민주 정치

1. 선거

1) **의미** : 대표자를 선출하는 과정

2) **기능** : 대표자 선출, 정당성 부여, 대표자 통제, 여론 형성 및 주권행사 등

2. 공정한 선거를 위한 제도

1) **선거의 기본 원칙(4원칙)**

① 보통 선거 : 일정한 나이 이상의 국민이면 누구나 선거권을 주는 제도

② 평등 선거 : 모든 사람에게 투표의 가치를 동등하게 부여하는 제도

③ 직접 선거 : 대리인을 거치지 않고 본인이 직접 투표하는 제도

④ 비밀 선거 : 유권자가 어느 후보자에게 투표했는지 알 수 없게 하는 제도

2) **선거 공영제** : 국가 기관이 선거와 관련한 일을 관리하고, 국가나 지방 자치단체가 선거 비용의 일부를 부담하는 제도

3) **선거구 법정주의** : 공정선거를 위해 선거구를 법률로 정함(게리멘더링 방지)

4) **선거 관리 위원회** : 각종 공직 선거를 공정하게 관리하는 독립적인 기관

3 지방 자치와 시민 참여

1. 지방 자치 제도

1) **의미** : 지역 주민과 지역의 대표가 지역의 일을 스스로 결정하고 처리하는 제도

2) **표현** : 풀뿌리 민주주의, 민주주의의 학교

3) **시민의 참여 방법** : 공청회 참석, 청원, 주민 투표제, 주민 소환제, 주민 발안제 등

2. 지방 자치 단체의 구성

1) **구성** : 의결 기관인 지방 의회와 집행 기관인 지방 자치 단체장으로 구성됨

	의결 기관	집행 기관
	지방 의회	지방 자치 단체장
특징	·조례 제정 ·예산안 심의 · 의결	·규칙 제정 ·지방 자치 단체를 대표

2) **임기** : 4년

11 일상생활과 법

1 법의 의미와 목적

1. 사회규범

1) **의미** : 사회 구성원들이 사회생활에서 지켜야 하는 행동의 기준

2) **종류**

① 관습 : 한 사회에서 오랜 세월 동안 지켜 내려온 규범

② 종교 : 특정 종교에서 지켜야 하는 교리나 계율

③ 도덕 : 인간이 마땅히 지켜야 할 도리

④ 법 : 국가가 강제력을 가지고 지키도록 하는 규범

※ 법과 도덕의 비교

	도덕	법
목적	선의 실현	정의 실현
규율 대상	행위의 동기·과정	행위의 결과
특성	자율적	강제적
위반시	사회적 비난, 양심의 가책	국가의 처벌

2. 법의 역할 및 목적

1) **법의 역할**

① 사회 질서 유지 : 사회의 갈등과 혼란을 방지함

② 분쟁의 해결 : 분쟁이 발생했을 때 공정하고 객관적인 판단 기준을 제시함

③ 국민의 권리 보호 : 법은 개인의 권리를 정하고, 이를 침해하는 행위를 제재함

2) **법의 목적**

① 정의 실현 : 모든 사람에게 각자가 받아야 할 정당한 몫을 주는 것

② 공공복리의 증진 : 법은 개인이나 특정 집단의 이익이 아닌 공공복리를 추구함

2 법의 종류와 특징

1. 법의 분류

1) 사법(私法)

① 의미 : 개인 간의 사적인 생활 관계를 규율하는 법

② 종류 : 민법, 상법

2) 공법

① 의미 : 개인과 국가 간, 국가 기관 간의 공적인 생활관계를 규율하는 법

② 종류 : 헌법, 형법, 행정법, 소송법

3) 사회법

① 의미 : 사법(私法)의 영역인 개인 간의 관계에 국가가 개입한 법

② 목적 : 사회적 약자를 보호 및 인간다운 생활을 보장하기 위해

③ 종류 : 노동법, 경제법, 사회보장법

3 재판의 의미와 공정한 재판을 위한 제도

1. 재판의 의미와 종류

1) 재판의 의미 : 어떤 사건이 일어났을 때 법을 해석하고 옳고 그름을 판단하는 것

2) 재판의 기능 : 분쟁 해결, 사회 질서 유지, 국민의 권리 보호

3) 그 외 재판 : 선거 재판, 헌법 재판, 가사 재판, 행정 재판

4) 민사 재판과 형사 재판 비교

① 민사 재판

· 의미 : 개인 간의 분쟁 해결을 위한 재판

· 과정 : 원고의 소장 제출 ⇒ 원고와 피고의 증거 제출 및 변론 ⇒ 판사의 판결

· 참여자 : 원고, 피고, 판사, 변호인

② 형사 재판

· 의미 : 범죄의 유무와 처벌의 종류를 결정하는 재판

· 과정 : 검사의 공소 제기 ⇒ 검사 진술과 피고인 변론 ⇒ 판사의 판결

· 참여자 : 원고(검사), 피고인, 판사, 변호인

2. 공정한 재판을 위한 제도

1) 사법권의 독립

① 의미 : 사법권을 독립시켜 법에 근거한 재판이 이루어지도록 함

② 실현 방법 : 법원의 독립, 법관의 신분 보장

2) 심급 제도

① 의미 : 하급 법원의 판결에 이의가 있을시 상급 법원에 여러 번 재판을 받을 수 있도록 하는 제도

② 상소 : 상급 법원에 다시 재판을 청구하는 것

·항소 : 1심 판결에 불복하고 상급법원에 2심을 청구하는 것

·상고 : 2심 판결에 불복하고 상급법원에 3심을 청구하는 것

3) 공개 재판주의 : 재판의 심리와 판결을 공개해야 한다는 원칙

4) 증거 재판주의 : 법원은 구체적인 증거를 통해서만 진행되어야 한다는 원칙

12 사회 변동과 사회 문제

1 사회 변동과 양상

1. 사회 변동

1) **의미** : 사회 전반적으로 생활양식, 가치관, 제도 등이 크게 달라지는 현상

2) **변동 요인** : 교통과 통신의 발달, 과학 기술의 발달, 정부 정책, 발명과 발견 등

2. 변동 양상

1) **산업화**

① 의미 : 산업혁명으로 인해 농업 중심의 사회에서 공업 중심의 사회로 변화하는 현상

② 특징 : 대량 생산 ⇒ 물질적 풍요(대량 소비), 대중 교육 ⇒ 국민의 교육 수준 향상

③ 문제점 : 빈부격차 심화, 도시로 인구 집중, 환경오염 심화 등

2) **세계화**

① 의미 : 교통과 통신의 발달로 국경을 넘어 세계가 하나의 생활단위로 되어가는 현상

② 특징 : 국가 간 교류 증대로 상호 간 의존성이 높아짐, 민주주의 이념의 확산

③ 문제점 : 세계인의 생활양식이 비슷해짐, 국가 간 불평등 심화 등

3) **정보화**

① 의미 : 정보통신기술의 발달로 지식과 정보가 생활의 중심이 되어 사회가 변하는 현상

② 특징 : 시간·공간의 제약 약화, 새로운 인간관계 형성

③ 문제점 : 정보격차, 개인정보 유출 및 사생활 침해, 인터넷 중독 등

2 한국 사회 변동의 최근 경향

1. 경제적 변동

1) 1960년대 이후 정부주도의 산업화(선진국으로 가는 중)

2) 1990년대 이후 정보사회로 변화 중

2. 정치 사회적 변동 : 시민 중심의 민주주의 사회로 변화 중

3. 저출산

1) **배경** : 여성의 사회 진출 증가, 가치관의 변화, 양육비와 교육비의 증가 등

2) **문제점** : 인구 감소 및 노동력 부족, 노동 인구 고령화로 생산성 낮아짐

3) **대책** : 출산 휴가 및 육아 휴직 지원, 보육시설 확대 등 출산 장려 정책 실시

4. 고령화

    1) **의미** : 전체 인구에서 65세 이상의 인구가 차지하는 비중이 높아지는 현상

    2) **배경** : 출산율 감소, 평균 수명 연장, 의료 기술의 발달, 생활수준 향상 등

    3) **문제점** : 노년층의 증가로 복지 재정 적자, 노년층의 빈곤 등

    4) **대책** : 정년연장, 노인복지시설 확충, 사회 문제로 인식 등

5. 다문화

    1) **의미** : 한 사회 안에 다양한 문화적 배경을 가진 민족이나 인종이 공존하는 사회

    2) **배경** : 국제 결혼, 외국인 근로자의 유입, 유학 등

    3) **기능**

        ① 긍정적 : 다양한 문화의 유입으로 문화 발전, 국내의 노동력 부족 문제 해결 등

        ② 부정적 : 문화 차이로 인한 갈등, 이주민에 대한 편견 및 차별 등

    4) **해결 방안** : 다문화 교육 실시, 문화의 차이 인정, 제도 마련 등

3 현대 사회의 사회 문제

1. 사회 문제

    1) **의미** : 사회 구성원 대다수가 문제라고 여기는 현상

    2) **사례** : 주택 문제, 교통 문제, 환경 문제, 노동 문제 등

    3) **특징**

        ① 발생 원인이 사회에 있으며, 인간의 노력으로 해결 가능한 것

        ② 어느 사회에서나 존재하며, 시대나 장소에 따라 다름

2. 사회 문제의 해결 방안

    1) **개인적 차원** : 사회 문제에 관심을 갖고 의식 개선과 실천(참여)을 해야 함

    2) **제도적 차원** : 법적 제도나 정책 등을 마련함

    3) **국제적 차원** : 국가 간 협력을 확대 및 강화 ⑩ 지구 온난화, 오존층 파괴 등

중학교 졸업자격 검정고시

사회

SOCIAL STUDIES

01 인권과 헌법

1 인권과 기본권

1. 인권

　1) **의미** : 인간이기 때문에 누구나 존중 받아야 할 권리

　2) **특성** : 천부인권, 자연권, 보편권, 항구권

2. 인권보장과 헌법

　1) **근대 이전 사회** : 왕이나 소수의 지배층만이 특권을 누림

　2) **시민혁명 이후**

　　① 인권보장에 관한 문서들 등장, 자유권 중심의 인권 보장을 강조

　　② 인간다운 삶을 보장하는 사회권 중심의 인권 보장으로 점차 확대됨

3. 헌법과 기본권

　1) **기본권** : 인권 중에서 헌법에 규정하여 보장하는 기본적인 권리

　2) **헌법에 보장된 기본권의 종류와 내용**

　　① 자유권 : 부당하게 국가 권력의 간섭을 받지 않고 자유롭게 생활할 수 있는 권리

　　② 평등권 : 성별, 종교, 인종과 같은 조건에 의해 차별 받지 않을 권리

　　③ 참정권 : 국가 기관의 형성과 국가의 정치적 의사 형성 과정에 참여할 수 있는 권리

　　④ 청구권 : 국민이 국가에 대하여 일정한 청구를 할 수 있는 권리

　　⑤ 사회권 : 인간다운 생활을 위해 국민이 국가에 요구할 수 있는 권리

　3) **기본권의 제한**

　　① 사유 : 국가 안전보장, 질서유지, 공공복리

　　② 방법 : 법률

　　③ 한계 : 자유와 권리의 본질적 내용은 침해할 수 없음

2 인권 침해와 그 구제 방법

1. 일상생활 속에서 나타나는 인권 침해

1) **의미** : 개인이나 단체, 국가 기관이 다른 사람의 인권을 침범하여 해를 입히는 행위

2) **대표적 침해** : 외모, 성별, 출신학교 등으로 따돌림 및 차별 등

2. 인권 구제

1) **개인이나 단체에 의한 침해** : 고소, 민사소송, 국가인권위원회에 진정 등

2) **국가 기관에 의한 침해** : 행정소송, 헌법소원, 고충민원, 국가인권위원회에 진정 등

3 노동권의 내용과 그 보호

1. 근로자의 의미와 권리

1) **근로자의 의미** : 임금을 목적으로 사용자에게 노동을 제공하는 사람

2) **근로자의 권리**

① 의미 : 최저 임금과 같이 인간다운 생활의 보장을 요구할 수 있는 권리

② 보호 : 헌법과 법률

③ 노동 3권

· 단결권 : 근로자가 노동조합을 만들고 가입하여 활동할 수 있는 권리

· 단체 교섭권 : 노동조합을 통해 근로 조건에 관하여 사용자와 협상할 수 있는 권리

· 단체 행동권 : 단체 교섭이 원만하게 이루어지지 않을 경우 쟁의 행위를 할 수 있는 권리

2. 노동권의 침해와 구제

1) **노동권 침해 유형** : 임금체불 및 최저 임금 미준수, 근로 계약서 미작성, 근로조건 위반, 부당해고, 부당 노동 행위 등

2) **침해 구제**

① 임금 체불 ⇒ 고용노동부, 법원

② 부당 해고 및 부당 노동 행위 ⇒ 노동 위원회, 법원

02 헌법과 국가 기관

1 국회

1. 국회의 의미와 조직 구성

1) 의미 : 국민이 선출한 국회의원들이 모여 법을 제정 혹은 개정하며, 국가의 주요 의사를 결정하는 기관

2) 조직 구성

① 구성

· 지역구 국회의원 : 각 지역구의 최고 득표자가 선출됨

· 비례대표 국회의원 : 각 정당별 득표율에 비례하여 선출됨

② 임기 : 4년(중임 가능)

③ 주요 조직

· 상임 위원회 : 효율적인 의사 진행을 위해 본 회의에서 결정할 법률안, 예산안, 청원 등을 분야별로 미리 심의함

· 본 회의 : 상임위원회에서 심의한 법률안, 예산안, 청원 등을 최종적으로 결정함

2. 국회의 권한

1) 입법에 관한 권한 : 법률의 제정 및 개정, 헌법 개정안 제안 및 의결, 조약에 대한 동의권 등

2) 재정에 관한 권한 : 예산안 심의 · 확정, 결산 심사권 등

3) 국가 권력 견제 권한 : 국정 감사 및 국정조사, 고위공무원 등의 임명 동의권(국무총리, 대법원장 등), 탄핵 소추권

2 행정부와 대통령

1. 행정부

1) 행정부

① 의미 : 행정(권)을 담당하는 국가 기관 ⇒ 헌법에 대통령을 수반으로 하는 행정부에 행정권을 부여

② 특징 : 현대 국가는 복지국가를 추구 ⇒ 행정부의 역할이 커지고 전문성도 높아짐

2) 행정부의 조직과 기능

① 대통령
- 행정부의 최고 책임자, 국가원수
- 임기 : 5년 단임제(국민의 직접 선거로 선출)

② 국무총리
- 대통령의 국정 운영을 보좌함
- 행정 각 부를 지휘 · 조정함
- 국회의 동의를 얻어 대통령이 임명

③ 행정 각부
- 각부의 장(장관)은 자신이 맡은 부서의 업무를 지휘하며, 행정 사무를 처리함
- 국가 행정을 나누어 맡아 실제 행정 업무를 처리함
- 대통령이 임명

④ 국무회의
- 행정부의 중요한 정책을 심의하는 회의(행정부의 최고 심의기관)
- 구성원 : 대통령, 국무총리, 행정 각 부의 장관

⑤ 감사원
- 대통령 직속기관
- 행정부의 최고 감사 기관

2. 대통령의 선출과 권한

1) 대통령의 선출과 임기
① 선출 : 국민의 직접 선거로 선출
② 임기 : 5년 단임제

2) 대통령의 권한
① 행정부 수반으로서의 권한
- 의미 : 행정 작용에 대한 최종 권한과 책임
- 권한 : 행정부를 지휘 · 감독, 국무회의 의장, 행정각부의 장 등 해임 · 임명

② 국가 원수로서의 권한

· 의미 : 국가의 최고 지도자

· 권한 : 외교에 관한 권한, 국정 조정 및 국민 투표 실시

3 법원과 헌법재판소

1. 법원

1) **의미** : 법을 해석 · 적용하여 분쟁을 해결하는 국가 작용

2) **법원의 조직**

① 대법원 : 국가 최고 법원, 모든 사건의 최종 재판을 담당

② 고등법원 : 1심 판결에 불복해 항소한 사건을 재판

③ 지방법원 : 1심 사건을 재판

④ 기타 법원 : 가정 법원, 행정 법원, 특허 법원 등

※ 심급제도 : 하급법원의 판결에 볼복시 상급 법원에 다시 재판을 청구하는 제도

3) **사법부의 독립**

① 목적 : 공정한 재판을 통해 국민의 권리를 보장

② 내용 : 법원의 독립, 법관의 독립

2. 헌법재판소

1) **의미** : 헌법 수호기관이자 국가권력을 통제하며, 국민의 기본권을 보장하는 기관

2) **구성 및 임기**

① 구성

· 9명의 재판관으로 구성, 대통령이 임명(대법원장 · 국회 · 대통령이 각 3명씩 지명)

· 헌법재판소장은 국회의 동의를 얻고 헌법재판소 재판관 중에서 대통령이 임명

② 임기 : 6년(연임 가능)

3) **역할** : 위헌 법률 심판, 헌법 소원 심판, 정당 해산 심판, 탄핵 심판, 권한 쟁의 심판

03 경제생활과 선택

1 경제생활과 경제 체제

1. 경제활동의 의미와 경제 주체

1) 경제활동

· 의미 : 인간에게 필요한 재화와 서비스를 생산, 분배, 소비를 하는 모든 활동

※ 재화와 서비스

· 재화 : 인간의 욕구와 필요를 충족해주는 유형의 물건 예 자동차, 집, 가방 등

· 서비스 : 인간의 욕구와 필요를 충족해주는 무형의 행위

예 의사의 진료, 가수의 공연 등

2) 경제 주체

① 가계

· 소비의 주체

· 생산 요소인 토지, 노동, 자본을 제공하고 소득을 얻음

② 기업

· 생산의 주체

· 목적 : 이윤 추구

· 생산요소의 대가로 임금, 지대, 이자를 지불함

③ 정부

· 경제활동의 전체를 관리 감독

· 생산과 소비의 주체, 세금을 바탕으로 공공재를 생산

2. 자원의 희소성과 합리적 선택

1) 자원의 희소성

① 의미 : 인간의 욕구는 무한하지만, 이를 만족시켜줄 자원이 상대적으로 부족한 현상

② 특징 : 자원의 희소성은 상대적 개념

핵/심/총/정/리

2) 기회비용과 합리적 선택

① 기회비용 : 어떤 것을 선택함으로써 포기해야 하는 다른 선택 중 가장 큰 것

② 비용과 편익

· 비용 : 어떤 것을 선택함으로써 지불해야 하는 대가

· 편익 : 어떤 것을 선택함으로써 얻게 되는 이익이나 만족감

③ 합리적 선택 : 최소 비용의 최대 편익, 기회비용보다 편익이 더 큰 것을 선택함

2 기업의 역할과 사회적 책임

1. 기업의 역할

1) 기업의 의미와 목적

① 의미 : 생산 활동을 담당하는 경제활동의 주체

② 목적 : 이윤 추구

2) 기업의 역할 : 생산활동, 고용 창출과 소득 제공, 세금 납부 ⇒ 국가 재정에 기여

2. 기업의 사회적 책임과 기업가 정신

1) 기업의 사회적 책임

① 의미 : 오늘날 기업이 국가 경제에 차지하는 비중과 영향력이 커짐

② 기업의 사회적 책임들 : 안전한 제품 생산, 근로자의 권리 보호, 공정한 경쟁 및 공정 거래, 환경보호, 적극적 기부 활동 등

2) 기업가 정신

① 의미 : 혁신과 창의성을 바탕으로 이윤을 얻기 위해 위험을 무릅쓰고 도전하는 자세

② 내용

· 불확실한 미래를 예측하는 통찰력과 새로운 것에 도전하는 혁신 정신

· 남과 다른 생각을 하는 창의성

· 위험을 극복하는 인내심과 소신

3 금융생활의 중요성

1. 생애 주기에 따른 경제생활

  1) **생애 주기 의미** : 시간의 흐름에 따라 개인의 삶이 어떻게 변하는지를 단계별로 나타낸 것

  2) **생애 주기 단계**

    ① 아동기 : 주로 부모의 소득에 의존, 지식과 규범을 학습함

    ② 청년기 : 취업으로 소득이 발생하고, 결혼과 자녀 출산 등을 준비함

    ③ 중 · 장년기 : 소득이 크게 늘지만 자녀양육, 주택구입 등으로 지출 또한 증가

    ④ 노년기 : 은퇴로 소득이 줄거나 없어지며, 의료비가 증가

2. 자산관리의 의미와 합리적 자산관리

  1) **자산관리 의미** : 개인의 소비생활은 평생이지만 소득의 발생 기간은 한정되어있음

    ※ 방법 : 예금, 주식, 채권, 부동산 등

  2) **자산관리의 기본 원칙**

    ① 안전성 : 투자한 원금을 잃지 않고 보장되는 정도

    ② 수익성 : 투자를 통해 이익을 얻을 수 있는 정도

    ③ 유동성 : 필요할 때 쉽게 현금으로 바꿀 수 있는 정도

  3) **합리적 자산관리**

    ① 저축이나 투자의 목적과 기간에 따라 안전성, 수익성, 유동성을 고려

    ② 분산 투자(포트폴리오)를 통해 자산을 운영

    ③ 소득에 맞게 소비생활을 하고 계획적인 지출을 할 것

3. 신용 관리

  1) **신용의 의미** : 미래의 일정 시점에 지불할 것을 약속하고 상품이나 돈을 빌릴 수 있는 능력

  2) **신용 관리의 중요성** : 현대 사회는 신용 사용이 일상화되고 있으므로 원활한 경제 생활을 위해 신용 관리가 중요함

04 시장경제와 가격

1 시장의 의미와 종류

1. 시장의 의미 : 재화나 서비스를 사려는 사람과 팔려는 사람이 모여 거래하는 곳

2. 시장의 종류

1) 거래 형태

① 눈에 보이는 시장 : 구체적인 장소에 시설을 갖추고 상품이 거래되는 모습이 눈에 보이는 시장

예 대형 마트, 전통재래 시장, 백화점 등

② 눈에 보이지 않는 시장 : 구체적인 장소가 드러나지 않고 상품이 거래되는 모습 또한 눈에 보이지 않는 시장

예 주식시장, 외환시장, 전자상거래 등

2) 거래하는 상품의 종류

① 생산물 시장 : 재화나 서비스가 거래되는 시장

예 대형마트, 전통재래 시장, 백화점

② 생산 요소 시장 : 생산요소인 토지, 노동, 자본 등이 거래되는 시장

예 부동산 시장, 노동 시장, 주식시장 등

3) **새로운 형태의 시장 등장** : 정보 통신과 인터넷 등의 발달로 시간과 장소에 제약이 없는 새로운 시장이 나타남

예 인터넷 시장, 해외 상품 구매대행 시장 등

2 시장 가격의 결정

1. 수요

1) **수요의 의미** : 어떤 상품을 사고자하는 욕구

2) **수요량과 수요법칙**

① 수요량 : 일정한 가격에 수요자가 상품을 사고자 하는 상품의 양

② 수요법칙 : 가격이 오르면 수요는 감소하고, 가격이 내리면 수요는 증가하는 것

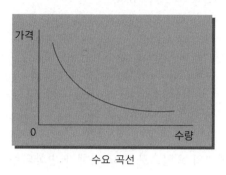

수요 곡선

2. 공급

1) 공급의 의미 : 어떤 상품을 팔고자하는 욕구

2) 공급량과 공급법칙

① 공급량 : 일정한 가격에 공급자가 상품을 팔고자 하는 상품의 양

② 공급법칙 : 가격이 오르면 공급은 증가하고, 가격이 내리면 공급은 감소하는 것

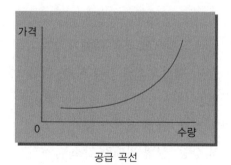

공급 곡선

3. 시장 가격과 균형 거래량

1) 시장 가격(균형 가격) : 수요량과 공급량이 일치하는 지점에서 형성

2) 균형 거래량 : 균형 가격에서 거래되는 수량

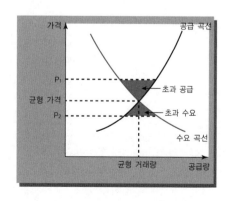

3) **초과 수요** : 수요량 > 공급량 ⇒ 가격 상승

4) **초과 공급** : 수요량 < 공급량 ⇒ 가격 하락

❸ 시장 가격의 변동

1. 수요 변화에 따른 가격 변동(공급은 일정)

1) **수요의 변화**

① 의미 : 상품 가격 이외의 요인으로 수요 자체가 변화되는 것

② 요인 : 소득 증가, 인구 증가, 대체재 가격의 상승 등

2) **수요 변화에 따른 가격 변동**

① 수요 증가 : 균형 가격 상승, 균형 거래량 증가

② 수요 감소 : 균형 가격 하락, 균형 거래량 감소

2. 공급 변화에 따른 가격 변동(수요는 일정)

1) **공급의 변화**

① 의미 : 상품 가격 이외의 요인으로 공급 자체가 변화되는 것

② 요인 : 공급자 수의 증가, 생산요소의 가격 하락, 생산기술 발달 등

2) **공급 변화에 따른 가격 변동**

① 공급 증가 : 균형 가격 하락, 균형 거래량 증가

② 공급 감소 : 균형 가격 상승, 균형 거래량 감소

05 국민경제와 국제거래

1 국내 총생산과 경제성장

1. 국내 총생산의 의미와 유용성

1) 국내 총생산(GDP)의 의미

① 의미 : 일정 기간 동안 한 나라 안에서 새로이 생산된 최종 생산물의 시장 가격의 합

② 유용성 : 한 나라의 생산 규모나 국민 전체의 소득을 파악하기가 유용함

2) 1인당 국내 총생산

① 의미 : 국내 총생산을 그 나라 인구수로 나눈 것

② 유용성 : 국가 간 국민들의 경제 수준을 비교

2. 국내 총생산의 한계

1) 국내 총생산의 한계

① 시장에서 거래되는 재화나 서비스만 포함 : 자급자족, 봉사활동, 가사활동 등 시장에서 거래되지 않는 것은 제외

② 삶의 질을 파악하기 어려움 : 국민의 삶의 질 수준을 완벽히 파악하기 힘듦

③ 빈부 격차의 정도를 알기 어려움

3. 경제 성장의 의미와 영향

1) 경제 성장의 의미 : 국내 총 생산량이 증가하는 것

2) 경제 성장률 : 실질 국내 총 생산의 증가율

3) 경제 성장의 영향

① 긍정적 영향 : 일자리 증가, 물질적 풍요, 높은 교육과 의료, 삶의 질 향상 등

② 부정적 영향 : 자원의 고갈 및 환경오염, 빈부격차 심화 등

4) 경제 성장을 위한 노력

① 가계 : 합리적 소비와 저축, 근로자는 지식 및 기술 습득 노력

② 기업 : 시설 및 연구 개발, 기술 향상, 근로자에 대한 교육

③ 정부 : 합리적 제도 마련 및 지원

5. 국민경제와 국제거래 **319**

2 물가와 실업

1. 물가와 물가 지수

1) **물가** : 시장에서 거래되는 상품과 서비스의 가격을 종합하여 평균한 것

2) **물가 지수** : 물가가 얼마나 오르고 내렸는지를 측정하기 위해 수치로 나타낸 것

2. 인플레이션

1) **의미** : 물가가 지속적으로 오르는 현상

2) **원인** : 총수요의 증가, 생산비 상승, 통화량 증가 등

3) **영향**

① 소득의 불공정한 분배

· 유리한 사람 : 실물 자산가, 채무자, 수입업자 등

· 불리한 사람 : 금융자산가, 채권자, 수출업자 등

② 구매력 감소 : 상품 구매력 감소 ⇒ 생활수준 하락

③ 무역 불균형 발생 : 수출 가격 상승 ⇒ 수출 감소, 수입 증가

3. 물가 안정을 위한 노력

1) **가계** : 지나친 임금 인상 자제, 합리적 소비, 과소비 억제

2) **기업** : 효율적 경영, 생산성 향상

3) **국가**

· 정부 : 재정 지출을 줄이고 세율을 인상

· 중앙은행 : 이자율을 높여 시중에 유통되는 통화를 줄임

4. 실업

1) **의미** : 일할 의사와 능력이 있지만 일자리를 구하지 못한 상태

2) **실업자에 포함되지 않는 사람** : 어린이, 학생, 전업주부, 구직 포기자 등

3) 실업의 종류와 대책

구분	종류	원인	대책
자발적	마찰적 실업	더 나은 직장을 구하기 위해 일시적으로 그만두는 경우	취업 정보 제공
비자발적	경기적 실업	경기 침체로 기업이 고용을 줄이는 경우	정부의 경기 활성화 정책
	구조적 실업	산업 구조의 변화로 일자리가 사라지는 경우	기술 교육 실시
	계절적 실업	계절의 영향으로 일자리가 줄어드는 경우	공공 사업 실시

4) 실업의 영향

① 개인적 측면 : 소득 감소로 인한 경제적 고통, 자아 존중감 상실과 같은 정신적 고통 등

② 사회적 측면 : 소비 감소 ⇒ 경기 침체, 인적낭비, 가족 해체, 생계형 범죄 증가, 빈곤층의 확대 등

5) 고용 안정을 위한 노력

① 근로자 : 끊임없는 자기 개발

② 기업 : 신기술과 제품 개발, 새로운 시장 개척, 고용의 안정(정규직화) 등

③ 정부 : 실업자를 위한 복지 정책 실시, 직업 훈련 프로그램 마련, 기업의 고용확대를 위한 사업 환경 개선 등

3 국제 경제의 이해

1. 국제 거래의 이해

1) 국제 거래의 의미와 원리

① 국제 거래의 의미 : 국가 간에 상품, 원료, 기술, 자본, 노동 등이 거래되는 것

② 국제 거래의 발생 원인 : 국가마다 생산비의 차이가 발생

③ 국제 거래의 원리 : 절대우위와 비교우위에 따라 교역

2) **국제 거래의 특징** : 관세 부과, 무역장벽, 가격 차이 발생

3) **국제 거래의 확대** : 세계화, 교통과 통신의 발달, 세계 무역 기구(WTO) 출범으로 자유 무역 확산, 자유 무역 협정(FTA) 체결, 지역 경제 협력체 구성 등

2. 환율

1) **의미** : 자국 화폐와 외국 화폐의 교환 비율(예 : 1,200/달러)

2) **변동**

① 환율 상승 : 외환에 대한 수요 증가 ⇒ 원화의 가치 하락

② 환율 하락 : 외환에 대한 공급 증가 ⇒ 원화의 가치 상승

3) **변동의 영향**

	환율 상승	환율 하락
표현의 예	(1$=1,000원 ⇒ 1$=1,200원)	(1$=1,000원 ⇒ 1$=800원)
원화의 가치	원화의 가치 하락	원화의 가치 상승
영향	수출 증가, 수입 감소	수출 감소, 수입 증가
	물가 상승	물가 하락
	외국인의 국내 여행 증가	외국인의 국내 여행 감소
	해외 관광 및 유학 감소	해외 관광 및 유학 증가
	외채상환에 대한 부담 증가	외채상환에 대한 부담 감소

핵·심·총·정·리

06 국제 사회와 국제 정치

1 국제 사회의 이해

1. 국제 사회의 의미와 특징

1) **의미** : 여러 나라가 서로 교류하고 의존하면서 공존하는 사회

2) **특성**

① 중앙 정부의 부재 : 국가 간 분쟁이 발생할 경우 이를 조정해줄 중앙 정부가 없음

② 힘의 논리 작용 : 원칙적으로 각국은 평등하지만 실제로는 강대국의 영향력이 큼

③ 자국의 이익 최우선 추구 : 자국의 이익을 위해서는 다른 나라와 협력 또는 단절을 함

④ 국제 협력 : 국제 사회의 문제들을 해결하기 위해 국가 간 협력과 공동의 이익 추구

2. 사회의 행위 주체들

1) **국가**

① 국제 사회의 대표적인 행위 주체

② 자국의 이익 추구와 자국민 보호를 위한 외교 활동, 여러 국제기구에 가입하여 활동

2) **국제기구**

① 정부 간 국제기구 : 각 나라의 정부가 회원국으로 하는 국제기구

예) 국제연합(UN), 유럽연합(EU), 세계 무역 기구(WTO) 등

② 국제 비정부 기구 : 국경을 초월하여 활동하는 민간단체를 회원으로 하는 국제기구

예) 국경 없는 의사회, 그린피스, 국제 적십자사 등

3) **다국적 기업**

· 의미 : 국경을 넘어 세계 여러 나라에 진출하여 생산과 판매를 하는 기업

· 특징 : 세계화에 따라 규모가 확대되고 있으며 국제 사회에 많은 영향을 끼침

예) 코카콜라, 삼성, LG 등

4) **영향력이 강한 개인**

예) 교황, 국제연합(UN) 사무총장 등

2 **국제 사회의 갈등과 협력**

1. **국제 사회의 갈등**

   1) **원인** : 자국의 이익 추구를 우선시함

   2) **사례**

   ① 자원 관련 : 석유와 같은 지하자원, 국제하천의 이용 분쟁 등

   ② 종교 관련 : 카슈미르 지역, 예루살렘 지역 등과 같은 분쟁

   ③ 환경 관련 : 온실가스, 오존층 파괴 등과 같은 분쟁

   ④ 영유권 관련 : 시사군도, 난사군도, 센카쿠 열도, 쿠릴 열도 등

2. **국제 사회의 협력과 공존을 위한 노력들**

   1) 당사국 간의 대화와 양보 등을 통한 평화적 해결

   2) **외교** : 자국의 이익을 위해 한 국가가 국제 사회에서 하는 모든 외적 활동

   3) 국제 사회의 분쟁을 해결하기 위해서는 국제법 · 국제기구를 활용함

3 **우리나라와 주변국의 갈등 문제**

1. **주변국과의 갈등**

   1) **우리나라와 일본과의 갈등** : 독도 영유권, 위안부 관련, 역사 왜곡 문제 등

   2) **우리나라와 중국과의 갈등** : 동북공정, 영유권 문제(간도, 이어도 주변), 황사 등

   3) **다른 국가와의 갈등** : 문화재 반환, 환경 등

2. **갈등 해결을 위한 노력**

   1) **정부의 노력** : 항의, 외교정책, 국내외에 홍보 및 교육 등

   2) **시민 사회의 노력** : 민간 전문가나 시민 단체 등을 활용하여 다양한 홍보와 교육 등

07 인구 변화와 인구 문제

1 인구 분포

1. 불균등한 인구 분포

1) 세계의 인구 분포

① 기후가 온화한 북위 20°~40° 지역, 평야지대, 해안지역에 많은 인구가 거주

② 아시아 및 유럽지역에 인구가 많이 거주하고 오세아니아는 인구가 적게 거주

2) 인구 분포에 미치는 요인

① 자연적 요인 : 지형, 기후, 강수량 등

· 인구 밀집 : 온화한 기후, 하천지역, 평야지대 등 농업에 유리한 지역

· 인구 희박 : 건조지역, 한대기후, 산악 지대 등

② 인문·사회적 요인 : 경제, 산업, 교통, 문화 등

· 인구 밀집 : 일자리가 많고 편리한 교통 및 문화시설 등이 잘 갖춰진 지역 등

· 인구 희박 : 일자리가 부족하며 교통이 불편한 지역, 치안이 불안한 지역 등

2. 우리나라의 인구 분포

1) 산업화 이전(1960년대 이전) : 평야가 발달한 남서부 지역에 인구 집중

2) 산업화 이후 : 수도권과 대도시, 남동임해 공업지역에 인구 집중

2 인구 이동

1. 인구 이동

1) 의미 : 사람들이 한 장소에서 다른 장소로 옮겨가는 것

2) 이동 요인

① 흡입 요인(유입 요인) : 많은 일자리, 온화한 기후, 높은 인프라 시설 등

② 배출 요인(유출 요인) : 일자리 부족, 치안 불안, 자연재해 등

2. 다양한 인구 이동

1) 국제 이동

① 원인 : 과거에는 정치적 · 강제적 · 종교적 이동이 컸음 ⇒ 오늘날 경제적 이동의 비중이 큼

② 유형 : 강제적 이동, 경제적 이동, 정치적 이동, 종교적 이동

2) 국내 이동

① 개발도상국 : 이촌향도 현상

② 선진국 : 역도시화 현상

3. 우리나라의 인구 이동

1) **일제 강점기** : 중국이나 연해주 지역으로 이동

2) **광복 후** : 국외로 나갔던 해외 동포의 귀국

3) **6 · 25 전쟁** : 북한 주민의 피난 등으로 남쪽으로 인구 이동

4) **1960년대 이후** : 산업화가 진행되어 이촌향도 현상이 발생 ⇒ 수도권, 대도시, 남동 임해 공업지역으로 이동

5) **1990년대 이후** : 역도시화 현상으로 도시 근교나 촌락으로 이동

3 인구 문제

1. 세계의 인구 급증

1) **산업 혁명 이전** : 출산율도 높지만 사망률이 높아 인구 증가 속도가 완만함

2) **산업 혁명 이후** : 생활수준 향상, 의학 발달로 사망률이 낮음 ⇒ 인구 급증

3) **지역별 인구 급증 시기**

① 선진국 : 산업혁명 이후

② 개발 도상국 : 제2차 세계 대전 이후

2. 지역별 인구 문제

1) 개발 도상국의 인구 문제

① 인구의 폭발적 증가 : 제2차 세계 대전 이후 인구 급증

② 성비 불균형 : 남아 선호 사상의 영향

③ 해결 방안 : 가족계획 사업 실시, 인구 부양력을 높이기 위한 경제 성장 등

2) 선진국의 인구 문제

① 저출산

· 원인 : 여성의 사회진출 증가, 가치관의 변화, 만혼 등 ⇒ 출산율 감소

· 문제점 : 인구의 감소 및 노동력 부족, 복지 예산 증가로 정부의 재정 부담 증가 등

· 해결책 : 출산 휴가 및 육아 휴직 지원, 보육 시설 확대 등 출산 장려 정책 실시

② 고령화

· 원인 : 경제 성장과 의학 발달로 인해 평균수명 연장으로 노인의 인구 증가

· 문제점 : 노년층의 증가로 복지 재정 적자, 노년층의 빈곤 등

· 해결 방안 : 노인 복지 시설 확충, 정년 연장, 사회보장제도 정비 및 확충 등

3. 우리나라의 인구 문제

1) 대표 : 저출산, 고령화

2) 해결책

① 저출산 : 출산 휴가 및 육아 휴직 지원, 보육 시설 확대 등 출산 장려 정책 실시

② 고령화 : 노인 복지 시설 확충, 정년 연장, 사회보장제도 정비 및 확충 등

08 사람이 만든 삶터, 도시

1 도시의 위치와 특징

1. 도시의 의미와 특징

1) 도시의 의미 : 많은 사람들이 모여 살고, 일정한 지역에 정치 · 경제 · 문화 등의 중심지 역할을 하는 곳

2) 도시의 특징 : 높은 인구 밀도, 2차 · 3차 산업 중심, 인문 환경에 많은 영향을 받음

2 도시 내부의 경관

1. 내부 경관

구분	특징
도심	· 중심 업무 지구(CBD) 형성 – 중추 관리 기능 · 주요 관공서, 본사, 본점, 백화점(고급상가) 등의 집중 · 접근성 · 지대 · 지가 최고, 건물의 고층화, 교통 혼잡, 열섬현상 발생 · 인구 공동화 현상
부도심	· 도심의 기능 분담 · 교통의 요지에 형성
주변 지역 (외곽 지역)	· 주택, 학교, 공장 입지
개발 제한 구역 (그린벨트)	· 도시의 무질서한 팽창 방지 · 도시의 녹지 공간 확보를 위해 설정
위성도시	· 도시의 기능 분담 · 대표 : 안산, 의정부, 일산, 분당 등

3 도시화와 도시 문제

1. 도시화

1) 도시화 의미 : 도시의 수가 증가하거나 도시에 거주하는 인구 비율이 높고, 도시적 생활 양식이 확대되는 현상

2) 도시화 과정

초기 단계	· 대부분의 인구가 농업에 종사 · 도시화율이 낮음
가속화 단계	· 산업화로 도시에 2차~3차 산업이 발달 · 인구의 도시 집중이 이루어지는 이촌향도 현상 발생 · 도시화율이 급격히 상승하면서 각종 도시 문제가 발생함
종착 단계	· 인구의 대부분이 도시에 거주 · 역도시화 현상이 나타남

▲ 도시화 단계

3) 선진국과 개발도상국의 도시화

① 선진국 : 18세기 산업 혁명 이후 점진적으로 진행되었음

② 개발도상국 : 20세기 중반 이후에 급속한 산업화와 함께 진행됨

2. 도시 문제

1) **선진국** : 노후 주택문제와 높은 집값, 노후화된 시설 등의 문제

2) **개발도상국** : 기반 시설이 많이 부족함, 높은 실업과 환경오염, 범죄 등의 문제

4 살기 좋은 도시

1) **의미** : 절대적 기준은 없으나 정치 · 경제 · 문화가 발달하고, 각종 편의 시설이 잘 구축되었고, 안전한 생활과 아름다운 자연 경관 등 주민의 삶의 질이 높은 도시

2) **대표적 도시**

① 세계적 : 오스트레일리아 멜버른, 오스트리아 빈, 캐나다 벤쿠버, 스위스 취리히 등

② 우리나라 : 경기도 과천, 전라남도 순천 등

09 글로벌 경제활동과 지역변화

1 농업 생산의 기업화와 세계화

1. 농업 생산의 변화

1) **과거** : 소규모로 재배하거나 가축 등을 기르며 농가에서 직접 소비하는 자급적 농업

2) **현재** : 시장에서 판매를 목적으로 재배하거나 가축 등을 기르는 상업적 농업

2. 농업 생산의 기업화(세계화)

1) **의미** : 자본을 바탕으로 기계와 화학 비료를 사용하고 대량으로 생산하는 방식의 농업

2) **특징** : 대량 생산으로 가격 경쟁력을 확보하였으며, 생산된 농산물을 팔기 위해 넓은 시장이 필요하기 때문에 세계 곳곳에 진출하여 재배 및 유통을 함 ⇒ 농업의 세계화

3) **기업적 농업 지역** : 미국, 오스트레일리아, 아르헨티나, 우크라이나 등

3. 농업 생산의 기업화와 세계화로 인한 농업의 변화

1) **농업 생산 구조의 변화**

① 대규모 상업적 농업 : 대량생산으로 저렴한 가격에 판매 ⇒ 소규모의 생산 국가는 큰 피해

② 농업 생산의 다각화 : 경쟁력을 높이기 위해 원예작물 혹은 기호작물 등을 재배

2) **농업 생산 구조의 변화 사례**

① 동남아시아 지역 : 플랜테이션 농업으로 전환

② 남아메리카 지역 : 열대림 지역을 목초지로 바꿔 가축 및 사료 작물을 재배함

4. 농산물 소비 특성의 변화

1) **농업의 세계화에 따른 변화**

① 긍정적 기능 : 세계 각지의 다양한 농산물을 저렴하게 구입

② 부정적 기능 : 이동 과정에서 많은 농약과 방부제 사용, 자국의 농산물 산업 붕괴

2) **쌀 소비량의 감소** : 식단의 서구화로 쌀 소비량 감소

② 다국적 기업과 생산 공간 변화

1. 다국적 기업

1) 과거 : 해외 여러 나라에 지사, 생산 공장 등을 운영하면서 전 세계를 대상으로 생산과 판매 활동을 하는 기업

🔵 코카콜라, GM, 삼성전자, 현대자동차 등

2) 발달 과정 : 한 국가에서 단일 공장 ⇒ 국내 확장 단계 ⇒ 해외 진출 단계(해외 영업과 해외 공장 설치) ⇒ 다국적 기업

2. 다국적 기업의 생산 공간 변화

1) 다국적 기업의 공간적 분업

① 원인 : 이윤 추구를 위해 기업의 관리, 연구, 생산 기능이 분리되는 현상

② 다국적 기업의 공간적 분업

본사	본국, 선진국	의사 결정에 필요한 다양한 정보와 자본의 확보에 유리
연구소	본국, 선진국	연구시설의 구축과 전문 인력이 풍부한 곳
생산 공장	개발도상국	· 임금이 저렴한 지역, 원료가 풍부한 지역 · 무역의 장벽을 극복하기 위해 일부 선진국에 입지함 · 수요가 많은 국가로 이전

2) 생산 공장의 해외 이전으로 인한 지역 변화

① 생산 시설이 들어선 지역 : 일자리 확대, 산업 단지 조성

② 생산 시설이 빠져 나간 지역 : 실업률 증가, 경제 침체

③ 세계화에 따른 서비스업의 변화

1. 서비스업의 변화

1) 의미 : 서비스업 분야에서 국가 간의 경계가 약해지고 상호 의존성이 높아지는 현상

2) 서비스업의 분업 : 교통과 통신이 발달하고 세계화가 진행되면서 서비스의 생산, 판매, 사후관리 등 단계를 나누어 서비스를 제공

2. 서비스업의 세계화

1) 전자 상거래와 세계화

① 배경 : 정보 통신의 발달로 유통 분야의 세계화가 진행됨

② 전자상거래의 특징 : 시·공간의 제약을 받지 않음 ⇒ 인터넷으로 구매 ⇒ 소비 활동 이 전 세계로 확대됨(해외 직접구매)

③ 전자 상거래와 유통의 세계화에 따른 변화

· 택배업 등의 유통 산업 성장

· 소비자가 직접 찾아가 구매하는 상점은 쇠퇴

2) 관광의 세계화

① 배경 : 교통의 발달, 정보 통신 기술 발달 ⇒ 관광 산업 발달

② 관광 산업의 효과 : 지역 주민의 일자리 확대 및 소득 증가, 지역 홍보 및 이미지 개 선 등

  ⓔ 안위크성 "해리포터 촬영지", 강릉 주문진 "도깨비 촬영지" 등

10 환경문제와 지속가능한 환경

1 전 지구적 차원의 기후 변화

1. 기후 변화

1) **의미** : 기후의 상태가 자연적 원인과 인위적 원인에 의해 점차 변화하는 것

2) **요인**

① 자연적 요인 : 화산의 분화, 태양 활동의 변화 등

② 인위적 요인 : 석유, 석탄 등의 화석연료 사용 증가 ⇒ 온실 가스 발생 ⇒ 온실 효과

3) **대표적 기후 변화** : 지구 온난화

2. 기후 변화 지역의 변화

1) 빙하와 만년설의 녹음 ⇒ 해수면 상승 ⇒ 일부 해안지역 침수

2) 지구 곳곳에 폭설, 가뭄, 홍수, 태풍 등 자연재해 잦아지고 피해 규모 또한 커짐

3) **생태계의 변화**

① 농작물 재배환경 변화, 한류성 어족 감소 ⇒ 생산량 감소

② 적응하지 못한 생명체는 죽을 수 있으며, 동·식물의 서식지 변화 발생

③ 전염병 매개체의 확산

3. 기후 변화를 해결하기 위한 노력

1) **지구 온난화의 대처 방안** : 전 지구적 차원에서 이산화탄소 배출량 감축 등이 필요

2) **기후 변화 해결 노력**

① 전 지구적 차원

· 기후 변화 협약 : 이산화탄소의 배출량 규제

· 교토 의정서 : 온실가스의 감축 및 탄소배출권 거래제 도입

· 파리 협정 : 전 세계 모든 국가가 책임을 분담하여 온실가스 배출량 감축 목표치 설정

② 국가적 차원 : 환경오염 최소화 정책 추진, 쓰레기 종량제 실시, 환경 마크 지정 등

③ 개인적 차원 : 쓰레기 분리 배출, 대중교통 이용, 에너지 효율이 높은 제품 사용 등

2 환경 문제 유발 산업의 국제적 이동

　1. 환경 문제 유발 산업

　　1) **의미** : 매연, 폐수, 수은 등의 유해 물질을 배출하여 심각한 환경 문제를 일으키는 산업

　　2) **사례** : 방글라데시 치타공 해안의 폐선박, 케냐 나이바사 호수 주변의 장미 농가 등

　　3) **국제적 이동 입장**

　　　① 선진국 : 환경에 대한 규제의 강화 및 비용 증가 ⇒ 규제가 덜하고 저임금인 개발도상국으로 산업을 이전

　　　② 개발도상국 : 환경보다는 경제 발전을 중시 ⇒ 환경 문제 유발 산업을 유치함

　2. **국제적 이동에 따른 문제** : 개발도상국가에서는 환경오염과 생태계 파괴 등이 심각함

3 생활 속의 환경 이슈

　1. 환경 이슈

　　1) **의미** : 환경 문제 중에서 원인이나 해결 방안을 서로 다르게 생각하여 벌이는 논쟁

　　2) **종류**

　　　① 미세먼지

　　　　· 원인 : 자연적 요인(흙먼지, 꽃가루 등) + 인위적 요인(매연, 소각장 연기 등)

　　　　· 피해 : 각종 호흡기 질환, 첨단 제품의 불량률 증가 등

　　　② 유전자 변형(GMO) 농산물

　　　　· 의미 : 새로운 성질의 유전자를 지니도록 유전자들을 결합하여 개발된 농산물

　　　　· 논란 : 수확량 증가로 식량 부족문제를 해결할 수 있으나, 인간에 대한 안전성은 논란

　　　③ 로컬 푸드 : 지역에서 생산된 농산물을 지역에서 소비하자는 운동

　2. **환경 문제 해결 방안** : 쓰레기 분리 배출, 대중교통 이용, 에너지 절약 등

11 세계 속에 우리나라

1 우리나라의 영역과 독도

1. 영역

1) **의미** : 한 국가의 주권이 미치는 범위

2) **구성**

① 영토 : 한 국가에 속한 육지의 범위

② 영공 : 영토와 영해의 수직 상공, 보통 대기권 이내의 범위

③ 영해 : 영토 주변의 바다, 최저 조위선에서 12해리까지의 해역

※ 배타적 경제 수역(EEZ)

· 의미 : 영해를 설정한 기선으로부터 200해리까지의 해역 중 영해를 제외한 수역

· 특징 : 연안국에 독점적 권리, 다른 국가의 선박과 항공기의 자유로운 통행 인정

2. 우리나라의 영역

1) **영토** : 한반도와 그 부속 도서

2) **영공** : 우리나라 영토와 영해의 수직 상공

3) **영해**

① 동해안, 울릉도, 독도, 제주도 : 통상기선 12해리

② 서(황)해안, 남해안 : 직선기선 12해리

③ 대한 해협 : 직선기선 3해리

3. 독도

1) **위치**

① 위치 특성 : 우리나라의 가장 동쪽 끝에 위치

② 행정 구역 : 경상북도 울릉군 울릉읍 독도리 ┌ 서도 : 독도 안용복길
                                        └ 동도 : 독도 이사부길

2) 자연환경

① 구성 : 동도와 서도의 2개의 큰 섬으로 구성

② 화산 지형 : 해저에서 분출한 용암으로 형성된 화산섬

③ 기후 : 난류의 영향을 받는 해양성 기후

3) 가치

① 영역적 가치

· 배타적 경제 수역 설정과 관련된 중요한 기점

· 주변국의 군사적 동향을 살펴볼 수 있는 군사적 요충지

· 동해에서 조업하는 어부들의 임시 대피소

② 경제적 가치

· 조경수역이 형성되어 수산자원이 풍부

· 해저에 메탄 하이드레이트 매장, 인근 해역에 해양 심층수 등의 자원이 풍부

③ 환경 · 생태적 가치

· 섬 전체가 천연 기념물로 지정 : 다양한 동 · 식물이 서식

· 세계적인 지질 유적지 : 다양한 화산 지형과 지질 경관 보존

2 우리나라 여러 지역의 경쟁력

1. 세계화 시대의 지역화

1) 지역화의 의미 : 세계화가 진행되면서 지역 간 교류가 증가하고 각각의 지역이 정치 · 경제 · 사회 · 문화 등의 새로운 주체로 등장하는 현상

2) 지역화 전략

① 장소 마케팅

· 의미 : 특정 장소의 자연 · 역사 · 문화적 환경 등을 상품으로 만들고 판매하려는 것

· 사례 : 뉴욕 "자유의 여신상", 빌바오 "구겐하임 미술관", 보령 "머드 축제" 등

② 지역 브랜드

· 의미 : 지역의 상품과 서비스가 소비자에게 특별한 브랜드로 기억되게 하는 것

· 사례 : 미국 뉴욕 "I♡NY", 강원도 평창 "HAPPY 700" 등

③ 지리적 표시제

· 의미 : 특정 상품의 품질, 특성 등 생산지의 지리적 특성이 비롯되고 그 우수성이 인

정될 때 국가가 그 지역 생산품임을 증명하고 이름을 상표권으로 인정하는 제도

· 사례 : 횡성 한우, 보성 녹차, 의성 마늘 등

2. **효과적인 지역화 전략** : 지역의 정체성이 담긴 브랜드 개발, 친환경적인 지역개발

3 국토 통일과 통일 한국의 미래

1. 우리나라 위치의 특징과 통일의 필요성

1) 우리나라 위치의 특징

① 반도국 : 대륙과 해양으로 진출이 유리

② 지리적 요충지 : 유라시아 대륙과 태평양을 연결할 수 있는 요충지

③ 동아시아의 중심지 : 동아시아의 주요 도시를 3시간대에 연결

2) 통일의 필요성

① 민족의 동질성 회복 : 오랜 분단으로 다양한 분야에서 이질감 및 이산가족 · 실향민의

아픔 등을 해소

② 국토의 효율적 이용 : 남북분단으로 국토의 불균형적 개발 해소

③ 국방비 감소 : 경제개발과 복지 분야 등으로 투입되어 국가의 효율적인 투자

④ 국가 이미지 향상 : 전쟁 위험 국가라는 이미지를 벗어 국가의 경제성장 및 이미지 상승

2. **통일 한국의 미래** : 정치적 안정과 한반도의 지리적 장점 등을 바탕으로 경제성장 및 국토

의 효율적 이용

12 더불어 사는 세계

1 지구상의 지리적 문제

1. 지리적 문제

1) 의미 : 사람들이 살아가는 곳에서 발생하는 문제

2) 원인 : 경제적 격차, 민족 · 종교 간의 갈등, 기후변화 등 다양함

3) 종류 : 기아문제, 영토 · 영해 문제, 생물 다양성 감소 등

2. 다양한 지리적 문제

1) 기아 문제

① 발생 원인 : 자연재해, 기후변화 등으로 생산량 감소, 인구 증가 등

② 대표적 지역 : 중 · 남부 아프리카, 일부 아시아 지역 등

2) 영토 · 영해 문제

① 영토 및 영해를 차지하기 위한 국가 간의 갈등

② 원인 : 민족과 종교의 차이, 자원을 둘러싼 경제적 이익, 모호한 국경선 등

③ 대표적 사례 : 팔레스타인, 카슈미르, 센카쿠 열도, 난사 · 시사 군도, 포클랜드 등

3) 생물 다양성 감소

① 지구상에 존재하는 생물과 그들이 서식하는 환경의 다양성이 감소하는 것

② 원인 : 인구 증가로 인한 각종 개발, 환경오염, 기후변화 등

③ 영향 : 자연계의 생물종은 상호 의존적 ⇒ 생물종의 감소 ⇒ 생태계의 파괴

2 세계 여러 나라의 발전 수준

1. 지역별 발전 수준

1) 발생 원인 : 경제지표(국내 총생산, 국민 총소득 등) + 비경제지표(교육, 수명 등) + 자연환경(기후, 지형 등) 등의 요소가 지역마다 다르기 때문에 발생

2) 지역 차

① 선진국 : 18세기 산업 혁명을 통해 일찍부터 산업화, 정치적 안정 ⇒ 부유

② 개발도상국 : 20세기 이후 독립되어 산업화가 진행, 정치적 불안정 ⇒ 빈곤

2. 저개발 국가의 빈곤 해결 노력 : 식량증산 정책 실시, 일자리 창출, 교육활동 강화, 선진국의 도움을 받아 국내 산업 육성 등

3 지역 간 불평등 완화를 위한 노력

1. 국제 기구 : 국제연합(UN) 내 다양한 전문기구 활용, 공적 개발 원조 등

2. 국제 비정부기구(NGO) : 국경없는 의사회, 그린피스 등 ⇒ 시민의 참여 유도

3. 공정 무역

1) 의미 : 선진국의 소비자가 개발도상국의 생산자에게 정당한 가격을 지불하여 생산자에게 무역의 혜택이 돌아가도록 하자는 운동

2) 효과

① 아동과 부녀자 등의 노동 착취를 방지하여 노동에 대한 공정한 대가를 받을 수 있음

② 소비자는 개발도상국의 어려운 사람들을 도울 수 있음

4. 시민으로서 역할 : 공동체 의식을 바탕으로 지구촌 문제를 인식하고, 관심을 가져야 함

중학교 졸업자격 검정고시

V.

SCIENCE

과학

핵·심·총·정·리

중학교 졸업자격 검정고시

과학

SCIENCE

1학년

핵·심·총·정·리

지권의 변화

1 지구계와 지권의 구조

1. 지구계

구성 요소	특징
지권	· 지구 표면과 지구 내부 · 생명체에게 서식처를 제공 · 대부분 고체 상태
수권	· 바다, 강, 빙하 등 지구에 있는 물 · 바다가 수권의 대부분을 차지
기권	· 지구를 둘러싸고 있는 대기 · 여러 가지 기체로 구성 · 비, 바람과 같은 기상 현상이 일어남
생물권	· 지구에 살고 있는 모든 생물 · 지권, 수권, 기권에 걸쳐 넓게 분포
외권	· 기권의 바깥 영역인 우주 공간 · 태양, 달 등의 천체를 포함

2. 지구 내부 구조 → 지진파 분석으로 알아냄

1) **지각** : 암석으로 되어 있으며, 대륙 지각과 해양 지각으로 구분

2) **맨틀** : 지구 전체의 약 80%를 차지

3) **핵** : 철, 니켈(무거운 금속)로 구성

   ① 외핵 : 액체 상태로 추정

   ② 내핵 : 고체 상태로 추정

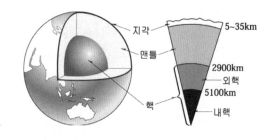

2 지각의 구성 – 암석(생성 과정에 따른 분류)

1. 화성암 : 마그마가 식어서 굳어진 암석

1) **화산암** : 마그마가 지표 부근에서 빠르게 식어서 굳어진 암석

2) **심성암** : 마그마가 지하 깊은 곳에서 천천히 식어서 굳어진 암석

2. **퇴적암** : 퇴적물이 다져지고 굳어져 만들어진 암석

   1) **퇴적암의 특징** : 층리와 화석이 나타난다.

   2) **퇴적암의 분류** : 퇴적물의 크기와 종류에 따라 분류

퇴적물	퇴적암	퇴적물	퇴적암
자갈, 모래, 진흙	역암	석회질 물질	석회암
모래	사암	화산재	응회암
진흙	셰일	소금	암염

3. **변성암** : 높은 열과 압력을 받아 성질이 변하여 만들어진 암석

   1) **변성암의 특징** : 엽리와 알갱이의 변화가 나타난다.

   2) **변성암의 분류** : 원래 암석의 종류와 변성 정도에 따라 분류

   ① 사암 → 규암

   ② 석회암 → 대리암

4. **암석의 순환** : 암석은 주위 환경에 따라 끊임없이 다른 암석으로 변한다.

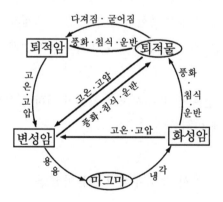

3 지각의 구성 – 광물과 토양

1. **지각의 구성** : 지각 ⊃ 암석 ⊃ 광물 ⊃ 원소

2. 광물 : 암석을 이루는 작은 알갱이

  1) 조암 광물 : 암석을 이루는 주된 광물로, 장석, 석영, 휘석, 각섬석, 흑운모, 감람석 등이 있다.

3. 광물의 특성

  1) 색 : 겉보기 색

  2) 조흔색 : 조흔판에 긁었을 때 나타나는 광물 가루의 색

광물	흑운모	자철석	적철석	금	황동석	황철석
겉보기 색	검은색			노란색		
조흔색	흰색	검은색	적갈색	노란색	녹흑색	검은색

  3) 굳기 : 광물의 단단하고 무른 정도

  4) 염산 반응 : 광물이 염산과 반응하여 거품이 발생하는 성질 예 방해석

  5) 자성 : 광물이 쇠붙이를 끌어당기는 성질 예 자철석

  6) 결정형 : 광물이 가지고 있는 특유의 겉모양

  예 석영 – 육각기둥, 장석 – 두꺼운 판, 흑운모 – 육각판, 금강석 – 팔면체

  7) 쪼개짐 : 광물에 힘을 가했을 때 반듯한 면을 보이면서 쪼개지는 성질

  예 흑운모– 얇은 육각판, 방해석 – 기울어진 육면체

4. 풍화 : 암석이 오랜 기간에 걸쳐 잘게 부서지고 성분이 변하는 현상

  ⇒ 물, 공기, 생물 등에 의해 일어난다.

5. 토양 : 암석이 풍화 작용을 받아서 잘게 부서져 만들어진 흙

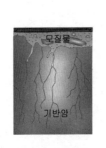

1) **기반암** : 풍화되지 않은 암석

2) **모질물** : 암석 조각과 모래 등으로 이루어진 층

3) **심토** : 표토에서 물에 녹은 물질이나 진흙이 쌓인 층

4) **표토** : 식물이 잘 자라고 생명 활동이 활발한 층

> ※ *토양의 단면 순서 : 기반암 → 모질물 → 심토 → 표토*
>
> ※ *토양의 생성 순서 : 기반암 → 모질물 → 표토 → 심토*

4 지권의 운동

1. 대륙 이동설(베게너) : 과거 한 덩어리였던 거대한 대륙(판게아)이 여러 대륙으로 분리되고 이동하여 현재와 같은 분포를 이루었다는 학설

3억 년 전   1억 8천만 년 전   6500만 년 전

1) **대륙 이동의 증거**

　① 각 대륙의 해안선 모양 일치

　② 여러 대륙에서 같은 종의 화석 발견

　③ 빙하의 이동 흔적과 분포

　④ 멀리 떨어져 있는 대륙 간의 산맥이 연결

2) **대륙 이동의 원동력** : 맨틀의 대류

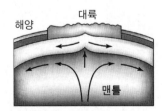 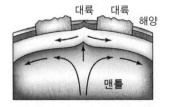

2. 판의 이동과 경계

1) **판** : 지각과 맨틀 일부를 포함하는 단단한 암석층

2) **판의 이동과 경계** : 판은 각각 다른 방향과 속도로 이동하므로 판의 경계에서 판들은 멀어지거나 모여들고, 서로 어긋나기도 한다.

판의 경계	발산형 경계	수렴형 경계		보존형 경계
		섭입형	충돌형	
판의 이동	⟵ ⟶	⟹ ⟸		⬇ ⬆
모습	해양판 해양판 맨틀	해양판 대륙판 맨틀	대륙판 대륙판 맨틀	판 판 맨틀 맨틀
발달 지형	해령	해구	습곡 산맥	변환 단층
지각 변동	지진, 화산 활동	지진, 화산 활동	지진	지진

3. 화산과 지진

1) **화산** : 마그마가 지각의 틈을 뚫고 나오는 현상

⇒ 화산 기체, 용암, 화산 쇄설물 등이 분출된다.

2) **지진** : 지구 내부에 쌓인 에너지가 갑자기 방출되며 땅이 흔들리는 현상

⇒ 규모와 진도로 세기를 나타낸다.

4. 화산대와 지진대 : 화산대와 지진대는 대체로 판의 경계와 일치한다.

⇒ 판의 경계에서 화산 활동과 지진 같은 지각 변동이 활발하기 때문

02 여러 가지 힘

1 중력과 탄성력

1. 힘 : 물체의 모양이나 운동 상태를 변화시키는 원인

1) **힘의 표시** : 화살표를 이용

2) **힘의 단위** : N(뉴턴)

2. 중력 : 지구가 물체를 당기는 힘

1) **중력의 방향** : 지구 중심 방향(연직 아래 방향)

2) **중력의 크기**

① 물체의 질량이 클수록 중력이 크게 작용한다.

② 지구 중심에 가까울수록 중력이 커진다.

③ 달에서의 중력 : 지구 중력의 1/6

3. 질량과 무게

구분	뜻	측정 기구	단위
질량	물체의 고유한 양, 변하지 않음	윗접시 저울, 양팔 저울	kg, g
무게	물체에 작용하는 중력의 크기, 측정 장소에 따라 달라짐 (달에서의 무게는 지구에서의 1/6)	용수철 저울, 앉은뱅이 저울	N

4. 탄성력 : 모양이 변한 물체가 원래 모양으로

되돌아가려는 힘

   예 컴퓨터 자판, 트램펄린, 장대높이뛰기,

     침대, 자전거 안장 등

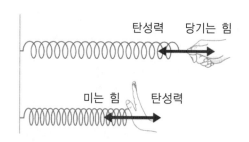

5. 용수철을 이용한 무게 측정

: 용수철의 늘어난 길이는 용수철에 매다는 물체의 무게에 비례한다. ⇒ 용수철의 늘어난

길이를 측정하여 물체의 무게를 알 수 있다.

2 마찰력과 부력

1. 마찰력 : 두 물체의 접촉면에서 물체의 운동을 방해하는 힘

   1) 마찰력의 방향 : 물체의 운동 방향과 반대 방향

   2) 마찰력의 이용

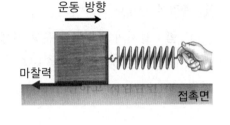

     ① 마찰력을 크게 하는 경우 : 등산화 바닥, 자동차 타이어 체인, 계단 미끄럼 방지 패드, 사포 등

     ② 마찰력을 작게 하는 경우 : 미끄럼틀, 창문, 스케이트, 기계나 자전거의 체인에 윤활유 사용 등

2. 부력 : 액체나 기체가 물체를 밀어 올리는 힘

   1) 부력의 방향 : 중력과 반대 방향인 위쪽

   2) 물체가 뜨고 가라앉는 이유 : 물체에 작용하는 부력과 중력의 크기에 따라 물체가 뜨거나 가라앉는다.

부력 〉 중력	부력 = 중력	부력 〈 중력
물 속의 물체가 위로 떠오른다.	물 위나 물 속에 물체가 떠 있다.	물체가 가라앉는다.

   3) 부력의 이용

     ① 액체 속에서 받는 부력 : 구명조끼, 튜브, 물에 뜨는 배, 물에 잠기는 잠수함 등

     ② 기체 속에서 받는 부력 : 열기구, 비행선, 헬륨을 채운 풍선 등

03 생물의 다양성

1 생물 다양성과 분류

1. 생물 다양성 : 어떤 지역에 살고 있는 생물의 다양한 정도

⇒ 생물의 종류가 많을수록, 같은 종류에 속하는 생물의 특성이 다양할수록, 생태계가 다양할수록 생물 다양성이 높다.

2. 생물이 다양해진 과정

변이	한 종류의 생물 무리에는 다양한 변이가 있다.

↓

환경에 적응	그 무리에서 환경에 알맞은 변이를 지닌 생물이 더 많이 살아남아 자손을 남긴다.

↓

생물이 다양해짐	이 과정이 매우 오랜 세월 동안 반복되면 원래의 생물과 특징이 다른 생물이 나타날 수 있다.

예 목이 긴 갈라파고스땅거북이 나타난 과정

3. 생물의 분류 체계

1) 생물의 분류 단계

종 〈 속 〈 과 〈 목 〈 강 〈 문 〈 계

① 가장 큰 분류 단위는 계이고, 계에서 종으로 갈수록 생물이 점점 더 세부적으로 나누어진다.

② 종 : 자연 상태에서 짝짓기하여 번식이 가능한 자손을 낳을 수 있는 무리

2) 생물의 5계

5계	특징	예
원핵 생물계	· 세포에 핵이 없다. · 단세포 생물이다. · 세포벽이 있다. · 대부분 광합성을 하지 않는다. 　예외) 남세균	포도상 구균, 대장균, 젖산균
원생 생물계	· 핵이 있다. · 균계, 식물계, 동물계에 속하지 않는 나머지 생물을 모아 놓은 무리 · 대부분 단세포 생물, 다세포 생물도 있다. · 기관이 발달하지 않았다.	단세포 : 아메바, 짚신벌레 다세포 : 다시마, 미역, 김
균계	· 핵이 있다. · 세포벽이 있다. · 버섯이나 곰팡이와 같이 운동성이 없는 생물 · 광합성을 하지 못하기 때문에, 대부분 죽은 생물의 몸을 분해하여 양분을 얻는다.	느타리버섯, 송이버섯, 검은빵곰팡이
식물계	· 다세포 생물이다. · 세포벽이 있다. · 광합성을 할 수 있어 스스로 양분을 만든다. · 뿌리, 줄기, 잎과 같은 기관이 발달하였다.	진달래, 소나무, 고사리, 우산이끼
동물계	· 다세포 생물이다. · 세포벽이 없다. · 운동성이 있다. · 다른 생물을 먹이로 삼아 양분을 얻는다. · 몸에 기관이 발달하였다.	불가사리, 말, 달팽이, 나비, 해파리

2 생물 다양성 보전

1. 생물 다양성과 생태계

　1) **생태계 평형** : 생태계를 이루는 생물의 종류와 수가 크게 변하지 않고 안정된 상태를 유지하는 것

2) 생물 다양성과 생태계의 관계

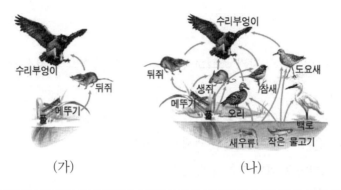

(가)	생물 다양성이 낮다.	먹이 사슬이 단순하다. ⇒ 생태계 평형이 쉽게 파괴된다.
(나)	생물 다양성이 높다.	먹이 사슬이 복잡하다. ⇒ 생태계 평형이 잘 유지된다.

2. 생물 다양성의 보전

1) 생물 다양성의 감소 원인과 대책

원인 ⇒ 인간의 활동과 관계가 깊다.		대책
서식지 파괴	생물 다양성 감소의 가장 심각한 원인	보호구역 지정, 생태통로 설치
남획	인간이 생물을 마구 잡는 것	법률 강화, 멸종위기 생물 지정
외래종 유입	일부 외래종이 토종 생물을 위협	무분별한 유입방지, 감시와 퇴치
환경오염	오염에 약한 생물이 사라짐	환경 정화시설 설치

2) 생물 다양성 보전을 위한 활동

① 국제적 활동 : 여러 가지 협약을 맺고 실행한다.

② 국가적 활동 : 멸종 위기종 복원 사업, 관련 법률 제정, 종자 은행 설립 등

③ 사회적 활동 : 외래종 제거하기, 토종 얼룩소 키우기 등

④ 개인적 활동 : 친환경 농산물 이용하기, 모피로 만든 제품 사지 않기 등

핵·심·총·정·리

04 기체의 성질

1 입자의 운동

1. 확산 : 물질을 이루는 입자가 스스로 운동하여 모든 방향으로 퍼져 나가는 현상

  1) 확산의 예

    ① 물에 잉크를 떨어뜨리면 물 전체가 잉크색으로 변한다.

    ② 향수병을 열어 놓으면 향수 냄새가 퍼진다.

    ③ 전기 모기향을 피워 모기를 쫓는다.

    ④ 마약 탐지견이 냄새로 마약을 찾는다.

  2) 확산이 잘 일어나는 조건

온도	입자의 질량	물질의 상태	일어나는 곳
높을수록	작을수록	고체 〈 액체 〈 기체	액체 속 〈 기체 속 〈 진공 속

2. 증발 : 물질을 이루는 입자가 스스로 운동하여 액체 표면에서 기체로 변하는 현상

  1) 증발의 예

    ① 젖은 빨래가 마른다.

    ② 어항의 물은 시간이 지나면 점차 줄어든다.

    ③ 풀잎에 맺힌 이슬이 사라진다.

    ④ 바닷물을 증발시켜 소금을 얻는다.

  2) 증발이 잘 일어나는 조건

온도	습도	바람	표면적
높을수록	낮을수록	잘 불수록	넓을수록

2 압력과 온도에 따른 기체의 부피 변화

1. 기체의 압력과 부피

  1) 보일의 법칙 : 온도가 일정할 때, 압력이 커질수록 기체의 부피는 감소한다.

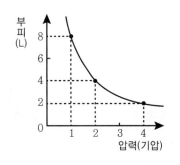

⇒ 온도가 일정할 때,

기체의 부피는 압력에 반비례한다.

압력과 기체의 부피의 곱은 일정하다.

예 ① 높은 산에 올라가면 과자 봉지가 팽팽해진다.

② 풍선이 하늘 위로 올라갈수록 점점 커진다.

③ 잠수부가 물 속에서 내뿜은 공기 방울은 수면으로 올라올수록 점점 커진다.

④ 운항 중인 비행기 안에서 닫아 둔 페트병은 비행기가 착륙할 때 찌그러진다.

2. 기체의 온도와 부피

1) **샤를의 법칙** : 압력이 일정할 때, 온도가 높을수록 기체의 부피는 증가한다.

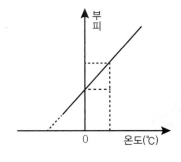

⇒ 압력이 일정할 때,

기체의 부피는 온도가 높을수록

일정한 비율로 증가한다.

예 ① 도로를 달리면 자동차의 타이어가 팽팽해진다.

② 찌그러진 탁구공을 뜨거운 물에 넣으면 펴진다.

③ 열기구 속 공기를 가열하면 열기구가 떠오른다.

④ 여름철 햇빛이 비치는 곳에 놓아둔 과자 봉지가 부풀어 오른다.

05 물질의 상태 변화

1 물질의 상태 변화

1. 물질의 세 가지 상태

상태	고체	액체	기체
모양	일정하다.	변한다.	변한다.
부피	일정하다.	일정하다.	변한다.
흐르는 성질	없다.	있다.	있다.
압축되는 정도	없다.	거의 없다.	있다.

2. 물질의 상태 변화

1) 상태 변화 : 물질의 상태가 고체, 액체, 기체로 서로 변하는 현상

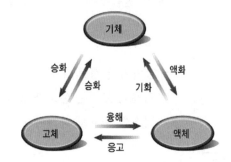

2) 상태 변화의 종류와 예

① 가열하는 경우

융해(고체 → 액체)	· 얼음이 녹아 물이 된다. · 아이스크림이 녹아 흘러내린다.
기화(액체 → 기체)	· 젖은 빨래가 마른다. · 풀잎에 맺힌 이슬이 한낮이 되면 사라진다. · 물이 끓어 수증기가 된다.
승화(고체 → 기체)	· 드라이아이스의 크기가 점점 작아진다. · 옷장 속 나프탈렌(좀약)의 크기가 작아진다.

② 냉각하는 경우

응고(액체 → 고체)	· 양초의 촛농이 흘러내리다가 굳는다. · 냉동실에 넣은 물이 언다.
액화(기체 → 액체)	· 풀잎에 이슬이 맺힌다. · 얼음물이 든 컵 표면에 물방울이 맺힌다.
승화(기체 → 고체)	· 늦가을 새벽 나뭇잎에 서리가 내린다. · 냉동실 벽면이나 추운 겨울철 유리창에 성에가 생긴다.

3. 물질의 상태와 입자 배열

상태	고체	액체	기체
입자 모형			
입자 운동	제자리에서 진동	활발하게 운동	매우 활발하게 운동
입자 배열	규칙적	고체보다는 불규칙적	매우 불규칙적
입자 사이의 거리	매우 가깝다.	비교적 가깝다.	매우 멀다.

4. 상태 변화와 입자 배열, 물질의 변화

구분	융해, 기화, 승화(고체→기체)	응고, 액화, 승화(기체→고체)
입자 운동	활발해진다.	둔해진다.
입자 배열	불규칙적으로 된다.	규칙적으로 된다.
입자 사이의 거리	멀어진다.	가까워진다.
성질, 질량	일정하다.	일정하다.
부피	증가한다.	감소한다.

※ 상태 변화 시 변하는 것과 변하지 않는 것

- 변하는 것 : 입자 배열, 입자 사이 거리, 부피, 입자 사이의 인력
- 변하지 않는 것 : 입자 개수, 입자 질량, 입자 종류, 입자 성질, 입자 크기

2 상태 변화와 열에너지

1. 상태 변화와 열에너지의 출입 : 상태 변화가 일어날 때는 열에너지를 흡수하거나 방출한다.

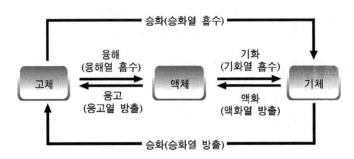

1) 열에너지를 흡수하는 상태 변화의 예

융해(융해열 흡수)	· 물이나 음료수에 얼음을 넣으면 시원해진다. · 더운 여름철 얼음 조각상 근처에 가면 시원해진다.
기화(기화열 흡수)	· 분수대 근처에 가면 시원해진다. · 더운 여름철 마당에 물을 뿌리면 시원해진다.
승화(승화열 흡수)	· 아이스크림을 포장할 때 드라이아이스를 넣어 두면 아이스크림이 잘 녹지 않는다.

2) 열에너지를 방출하는 상태 변화의 예

응고(응고열 방출)	· 추운 겨울철 오렌지 나무에 물을 뿌려 냉해를 막는다. · 이글루 안에 물을 뿌려 내부를 따뜻하게 한다.
액화(액화열 방출)	· 더운 여름철 시원한 곳에 있다 밖으로 나오면 후텁지근함을 느낀다.

2. 가열 곡선과 상태 변화

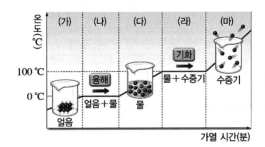

① 온도가 높아지는 구간 : (가),(다),(마)
 ⇒ 가해 준 열에너지가 온도를 높이는 데 사용
② 온도가 일정한 구간 : (나),(라) ⇒ 가해 준 열에너지가 상태 변화에 모두 사용
③ (나) 구간 : 녹는점(고체와 액체가 공존), (라) 구간 : 끓는점(액체와 기체가 공존)

06 빛과 파동

1 빛과 색

1. 빛의 합성 : 두 가지 색 이상의 빛이 합쳐지면 또 다른
색의 빛으로 보이는 현상

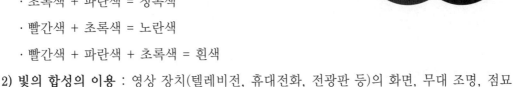

1) **빛의 삼원색** : **빨간색, 초록색, 파란색** ⇒ 빛은 합성
할수록 밝아진다.

· 빨간색 + 파란색 = 자홍색

· 초록색 + 파란색 = 청록색

· 빨간색 + 초록색 = 노란색

· 빨간색 + 파란색 + 초록색 = 흰색

2) **빛의 합성의 이용** : 영상 장치(텔레비전, 휴대전화, 전광판 등)의 화면, 무대 조명, 점묘
화 등

2. 물체의 색 : 물체의 색은 물체가 반사하는 빛이 합성된 색으로 보인다.

1) 장미꽃은 빛의 삼원색 중 빨간색 빛만 반사하여 빨간색으로 보인다.

2) 바나나는 빛의 삼원색 중 빨간색, 초록색 빛만 반사하여 빨간색, 초록색 빛이 합성된 노
란색으로 보인다.

3) 반사하는 빛이 없을 때는 검은색으로 보인다.

2 거울과 렌즈

1. 평면 거울에 의한 상

1) **빛의 반사** : 직진하는 빛이 거울이나 물체에 닿으면
진행 방향이 바뀌는 현상

2) **반사 법칙** : 입사각과 반사각의 크기는 항상 같다.

3) **평면 거울에서 상이 생기는 원리** : 사람은 거울에서 반사되어 나오는 반사 광선의 연장
선이 만난 점에서 빛이 나오는 것으로 느껴 그곳에 생긴 상을 본다.

4) 상의 특징

① 상의 크기 : 실제 물체와 같다.

② 상의 모양 : 좌우가 바뀌어 보인다.

③ 상의 위치 : 거울에서 물체까지의 거리와 거울에서 상까지의 거리가 같다.

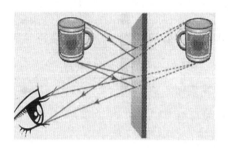

2. 구면 거울에 의한 상

거울	볼록 거울	오목 거울
빛의 진행	빛을 퍼지게 한다.	빛을 한 점에 모은다.
상의 크기	항상 실물보다 작은 상이 보인다.	거울에 가까이 있는 물체가 확대되어 보인다.
이용	자동차의 사이드 미러, 편의점의 감시 거울 등	화장용 확대 거울, 치과용 거울, 자동차 전조등 등

3. 렌즈에 의한 상

1) 빛의 굴절 : 두 물질의 경계면에서 빛의 진행 방향이 꺾이는 현상

2) 볼록 렌즈와 오목 렌즈에서 빛의 굴절

렌즈	볼록 렌즈	오목 렌즈
빛의 진행	빛을 모은다.	빛을 퍼지게 한다.
상의 크기	렌즈에 가까이 있을 경우 실물보다 크고 바로 선 상이 보인다.	항상 실물보다 작고 바로 선 상이 보인다.
이용	원시 교정용 안경, 돋보기, 망원경 등	근시 교정용 안경 등

3 파동과 소리

1. 파동 : 한 곳에서 생긴 진동이 주위로 퍼져 나가는 현상

  1) 매질 : 파동을 전달시키는 물질

    예 물결파 – 물, 소리 – 공기, 지진파 – 지각, 빛(전자기파) – 없다

  2) 파동의 종류

    ① 종파 : 파동의 진행 방향과 매질의 진동 방향이 나란한 파동

      예 음파, 지진파의 P파 등

    ② 횡파 : 파동의 진행 방향과 매질의 진동 방향이 수직인 파동

      예 물결파, 빛, 전파, 지진파의 S파 등

  3) 파동의 표시

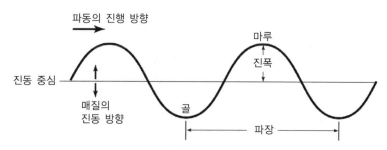

① 마루 : 파동에서 가장 높은 부분

② 골 : 파동에서 가장 낮은 부분

③ 파장 : 마루에서 다음 마루까지의 거리, 또는 골에서 다음 골까지의 거리

④ 진폭 : 진동 중심에서 마루까지의 거리, 또는 진동 중심에서 골까지의 거리

2. 소리(음파) : 물체가 진동하여 발생하고, 공기를 매질로 전달되는 파동

  1) 소리의 3요소 : 소리의 세기, 소리의 높낮이, 음색

   ① 소리의 세기 ⇒ 진폭이 클수록 큰 소리이다.

   ② 소리의 높낮이 ⇒ 진동수가 클수록 높은 소리이다.

   ③ 음색

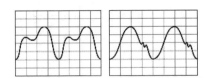

⇒ 파형이 다르면 다른 소리이다.

(높이와 세기가 같아도 음색이 다르면 다른

소리로 들린다.)

07 과학과 나의 미래

1 과학과 나의 미래

1. 과학과 관련된 직업 : 과학 지식을 탐구하는 직업과 과학 지식을 이용하여 생활 속 문제를
해결하는 직업으로 구분할 수 있다.

구분	과학 지식을 탐구하는 직업	과학 지식을 이용하여 생활 속 문제를 해결하는 직업
관련 분야	기초과학 분야와 관련	응용과학 분야와 관련
예	물리학자, 화학자, 생명 과학자 등	의학 물리학자, 기계 공학자 등

2. 과학과 관련된 직업에 필요한 역량 : 과학과 관련된 직업을 수행하려면 논리적 사고력,
창의력, 의사소통 능력, 문제 해결력, 수리 능력, 정보 통신 활용 능력 등의 역량을 갖추어
야 한다.

3. 현대 사회의 직업과 과학의 관련성 : 현대 사회에서는 과학 분야가 서로 융합하여 만들어
진 직업이나, 과학과 다른 분야가 융합하여 만들어진 직업이 늘어나고 있다.
　⑩ 문화재 보존원, 재활용 관리자, 음악 분수 연출자 등

4. 첨단 과학 기술과 직업의 변화

1) **인공 지능과 로봇의 활용** : 인공 지능과 로봇은 오늘날 의료 분야, 교통 및 운송 분야,
제조 산업 분야 등에 주로 쓰이고 있다.

2) **미래의 생활과 직업에 변화를 가져올 첨단 과학 기술** : 미래의 거의 모든 직업은 과학
기술의 영향을 받을 것이다.

5. 미래의 직업 : 첨단 과학 기술의 융합, 친환경, 삶의 질 향상, 인공 지능 등과 관계 깊은 직
업이 나타날 가능성이 높고, 인공 지능이나 로봇 관련 기술이 더욱 다양하게 쓰일 것이다.

중학교 졸업자격 검정고시

과학

SCIENCE

2학년

물질의 구성

1 원소

1. 물질의 기본 성분에 대한 학자들의 생각

탈레스	모든 물질의 근원은 물이다.
아리스토텔레스	만물은 물, 불, 흙, 공기의 4가지 기본 성분으로 되어 있고, 이들이 조합하여 여러 물질이 만들어진다.
보일	원소는 물질을 이루는 기본 성분으로, 더 이상 분해되지 않는 단순한 물질이다. ⇒ 현대적인 원소의 개념 제시
라부아지에	실험을 통해 물이 수소와 산소로 분해되는 것을 확인하여, 물이 원소가 아님을 증명하였다. ⇒ 아리스토텔레스의 생각이 옳지 않음을 증명

2. 원소 : 더 이상 분해되지 않는, 물질을 이루는 기본 성분

수소(H)	우주 왕복선의 연료	헬륨(He)	비행선의 충전 기체
산소(O)	물질의 연소, 생물의 호흡	구리(Cu)	전선
철(Fe)	기계, 건축 재료	규소(Si)	반도체 소자
금(Au)	장신구의 재료	질소(N)	과자 봉지의 충전제

3. 원소를 확인하는 방법

1) 불꽃 반응

원소	불꽃색	원소	불꽃색
리튬(Li)	빨간색	구리(Cu)	청록색
나트륨(Na)	노랑색	칼슘(Ca)	주황색
칼륨(K)	보라색	스트론튬(Sr)	빨간색

2) 선 스펙트럼 : 빛을 분광기에 통과시킬 때 나타나는 여러 가지 색의 띠

① 금속 원소의 종류에 따라 선의 색깔, 위치, 굵기, 개수 등이 다르게 나타난다.

② 불꽃 반응색이 비슷한 원소를 구별할 수 있다. 예 리튬과 스트론튬

2 원자와 분자

1. **원자** : 물질을 구성하는 기본 입자

   1) **원자의 구조** : 원자핵과 전자로 이루어져 있다.

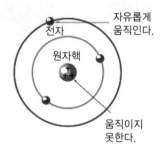

	원자핵	전자
	· (+)전하를 띤다. · 원자의 중심에 위치한다. · 움직이지 못한다.	· (−)전하를 띤다. · 원자핵 주위를 자유롭게 움직인다.

   2) **원자의 특징** : 전기적으로 중성이다.

   ⇒ 원자핵의 (+)전하량과 전자의 (−)전하량이 같기 때문

2. **분자** : 물질의 성질을 나타내는 가장 작은 입자

   1) 원자가 결합하여 이루어진다.

   2) 결합하는 원자의 종류와 수에 따라 분자의 종류가 달라진다.

3. **원소와 분자의 표현**

   1) **원소 기호** : 첫 글자는 대문자로, 두 번째 글자는 소문자로 쓴다.

원소 이름	원소 기호	원소 이름	원소 기호
탄소	C	산소	O
수소	H	질소	N
나트륨	Na	염소	Cl
마그네슘	Mg	구리	Cu
칼슘	Ca	칼륨	K

   2) **분자식을 나타내는 방법**

   ① 분자를 이루는 원자의 종류를 원소 기호로 쓴다.

   ② 분자를 이루는 원자의 수를 원소 기호의 오른쪽 아래에 작은 숫자로 쓴다.

   (단, 1은 생략) 📖 물 분자 ⇒ H_2O

3) 여러 가지 분자 모형과 분자식

분자	이산화탄소	물	암모니아	메테인
분자 모형				
분자식	CO_2	H_2O	NH_3	CH_4

3 이온

1. 이온 : 원자가 전자를 잃거나 얻어서 전하를 띠는 입자

구분	양이온	음이온
뜻	원자가 전자를 잃어서 (+)전하를 띠는 입자	원자가 전자를 얻어서 (−)전하를 띠는 입자
이온의 표시	원소 기호의 오른쪽 위에 잃은 전자 수와 +기호 표시 예 Na^+ : 전자 1개를 잃음 Ca^{2+} : 전자 2개를 잃음	원소 기호의 오른쪽 위에 얻은 전자 수와 −기호 표시 예 Cl^- : 전자 1개를 얻음 O^{2-} : 전자 2개를 얻음
이름	원소 이름 뒤에 '이온'을 붙인다.	원소 이름 뒤에 '화 이온'을 붙인다. (단, 원소 이름 끝의 '소' 생략)

2. 이온의 확인

1) **앙금** : 양이온과 음이온이 결합하여 생성되는 물에 녹지 않는 물질

2) **앙금 생성 반응** : 두 수용액을 섞을 때 이온들이 반응하여 앙금을 생성하는 반응

수용액	앙금 생성 반응
질산 은 수용액 + 염화 나트륨 수용액 ($AgNO_3$) ($NaCl$)	Ag^+ + Cl^- → $AgCl$↓ (흰색) 은 이온 염화 이온 **염화은**

02 전기와 자기

1 전기의 발생

1. 대전과 대전체 : 물체가 전기를 띠는 현상을 대전, 전기를 띤 물체를 대전체라고 한다.

2. 마찰 전기(정전기) : 마찰에 의해 물체가 띠는 전기

  1) 마찰 전기가 생기는 이유 : 서로 다른 물체를 마찰시키면 전자가 한 물체에서 다른 물체로 이동하기 때문

    ① 전자를 잃은 물체 : (+)전하로 대전

    ② 전자를 얻은 물체 : (−)전하로 대전

  2) 전기력 : 대전체 사이에 작용하는 힘

    ① 인력 : 다른 전기를 띤 물체 사이에서 서로 끌어당기는 힘

    ② 척력 : 같은 전기를 띤 물체 사이에서 서로 밀어내는 힘

3. 정전기 유도 : 대전되지 않은 금속 물체에 대전체를 가까이 할 때, 금속의 끝부분이 전하를 띠는 현상

  1) 정전기 유도의 원인 : 금속 내부의 자유 전자들이 대전체로부터 전기력을 받아 밀려나거나 끌어당겨지기 때문

  2) 유도되는 전하의 종류 : 대전체와 가까운 쪽은 대전체와 다른 종류의 전하로, 대전체와 먼 쪽은 대전체와 같은 종류의 전하로 대전된다.

4. 검전기 : 정전기 유도 현상을 이용하여 물체의 대전 여부를 알아보는 장치

  1) 검전기로 알 수 있는 사실

    ① 물체의 대전 여부 : 대전되지 않은 물체를 가까이 하면 금속박에 변화가 없지만, 대전체를 가까이 하면 금속박이 벌어진다.

② 대전된 전하의 양 : 대전된 전하의 양이 많을수록 금속박이 많이 벌어진다.

③ 대전된 전하의 종류 : 검전기와 같은 전하를 띤 대전체를 가까이 하면 금속박이 더 벌어지고, 다른 전하를 띤 대전체를 가까이 하면 금속박이 오므라든다.

금속판
절연체
금속 막대
금속박
유리병

2 전류, 전압, 저항

1. 전류 : 전하의 흐름 (단위 : A 암페어)

  1) 전류의 방향 : 전지의 (+)극 → (−)극 (전자의 이동 방향과 반대 방향)

2. 전압 : 전류를 흐르게 하는 능력 (단위 : V 볼트)

  ⇒ 전압이 클수록 전류가 세게 흐른다.

3. 전기 저항 : 전류의 흐름을 방해하는 정도 (단위 : Ω 옴)

  ⇒ 저항이 클수록 전류의 세기가 약하다.

4. 옴의 법칙 : 전류의 세기는 전압에 비례하고, 저항에 반비례한다.

$$\text{전류의 세기} = \frac{\text{전압}}{\text{저항}}, \qquad \text{전압} = \text{전류} \times \text{저항}$$

3 전류의 자기 작용

1. 자기장 : 자석 주위에서 자석의 힘(자기력)이 미치는 공간

  1) 방향 : 자석 주위에 나침반을 놓았을 때 나침반 자침의 N극이 가리키는 방향

  2) 세기 : 자석의 양 극에 가까울수록 세다.

2. 자기력선 : 눈에 보이지 않는 자기장의 모습을 선으로 나타낸 것

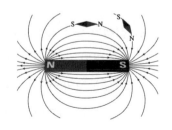

1) 항상 N극에서 나와서 S극으로 들어간다.

2) 중간에 끊어지거나 서로 교차하지 않는다.

3) 자기력선의 간격이 촘촘할수록 자기장이 세다.

3. **직선 도선 주위의 자기장** : 자기장은 자석의 주위에만
생기는 것이 아니라 전류가 흐르는 도선 주위에도 생
긴다.

1) **자기장의 방향** : 오른손의 엄지손가락을 전류의 방향
과 일치시키고 네 손가락으로 도선을 감아쥘 때, 네
손가락이 가리키는 방향

⇒ 직선 도선을 중심으로 동심원 모양의 자기장이 형성된다.

2) 전류의 방향과 세기가 달라지면 자기장의 방향과 세기도 달라진다.

4. **전자석** : 코일 속에 철심을 넣어 만든 자석

1) 전류가 흐르는 동안에만 자석이 된다.

2) 전류의 방향이 바뀌면 전자석의 극도 바뀌며,
전류의 세기에 따라 전자석의 세기가 변한다.

3) **이용** : 자기부상열차, 스피커, 전자석 기중기,
전화기, 자기 공명 영상 장치(MRI) 등

5. **자기장에서 전류가 흐르는 도선이 받는 힘** : 자석 사이에 있는 도선에 전류가 흐르면 자
석에 의한 자기장과 전류에 의한 자기장이 상호 작용하여 도선은 힘을 받는다.

1) **힘의 방향** : 오른손을 펴고 엄지손가락을 전류의 방향, 나머지 네 손가락을 자기장의
방향으로 향할 때 손바닥이 향하는 방향이 힘의 방향이다.

2) **힘의 크기** : 전류의 세기가 셀수록, 전류의 방향
과 자기장의 방향이 수직일수록 크다.

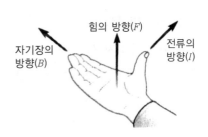

3) **이용** : 전동기, 전류계, 전압계, 스피커 등

03 태양계

1 지구

1. 지구의 자전 : 지구가 자전축을 중심으로 하루에 한 바퀴씩 서쪽에서 동쪽으로 도는 운동

1) **천체의 일주 운동** : 태양의 일주 운동(낮과 밤의 반복), 달과 별의 일주 운동 ⇒ 실제 운동이 아닌 지구 자전에 의한 겉보기 운동

2. 지구의 공전 : 지구가 태양을 중심으로 일 년에 한 바퀴씩 서쪽에서 동쪽으로 도는 운동

1) 태양과 별의 연주 운동 ⇒ 지구 공전에 의한 겉보기 운동

2) **계절별 별자리 변화** : 지구가 공전하며 태양의 위치가 달라짐에 따라 지구에서 보이는 별자리도 달라진다.

2 달

1. 달의 공전과 위상 변화

1) **달의 공전** : 달이 지구를 중심으로 약 한 달에 한 바퀴씩 서쪽에서 동쪽으로 도는 운동

2) **달의 위상 변화** : 약 한 달을 주기로 삭 → 상현 → 망 → 하현으로 모양이 변한다.

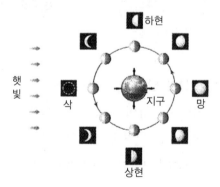

2. 일식과 월식

1) **일식** : 지구에서 볼 때 달이 태양을 가리는 현상

① 위치 관계 : 태양 − 달 − 지구 ⇒ 달의 위치는 삭

② 관측 지역 : 달의 본그림자가 닿는 지역은 개기일식, 달의 반그림자가 닿는 지역은 부분일식이 일어난다.

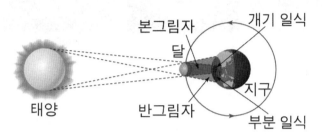

2) **월식** : 지구에서 볼 때 달이 지구 그림자에 가려지는 현상

① 위치 관계 : 태양 – 지구 – 달 ⇒ 달의 위치는 망

② 관측 지역 : 지구에서 밤이 되는 모든 지역

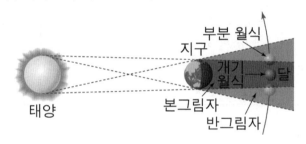

3 태양계의 구성

1. **태양** : 태양계에서 유일하게 스스로 빛을 내는 천체로, 지구에서 가장 가까운 별

1) **태양의 특징**

표면 (광구)	흑점	광구에 나타나는 검은 점으로, 주변보다 온도가 낮음
	쌀알무늬	광구에 쌀알을 뿌려놓은 것 같은 무늬
대기	채층	광구 바로 위에 보이는 얇고 붉은 가스층
	홍염	태양 표면에서 고온의 가스 불기둥이 솟아오르는 현상
	코로나	채층 밖으로 나타나는 청백색의 희미한 가스층
	플레어	흑점 주변의 폭발로, 많은 양의 에너지가 한꺼번에 방출되는 현상

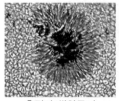
흑점과 쌀알무늬

코로나

채층과 홍염

플레어

2. 태양계 행성

1) 행성의 분류

① 내행성(수성, 금성)과 외행성(화성, 목성, 토성, 천왕성, 해왕성)

② 지구형 행성과 목성형 행성

구분	행성	크기	질량	밀도	위성수	고리	표면
지구형 행성	수성, 금성, 지구, 화성	작다	작다	크다	없다 (적다)	없다	단단한 암석
목성형 행성	목성, 토성, 천왕성, 해왕성	크다	크다	작다	많다	있다	기체

2) 행성의 특징

수성	크기가 가장 작고, 대기가 없어 밤낮의 온도 차가 큼. 운석구덩이 많음.
금성	두꺼운 이산화탄소 대기가 있어 표면 온도가 매우 높음.
화성	붉은 색을 띠고, 흰색의 극관과 물이 흘렀던 흔적이 있음.
목성	크기가 가장 크고, 가로줄무늬와 대적점(붉은점)이 나타남.
토성	크기가 두 번째로 크고, 밀도가 가장 작으며, 뚜렷한 고리가 있음.
천왕성	청록색을 띠고, 자전축이 공전 궤도면과 거의 나란함.
해왕성	파란색을 띠고, 대흑점(검은점)이 나타남.

핵·심·총·정·리

04 식물과 에너지

1 광합성

1. 광합성 : 식물이 빛에너지를 이용하여 이산화탄소와 물을 원료로 양분을 만드는 과정

$$이산화탄소 \ + \ 물 \ \xrightarrow{\text{빛에너지}} \ 포도당 \ + \ 산소$$

1) **광합성 장소** : 엽록체(식물 세포에 있는 초록색의 작은 알갱이)

2) **광합성이 일어나는 시기** : 빛이 있을 때(낮)

3) **광합성에 필요한 요소** : 이산화탄소, 물, 빛에너지

4) **광합성으로 만들어지는 물질** : 포도당, 산소

5) **광합성에 영향을 주는 환경 요인** : 빛의 세기, 이산화탄소 농도, 온도

2. 증산 작용 : 식물체 속의 물이 수증기로 변하여 잎의 기공을 통해 공기 중으로 빠져나가는 현상

1) **증산 작용 장소** : 기공(잎의 표피에 있는 작은 구멍)

2) **증산 작용이 잘 일어나는 시기** : 기공은 주로 낮에 열리고 밤에 닫히므로, 증산 작용은 낮에 활발하게 일어난다.

3) **증산 작용이 잘 일어나는 환경 조건**

   햇빛 – 강할 때, **온도** – 높을 때, **습도** – 낮을 때, **바람** – 잘 불 때

2 식물의 호흡

1. 세포 호흡 : 세포에서 양분을 분해하여 생명 활동에 필요한 에너지를 얻는 과정

$$포도당 \ + \ 산소 \ \longrightarrow \ 이산화탄소 \ + \ 물 \ + \ 에너지$$

1) **호흡 장소** : 식물체를 구성하는 모든 살아 있는 세포

2) **호흡이 일어나는 시기** : 항상 (낮과 밤)

3) **호흡에 필요한 물질** : 포도당, 산소

4) 호흡으로 생성되는 요소 : 이산화탄소, 에너지

2. **식물의 기체 교환** : 낮과 밤에 반대로 나타난다.

낮	· 빛이 강하여 광합성이 활발하게 일어난다. · 광합성량 〉 호흡량 　⇒ 이산화탄소 흡수, 산소 방출
밤	· 빛이 없어 광합성이 일어나지 않는다. · 호흡만 일어남 ⇒ 산소 흡수, 이산화탄소 방출

3. **광합성으로 만든 양분의 사용**

1) **생성** : 엽록체에서 광합성으로 만들어진 포도당은 잎에서 사용되거나, 일부가 녹말로 바꾸어 저장된다.

2) **이동** : 물에 잘 녹지 않는 녹말은 주로 물에 잘 녹는 설탕으로 바꾸어 밤에 체관을 통해 각 기관으로 운반된다.

3) **사용**

① 호흡으로 생명 활동에 필요한 에너지를 얻는 데 사용된다.

② 식물의 몸을 구성하는 성분이 되어 식물이 생장하는 데 사용된다.

4) **저장** : 여러 가지 생명 활동에 사용되고 남은 양분은 녹말, 포도당, 단백질, 지방, 설탕 등 다양한 물질로 바꾸어 뿌리, 줄기, 열매, 씨 등에 저장된다.

녹말	포도당	단백질	지방	설탕
감자, 고구마	포도	콩	깨, 땅콩	사탕수수

05 동물과 에너지

1 소화

1. 영양소

1) 영양소의 종류와 특징

영양소	특징	함유 식품
탄수화물	· 주로 에너지원(약 4kcal/g)으로 이용 · 남은 것은 지방으로 바뀌어 저장	밥, 빵, 감자, 고구마
단백질	· 주로 몸을 구성, 에너지원(약 4kcal/g)으로도 이용 · 몸의 기능을 조절	고기, 생선, 달걀, 두부
지방	· 몸을 구성하거나 에너지원(약 9kcal/g)으로 이용	버터, 기름
물	· 몸의 구성 성분 중 가장 많음 ⇒ 약 60~70% · 영양소와 노폐물 등 여러 가지 물질 운반, 체온 조절	–
바이타민	· 적은 양으로 몸의 기능을 조절 · 종류 : 바이타민 A, B$_1$, C, D 등	채소, 과일
무기염류	· 뼈, 이, 혈액 등을 구성, 몸의 기능을 조절 · 종류 : 칼슘, 나트륨, 철, 칼륨, 마그네슘, 인 등	멸치, 버섯, 다시마, 우유

2. 소화 : 음식물 속의 크기가 큰 영양소를 크기가 작은 영양소로 분해하는 과정

1) 소화 과정 : 녹말은 포도당으로, 단백질은 아미노산으로, 지방은 지방산과 모노글리세리드로 분해된다.

① 입 : 침 속의 아밀레이스가 녹말을 엿당으로 분해한다.

② 위 : 위액 속의 펩신이 염산의 도움을 받아 단백질을 분해한다.

③ 소장

┌ 쓸개즙 : 간에서 생성되어 쓸개에 저장되었다가 소장으로 분비되어 지방의 소화를 돕는다.

└ 이자액 : 아밀레이스(녹말 분해), 트립신(단백질 분해), 라이페이스(지방 분해)가 들어 있다.

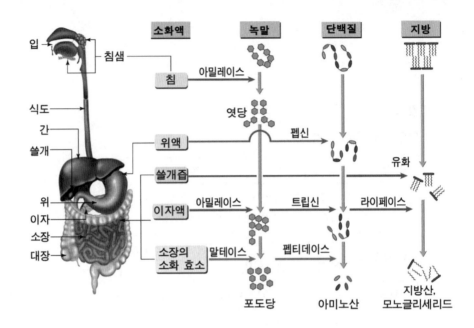

2) **영양소의 흡수** : 소장 융털의 모세 혈관과 암죽관으로 흡수되어 심장으로 이동한 후 온
몸의 조직 세포로 운반된다.

① 수용성 영양소 : 포도당, 아미노산, 무기염류 ⇒ 융털의 모세 혈관으로 흡수

② 지용성 영양소 : 지방산, 모노글리세리드 ⇒ 융털의 암죽관으로 흡수

2 순환

1. **심장** : 혈액 순환의 원동력 (2심방 2심실)

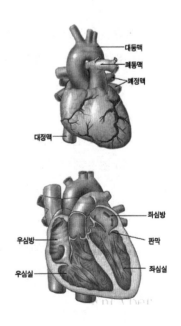

심방	· 심장으로 혈액이 들어오는 부위 · 정맥과 연결
심실	· 심장에서 혈액을 내보내는 부위 · 동맥과 연결 · 심방보다 벽이 두껍고, 좌심실의 벽이 가장 두껍다.
판막	· 혈액의 역류 방지 · 심방과 심실 사이, 심실과 동맥 사이에 존재

2. 혈관

동맥	· 심장에서 나가는 혈액이 흐르는 혈관 · 혈관벽이 두껍고 탄력성이 강하다.
모세 혈관	· 온몸에 그물처럼 퍼져있는 가느다란 혈관 · 동맥과 정맥을 연결, 주위의 조직 세포와 물질 교환
정맥	· 심장으로 들어가는 혈액이 흐르는 혈관 · 곳곳에 판막이 있다.

3. 혈액 : 세포 성분인 혈구(45%)와 액체 성분인 혈장(55%)으로 이루어져 있다.

	적혈구	· 가운데가 오목한 원반형 · 산소 운반(헤모글로빈)
혈구	백혈구	· 모양이 일정하지 않음 · 식균 작용
	혈소판	· 모양이 일정하지 않음 · 혈액 응고 작용
혈장	혈액	· 물이 주성분(약 90%) ⇒ 체온 조절 · 영양소, 이산화탄소, 노폐물 등을 운반

4. 혈액 순환

1) **폐순환(= 소순환)** : 우심실 → 폐동맥 → 폐의 모세 혈관 → 폐정맥 → 좌심방

2) **체순환(= 대순환)** : 좌심실 → 대동맥 → 온몸의 모세 혈관 → 대정맥 → 우심방

③ 호흡

1. 호흡 기관

1) **코** : 털과 끈끈한 점액이 먼지를 걸러낸다.

2) **기관** : 안쪽의 섬모가 먼지나 세균을 걸러낸다.

3) **기관지** : 기관의 끝 부분이 2갈래로 나누어진 관으로 좌우 폐와 연결된다.

4) **폐** : 좌우 한 쌍으로 존재하며, 수많은 폐포(폐를 구성하는 작은 공기주머니)로 이루어 져 있어 공기와 닿는 표면적이 매우 넓다. ⇒ 기체 교환이 효율적으로 일어날 수 있다.

2. **호흡 운동** : 폐의 운동은 갈비뼈와 가로막의 상하 운동에 의해 이루어진다.

구분	갈비뼈	가로막	흉강	압력	공기 이동
들숨	올라감	내려감	넓어짐	낮아짐	외부 → 폐
날숨	내려감	올라감	좁아짐	높아짐	폐 → 외부

3. **기체 교환** : 기체의 농도 차이에 따른 확산에 의해 기체 교환이 일어난다.

폐에서의 기체 교환	조직 세포에서의 기체 교환
폐포 $\xrightarrow[\text{이산화탄소}]{\text{산소}}$ 모세 혈관	모세 혈관 $\xrightarrow[\text{이산화탄소}]{\text{산소}}$ 조직 세포

4 배설

1. **노폐물의 생성과 배설**

분해 영양소	노폐물	몸 밖으로 나가는 방법
탄수화물, 단백질, 지방	이산화탄소	폐에서 날숨으로 나간다.
탄수화물, 단백질, 지방	물	폐에서 날숨으로 나가거나, 콩팥에서 오줌으로 나간다.
단백질	암모니아	간에서 독성이 약한 요소로 바뀐 다음 콩팥에서 오줌으로 나간다.

2. **배설계의 구조**

1) **콩팥** : 혈액 속의 노폐물을 걸러 오줌을 만드는 기관

· 네프론 : 오줌을 만드는 단위 ⇒ 사구체, 보먼주머니, 세뇨관으로 이루어진다.

2) **오줌관** : 콩팥과 방광을 연결하는 긴 관

3) **방광** : 콩팥에서 만들어진 오줌을 모아두는 기관

4) **요도** : 방광에 모인 오줌이 몸 밖으로 나가는 통로

3. 오줌의 생성 과정

여과	크기가 작은 물질이 [사구체 → 보먼 주머니]로 이동하는 현상	물, 요소, 포도당, 아미노산, 무기염류 등이 여과
재흡수	몸에 필요한 물질이 [세뇨관 → 모세 혈관]으로 이동하는 현상	· 포도당, 아미노산 : 전부 재흡수 · 물, 무기염류 : 대부분 재흡수
분비	노폐물이 [모세 혈관 → 세뇨관]으로 이동하는 현상	미처 여과되지 않고 혈액에 남아있던 노폐물

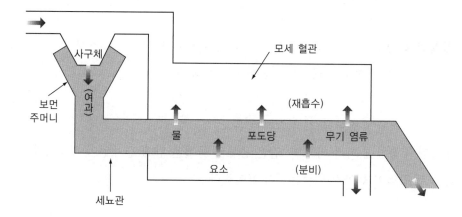

06 물질의 특성

1 물질의 특성

1. 물질의 분류

1) **순물질** : 한 가지 물질로 이루어진 물질 ⇒ 물질의 고유한 성질을 나타낸다.

   예 금, 구리, 산소, 염화나트륨, 물 등

2) **혼합물** : 두 가지 이상의 순물질이 섞여 있는 물질 ⇒ 성분 물질의 성질을 그대로 가진다.

균일 혼합물	불균일 혼합물
두 가지 이상의 순물질이 고르게 섞여 있는 물질	두 가지 이상의 순물질이 고르지 않게 섞여 있는 물질
예 소금물, 설탕물, 공기, 합금 등	예 흙탕물, 우유, 암석 등

2. 물질의 특성 : 다른 물질과 구별되는 그 물질만이 가지는 고유한 성질

   예 색깔, 맛, 끓는점, 녹는점, 어는점, 밀도, 용해도 등

3. 끓는점 : 액체 물질이 끓기 시작하는 온도

1) 물질의 종류에 따라 다르며, 같은 종류의 물질은 양에 관계없이 일정하다.

2) 외부 압력이 높아지면 끓는점이 높아진다.

4. 녹는점과 어는점

1) **녹는점** : 고체 물질이 녹기 시작하는 온도

2) **어는점** : 액체 물질이 얼기 시작하는 온도

3) 녹는점과 어는점은 물질의 종류에 따라 다르며, 같은 종류의 물질은 양에 관계없이 일정하다.

5. 밀도 : 물질의 질량을 부피로 나눈 값

1) 물질에 따라 고유한 값을 갖는다.

2) 밀도가 큰 물질은 아래로 가라앉고, 밀도가 작은 물질은 위로 뜬다. A 〉 B 〉 C

3) 같은 물질인 경우 밀도는 기체 〈 액체 〈 고체 순으로 증가한다.

  예외) 물의 밀도 〉 얼음의 밀도

6. 용해도 : 어떤 온도에서 용매 100g에 최대로 녹을 수 있는 용질의 g수

1) **용해** : 한 물질이 다른 물질에 녹아 고르게 섞이는 현상

2) **용매** : 다른 물질을 녹이는 물질

3) **용질** : 다른 물질에 녹는 물질

4) **용액** : 용매와 용질이 고르게 섞여 있는 물질

$$용매 \ + \ 용질 \xrightarrow{\text{용해}} 용액$$

5) **고체의 용해도** : 일반적으로 온도가 높을수록 용해도는 증가한다. (압력의 영향은 거의 받지 않는다.)

6) **기체의 용해도** : 온도가 낮을수록, 압력이 높을수록 증가한다.

7) **용해도 곡선** : 어떤 용질의 온도에 따른 용해도 변화를 나타낸 그래프

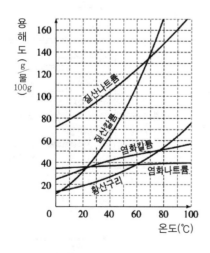

⇒ 곡선의 기울기가 급할수록

  온도 변화에 따른 용해도 차이가 크다.

  : 질산칼륨이 온도 변화에 따른 용해도
   차이가 가장 크다.

2 혼합물의 분리

1. 끓는점 차를 이용한 분리

1) **분별 증류** : 서로 잘 섞여 있는 액체 혼합물을 끓는점 차이를 이용하여 분리하는 방법
⇒ 끓는점이 낮은 물질이 먼저 끓어 나온다.

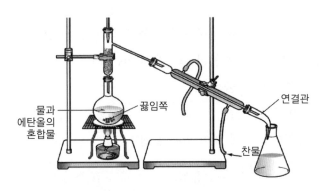

물과 에탄올	원유
끓는점이 낮은 에탄올이 먼저 끓어 나오고, 끓는점이 높은 물이 나중에 끓어 나온다.	끓는점이 낮은 순서로 가솔린 → 등유 → 경유 → 중유가 분리되어 나온다.

2. 밀도 차를 이용한 분리

1) **고체 혼합물의 분리** : 두 물질을 녹이지 않고, 밀도가 두 물질의 중간 정도인 액체에 넣어 분리한다.
　🥚 좋은 볍씨 고르기,
　　　신선한 달걀 고르기 등

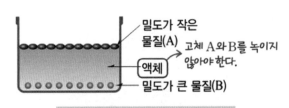

밀도 비교 : B > 액체 > A

2) **액체 혼합물의 분리** : 서로 섞이지 않고, 밀도가 다른 액체 혼합물의 경우 분별 깔때기를 이용하여 분리한다.

　🔵 물과 식용유, 물과 사염화탄소 등

3. 용해도 차를 이용한 분리

1) **거름** : 어떤 용매에 잘 녹는 고체와 잘 녹지 않는 고체가 섞여 있을 때 거름 장치를 이용하여 분리한다.

2) **재결정** : 불순물이 섞여 있는 고체 물질을 용매에 녹인 후 용액의 온도를 낮추거나 용매를 증발시켜 순수한 고체 물질을 얻는 방법

　🔵 소금과 모래, 불순물이 섞인 질산칼륨에서 순수한 질산칼륨 얻기 등

4. 크로마토그래피 : 혼합물을 이루는 성분 물질이 용매를 따라 밀려 올라가는 속도의 차이를 이용하여 혼합물을 분리하는 방법

　🔵 운동선수의 도핑 테스트, 잎의 색소 분리, 사인펜 잉크의 색소 분리 등

07 수권과 해수의 순환

1 수권의 분포와 활용

1. 수권의 분포 : 해수가 대부분을 차지하고, 담수는 매우 적은 양을 차지한다.

  1) **해수** : 바다에 있는 물, 수권의 97% 이상, 짠맛

  2) **담수** : 주로 육지에 있는 물, 짠맛이 나지 않음

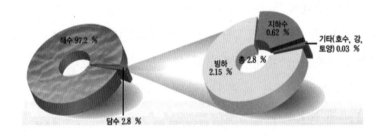

2 해수의 특성

1. 해수의 표층 수온 분포 : 해수의 표층 수온은 위도나 계절에 따라 다르게 나타난다.

  1) **영향을 주는 요인** : 태양 에너지

  2) **위도별 해수의 표층 수온 분포** : 저위도에서 고위도로 갈수록 표층 수온이 낮아진다.

    ⇒ 저위도에서 고위도로 갈수록 태양 에너지가 적게 들어오기 때문

  3) **계절별 해수의 표층 수온 분포** : 여름철의 표층 수온이 겨울철보다 높다.

    ⇒ 겨울철보다 여름철에 태양 에너지가 많이 들어오기 때문

2. 해수의 연직 수온 분포 : 해수의 수온은 깊이에 따라 다르게 나타난다.

  1) **영향을 주는 요인** : 태양 에너지, 바람

  2) **해수의 층상 구조**

    ① **혼합층** : 수온이 높고, 바람의 혼합 작용으로 수온이 일정한 층 ⇒ 바람이 강할수록 두께가 두꺼워짐

    ② **수온 약층** : 깊이가 깊어질수록 수온이 급격하게 낮아지는 층 ⇒ 따뜻한 물이 위에 있고, 차가운 물이 아래에 있어 대류가 잘 일어나지 않고 안정됨

    ③ **심해층** : 수온이 낮고 일정한 층 ⇒ 위도나 계절에 상관없이 수온이 거의 일정함

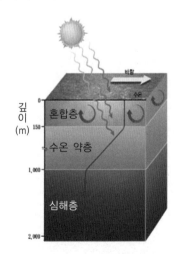

3. 염류와 염분

1) **염류** : 해수에 녹아 있는 여러 가지 물질 ⇒ 짠맛을 내는 염화나트륨이 가장 많고, 쓴맛을 내는 염화마그네슘이 두 번째로 많다.

2) **염분** : 해수 1kg에 녹아 있는 전체 염류의 양을 g수로 나타낸 것 (단위 : ‰ 퍼밀)

⇒ 전 세계 해수의 평균 염분 : 35‰

4. 염분의 분포

1) **영향을 주는 요인** : 증발량과 강수량, 담수의 유입량, 해빙과 결빙

2) **우리나라 주변 바다의 염분 분포**

① 동해 〉황해 : 황해로 강물이 더 많이 유입되기 때문

② 겨울 〉여름 : 여름철에 강수량이 더 많기 때문

3 해수의 순환

1. 해류 : 일정한 방향으로 나타나는 지속적인 해수의 흐름

1) **발생 원인** : 지속적으로 부는 바람

2) **해류의 구분**

① 난류 : 저위도 → 고위도로 흐르는 비교적 따뜻한 해류

② 한류 : 고위도 → 저위도로 흐르는 비교적 차가운 해류

2. 우리나라 주변 해류

1) 쿠로시오 해류에서 갈라져 나온 동한 난류와 황해 난류가 흐른다.

2) **조경 수역** : 동한 난류와 북한 한류가 만나는 동해에 형성 ⇒ 좋은 어장이 형성됨

3. 조석 : 밀물과 썰물로 해수면의 높이가 주기적으로 높아지고 낮아지는 현상

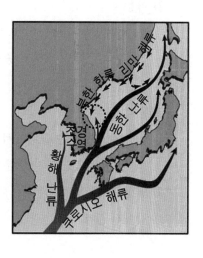

열과 우리 생활

1 열

1. 온도와 입자 운동 : 입자의 운동이 활발할수록 물체의 온도가 높고, 둔할수록 물체의 온도가 낮다. ⇒ 온도는 물체를 구성하는 입자의 운동이 활발한 정도를 나타낸다.

1) **뜨거운 물** : 입자 운동이 활발하다. ⇒ 온도가 높다.

2) **차가운 물** : 입자 운동이 둔하다. ⇒ 온도가 낮다.

2. 열의 이동 방법

1) **전도** : 고체에서 이웃한 입자들 사이의 충돌에 의해 열이 이동하는 방법

   예 뜨거운 국에 숟가락을 담가 두면 손잡이 부분까지 뜨거워진다.

2) **대류** : 액체와 기체에서 입자가 직접 이동하면서 열이 이동하는 방법

   예 주전자에 든 물을 끓일 때 아래쪽만 가열해도 물이 골고루 데워진다.

3) **복사** : 열이 물질의 도움 없이 빛의 형태로 직접 이동하는 방법

   예 태양의 열이 지구로 전달된다. (태양 복사 에너지) 토스터나 오븐으로 요리를 한다.

3. 단열 : 물체와 물체 사이에서 열이 이동하지 못하게 막는 것

1) 전도, 대류, 복사에 의한 열의 이동을 모두 막아야 단열이 잘 된다.

2) 단열이 잘 될수록 물체의 온도 변화가 적게 일어난다.

3) **이용**

   ① 보온병을 이용하여 뜨거운 물이나 차가운 물을 보관한다.

   ② 집의 단열을 위해 이중창을 설치하거나 벽과 벽 사이에 스타이로폼을 넣는다.

4. 열평형

1) **열** : 온도가 높은 물체에서 낮은 물체로 이동하는 에너지

   ⇒ 열을 얻으면 입자의 운동이 활발해지고, 열을 잃으면 입자의 운동이 둔해진다.

2) **열평형** : 온도가 다른 두 물체를 접촉한 후 어느 정도 시간이 지났을 때 두 물체의 온도가 같아진 상태

① 고온의 물체는 열을 잃어 온도가 낮아지고, 저온의 물체는 열을 얻어 온도가 높아진다.

② 열은 두 물체의 온도가 같아질 때까지 이동한다.

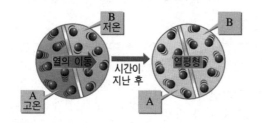 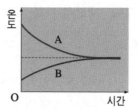

2 비열과 열팽창

1. **비열** : 어떤 물질 1kg의 온도를 1℃ 높이는 데 필요한 열량 (단위 : kcal/kg · ℃)

   1) **특징**

   ① 물질의 종류에 따라 비열이 다르다.

   ② 비열이 큰 물질은 온도가 잘 안 변하고, 비열이 작은 물질은 온도가 잘 변한다.

   2) **이용**

   ① 물은 비열이 커서 외부 온도의 급격한 변화에도 사람의 체온은 유지된다.

   ② 뚝배기는 금속 냄비보다 비열이 커서 천천히 뜨거워지고 천천히 식는다.

2. **열팽창** : 물질에 열을 가할 때 물질의 길이 또는 부피가 증가하는 현상

   1) **열팽창이 일어나는 이유** : 물체에 열이 가해지면 물체를 구성하는 입자의 운동이 활발해져 입자 사이의 거리가 멀어지기 때문에

   2) **이용**

   ① 바이메탈 : 열팽창 정도가 다른 두 금속을 붙여 놓은 장치

   ② 다리, 철로의 이음새 부분에 틈을 만들어 여름에 열팽창하여 휘는 것을 막는다.

   ③ 가스관, 송유관은 중간에 구부러진 부분을 만들어 열팽창에 의한 사고를 예방한다.

⇒ 열팽창 정도 : 놋쇠 〉 철

재해 · 재난과 안전

1 재해 · 재난

1. 재해 · 재난 : 자연 현상이나 인간의 부주의 등으로 인명과 재산에 발생하는 피해

    1) 자연 재해 · 재난의 피해 및 대처 방안

종류	피해	대처 방안
지진	· 산이 무너지거나 땅이 갈라진다. · 도로나 건물이 무너지고 화재가 발생한다.	· 땅이 불안정한 지역을 피해 건물을 짓고, 내진 설계를 한다. · 큰 가구는 미리 고정하고, 물건을 낮은 곳으로 옮긴다.
태풍	· 강한 바람으로 농작물이나 시설물에 피해를 준다. · 집중 호우를 동반하여 도로를 무너뜨리거나 산사태를 일으킨다.	· 창문을 고정하고, 배수구가 막히지 않았는지 확인한다. · 감전의 위험이 있으므로 전기 시설을 만지지 않는다.
화산	· 화산재가 사람이 사는 지역을 덮는다. · 용암이 흐르면서 마을이나 농작물에 피해를 준다.	· 화산이 폭발하면 외출을 자제하고, 화산재에 노출되지 않도록 한다. · 방진 마스크, 손전등, 예비 의약품 등 필요한 물품을 미리 준비한다.

    2) 인위 재해 · 재난의 피해 및 대처 방안

종류	피해	대처 방안
화학 물질 유출	· 화학 물질이 반응하여 폭발하거나 화재가 발생한다. · 피부 접촉 시 수포가 생긴다. · 호흡 시 폐에 손상을 준다.	· 화학 물질에 직접 노출되지 않도록 주의하고, 최대한 멀리 대피한다. · 실내로 대피한 경우 창문을 닫고, 외부 공기와 통하는 에어컨, 환풍기의 작동을 멈춘다.
감염성 질병 확산	특정 지역에 그치지 않고 지구적인 규모로 확산하여 큰 피해를 줄 수 있다.	· 비누를 사용하여 손을 자주 씻고, 식재료를 깨끗이 씻는다. · 식수는 끓인 물이나 생수를 사용하고, 음식물을 충분히 익혀 먹는다.

중학교 졸업자격 검정고시

과학

SCIENCE

3학년

01 화학 반응의 규칙과 에너지 변화

1 물질 변화와 화학 반응식

1. 물리 변화 : 물질의 고유한 성질은 변하지 않으면서 모양이나 상태가 변하는 현상

예 종이를 가위로 자른다, 빨래가 마른다, 설탕이 물에 녹는다, 꽃향기가 방안에 퍼져 나간다, 얼음이 녹아 물이 된다 등

2. 화학 변화 : 어떤 물질이 성질이 전혀 다른 새로운 물질로 변하는 현상

예 종이를 태운다, 음식물이 부패한다, 프라이팬 위의 달걀이 익는다, 철이 녹슨다, 김치가 시어진다 등

3. 화학 반응식

1) **화학 반응식을 나타내는 방법** 예 물 생성 반응

① 화살표의 왼쪽에는 반응물을, 오른쪽에는 생성물을 쓴다.

⇒ 수소 + 산소 → 물

② 반응물과 생성물을 화학식으로 나타낸다.

⇒ $H_2 + O_2 \rightarrow H_2O$

③ 화학 반응 전후에 원자의 종류와 개수가 같도록 계수를 맞춘다.(단, 1은 생략)

⇒ $2H_2 + O_2 \rightarrow 2H_2O$

2) **화학 반응식으로 알 수 있는 것** : 반응물과 생성물의 종류, 반응물과 생성물을 이루는 원자의 종류와 개수, 입자 수의 비 등

2 화학 반응의 규칙

1. 질량 보존 법칙(1772년, 라부아지에) : 화학 반응이 일어날 때 반응물의 총질량과 생성물의 총질량은 같다. ⇒ 화학 반응이 일어날 때 물질을 이루는 원자의 종류와 개수가 변하지 않기 때문

예 $\dfrac{수소}{2g} + \dfrac{산소}{16g} \longrightarrow \dfrac{물}{18g}$

2. 일정 성분비 법칙(1799년, 프루스트) : 화합물을 구성하는 성분 원소 사이에는 일정한 질량비가 성립한다. ⇒ 화합물이 만들어질 때 원자는 항상 일정한 개수비로 결합하기 때문

예) $\dfrac{구리}{4} + \dfrac{산소}{1} \rightarrow \dfrac{산화\,구리(\text{II})}{5}$ 질량비(4:1:5)

3. 기체 반응 법칙(1808년, 게이뤼삭) : 일정한 온도와 압력에서 기체가 반응하여 새로운 기체를 생성할 때 각 기체의 부피 사이에는 간단한 정수비가 성립한다.

예)

암모니아 생성 반응	화학 반응식	$N_2 + 3H_2 \rightarrow 2NH_3$
	계수비	1 : 3 : 2
	부피비	1 : 3 : 2
	분자 수비	1 : 3 : 2

3 화학 반응에서의 에너지 출입

1. 발열 반응 : 화학 반응이 일어날 때 에너지를 방출하는 반응

예) 연소 반응(연소할 때 열에너지와 빛에너지를 방출), 호흡(포도당과 산소가 반응할 때 방출된 에너지는 생명 활동에 쓰임), 금속이 녹스는 반응(금속이 공기 중의 산소와 반응할 때 열에너지를 방출) 등

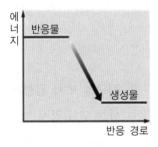

2. 흡열 반응 : 화학 반응이 일어날 때 에너지를 흡수하는 반응

예) 광합성(식물이 광합성을 할 때 빛에너지를 흡수), 소금과 물의 반응(소금과 물이 반응할 때 열에너지를 흡수), 물의 전기 분해(물이 전기 에너지를 흡수하여 수소와 산소로 분해) 등

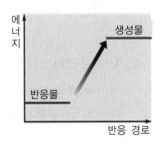

02 기권과 날씨

1 기권과 지구 기온

1. 기권의 층상 구조 : 높이에 따른 기온 변화를 기준으로 지표에서부터 4개 층으로 구분한다.

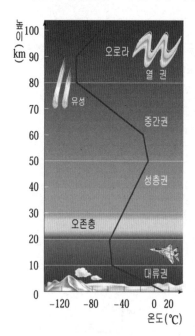

열권	· 높이 올라갈수록 기온이 높아진다. · 공기가 매우 희박하고, 밤낮의 기온 차가 크다. · 오로라가 나타난다.
중간권	· 높이 올라갈수록 기온이 낮아진다. · 대류가 있지만 수증기가 없어 기상현상은 나타나지 않는다. · 상부에서 유성이 관측되기도 한다.
성층권	· 높이 올라갈수록 기온이 높아진다. · 오존층이 존재하여 자외선을 흡수한다. · 대류가 일어나지 않아 비행기의 항로로 이용된다.
대류권	· 높이 올라갈수록 기온이 낮아진다. · 공기의 대부분이 대류권에 모여 있다. · 공기의 대류로 인해 구름, 비, 눈 등의 기상현상이 나타난다.

2. 지구의 복사 평형과 온실 효과

1) **지구의 복사 평형** : 지구는 태양 복사 에너지를 흡수한 양만큼 지구 복사 에너지를 방출하여 복사 평형을 이루고 있다. ⇒ 지구의 평균 기온이 거의 일정하게 유지된다.

2) **온실 효과** : 지표에서 방출하는 지구 복사 에너지의 일부를 대기가 흡수했다가 지표로 방출하여 지구의 평균 기온이 높게 유지되는 현상

3. 지구 온난화 : 대기 중으로 방출되는 온실 기체의 양이 증가하면서 온실 효과가 강화되어 지구의 평균 기온이 높아지는 현상

1) **가장 큰 영향을 미치는 온실 기체** : 이산화탄소(CO_2)

2) **영향** : 빙하 융해, 저지대 침수, 해수면 상승, 육지 면적 감소, 사막 증가, 기상이변 발생, 생태계 변화 등

3) **대책** : 화석 연료 사용 억제, 신·재생 에너지 개발, 에너지 절약, 삼림 면적 확대 등

2 구름과 강수

1. 물의 증발과 포화 수증기량

1) **증발** : 물의 표면에서 물이 수증기로 변하는 현상

2) **포화 상태** : 어떤 공기가 수증기를 최대로 포함하고 있는 상태

3) **포화 수증기량** : 포화 상태의 공기 1kg에 들어 있는 수증기량(g)

⇒ 기온이 높을수록 포화 수증기량이 많아진다.

2. 응결과 이슬점

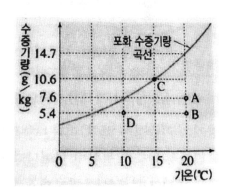

1) **응결** : 공기 중의 수증기가 물방울로 변하는 현상

2) **이슬점** : 공기 중의 수증기가 응결하기 시작할 때의 온도

⇒ 실제 수증기량이 많을수록 높아진다.

3) **이슬점 찾기** : A의 이슬점은?

⇒ 불포화 상태의 A가 냉각되어 포화 상태가 될 때의 온도(이슬점)는 10℃이다.

3. 상대습도 : 공기의 건조하고 습한 정도

$$상대습도(\%) = \frac{현재\ 공기\ 중의\ 실제\ 수증기량}{현재\ 기온의\ 포화\ 수증기량} \times 100$$

⇒ 포화 수증기량 곡선 상에 있는 모든 공기의 상대습도는 100%이다.

⇒ 수증기량이 많을수록, 기온이 낮을수록 상대습도가 높다.

4. 구름의 생성과 분류

1) **구름** : 공기 중의 수증기가 응결하여 생긴 물방울이나 얼음 알갱이(빙정)가 하늘에 떠 있는 것

2) **생성 과정** : 공기 덩어리 상승 → 단열 팽창(부피 팽창) → 기온 하강 → 이슬점 도달 → 수증기 응결 → 구름 생성

3) **분류**

① 적운형 구름 : 위로 솟는 모양, 공기가 강하게 상승할 때 생성

② 층운형 구름 : 옆으로 퍼지는 모양, 공기가 약하게 상승할 때 생성

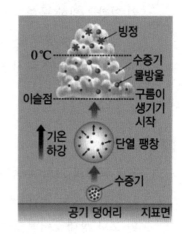

5. 강수 : 구름에서 지표로 떨어지는 비나 눈

⇒ 구름 입자가 빗방울로 성장해야 비나 눈이 내린다.

③ 기압과 바람

1. 기압(대기압) : 공기가 단위 넓이에 작용하는 힘

1) **방향** : 모든 방향으로 동일하게 작용한다.

2) **단위** : hPa(헥토파스칼), 기압, cmHg

3) **1기압의 크기** : 수은 기둥의 높이 76cm에 해당하는 공기의 압력

> 1기압 = 76cmHg = 1013hPa = 약 10m 물기둥의 압력

4) **기압의 변화**

① 공기가 계속 움직이기 때문에 측정 장소와 시간에 따라 기압이 달라진다.

② 높이 올라갈수록 공기의 양이 감소하므로 기압이 낮아진다.

2. 바람 : 기압이 높은 곳에서 낮은 곳으로 수평 방향으로 이동하는 공기의 흐름

1) **바람이 부는 원인** : 두 지점의 기압 차이

⇒ 두 지점의 기압 차이가 클수록 풍속(바람의 세기)이 빨라진다.

2) **해륙풍과 계절풍** : 육지는 바다보다 빨리 가열되고 빨리 냉각되기 때문에 육지와 바다 사이에 기압 차이가 발생하여 바람이 분다.

① **해륙풍** : 해안에서 하루를 주기로 풍향이 바뀌는 바람

구분	해풍	육풍
부는 때	낮	밤
기온	육지 〉 바다	육지 〈 바다
기압	육지 〈 바다	육지 〉 바다
바람 방향	바다에서 육지로 바람이 분다.	육지에서 바다로 바람이 분다.

② **계절풍** : 대륙과 해양 사이에서 1년을 주기로 풍향이 바뀌는 바람

구분	남동 계절풍(우리나라)	북서 계절풍(우리나라)
부는 때	여름	겨울
기온	대륙 〉 해양	대륙 〈 해양
기압	대륙 〈 해양	대륙 〉 해양
바람 방향	해양에서 대륙으로 바람이 분다.	대륙에서 해양으로 바람이 분다.

4 날씨의 변화

1. 기단과 날씨

1) **기단** : 성질이 비슷한 큰 공기 덩어리

2) **우리나라 주변의 기단**

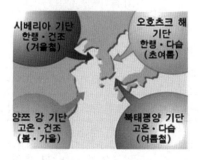

기단	성질	계절
시베리아 기단	한랭건조	겨울
오호츠크해 기단	한랭다습	초여름
양쯔강 기단	고온건조	봄, 가을
북태평양 기단	고온다습	여름

2. 전선과 날씨

1) **전선면** : 성질이 다른 두 기단이 만나서 생긴 경계면

2) **전선** : 전선면이 지표면과 만나는 경계선

3) **한랭 전선과 온난 전선**

구분	한랭 전선	온난 전선
모습	찬 공기가 따뜻한 공기 아래를 파고들 때 생기는 전선	따뜻한 공기가 찬 공기를 타고 오를 때 생기는 전선
전선면의 기울기	급하다	완만하다
구름의 종류	적운형	층운형
강수	좁은 지역에 소나기	넓은 지역에 약한 비
이동 속도	빠르다	느리다
전선 통과 후	기온 하강	기온 상승

3. 기압과 날씨

구분	고기압	저기압
모습		
정의	주위보다 기압이 높은 곳	주위보다 기압이 낮은 곳
바람(북반구)	시계 방향으로 불어 나감	반시계 방향으로 불어 들어감
기류	하강기류	상승기류
날씨	구름 소멸 → 날씨 맑음	구름 생성 → 날씨 흐림

1 운동

1. 운동의 기록

1) **다중 섬광 사진** : 일정한 시간 간격으로 운동하는 물체를 촬영한 사진

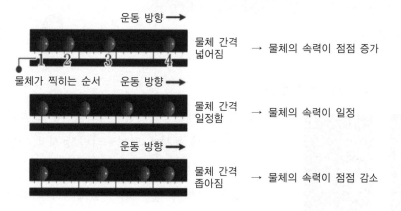

운동 방향 →

물체 간격 넓어짐 → 물체의 속력이 점점 증가

물체가 찍히는 순서   운동 방향 →

물체 간격 일정함 → 물체의 속력이 일정

운동 방향 →

물체 간격 좁아짐 → 물체의 속력이 점점 감소

2) **속력** : 일정한 시간 동안 물체가 이동한 거리

$$속력(m/s) = \frac{이동거리(m)}{걸린시간(s)}$$

2. 등속 운동 : 시간에 따라 속력이 일정한 운동

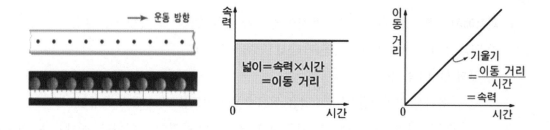

→ 운동 방향

속력

넓이=속력×시간
=이동 거리

0   시간

이동거리

기울기
$=\dfrac{이동\ 거리}{시간}$
=속력

0   시간

🔹 에스컬레이터, 스키 리프트, 무빙워크, 컨베이어 등

3. 자유 낙하 운동 : 공기 저항이 없을 때, 정지해 있던 물체가 중력만 받으면서 아래로 떨어지는 운동

1) 지구의 지표면 근처에서 자유 낙하하는 물체의 속력은 1초에 9.8m/s씩 증가한다.

2) 자유 낙하하는 물체의 다중 섬광 사진에서는 물체 사이의 간격이 점점 증가한다.

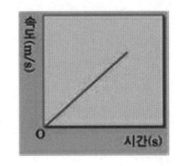

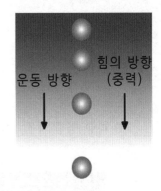

운동 방향   힘의 방향 (중력)

3) **질량이 다른 물체의 자유 낙하 운동**

 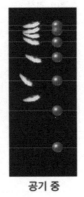

진공   공기 중

① 진공 상태일 때 : 질량이 다른 두 물체를 같은 높이에서 동시에 떨어뜨리면 동시에 바닥에 도착한다.

② 공기 저항이 있을 때 : 물체의 크기와 모양에 따라 공기 저항이 다르게 작용하므로 같은 높이에서 동시에 떨어뜨려도 동시에 바닥에 도착하지 않는다.

2 일과 에너지

1. 과학에서의 일 : 물체에 힘이 작용하여 물체가 힘의 방향으로 이동하는 경우

1) 일의 양(W) = 힘(F) × 이동 거리(s) (단위 : J(줄))

2) **일의 양이 0인 경우**

① 작용하는 힘이 0일 때   📖 얼음 위에서 스케이트를 타고 등속 운동할 때

② 이동한 거리가 0일 때   📖 벽을 힘껏 밀었는데 움직이지 않거나, 물체를 든 상태로 가만히 서 있을 때

③ 힘의 방향과 이동 방향이 수직일 때   📖 가방을 들고 수평 방향으로 걸어갈 때

2. 중력과 일의 양

1) **중력에 의한 위치 에너지** : 높은 곳에 있는 물체가 가지는 에너지

① 질량이 m(kg)인 물체를 높이 $h(m)$만큼 들어 올릴 때 중력에 대해 한 일의 양과 같다.

위치 에너지 = 9.8 × 질량 × 높이, $E = 9.8\,mh$

2) 운동 에너지 : 운동하는 물체가 가지는 에너지

① 질량이 m(kg)인 물체가 속력 v(m/s)로 운동할 때, 물체는 다음과 같은 운동 에너지를 갖는다.

운동 에너지 = $\frac{1}{2}$ × 질량 × (속력)^2 , $E = \frac{1}{2}mv^2$

04 자극과 반응

1 감각 기관

1. 눈(시각)

1) 눈의 구조와 기능

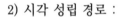

① 홍채 : 동공의 크기를 조절하여 눈으로 들어오는 빛의 양을 조절

② 수정체 : 빛을 굴절시켜 망막에 상이 맺히게 함

③ 섬모체 : 수정체의 두께를 조절

④ 망막 : 시각 세포 분포, 상이 맺힘

⑤ 맥락막 : 검은색 색소가 눈 속을 어둡게 함

2) 시각 성립 경로 :

빛 → 각막 → 수정체 → 유리체 → 망막의 시각 세포 → 시각 신경 → 뇌

3) 눈의 조절 작용

동공 크기 조절	밝을 때	홍채 이완 ⇒ 동공 축소
	어두울 때	홍채 수축 ⇒ 동공 확대
수정체 두께 조절	먼 곳을 볼 때	섬모체 이완 ⇒ 수정체 얇아짐
	가까운 곳을 볼 때	섬모체 수축 ⇒ 수정체 두꺼워짐

2. 귀(청각, 평형 감각)

1) 귀의 구조와 기능

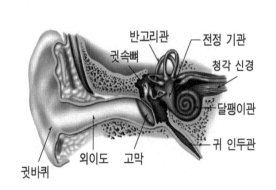

① 고막 : 소리에 의해 진동하는 얇은 막

② 귓속뼈 : 고막의 진동을 증폭함

③ 달팽이관 : 청각 세포가 있음

④ 반고리관 : 몸의 회전 감지

⑤ 전정 기관 : 몸의 기울어짐 감지

⑥ 귀인두관 : 고막 안쪽과 바깥쪽의 압력을 같게 조절

2) **청각의 성립 경로** : 소리 → 귓바퀴 → 외이도 → 고막 → 귓속뼈 → 달팽이관의 청각 세포 → 청각 신경 → 뇌

3. 코(후각), 혀(미각)

1) **후각(기체 상태의 화학 물질)** : 가장 예민한 감각이지만, 쉽게 피로해진다.

⇒ 후각 세포는 같은 냄새를 계속 맡으면 나중에는 잘 느끼지 못한다.

2) **미각(액체 상태의 화학 물질)** : 기본 맛은 단맛, 신맛, 짠맛, 쓴맛, 감칠맛

⇒ 다양한 음식 맛은 미각과 후각을 종합하여 느낀다.

4. 피부(피부 감각)

1) **감각점** : 피부에서 자극을 받아들이는 부위

2) **감각점 분포** : 일반적으로 통점이 가장 많이 분포한다.(통증에 가장 예민)

2 신경계

1. 뉴런 : 신경계를 이루고 있는 신경 세포

1) 뉴런의 구조

① 가지 돌기 : 다른 뉴런이나 감각 기관에서 전달된 자극을 받아들임

② 신경 세포체 : 핵과 세포질이 있어 여러 가지 생명 활동이 일어남

③ 축삭 돌기 : 다른 뉴런이나 기관으로 자극을 전달함

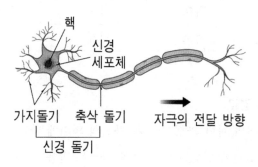

2) 뉴런의 종류

　① 감각 뉴런 : 감각 기관에서 받아들인 자극을 연합 뉴런으로 전달

　② 연합 뉴런 : 뇌와 척수를 이루는 뉴런, 감각 뉴런과 운동 뉴런을 연결

　③ 운동 뉴런 : 연합 뉴런의 명령을 반응 기관으로 전달

3) 자극의 전달 : 감각 뉴런 → 연합 뉴런 → 운동 뉴런 순으로 일어난다.

2. 신경계

1) 중추 신경계 : 뇌와 척수로 이루어져 있으며, 자극을 느끼고 판단하여 적절한 명령을 내린다.

　① 뇌

　　– 대뇌 : 고등 정신 활동 담당

　　– 소뇌 : 몸의 균형 유지

　　– 간뇌 : 체온 유지

　　– 중간뇌 : 눈의 움직임, 동공과 홍채 조절

　　– 연수 : 심장 박동, 호흡 운동, 소화 운동 조절

　② 척수 : 자신의 의지와 관계없이 일어나는 반응의 중추(위험 반사, 무릎 반사 등)

2) 말초 신경계 : 중추 신경으로부터 뻗어 나와 온몸에 분포하는 신경계

　① 자율 신경 : 교감 신경과 부교감 신경으로 구분되며, 내장 기관에 연결되어 대뇌의 직접적인 명령 없이 내장 기관의 운동을 조절한다.

구분	동공 크기	심장 박동	호흡 운동	소화 운동
교감 신경	확대	촉진	촉진	억제
부교감 신경	축소	억제	억제	촉진

3. 자극에 따른 반응의 경로

1) 의식적 반응 : 대뇌의 판단 과정을 거쳐 자신의 의지에 따라 일어나는 반응

　📖 주전자를 들고 컵에 원하는 만큼 물을 따르는 반응

2) **무조건 반사** : 대뇌의 판단 과정을 거치지 않아 자신의 의지와 관계없이 일어나는 반응 ⇒ 반응이 매우 빠르게 일어나므로 위험한 상황에서 몸을 보호하는 데 중요한 역할을 한다.

⑩ 뜨거운 주전자에 손이 닿았을 때 급히 손을 떼는 반응

3 호르몬과 항상성

1. **호르몬** : 특정 세포나 기관으로 신호를 전달하여 몸의 기능을 조절하는 물질

1) 특징

① 내분비샘에서 생성되어 혈액을 통해 운반된다.

② 특정 세포나 기관에 작용한다. ⇒ 표적 세포(기관)가 있다.

③ 적은 양으로 큰 효과를 나타낸다. ⇒ 결핍증과 과다증이 있다.

2) 내분비샘과 호르몬

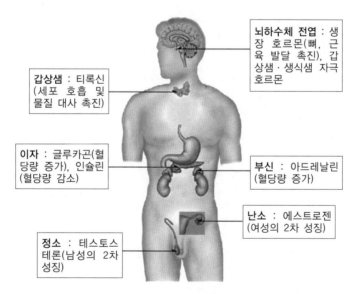

뇌하수체 전엽 : 생장 호르몬(뼈, 근육 발달 촉진), 갑상샘·생식샘 자극 호르몬

갑상샘 : 티록신(세포 호흡 및 물질 대사 촉진)

이자 : 글루카곤(혈당량 증가), 인슐린(혈당량 감소)

부신 : 아드레날린(혈당량 증가)

난소 : 에스트로젠(여성의 2차 성징)

정소 : 테스토스테론(남성의 2차 성징)

2. **항상성** : 몸 안팎의 환경이 변해도 몸의 상태를 일정하게 유지하는 성질

⑩ 체온 유지, 혈당량 유지, 몸속 수분량 유지

1) **체온 조절 과정** : 주위의 온도 변화에 따라 체온이 변하면 간뇌의 명령으로 열 방출량과 열 발생량을 조절하여 체온을 유지한다.

추울 때	열 방출량 감소	피부 근처 혈관 수축
	열 발생량 증가	근육을 떨리게 함, 세포 호흡 촉진
더울 때	열 방출량 증가	피부 근처 혈관 확장
	열 발생량 감소	땀 분비 증가

2) **혈당량 조절 과정** : 이자에서 분비하는 인슐린과 글루카곤의 작용으로 혈당량을 유지한다.

혈당량 높을 때	이자에서 인슐린 분비 → 혈당량 낮아짐
혈당량 낮을 때	이자에서 글루카곤 분비 → 혈당량 높아짐

생식과 유전

1 세포 분열

1. 세포 분열과 생장

1) 생장은 세포의 수가 늘어나면서 일어난다.

⇒ 몸집이 큰 동물은 작은 동물에 비해 세포의 수가 많다.

2) **세포 분열이 필요한 이유** : 세포에서 물질 교환을 효율적으로 하기 위해

2. 염색체 : 유전 정보를 담아 전달하는 역할을 한다.

⇒ 세포가 분열하지 않을 때는 실처럼 풀어져 있다가, 세포가 분열하기 시작하면 뭉쳐져 막대 모양으로 나타난다.

1) **구성** : DNA(유전 물질) + 단백질

2) **상동 염색체** : 체세포에서 쌍을 이루고 있는 크기와 모양이 같은 2개의 염색체

⇒ 하나는 어머니에게서, 하나는 아버지에게서 물려받은 것이다.

3) **사람의 염색체** : 사람의 체세포에는 46개(23쌍)의 염색체가 있다.

⇒ 상염색체 44개(22쌍) + 성염색체 2개(1쌍)

① 상염색체 : 남녀에게 공통적으로 들어 있는 염색체

② 성염색체 : 성을 결정하는 염색체 (남자 : XY, 여자 : XX)

3. 체세포 분열 : 생장과 재생

1) **간기** : 세포 분열 준비(유전물질 복제 등)

2) **분열기**

① 전기 : 염색체가 처음 나타남

② 중기 : 염색체가 세포 중앙에 배열

③ 후기 : 염색 분체가 양극으로 이동

④ 말기 : 2개의 딸세포 형성

4. 감수 분열(생식 세포 분열) : 생식 기관에서 생식 세포를 만들 때 일어나는 세포 분열

   1) 과정 : 간기를 거친 후 감수 1분열과 감수 2분열이 연속해서 일어난다.

   2) 감수 1분열 : 상동 염색체가 분리되어 서로 다른 딸세포로 들어간다.

     ⇒ 염색체 수가 절반으로 줄어든다.

   3) 감수 2분열 : 염색 분체가 분리되어 서로 다른 딸세포로 들어간다.

     ⇒ 염색체 수가 변하지 않는다.

   4) 의의 : 세대를 거듭해도 자손의 염색체 수가 항상 일정하게 유지된다.

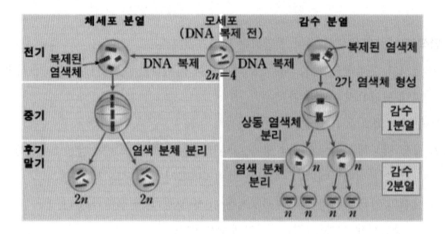

2 사람의 발생

  1. 사람의 생식 세포

구분	생성 장소	염색체 수	크기	운동성
정자	정소	23개	작다	있다
난자	난소	23개	크다	없다

  2. 수정 : 정자와 난자 같은 암수의 생식세포가 결합하는 것

    ⇒ 정자와 난자가 수정하면 수정란이 된다.

  3. 발생 : 수정란이 세포 분열을 하면서 여러 과정을 거쳐 개체가 되는 것

1) **난할** : 체세포 분열이지만 딸세포의 크기가 커지지 않고, 세포 분열을 빠르게 반복한다. ⇒ 난할이 진행되면 세포 수가 늘어나고, 세포 각각의 크기는 작아진다.

2) **착상** : 수정 후 약 일주일이 지나 수정란이 포배가 되어 자궁 안쪽 벽을 파고들어가는 현상 ⇒ 착상되었을 때부터 임신이라고 한다.

3) **배란에서 착상까지의 과정** : 배란 → 수정 → 난할 → 착상(임신)

4. 출산 : 태아는 수정된 지 약 266일 후 출산 과정을 거쳐 모체 밖으로 나온다.

3 멘델의 유전 원리

1. 유전 : 부모의 형질이 자녀에게 전달되는 현상

  1) **대립 형질** : 한 가지 형질에서 뚜렷하게 구분되는 변이

    예 씨 모양 : 둥글다, 주름지다 / 씨 색깔 : 노란색, 초록색

  2) **순종** : 한 가지 형질을 나타내는 유전자의 구성이 같은 개체 예 *RR*, *RRyy*

  3) **잡종** : 한 가지 형질을 나타내는 유전자의 구성이 다른 개체 예 *Rr*, *RrYy*

2. 멘델이 밝힌 유전 원리

  1) **한 쌍의 대립 형질의 유전**

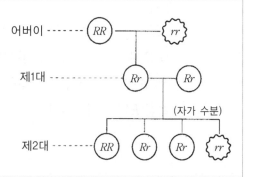

순종의 둥근 완두(*RR*)와 순종의 주름진 완두(*rr*)를 교배했더니 잡종 1대에서 모두 둥근 완두(*Rr*)만 나왔고, 이를 자가 수분하였더니 잡종 2대에서 둥근 완두와 주름진 완두가 약 3:1의 비로 나왔다.

  ① **우열의 원리** : 대립 형질이 다른 두 순종 개체를 교배하여 얻은 잡종 1대에는 대립 형질 중 한 가지만 나타난다. ⇒ 나타나는 형질을 우성, 나타나지 않는 형질을 열성이라고 한다.(둥근 완두 : 우성, 주름진 완두 : 열성)

  ② **분리의 법칙** : 쌍을 이루고 있던 대립유전자가 감수 분열이 일어날 때 분리되어 서로 다른 생식 세포로 들어간다.

2) 두 쌍의 대립 형질의 유전

순종의 둥글고 노란색인 완두 ($RRYY$)와 순종의 주름지고 초록색인 완두($rryy$)를 교배했더니 잡종 1대에서 모두 둥글고 노란색인 완두($RrYy$)만 나왔고, 이를 자가 수분하였더니 잡종 2대에서 둥글고 노란색, 둥글고 초록색, 주름지고 노란색, 주름지고 초록색인 완두가 약 9:3:3:1의 비로 나왔다.

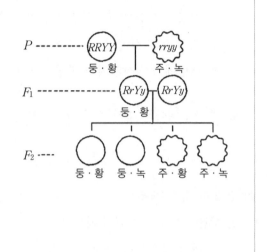

① 독립의 법칙 : 두 쌍 이상의 대립유전자가 서로 영향을 미치지 않고 각각 분리의 법칙에 따라 유전된다.

3) 우열의 원리가 성립하지 않는 유전

① 중간 유전 : 대립유전자의 우열 관계가 불완전하여 중간 형질이 표현되는 유전

예 분꽃 실험 : 순종의 붉은색 분꽃 (RR)과 순종의 흰색 분꽃(WW)을 교배하면 잡종 1대에서 모두 분홍색 분꽃(RW)만 나타난다.

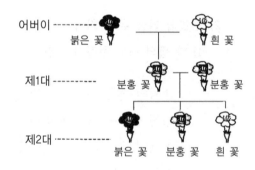

4 사람의 유전

1. 사람의 유전 연구가 어려운 이유

1) 한 세대가 길고 자손의 수가 적다.

2) 대립 형질이 복잡하고, 환경의 영향을 많이 받는다.

3) 교배 실험이 불가능하다.

2. 사람의 유전 연구 방법 : 주로 간접적인 방법을 이용한다.

⇒ 가계도 조사, 쌍둥이 연구, 통계 조사, DNA 분석(최근) 등

3. 상염색체 유전 : ABO식 혈액형

1) **특징** : A, B, O 세 가지 대립유전자가 관여하며, 한 사람은 A, B, O 중 2개의 대립유전자를 가진다.

2) **우열 관계** : 유전자 A와 B 사이에는 우열 관계가 없고, 유전자 A와 B는 유전자 O에 대해 우성이다.($A = B > O$)

표현형	A형	B형	AB형	O형
유전자형	AA, AO	BB, BO	AB	OO

4. 성염색체 유전 : 적록 색맹

1) **반성유전** : 유전자가 성염색체에 있어 유전 형질이 나타나는 빈도가 남녀에 따라 차이가 나는 유전 현상

2) **우열 관계** : 적록 색맹 유전자(X')는 정상 유전자(X)에 대해 열성이다.

표현형		정상	적록 색맹
유전자형	남자	XY	$X'Y$
	여자	XX, XX'	$X'X'$

3) **특징** : 여자보다 남자에게 더 많이 나타난다.

06 에너지 전환과 보존

1 역학적 에너지 전환과 보존

1. 역학적 에너지 : 물체가 가진 중력에 의한 위치 에너지와 운동 에너지의 합

2. 역학적 에너지의 전환

   1) **물체가 자유 낙하할 때** : 위치 에너지 감소, 운동 에너지 증가

     ⇒ 위치 에너지가 운동 에너지로 전환된다.

   2) **물체를 던져 올렸을 때** : 위치 에너지 증가, 운동 에너지 감소

     ⇒ 운동 에너지가 위치 에너지로 전환된다.

3. 역학적 에너지 보존 법칙 : 공기 저항이나 마찰이 없을 때 운동하는 물체의 역학적 에너지는 항상 일정하게 보존된다.

> 역학적 에너지 = 위치 에너지 + 운동 에너지 = 일정

4. 여러 가지 운동의 역학적 에너지 보존

   1) **자유 낙하 운동**

     ① 최고점에서 위치 에너지는 최대, 운동 에너지는 0이다.

     ② 바닥에 닿는 순간 위치 에너지는 0, 운동 에너지는 최대이다.

     ③ 역학적 에너지는 보존되므로 감소한 위치 에너지는 증가한 운동 에너지와 같다.

   2) **롤러코스터 운동**

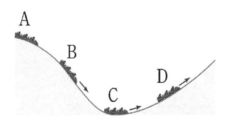

     ① A점에서 위치 에너지가 최대이다.

     ② A → C : 위치 에너지가 운동 에너지로 전환된다.

     ③ C점에서 운동 에너지가 최대, 위치 에너지가 최소이다.

     ④ C → D : 운동 에너지가 위치 에너지로 전환된다.

3) 진자 운동

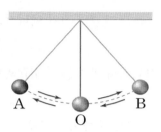

① A, B점에서 위치 에너지가 최대, 운동 에너지는 0이다.

② A → O : 위치 에너지가 운동 에너지로 전환된다.

③ O점에서 운동 에너지가 최대이다.

④ O → B : 운동 에너지가 위치 에너지로 전환된다.

2 전기 에너지의 발생과 전환

1. 전자기 유도 : 코일 주위에서 자석을 움직이면 코일을 통과하는 자기장이 변하면서 코일에 전류가 흐르는 현상

2. 유도 전류 : 전자기 유도에 의해 코일에 흐르는 전류

1) 강한 자석을 움직일수록 센 전류가 유도된다.

2) 코일을 많이 감을수록 센 전류가 유도된다.

3) 자석을 빠르게 움직일수록 센 전류가 유도된다.

3. 전자기 유도의 이용 : 발전기, 변압기, 금속 탐지기, 도난 방지 장치, 교통 카드 판독기, 고속도로의 통행료 지불 단말기, 마이크 등

4. 전기 에너지의 전환

1) **열에너지** : 전기다리미, 전기밥솥, 전기난로 등

2) **빛에너지** : 형광등, TV, 컴퓨터 모니터 등

3) **소리 에너지** : 오디오, 스피커, 휴대전화 등

4) **운동 에너지** : 선풍기, 청소기, 세탁기 등

5. **소비 전력** : 1초 동안 전기 기구가 소모하는 전기 에너지의 양 (단위 : W(와트))

   1) $1W$: 1초 동안 $1J$의 전기 에너지를 사용할 때의 전력

   2) $220V - 100W$인 전기 기구는 $220V$에 연결 시 1초 동안 $100J$의 전기 에너지를 사용

6. **전력량** : 전기 기구가 일정 시간 동안 소모하는 전기 에너지의 양 (단위 : Wh(와트시))

   1) 전력량(Wh) = 소비 전력(W) × 시간(h)

   2) $1Wh$는 소비 전력이 $1W$인 전기 기구를 1시간 동안 사용했을 때의 전력량

7. **에너지 전환과 보존**

   1) **에너지 전환** : 에너지는 한 형태에서 다른 형태로 전환된다.

   2) **에너지 보존 법칙** : 에너지는 전환 과정에서 새로 생기거나 없어지지 않으므로 에너지의 총량은 항상 일정하게 보존된다.

     ⇒ 에너지의 총량은 보존되나 에너지가 전환되는 과정에서 일부는 다시 사용할 수 없는 열에너지, 소리 에너지 등으로 전환되므로 에너지를 절약해야 한다.

07 별과 우주

1 별

1. 연주 시차와 별까지의 거리

1) **시차** : 멀리 떨어진 두 지점에서 관측자가 같은 물체를 관측할 때, 두 관측 지점과 물체가 이루는 각도

2) **연주 시차** : 지구에서 6개월 간격으로 별을 관측하여 측정한 시차의 1/2

$$별까지의\ 거리 = \frac{1}{연주\ 시차}(pc)$$

① 연주 시차는 지구가 공전하기 때문에 나타난다.

② 가까이 있는 별일수록 연주 시차가 크다.

③ 연주 시차를 이용하여 별까지의 거리를 구한다.

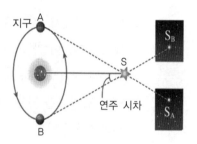

2. 별의 밝기와 등급

1) **별의 밝기 표시**

① 가장 밝게 보이는 별을 1등급, 가장 어둡게 보이는 별을 6등급으로 정하였다.

② 1등급인 별은 6등급인 별보다 약 100배 밝다.(1등급 차이는 약 2.5배)

2) **겉보기 등급과 절대 등급**

겉보기 등급	절대 등급
· 우리 눈에 보이는 별의 밝기를 나타낸 등급	· 별이 10pc 거리에 있다고 가정했을 때 별의 밝기를 나타낸 등급
· 별까지의 거리를 고려하지 않음	· 별의 실제 밝기를 비교 가능
· 등급이 작을수록 우리 눈에 밝게 보임	· 절대 등급이 작을수록 실제로 밝은 별임

3. 별의 색깔 : 표면 온도가 높을수록 파란색을 띠고, 표면 온도가 낮을수록 붉은색을 띤다.

⇒ 별마다 표면 온도가 다르기 때문에 별의 색깔이 다르게 나타난다.

2 은하와 우주

1. 은하 : 우주 공간에 수많은 별로 이루어진 거대한 천체 집단

   1) 우리은하 : 태양계가 속해 있는 은하

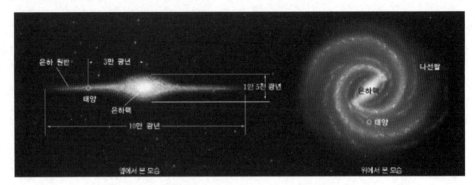

   ① 모양 : 옆에서 본 모습은 원반형, 위에서 본 모습은 나선형(막대 나선 은하)

   ② 크기 : 지름이 약 10만 광년

   ③ 태양계 위치 : 은하 중심에서 약 3만 광년 떨어진 나선팔

   2) 은하수 : 밤하늘을 가로지르는 희미한 띠로, 무수히 많은 별이 모여 있는 것
      ⇒ 우리은하의 일부가 보이는 것이다.

2. 성단과 성운

   1) 성단 : 수많은 별들이 무리를 지어 모여 있는 집단

     ① 구상 성단 : 수많은 별들이 구형으로 빽빽하게 모여 있는 성단

      · 구성 : 늙은 별

      · 색 : 붉은 색

      · 온도 : 낮다

      · 분포 위치 : 우리은하의 중심부(은하핵)

     ② 산개 성단 : 별들이 비교적 엉성하게 모여 있는 성단

      · 구성 : 젊은 별

      · 색 : 푸른 색

      · 온도 : 높다

      · 분포 위치 : 우리은하의 나선팔

2) **성운** : 성간 물질이 많이 모여 구름처럼 보이는 천체

종류	방출 성운	반사 성운	암흑 성운
모습			
특징	성간 물질이 주변의 별빛을 흡수하여 가열되면서 스스로 빛을 내는 성운	성간 물질이 주변의 별빛을 반사하여 밝게 보이는 성운	성간 물질이 뒤쪽에서 오는 별빛을 가로막아 어둡게 보이는 성운
예	오리온 대성운	메로페 성운	말머리 성운

3) **외부 은하**

　① 타원 은하 : 나선팔이 없고, 구형이나 타원체 모양

　② 나선 은하

　　· 정상 나선 은하 : 둥근 형태의 은하 중심에서 나선팔이 휘어져 나온 모양

　　· 막대 나선 은하 : 은하 중심에 막대 모양의 구조가 있고, 그 끝에서 나선팔이 휘어져 나온 모양

　③ 불규칙 은하 : 규칙적인 모양이 없음

3. 우주의 팽창

1) **우주** : 우리은하를 비롯하여 외부 은하 전체가 차지하는 거대한 공간

2) **우주의 팽창**

　① 모든 은하는 서로 멀어지고 있다.

　② 멀리 있는 은하일수록 더 빨리 멀어진다.

　③ 특별한 중심 없이 모든 방향으로 균일하게 팽창하고 있다.

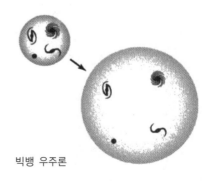

빅뱅 우주론

3) **대폭발 우주론(빅뱅 우주론)** : 하나의 점이었던 우주가 약 138억 년 전 폭발한 후 계속 팽창하여 오늘날의 우주가 만들어졌다는 이론

4. 우주 탐사

1) **우주 탐사 목적** : 우주 이해, 지하자원 채취, 우주 산업 발달 등

2) **우주 탐사 장비** : 인공위성, 우주 탐사선, 우주 정거장 등

3) **우주 탐사의 영향** : 인공위성을 이용하여 일기 예보, 위성 생중계 방송 시청, 위치 파악 등이 가능하다.

08 과학기술과 인류 문명

1 과학기술과 인류 문명

1. 과학 원리의 발견이 인류 문명에 미친 영향

1) **태양 중심설(코페르니쿠스)** : 망원경으로 천체를 관측하여 태양 중심설의 증거를 발견하면서 경험 중심의 과학적 사고를 중요시하게 되었다.

2) **만유인력 법칙(뉴턴)** : 만유인력 법칙을 발견하여 자연 현상을 이해하고 그 변화를 예측할 수 있게 하였다.

3) **암모니아 합성(하버)** : 암모니아 합성법을 개발한 후 질소 비료를 대량 생산할 수 있게 되면서 식량 문제 해결에 기여하였다.

4) **전자기 유도 법칙(패러데이)** : 전자기 유도 법칙을 발견하여 전기를 생산하고 활용할 수 있는 방법을 열었다.

2. 과학기술이 인류 문명의 발달에 미친 영향

1) **인쇄** : 인쇄술의 발달은 책의 대량 생산과 보급을 가능하게 하여 지식과 정보가 빠르게 확산되었다.

2) **의료** : 의약품과 치료 방법, 의료 기기 등이 개발되어 인류의 평균 수명이 길어졌다.

3) **교통** : 교통수단의 발달로 먼 거리까지 많은 물건을 빠르게 운반할 수 있게 되어 산업이 크게 발달하였다.

4) **농업** : 화학 비료가 개발되어 농산물의 품질이 향상되고, 생산량이 증가하였다.

5) **정보 통신** : 정보 통신 분야의 기술 발달은 인류 문명과 생활을 크게 변화시켰다.

3. 생활을 편리하게 하는 과학기술

1) **나노 기술** : 나노 물질의 독특한 특성을 이용하여 다양한 소재나 제품을 만드는 기술
   예 나노 반도체, 나노 로봇, 휘어지는 디스플레이 등

2) **생명 공학 기술** : 생물의 특성과 생명 현상을 이해하고, 이를 인간에게 유용하게 이용하거나 인위적으로 조작하는 기술
   예 유전자 재조합 기술, 세포 융합 등

3) **정보 통신 기술** : 정보 기기의 하드웨어와 소프트웨어 기술, 이 기술을 이용한 정보 수
집, 생산, 가공, 보존, 전달, 활용하는 모든 방법

　예 인공 지능(AI), 빅데이터 기술, 가상 현실(VR) 등

중학교 졸업자격 검정고시

VI.

한국사

History

01 선사 문화와 여러 나라의 성장

1 선사 시대의 생활

1. 우리나라의 선사 시대

1) 우리 민족의 기원

① 만주와 한반도를 중심으로 동북아시아에 분포

② 신석기 시대 ~ 청동기 시대를 거치며 민족의 기틀 형성

2) 선사 문화의 발전

구분	구석기 시대	신석기 시대
도구	뗀석기(주먹도끼)	간석기, 빗살무늬 토기, 가락바퀴
경제	채집, 사냥, 물고기잡이	농경과 목축 시작
사회	평등 사회, 무리 지어 이동 생활	평등 사회, 부족 사회
주거	동굴, 바위 그늘, 강가의 막집	정착 생활, 움집

주먹도끼

빗살무늬 토기

가락바퀴

움집

2 고조선의 성립과 여러 나라의 성장

1. 청동기 시대와 철기 시대

1) 청동기 시대

① 도구 : 비파형 동검, 반달 돌칼, 민무늬 토기, 미송리식 토기

② 경제 : 농경과 목축 확대, 벼농사 실시

③ 주거 : 움집의 지상 가옥화, 구릉이나 강가에 취락 형성

④ 사회 : 사유 재산과 계급 발생, 군장(족장) 출현

⑤ 무덤 : 고인돌(지배층의 무덤), 돌널무덤

고인돌

비파형 동검

반달돌칼

2) 철기 시대

　① 철기의 사용

　　· 철제 무기 사용 : 부족 간의 정복 전쟁 활발

　　· 철제 농기구 사용 : 농업 생산력 증대

　② 무덤 : 널무덤, 독무덤

　③ 중국과의 교류 : 명도전 등 중국 화폐 출토, 붓 발견(한자 사용)

　④ 독자적 청동기 문화 형성 : 세형동검, 잔무늬 거울, 거푸집 발견

2. 고조선의 성립과 발전

1) 고조선 건국

　① 청동기 문화를 바탕으로 한 우리나라 최초의 국가

　② 단군신화

　　· 제정일치(단군왕검), 농경 사회 형성, 계급 발생 등 반영

　　· 「삼국유사」, 「제왕운기」 등에 실려 있음

2) 고조선의 성장

　① 발전

　　· 기원전 4세기 경, 만주와 한반도 북부를 통치 → 연나라와 대립

　　· 기원전 194년, 위만의 집권 → 철기 문화의 본격적 수용, 중계무역 발달

　② 멸망 : 한의 침략 → 고조선 멸망(기원전 108)

　③ 사회 : 8조법 중 3개 조항이 전해짐 → 생명·노동력 중시, 사유 재산 보호, 노비 존재

　④ 고조선의 세력 범위 : 비파형 동검, 탁자식 고인돌, 미송리식 토기의 발굴 범위와 일치

3. 여러 국가의 형성과 발전

구분	정치	사회
부여	연맹왕국	순장, 영고(제천행사), 사출도(마가, 우가, 저가, 구가)
고구려	연맹왕국	서옥제, 동맹(제천행사), 무예 숭상
옥저	왕이 없고, 군장(읍군, 삼로)이 각 읍락 통치	민며느리제, 가족 공동 무덤
동예		책화, 무천(제천행사), 족외혼
삼한	군장(신지, 읍차)이 각 소국 통치, 천군이 소도를 다스림 → 제정분리	벼농사 발달, 변한(철), 계절제(5월, 10월), 백제(마한), 신라(진한), 가야(변한)로 성장

삼국의 성립과 발전

1 삼국의 형성과 발전

1. 고구려의 성립과 발전

1) **건국** : 부여 계통의 주몽이 졸본성에서 건국(기원전 37년)

2) **태조왕** : 옥저 정복, 요동 지역으로 진출 추진, 중앙 집권 국가의 기틀 마련

3) **고국천왕** : 진대법 실시(봄에 곡식을 빌려 준 후 가을에 추수하여 갚게 한 제도)

4) **소수림왕** : 율령 반포, 불교 수용, 태학 설립

5) **광개토대왕**

　① 만주와 한반도 중부에 이르는 영토 확장

　② 신라에 침입한 왜 격퇴 → 호우명 그릇, 광개토대왕릉비

6) **장수왕(5세기)**

호우명 그릇

　① 평양 천도 : 국내성 기반 귀족 세력 약화, 왕권 강화

　② 남진 정책 : 나·제 동맹, 백제의 웅진 천도, 남한강 유

　　역 진출 → 충주 고구려비

2. 백제의 성립과 발전

1) **건국** : 고구려계 유이민(온조 세력)이 한강 유역의 위례성에서 건국(기원전 18년)

2) **고이왕** : 중앙 집권 국가의 기틀 마련, 율령 반포

3) **근초고왕(4세기 중엽)**

　① 왕위의 부자 상속 확립, 마한의 전 지역 확보, 고구려의 평양성 공격

　② 중국의 요서 지방·산둥 반도, 일본의 규슈 지방에 진출

4) **침류왕** : 중국의 동진으로부터 불교 수용

5) **웅진 천도** : 장수왕의 공격으로 수도 한성 함락 → 웅진(공주) 천도

6) **무령왕** : 22담로에 왕족 파견, 무령왕릉(벽돌무덤, 중국 남조의 영향)

7) **성왕** : 사비(부여) 천도, 국호를 '남부여'로 변경

3. 신라의 성립과 발전

1) **건국** : 진한의 소국 중 사로국에서 시작(기원전 57년)

2) **신라 왕호 변천** : 거서간 → 차차웅 → 이사금(연장자) → 마립간(대군장) → 왕

3) **내물왕**

　① 중앙 집권 국가의 기틀 마련

　② 김씨 왕위 세습 확립, 왕의 칭호를 마립간으로 변경

4) **지증왕** : 국호를 '신라'로 확정, 왕호를 마립간에서 '왕'으로 변경, 우산국 복속

5) **법흥왕** : 율령 반포, 불교 공인(백성의 사상 통일, 왕권 강화), 김해의 금관가야 병합

6) **진흥왕(6세기)**

　① 화랑도를 국가적인 조직으로 개편

　② 영토 확장 : 한강 유역 장악, 고령의 대가야 병합, 함경도 진출 → 단양 신라 적성비
　　 와 4개의 순수비 건립

4. 삼국의 통치 체제

	고구려	백제	신라
귀족회의	제가회의	정사암회의	화백회의(만장일치제)

※ 삼국 전성기

백제 4C 근초고왕

고구려 5C 장수왕

신라 6C 진흥왕

5. 가야의 성립과 발전

1) **건국** : 변한 지역에서 성장, 6가야 연맹체로
   발전 → 중앙 집권 국가로 성장하지 못함

2) **전기 가야 연맹**

   ① 김해 지역의 금관가야가 연맹 주도

   ② 농경 문화 발달, 철 생산

3) **후기 가야 연맹**

   ① 고령 지역의 대가야가 연맹 주도

   ② 멸망 : 신라 법흥왕 때 금관가야, 진흥왕 때
      대가야 멸망

4) **영향**

   ① 토기 제작 기술 발달 → 일본의 스에키 토기

   ② 우륵, 가야금 → 신라

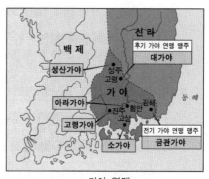

가야 연맹

2 삼국의 사회

1. **고구려** : 엄격한 형벌(반역자와 전쟁에서 패한 자는 사형, 도둑질한 자는 12배로 배상)

2. **백제** : 고구려와 언어·풍속·의복이 유사, 엄격한 형벌(반역·살인자는 사형)

3. **신라**

   1) **골품제도** : 엄격한 신분제도로 골품에 따라 개인의 사회·정치 활동의 범위를 결정

   2) **화랑도** : 청소년 수련 단체로 진흥왕 때 국가적인 조직으로 개편

   3) **화백회의(귀족회의)** : 국가 중대사 결정, 만장일치제

3 삼국의 문화

1. **불교**

   1) **목적** : 중앙 집권 체제 강화 → 왕즉불 사상

   2) **시기** : 고구려(소수림왕), 백제(침류왕), 신라(법흥왕)

3) 불교 예술의 발달

① 백제 : 익산 미륵사지 석탑, 부여 정림사지 5층 석탑

② 신라 : 황룡사 9층 목탑, 경주 분황사 석탑

2. 도교

1) **전파** : 산천 숭배나 신선 사상과 결합하여 귀족 사회에 전파

2) **영향** : 고구려 고분의 사신도, 백제의 금동대향로와 산수무늬벽돌 등에 반영

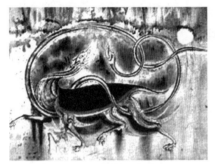

고구려 현무도

백제 금동대향로

백제 산수무늬벽돌

3. 유학 교육 : 고구려(태학), 백제(오경박사), 신라(임신서기석)

4. 천문학 발달 : 신라(첨성대)

5. 금속기술 발달

1) **백제** : 칠지도(백제 - 왜 교류), 금동 대향로

2) **신라** : 금관

신라 첨성대

백제 칠지도

6. 고분

1) **고구려** : 돌무지 무덤(장군총) → 굴식 돌방무덤(무용총)

2) **백제** : 돌무지 무덤(석촌동 고분, 고구려 영향) → 굴식 돌방무덤, 벽돌무덤(무령왕릉, 중국 남조의 영향)

3) **신라** : 돌무지 덧널무덤(천마총 - 천마도) → 굴식 돌방무덤

7. 삼국 문화의 일본 전파

1) 고구려

① 담징 : 종이 · 먹 제조법 전파, 호류사 금당벽화

② 혜자 : 일본 쇼토쿠 태자의 스승

2) **백제** : 일본 문화에 가장 많은 영향

① 아직기와 왕인 : 한문과 논어 등을 전파

② 노리사치계 : 불경, 불상 전파

3) **신라** : 조선술, 축제술 전래 → 한인의 연못

4) **영향** : 삼국의 문화는 일본 아스카 문화 발전에 기여

핵·심·총·정·리

03 통일 신라와 발해의 발전

1 고구려의 대외 항쟁과 신라의 삼국 통일

1. 고구려와 수·당의 전쟁

1) **살수대첩(612)** : 수 문제와 양제가 고구려 침입 → 살수에서 을지문덕이 크게 승리

2) **안시성 전투(645)** : 연개소문의 정변을 구실로 당나라가 침략 → 안시성 싸움에서 격퇴

2. 삼국 통일 과정

1) **백제와 고구려의 멸망**

① 나·당 동맹 결성(648) : 김춘추의 외교 활동으로 신라와 당이 연합

② 백제의 멸망(660) : 나·당 연합군의 공격 → 계백의 황산벌 전투 실패 → 사비성 함락

③ 고구려의 멸망(668) : 연개소문 사후 지도층의 권력 다툼 → 나·당 연합군의 침입으로 평양성 함락

2) **백제와 고구려의 부흥 운동** : 백제(복신, 도침), 고구려(검모잠, 고연무) → 지도층의 분열로 실패

3) **나·당 전쟁**

① 당의 한반도 지배 야심 : 안동도호부(고구려), 웅진도독부(백제), 계림도독부(신라) 설치

② 나·당 전쟁의 전개 : 매소성과 기벌포에서 당군 격퇴 → 삼국 통일 완성(676)

③ 삼국 통일의 의의 : 고구려와 백제 유민 포용, 민족 문화 발전의 기틀 마련

④ 삼국 통일의 한계 : 외세(당) 이용, 대동강 이북의 고구려 영토 상실

2 통일 신라의 성립과 발전

1. 통일 신라의 성립과 제도 정비

1) **전제 왕권 확립**

① 무열왕(김춘추) : 진골 출신 중 최초로 왕위에 오름

② 문무왕 : 삼국 통일의 완성

③ 신문왕 : 9주 5소경 정비, 국학 설립, 관료전 지급

2) 새로운 제도의 마련

① 중앙 정치 제도

· 집사부를 중심으로 운영 → 집사부와 시중의 권한 강화

· 화백 회의의 기능과 상대등의 권한 축소

② 지방 행정 제도

· 9주 5소경

· 상수리 제도 : 지방 세력을 일정 기간 경주에 머물게 함 → 지방 세력 견제

③ 군사 제도 : 9서당(중앙군) 10정(지방군)

④ 6두품의 성장 : 왕권과 결탁, 학문적 소양과 행정 실무 능력 → 전제 왕권을 뒷받침

2. 통일 신라의 활발한 대외 교류

1) **무역항** : 울산항 → 최대 국제 무역항, 아라비아 상인까지 왕래

2) **신라인의 당 진출** : 신라방 · 신라촌(신라인 마을), 신라소(감독 관청), 신라원(절)

3) **청해진** : 장보고, 완도에 청해진을 설치

3. 민정 문서 : 신라 촌락 문서로 일본에서 발견, 촌주가 3년 마다 토지, 인구 등을 조사

4. 통일 신라의 문화

1) 불교의 발달

① 원효 : 화쟁 사상, 아미타 신앙(불교의 대중화에 공헌)

② 의상 : 신라 화엄종 개창, 부석사를 건립

③ 혜초 : 인도를 순례하고 난 후 「왕오천축국전」을 저술

④ 불교 예술 : 불국사 3층 석탑, 다보탑, 석굴암(본존불상), 성덕대왕신종

2) 유학의 발달

① 6두품 출신 : 강수(외교 문서 작성에 탁월), 설총(이두 정리), 최치원

② 김대문 : 「화랑세기」 저술 → 신라 문화를 주체적으로 인식

③ 교육기관 : 국학(신문왕)

④ 독서삼품과 : 학문 성적에 따라 관리 선발, 귀족들의 반발로 실패

3) **목판인쇄본** : 무구정광대다라니경(불국사 3층 석탑에서 발견) → 현존 최고 목판 인쇄본

3 발해의 성립과 발전

1. 발해의 건국과 발전

1) **발해의 건국(698)** : 고구려 장군 출신 대조영이 건국

2) **발해의 고구려 계승 의식**

① 일본에 보낸 외교 문서에 발해를 '고구려'로, 발해 왕을 '고구려왕(고려국왕)'이라 칭함

② 지배층의 대다수가 고구려인

③ 고구려 문화 양식을 계승

3) **발해의 주민 구성** : 지배층(고구려인), 피지배층(말갈인)

4) **발해의 대외 관계**

① 대외 관계

· 무왕 : 당이 신라와 말갈을 이용하여 발해 견제 → 당의 산둥 지방 공격

· 문왕 : 당과 친선 관계를 맺고, 신라와도 교류(신라도 존재)

· 선왕 : 고구려의 옛 땅을 대부분 회복 → 최대 전성기로 '해동성국'으로 불림

② 멸망 : 9세기 후반부터 국력 약화 → 거란족의 침입으로 멸망(926)

2. 발해의 문화

1) **고구려 문화 계승**

① 온돌, 불상(이불병좌상), 굴식 돌방무덤 양식 등

② 정혜공주 묘 : 굴식 돌방무덤, 모줄임천장 구조

4 신라 사회의 동요와 후삼국의 성립

1. 신라 사회의 동요

1) **귀족들 간 왕위 쟁탈전 심화**

2) **지방 반란** : 중앙의 왕위 다툼과 관련하여 발생 → 김헌창의 난, 장보고의 난 등

3) **6두품 세력의 변화** : 중앙 귀족이면서도 골품제로 인해 관직 승진에 제한 → 골품제의 모순 비판, 반신라 세력으로 성장

4) **지방 호족의 성장** : 지방에 대한 중앙 정부의 통제력 약화 → 호족들이 지방에서 독자적인 세력 형성, 스스로를 성주 또는 장군이라 칭하면서 지방을 실질적으로 지배

5) **농민 봉기 발생** : 중앙 정부가 세금 독촉 → 농민 봉기 발생(원종과 애노의 봉기)

6) **새로운 사상의 유행**

　① 선종의 유행

　② 풍수지리설의 보급 : 신라 말, 도선에 의해 널리 보급

2. 후삼국 시대의 성립

1) **후백제 건국(900)** : 견훤이 완산주(전주)에 건국

2) **후고구려 건국(901)** : 궁예가 송악(개성)에 건국

04 고려의 성립과 변천

1 고려의 건국과 귀족 사회의 형성

1. 고려의 건국과 통치 체제의 정비

1) 고려의 후삼국 통일

① 신라 멸망(935) : 후백제의 공격으로 국력 쇠약 → 경순왕이 고려에 투항

② 후백제 멸망(936) : 견훤의 아들들 간에 왕위 계승을 둘러싼 내분 → 고려가 후백제군을 격파하고 후삼국을 통일

2) 태조의 정책

① 북진 정책 : 고구려 계승 의식, 서경(평양)을 북진 정책의 전진 기지로 삼음

② 호족 통합 정책

· 혼인 정책, 왕씨 성 하사, 관직과 토지 하사

· 사심관 제도 : 호족들에게 출신 지방의 통치를 책임지게 한 제도

· 기인 제도 : 호족의 자제들을 인질로 삼아 중앙에 머물게 함

③ 민족 통합 정책 : 통일 신라, 옛 고구려와 백제 출신 세력 수용, 발해 유민 포섭

④ 훈요 10조 : 후대의 왕들이 지켜야 할 정책 방향 제시

2. 왕권의 안정

1) 광종

① 과거 제도 시행 : 능력에 따른 인재 등용, 왕에게 충성하는 유능한 관리 양성

② 노비안검법 실시 : 호족이 불법으로 차지한 노비를 양인으로 해방 → 호족의 경제적 기반 약화, 국가 재정 확충

2) 성종

① 최승로의 개혁안 수용(시무 28조) → 유교를 통치의 근본 이념으로 삼음

② 12목 설치(지방관 파견), 국자감 설치, 불교 행사 억제

3. 통치 체제의 정비

1) 중앙 정치 제도

① 2성 6부 : 중서문하성(국가 정책을 심의 · 결정), 상서성(6부 총괄)

② 도병마사 : 중서문하성과 중추원의 고위 관리가 참여한 최고 회의 기구

③ 식목도감 : 각종 법제 제정 및 시행 의논

④ 중추원 : 왕명 전달, 군사 기밀, 궁궐 숙위

⑤ 어사대 : 관리 감찰, 풍기 단속

⑥ 삼사 : 곡식 · 화폐의 출납 및 회계

2) **지방 행정 제도**

① 5도 : 일반 행정구역 → 안찰사 파견

② 양계 : 군사 행정구역, 동계와 북계 → 병마사 파견

3) **군사 제도**

① 중앙군 : 2군 6위

② 지방군 : 주현군(5도), 주진군(양계)

4) **교육 제도** : 국자감(개경), 향교(지방)

5) **관리 등용 제도**

① 과거 제도 : 문과, 잡과, 승과

② 음서제 : 왕족과 공신의 후손, 5품 이상 고위 관료 자

제를 시험 없이 관직에 임명

5도 양계

2 고려 전기의 대외 관계

1. 거란의 침입과 격퇴

1) **1차 침입(993)**

① 원인 : 고려의 거란 배척, 송과 친선 관계 유지

② 전개 : 서희의 외교 담판 → 강동 6주 회복

2) **3차 침입(1018)**

① 원인 : 고려가 송과 관계 유지, 강동 6주 반환 요구 → 거절

② 전개 : 거란의 대규모 침략 → 강감찬의 귀주대첩(1019)

③ 국방력 강화 : 개경 주위에 나성 축조, 천리장성 축조

강동 6주

2. 여진의 성장

1) **여진과의 관계** : 고려를 부모의 나라로 섬김 → 12세기 이후 성장, 고려를 침입

2) **여진 정벌** : 윤관의 별무반 편성 → 여진 정벌 → 동북 9성 축조 → 반환

3) **군신 관계 체결** : 금 건국 → 고려에 군신 관계 요구 → 고려(이자겸)의 사대 요구 수용

3 고려 전기의 경제와 사회

1. 고려 전기의 경제 생활

1) **토지 제도**

① 전시과 : 관리 등급에 따라 토지(전지)와 임야(시지)를 지급, 퇴직하면 국가에 반납

② 공음전 : 5품 이상의 고위 관료에게 지급 → 자손에게 세습 가능

2) **화폐 주조** : 건원중보, 해동통보, 활구(은병) → 화폐 대신 곡식이나 포를 사용, 화폐는 널리 사용되지 못하였음

3) **국제 무역항** : 벽란도

2. 고려 전기의 사회 생활

1) **고려의 신분 구조**

① 귀족 : 왕족, 고위 관료, 음서와 공음전의 혜택

② 중류층 : 서리, 남반, 향리, 하급 장교 등

③ 양민(평민) : 농민(백정), 상인, 수공업자, 향·소·부곡민(이주 금지)

④ 천민 : 대다수가 노비

2) **고려의 민생 안정을 위한 시설**

① 의창 : 고구려의 진대법 계승, 곡식 빌려줌

② 상평창 : 물가 조절 기관

③ 동·서 대비원 : 빈민 환자 치료, 개경에 설치

3) **고려 여성의 지위** : 태어난 순서대로 호적에 기재, 여성도 호주 가능, 여성의 재가가 비교적 자유로움, 자녀에게 재산을 고르게 상속, 부모 봉양과 제사도 자녀가 동등하게 부담

4) **향도** : 매향 활동을 하던 불교 신앙 조직 → 농민 생활을 주도하는 조직으로 발전

4 문벌귀족 사회의 동요와 무신정변

1. 이자겸의 난(1126)

1) **전개** : 이자겸의 세력 강화 → 인종의 이자겸 제거 시도 → 이자겸과 척준경의 반격 → 인종이 척준경을 회유하여 이자겸을 제거

2) **결과** : 왕실의 권위 하락, 문벌 귀족 사회의 동요

2. 묘청의 서경 천도 운동(1135)

1) **배경** : 문벌 귀족의 권력 독점에 대한 불만, 금에 대한 굴욕적인 사대 외교에 반발

2) **주장** : 묘청과 정지상 등 서경 세력이 서경 천도, 칭제건원, 금 정벌 등 주장

3) **과정** : 인종의 서경 천도 계획 추진 → 김부식 등 개경 세력의 반대 → 묘청 등이 서경에서 반란을 일으킴 → 김부식이 이끄는 관군에게 진압

3. 무신 정변(1170)

1) **배경** : 문신 위주의 정치와 무신에 대한 차별 대우

2) **무신 집권자의 변천** : 이의방 → 정중부 → 경대승 → 이의민 → 최충헌

3) **최씨 무신 정권의 성립** : 최충헌 집권 이후 4대 60여 년 동안 권력 장악

4) **무신 정권의 운영**

① 중방 : 무신 정권 초기의 최고 권력 기구

② 교정도감 : 최충헌이 설치, 최씨 무신 정권의 최고 권력 기구

③ 정방 : 최우가 설치, 인사 행정 담당

④ 도방, 삼별초 : 최씨 무신 정권의 군사적 기반

4. 농민과 천민의 봉기

1) **망이 · 망소이의 난(공주 명학소)** : 일반 군현에 비해 많은 세금 부담에 반발

2) **만적의 난** : 최충헌의 사노비인 만적이 개경에서 신분 해방을 목표로 봉기 → 실패

5 대몽 항쟁과 반원 자주 정책

1. 몽골과의 항쟁

1) **고려의 대몽 항쟁** : 강화도 천도, 팔만 대장경 조판, 황룡사 9층 목탑 소실

2) **몽골과의 강화** : 최씨 무신 정권 붕괴 → 몽골과 강화 성립 → 개경 환도

3) **삼별초의 항쟁** : 강화도 → 진도 → 제주도로 근거지를 옮기며 항쟁, 고려인의 자주 의식

2. 원의 내정 간섭과 권문세족의 등장

1) **원의 내정 간섭**

① 정동행성 설치 : 일본 원정을 계기로 설치 → 일본 원정 실패 후 고려 내정 간섭

② 국왕을 통한 간접 지배 : 고려 국왕은 원 공주와 혼인, 원에 의한 왕위 교체

③ 영토 상실 : 동녕부(서경), 탐라총관부(제주도), 쌍성총관부(화주) 설치

④ 관제 · 왕실 용어 격하 : 폐하 → 전하, 태자 → 세자

⑤ 몽골풍 유행 : 변발, 몽골식 복장

2) **권문세족의 등장**

① 친원적 성향이 강함

② 주로 음서로 관직 진출

③ 백성의 토지를 빼앗아 대농장 경영

3) **공민왕의 개혁 정치**

① 반원 자주 정책

· 친원파 숙청, 정동행성 폐지, 몽골풍 금지

· 쌍성총관부 공격 → 철령 이북의 땅 회복

② 왕권 강화 정책

· 정방 폐지

· 전민변정도감 설치

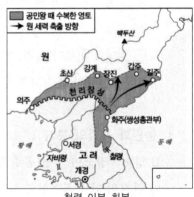

철령 이북 회복

6 고려 문화의 발달

1. 학문의 발달

1) 역사서의 편찬

① 김부식의 「삼국사기」 : 현존하는 우리나라에서 가장 오래된 사서, 신라 계승 의식 반영, 유교적 합리주의 사관

② 일연의 「삼국유사」 : 최초로 단군신화 기록, 불교 신앙 중심으로 설화와 전설 수록

③ 이규보의 「동명왕편」 : 동명왕(주몽)의 일대기 기록, 고구려 계승 의식 반영

2) **성리학 수용** : 인간의 심성과 우주의 원리를 철학적으로 탐구 → 신진 사대부가 수용

2. 불교의 발전

1) 불교 통합 운동 전개

① 의천의 천태종 창시 : 교종을 중심으로 선종까지 통합 → 교선일치, 교관겸수

② 지눌의 조계종 창시 : 선종을 중심으로 교종까지 포용 → 돈오점수, 정혜쌍수

2) 불교 예술의 발달

① 불상 : 논산 관촉사 석조 미륵보살 입상

② 탑 : 월정사 8각 9층 석탑, 경천사지 10층 석탑(고려 후기, 원의 영향)

③ 건축 : 안동 봉정사 극락전, 영주 부석사 무량수전

3. 과학기술의 발달

1) 인쇄술의 발달

① 목판 인쇄술

· 초조대장경 : 거란 침입 때 제작 → 몽골 침입 때 소실

· 팔만대장경 : 몽골 침입 때 부처의 힘으로 몽골을 물리치기 위해 제작

② 금속 활자

· 상정고금예문 : 서양보다 200여 년 앞선 것이나 현존하지 않음

· 직지심체요절 : 현존하는 세계에서 가장 오래된 금속 활자본(프랑스 국립 도서관)

2) **농업기술 발달** : 깊이갈이 일반화, 시비법 발달, 2년 3작 보급, 모내기법 보급

3) **목화 재배** : 문익점이 원으로부터 목화씨를 가져옴 → 의생활의 변화

4. **고려청자** : 고려 문화의 귀족적 성격, 상감청자 → 원 간섭기 이후 점차 쇠퇴

7 신진 사대부의 성장과 고려의 멸망

1. 신진 사대부의 성장 : 지방의 향리 출신, 중소 지주층, 성리학 지식을 갖추고 과거를 통해 관직 진출 → 권문세족의 비리와 불교의 폐단 비판

2. 신흥 무인 세력의 성장 : 홍건적과 왜구의 격퇴 과정에서 신흥 무인 세력 성장

3. 고려의 멸망과 조선의 건국

1) **원 멸망, 명 건국** : 명이 철령 이북의 영토를 요구하여 관계 악화 → 요동 정벌 강행

2) **위화도 회군(1388)** : 이성계가 위화도에서 회군 → 최영 제거, 우왕 폐위

3) **과전법 실시(1391)** : 권문세족의 토지를 몰수, 신진 사대부에게 재분배

4) **조선의 건국(1392)** : 이성계를 중심으로 한 신흥 무인 세력 + 정도전 등의 신진 사대부

5) **한양 천도(1394)**

05 조선의 성립과 발전

1 조선의 건국과 통치 체제 정비

1. 조선의 건국(1392)

1) 국가 기틀의 확립

① 태종 : 6조 직계제, 사병 혁파, 호패법(조세 징수와 군역 부과에 활용)

② 세종

· 유교 정치 실현 : 왕권과 신권의 조화 추구 – 의정부 서사제

· 집현전 설치 : 훈민정음 창제 → 민족 문화 발달

· 과학기술 발달 : 측우기, 자격루 등

· 영토 확장 : 여진족 정벌 → 4군 6진 개척

③ 세조 : 6조 직계제, 집현전 폐지, 직전법 실시

④ 성종 : 경국대전 완성 → 유교 중심의 국가 통치 질서 확립

2. 조선 전기의 대외 관계

1) 명 : 사대관계, 경제적·문화적 실리 추구

2) 여진(교린 정책)

① 강경책 : 세종 때 여진족 정벌 → 4군 6진 설치

② 회유책 : 무역소 설치, 귀순자에게 관직 및 토지 하사

4군 6진

3) 일본(교린 정책)

① 강경책 : 세종 때 쓰시마 섬 토벌(이종무)

② 회유책 : 3포(부산포, 염포, 제포)를 개항하여 제한적인 무역 허용

3. 통치 체제의 정비

1) 중앙 정치 제도

① 의정부 : 국정 총괄, 국가의 중요 정책을 결정

② 6조 : 이·호·예·병·형·공조 → 행정 실무 담당

③ 삼사 : 언론 기능 담당, 권력의 독점과 부정 방지

  · 사헌부 : 관리 감찰

  · 사간원 : 왕이 올바른 정치를 하도록 간언

  · 홍문관 : 왕의 정책 자문, 경연 담당

④ 승정원(왕명 출납), 의금부(반역 등 나라의 큰 죄인 조사) → 왕권 강화 기능

⑤ 춘추관(역사 편찬), 성균관(최고 교육 기관)

2) 지방 행정 제도

① 8도(관찰사) - 부 · 목 · 군 · 현 설치

② 특징 : 모든 군 · 현에 지방관(수령) 파견 → 속현 소멸, 중앙 집권 체제 강화

③ 유향소 : 지방 양반의 자치 기구 → 수령 보좌, 향리 감찰, 백성 교화

3) 군사 제도

① 군역 대상 : 16세 ~ 60세의 모든 양인 남자

② 중앙군 : 5위 설치 → 궁궐 경비, 수도 방어

③ 지방군 : 각 도에 병영과 수영 설치, 잡색군(예비군) 편성

4) 교통과 통신 제도

① 조운 제도 : 지방에서 거둔 세곡을 서울의 경창까지 운반, 잉류 지역(평안도, 함경도)

② 역원 제도 : 역(마패 → 역마 제공), 원(숙박 시설)

③ 봉수 제도 : 국경 지대에서 발생한 위급 상황을 중앙에 신속히 전달

5) 토지 제도

① 과전법 : 신진 사대부의 경제적 기반 마련, 전 · 현직 관리에게 토지의 수조권 지급

② 직전법 : 토지 부족으로 현직 관리에게만 토지의 수조권 지급

③ 관수관급제 : 조세를 국가에서 직접 걷어서 관리에게 지급, 국가의 토지 지배권 강화

2 조선 전기의 사회와 문화

1. 양반 사회의 성립

1) 신분 구조

① 양반 : 과거 등을 통해 관직에 진출, 경제적 기반을 갖춤

② 중인 : 기술관(역관, 의관 등), 향리, 서리, 서얼

③ 상민 : 농민, 수공업자, 상인 등 → 국가에 조세, 공납, 역 부담

④ 천민

· 노비가 대다수 차지, 백정, 무당, 광대 등으로 구성

· 노비 : 신분 세습, 매매, 증여, 상속 가능

2) 관리 등용 제도

① 과거제 : 양인 응시 가능, 문과 · 무과 · 잡과(기술관 선발)

② 음서와 천거 : 관직 진출 가능, 고려 시대에 비해 혜택을 받는 대상 축소

③ 상피제 : 관리를 출신 지역에 임명하지 않음

3) 교육 제도

① 서당 : 초보적인 유학 지식 교육

② 4부 학당(서울)과 향교(지방) : 중등 교육 담당

③ 성균관 : 높은 수준의 유학 교육, 최고 교육 기관

2. 민족 문화의 발전

1) 편찬 사업의 추진

① 역사서 :「고려사」,「고려사절요」,「동국통감」,「조선왕조실록」

② 의례서 :「삼강행실도」,「국조오례의」

③ 지리서 · 지도 :「팔도지리지」,「동국여지승람」,「혼일강리역대국도지도」

④ 법전 : 성종 때「경국대전」완성

2) 훈민정음 창제(1443) : 민족 고유의 문자 → 민족 문화 발달의 바탕

3) 예술의 발달

① 도자기 : 분청사기 → 백자 유행(16세기)

② 회화 :〈몽유도원도〉,〈고사관수도〉, 산수화 · 사군자화 유행

4) 과학 기술의 발달 : 천상열차분야지도(천문도), 칠정산(한양 기준, 역법서)

5) 농업 기술의 발달 : 측우기(강우량 측정), 인지의(토지의 높낮이 측정),「농사직설」(우리 실정에 맞게 농법을 정리)

앙부일구

측우기

3 사림의 성장과 성리학적 사회 질서의 확립

1. 사림의 성장

1) 훈구와 사림

① 훈구 : 세조의 즉위를 도운 공신들로 형성, 중앙 집권 체제 추구

② 사림 : 온건파 사대부의 제자들로 형성, 향촌 자치, 왕도 정치 추구

2) **성장** : 3사에 진출 → 훈구 세력의 독점과 비리 비판

3) **사화** : 훈구 세력과 사림 세력의 대립 속에서 사림 세력이 피해를 입은 사건

① 무오사화 : 김종직의 조의제문이 발단

② 갑자사화 : 폐비 윤씨 사건이 발단

③ 기묘사화 : 조광조의 개혁 정치 → 현량과 실시, 소격서 폐지, 위훈 삭제

④ 을사사화 : 왕의 외척 간의 권력 다툼 발생

4) **사화의 결과**

① 네 차례의 사화로 사림 세력이 큰 피해 입음

② 향촌의 서원과 향약, 유향소를 기반으로 사림 세력은 꾸준히 성장

2. 붕당의 출현 : 이조 전랑의 임명 문제를 놓고 사림 간 갈등 심화 → 서인과 동인으로 나뉨

3. 성리학적 사회 질서의 확산

1) 서원의 발달

① 기능 : 지방 사립 교육 기관(선현 제사, 지방 양반 자제 교육, 성리학 연구)

② 최초의 서원 : 주세붕의 백운동 서원 → 최초의 사액 서원으로 지정, 소수서원

2) **향약의 발달** : 전통적 향촌 규약에 삼강오륜의 윤리를 가미한 향촌 사회의 규약

3) **성리학의 발달**

① 이황 : 「성학십도」 저술, 일본 성리학 발달에 영향을 줌

② 이이 : 「성학집요」 저술, 현실적 · 개혁적 경향이 강함

4 왜란과 호란의 극복

1. 임진왜란(1592)

① 왜군의 침략 : 관군의 잇따른 패배, 명에 지원군 요청, 선조의 의주 피란

② 수군과 의병의 활약

· 이순신이 남해 제해권을 장악 → 왜군의 보급로 차단, 전라도 곡창 지대 보호

· 의병의 활약 : 곽재우, 조헌, 휴정(서산대사), 유정(사명대사)

③ 전란의 극복

· 조 · 명 연합군의 평양성 탈환 → 왜군의 휴전 제의

· 정유재란(1597) : 휴전 협상 실패, 왜군의 재공격 → 이순신의 명량 대첩 승리

→ 도요토미 히데요시 사망 후 왜군 철수 → 이순신의 노량 해전 승리

④ 왜란의 영향

· 조선 : 국토의 황폐화, 인구 감소, 신분제 동요, 문화재 손실(경복궁, 불국사)

· 일본 : 에도 막부 수립, 문화 발전(도자기, 성리학)

· 중국 : 명의 국력 약화, 여진족 성장(후금 건국)

⑤ 통신사의 파견 : 조선의 선진 문화와 기술을 일본에 전파

2. 광해군의 중립 외교

1) **광해군의 중립 외교 정책** : 후금의 명 침략 → 명이 조선에 지원군 요청 → 명과 후금 사이에 중립외교 추진(강홍립 – 출병 후 후금에 투항) → 후금과의 전쟁을 피함

2) **인조반정(1623)** : 서인이 인조반정을 일으킴 → 광해군 폐위, 인조 즉위

3. 청의 침략과 북벌 운동

1) **정묘호란(1627)**

① 배경 : 친명배금 정책 추진, 이괄의 난

② 전개 : 후금의 침략 → 의병 활약(정봉수, 이립) → 형제 관계 체결

2) **병자호란(1636)**

① 배경 : 후금의 성장 → 국호를 '청'으로 바꾸고 군신 관계 요구 → 조선 정부의 거절

② 전개 : 인조의 남한산성 피신과 항전 → 삼전도에서 굴욕적인 강화 → 군신 관계 체결

3) **북벌 운동** : 효종의 죽음과 청의 강력한 군사력 유지로 실행하지 못함

4) **북학 운동** : 18세기 후반, 청의 발달한 문화를 수용하자는 주장 대두

5) **나선 정벌** : 러시아와 청의 충돌 → 청이 조선에 원병 요청

06 조선 사회의 변동

1 제도 개혁과 조선 후기의 정치 변화

1. 통치 체제의 개편

1) **비변사 기능 강화** : 임진왜란과 병자호란 이후 국정을 총괄하는 최고 기구로 변화

2) **군사 제도 개편**

① 중앙군 : 5군영 체제 – 훈련도감(삼수병으로 구성된 직업 군인) 등

② 지방군 : 속오군 – 양반부터 천민까지 포함, 예비군

3) **조세 제도 개혁**

① 영정법 : 풍흉에 관계없이 전세를 토지 1결당 쌀 4두 징수

② 대동법

· 배경 : 방납의 폐단 발생

· 토지 결수를 기준으로 쌀(1결당 12두), 옷감, 동전 등 징수

· 공인 등장 : 국가에 필요한 물품 구입

③ 균역법

· 1년에 부담하는 군포를 2필에서 1필로 줄임

· 부족한 재정을 결작(1결당 쌀 2두), 어염세, 선박세 등을 징수하여 보충

2. 붕당 정치의 변화와 세도 정치의 전개

1) **붕당 정치의 변질** : 예송논쟁, 환국 → 상대 붕당의 존재 부정 → 일당전제화

2) **탕평 정치의 시행**

① 영조의 탕평 정치

· 탕평책 : 각 붕당의 인재를 고르게 등용, 탕평비 건립

· 개혁 정치 : 균역법 시행, 지나친 형벌 금지, 신문고 부활, 속대전 편찬

② 정조의 탕평 정치

· 적극적인 탕평 정치 실시, 규장각 설치(왕실 도서관, 학문 연구), 장용영(친위 부대) 설치, 화성 축조(정약용의 거중기 사용)

· 서얼과 노비에 대한 차별 완화, 금난전권 폐지, 대전통편 편찬

3) 세도 정치의 전개

　① 등장 : 순조, 헌종, 철종의 3대 60여 년간 → 특정 외척 가문이 권력을 독점

　② 영향

　　· 왕권 약화, 정치 기강 문란, 매관매직 성행, 관리 부정부패 증가

　　· 삼정의 문란 : 전정, 군정, 환곡의 문란 → 탐관오리의 세금 수탈 증가

　③ 홍경래의 난(1811) : 평안도 지역(서북 지방)에 대한 차별 대우, 세도 정치 모순에 대한 반발 → 정주성 싸움에서 패배

　④ 진주(임술) 농민 봉기(1862) : 진주 → 전국으로 확산

2 사회 · 경제 변화와 사회 개혁론의 등장

1. 조선 후기의 경제 변화

1) **농업 생산력 증대**

　① 모내기법의 전국적 보급 → 벼와 보리의 이모작 가능

　② 농민층의 분화 : 광작, 상품 작물(담배, 인삼 등) 재배 → 일부 농민이 부농으로 성장

2) **민영 수공업 발달** : 선대제 수공업 → 독립 수공업

3) **광업** : 수공업의 발달과 청 · 일본과의 무역 증가 → 금 · 은 수요 증가

4) **상업**

　① 농업 생산력 증대, 대동법 실시로 공인 활동 증가 → 상업 발달

　② 장시 발달 : 보부상 활동

　③ 사상 성장 : 송상(개성, 인삼), 경강상인(선상), 만상, 내상

　④ 대외 무역 발달(청, 일본) : 개시(공무역), 후시(사무역)

5) **화폐 유통** : 상평통보(엽전)의 전국적 사용

2. 조선 후기의 사회 변화

1) **신분제 동요**

　① 원인 : 납속책 실시, 공명첩 발급, 족보 매입 및 위조 증가, 군공, 도망

　② 결과 : 양반 수 증가, 상민과 노비 수 감소 → 양반 중심의 신분제 동요

3. 사회 개혁론의 등장

  1) **실학의 대두** : 정치, 경제, 사회의 현실을 개혁하기 위한 방안 제시

  2) **중농학파** : 농업 중심의 개혁론

    ① 주장 : 토지 제도 개혁, 농민 생활 안정

    ② 대표 학자

       · 유형원 : 균전론(신분에 따라 토지를 차등있게 분배), 「반계수록」

       · 이익 : 한전론(영업전의 매매 금지), 「성호사설」

       · 정약용 : 여전론(공동 소유, 공동 경작), 「목민심서」, 「경세유표」

  3) **중상학파** : 상공업 중심의 개혁론

    ① 주장 : 청의 문물 수용(북학파), 기술 혁신을 통한 부국강병

    ② 대표 학자

       · 홍대용 : 서양의 과학 기술 수용, 중국 중심 세계관에서 벗어날 것을 주장

       · 박지원 : 수레와 선박의 이용, 화폐 사용 강조, 「열하일기」, 「양반전」, 「허생전」

       · 박제가 : 수레와 선박의 이용, 소비 권장(우물에 비유), 「북학의」

  4) **의의 및 한계**

    ① 의의 : 실용적, 실증적, 근대 지향적 성격

    ② 한계 : 국가 정책에 반영되지 못함

3 조선 후기의 문화

1. 학문의 발달

  1) **양명학 수용** : 이론적 · 형식적인 성리학 비판, 지행합일, 실천성 강조

  2) **국학 연구**

    ① 역사

       · 「동사강목」(안정복) : 고조선 ~ 고려 말까지의 역사 정리

       · 「발해고」(유득공) : 발해사를 우리 역사로 체계화할 것을 강조

    ② 지리

       · 「택리지」(이중환) : 인문 지리서

       · 동국지도(정상기), 대동여지도(김정호)

③ 국어 : 「훈민정음운해」(신경준), 「언문지」(유희)

④ 백과사전적 저술 : 「지봉유설」(이수광), 「성호사설」(이익)

2. 문화와 예술의 새 경향

1) 서민 문화의 발달

① 배경 : 상공업의 발달, 농업 생산력 향상, 서당 교육 확대 → 서민 의식의 성장

② 특징 : 서민들의 감정을 솔직하게 표현, 양반들의 위선과 사회 모순을 풍자

③ 내용 : 한글소설(「홍길동전」, 「춘향전」), 사설시조, 판소리, 탈춤, 민화

2) 새로운 예술의 경향

① 회화

· 진경 산수화 : 정선, 우리 자연을 사실적으로 표현, 〈인왕제색도〉, 〈금강전도〉

· 풍속화 : – 김홍도 〈씨름도〉, 〈무동〉, 〈서당도〉, 일상 생활을 소탈하고 익살스럽게 표현

– 신윤복 〈단오풍정〉, 〈미인도〉, 양반의 풍류와 부녀자들의 생활을 묘사

씨름도

· 민화 : 민중의 미적 감각 표현, 해 · 달 · 꽃 · 동물 등

② 서예 : 김정희의 추사체

③ 도자기 : 백자 → 청화백자

④ 건축 : 불교 건축물(법주사 팔상전, 화엄사 각황전), 화성(정약용, 거중기)

서당도

인왕제색도

단오풍정

민화

3. 과학 기술의 발달

1) **서양 문물의 수용** : 곤여만국전도(세계지도), 천리경, 자명종

2) **의학의 발달** :「동의보감」(허준),「동의수세보원」(이제마, 사상의학)

4 사회 변혁의 움직임

1. 사회 불안과 새로운 종교의 유행

1) **예언 사상 대두** : 세도 정치로 인한 정치 · 경제 · 사회 질서의 문란, 이양선 출몰, 자연 재해와 전염병 → 사회 불안 심화, 정감록, 미륵 신앙, 무격 신앙 유행

2) **천주교와 동학의 전파**

① 천주교

· 전래 : 서학으로 소개 → 점차 신앙으로 수용

· 내용 : 제사 거부, 평등 사상, 내세 신앙 → 정부의 탄압(1801, 신유박해)

② 동학

· 창시 : 1860년 경주에서 최제우가 창시

· 내용 : 유교, 불교, 도교를 바탕으로 민간 신앙의 요소 융합, 인내천(사람이 곧 하늘), 보국안민, 제폭구민 → 정부의 탄압

근대 국민 국가 수립 운동

1 흥선대원군의 집권 및 문호 개방

1. 흥선대원군의 내정 개혁

1) **정치 질서 회복** : 안동 김씨 세력 축출, 비변사 기능 축소, 대전회통 편찬

2) **삼정의 문란 해결** : 호포제(양반에게도 군포 부과), 환곡을 사창제로 개혁

3) **서원 정리** : 47곳만 남기고 철폐 → 양반 유생층 반발

4) **경복궁 중건** : 원납전 징수, 당백전 발행, 노동력 징발

당백전

2. 흥선대원군의 통상 수교 거부

1) **병인양요(1866)**

① 배경 : 병인박해를 구실로 프랑스가 강화도에 침입

② 전개 : 양헌수 부대(정족산성), 한성근 부대(문수산성)의 항전

③ 결과 : 프랑스군의 퇴각, 외규장각 도서 약탈

2) **오페르트 도굴 사건** : 독일 상인 오페르트 일행이 남연군의 묘를 도굴하려다 실패

3) **신미양요(1871)**

① 배경 : 제너럴 셔먼 호 사건을 구실로 미국이 강화도에 침입

② 전개 : 어재연(광성보)의 항전 → 미군 철수

③ 결과 : 미군 철수, 척화비 건립(서양과의 통상 수교 거부 재확인)

3. 문호 개방

1) **강화도 조약 체결(1876)**

① 배경

· 흥선대원군 하야, 고종의 직접 정치 → 통상 수교 거부 정책 완화, 통상 개화론 대두

· 운요호 사건 발생(일본)

② 내용

· 조선이 자주국임을 명시 → 청에 대한 종주권 배제

· 3개 항구 개항 : 부산, 원산, 인천

· 일본에게 치외법권(영사 재판권) 및 해안 측량권 허용 → 불평등 조약

③ 성격 : 조선이 외국과 맺은 최초의 근대적 조약, 불평등 조약

2) 서양 여러 나라와 수교 : 미국과의 수교 – 조 · 미 수호 통상 조약

2 근대적 개혁의 추진과 동학 농민 운동의 전개

1. 개화 정책의 추진과 반발

1) 정부의 개화 정책

① 사절단 파견 : 일본에 수신사, 조사 시찰단, 청나라에 영선사, 미국에 보빙사 파견

② 통리기무아문 설치 : 개화 정책 담당

③ 근대 기구 창설 : 별기군(신식 군대), 박문국(출판), 기기창(무기 공장) 등 설립

2) 위정척사 운동 : 성리학을 지키고, 성리학 이외의 것은 배격 → 양반 유생층 주도

→ 반외세 · 반침략 민족 운동, 항일 의병 운동으로 계승

2. 임오군란과 갑신정변

1) 임오군란(1882)

① 발단 : 구식 군인들에 대한 차별 대우

② 경과 : 구식 군인들의 봉기 → 정부 고관과 일본인 교관 살해, 일본 공사관 습격 →
홍선대원군의 일시 재집권 → 청군의 진압

③ 결과 : 청의 내정 간섭 심화, 조 · 청 상민 수륙 무역 장정

2) 갑신정변(1884)

① 배경 : 정부의 소극적인 개화 정책 → 급진 개화파(김옥균, 박영효 등)의 주도

② 경과 : 우정국 개국 축하연을 이용하여 정변 일으킴 → 14개조 정강 발표 → 청군의
개입으로 3일 만에 실패(3일 천하)

③ 결과 : 한성조약과 톈진조약 체결

④ 의의 : 근대 국가 건설을 위한 최초의 정치 개혁 운동 → 입헌 군주제 수립

3. 동학 농민 운동의 전개

1) 방곡령 선포 : 일본으로 곡물 유출 심화 → 방곡령 선포 → 철회, 일본에 배상금 지불

2) 동학 농민 운동(1894)

① 고부 농민 봉기 : 고부 군수 조병갑의 수탈 → 전봉준 등 농민들이 고부 관아 습격

② 1차 봉기 : 황토현 전투 승리 → 전주성 점령 → 청·일 군대 파병 → 전주 화약 체결

③ 폐정 개혁안 : 신분제 폐지, 토지의 평균적인 분작 요구, 집강소(농민 자치 기구)

④ 2차 봉기 : 일본의 경복궁 습격, 청일 전쟁 발발 → 일본군 축출을 위해 동학 농민군 재봉기 → 공주 우금치 전투에서 패배

⑤ 의의 : 반봉건·반외세 민족 운동 → 갑오개혁에 영향, 항일 의병 운동으로 연결

4. 근대적 개혁의 추진

1) 갑오개혁(1894)

① 정치 : 국정 사무와 왕실 사무 분리, 과거제 폐지

② 경제 : 재정의 일원화(탁지아문), 조세의 금납화, 도량형 통일

③ 사회 : 신분제 폐지, 과부의 재가 허용, 조혼 금지

2) 을미개혁의 추진

① 을미사변(1895) : 조선의 친러 정책에 위협을 느낀 일본이 명성황후 시해

② 을미개혁(1895) : 태양력 사용, 종두법 실시, 단발령 실시, '건양' 연호 사용

③ 을미의병(1895) : 을미사변과 단발령 실시에 대한 반발 → 유인석, 이소응 등

④ 아관파천(1896) : 고종이 러시아 공사관으로 피신 → 열강의 이권 침탈

3 독립협회와 대한제국

1. 독립협회

1) **조직** : 서재필 등 개화파 지식인

2) **목표** : 자주 국권, 자유 민권, 자강 개혁 → 독립문 건립, 토론회 등을 통한 민중 계몽

3) **활동**

① 독립신문 발행, 독립문 건립, 의회 설립 운동 전개

② 토론회, 연설회 개최 → 만민공동회, 관민 공동회 개최(헌의 6조 결의)

4) **해산** : 대한 제국 정부가 황국협회와 군대를 동원하여 강제 해산

2. 대한제국(1897)

  1) **대한제국 수립** : 국호를 '대한제국'으로 변경, 연호를 '광무'로 함 → 대한국 국제 반포

  2) **광무개혁** : 전제 황제권 강화, 구본신참 표방, 양전 사업 → 지계 발급

3. 근대 문물의 수용

  1) 근대 문물의 도입

    ① 통신 : 전신, 전화, 우편 시설(우정총국) 설치

    ② 교통 : 전차 운행(서울), 경인선, 경부선 철도 부설

    ③ 의료 : 광혜원(제중원) 등 근대식 의료 기관 설립

  2) 근대 교육의 실시

    ① 원산학사(1883) : 함경도 덕원, 최초의 근대적 사립 학교

    ② 육영공원(1886) : 최초의 근대적 관립 학교

    ③ 교육입국조서(1895) 발표 : 각종 관립 학교 설립

  3) 국학 연구

    ① 국사 : 신채호「독사신론」, 「이순신전」, 「을지문덕전」→ 민족의식 고취

    ② 국어 : 국한문 혼용체 보급, 국문 연구소 설립, 주시경, 지석영 등이 연구

  4) **연극** : 원각사(최초의 서양식 극장)

4 일제의 국권 침탈과 국권 수호 운동

1. 일제의 국권 침탈 과정

  1) 을사늑약(1905)

    ① 내용 : 대한제국의 외교권 박탈, 통감부 설치

    ② 을사늑약 반대 투쟁 전개 : 나철 등이 오적 암살단 조직, 전명운·장인환의 스티븐스 저격, 안중근의 이토 히로부미 처단, '시일야방성대곡'(장지연), 을사의병

    ③ 헤이그 특사 파견(1907) : 헤이그 만국 평화 회의에 특사 파견 → 고종의 강제 퇴위

  2) **한일 신협약(정미 7조약)(1907)** : 일본인 차관 배치, 군대 해산 → 정미의병

  3) **한국 병합 조약(1910)** : 일제가 대한제국의 국권 강탈, 조선 총독부 설치

2. 항일 의병 운동 전개

1) 을미의병(1895)

① 배경 : 을미사변과 단발령에 반발

② 전개 : 양반 유생층(유인석, 이소응)이 주도

2) 을사의병(1905)

① 배경 : 을사늑약 체결에 반발

② 전개 : 다양한 계층이 참여, 평민 의병장 활약(신돌석)

3) 정미의병(1907)

① 배경 : 고종의 강제 퇴위와 군대 해산에 반발

② 전개 : 의병 전쟁으로 발전, 13도 창의군 결성, 서울 진공 작전 계획 → 실패

3. 애국 계몽 운동의 전개

1) 보안회 : 일제의 황무지 개간권 요구를 철회시킴

2) 신민회(1907) : 안창호, 양기탁 등이 비밀 단체로 조직

① 목표 : 공화정을 바탕으로 국민 국가 건설

② 활동 : 대성학교, 오산학교, 자기 회사, 태극 서관, 신흥 강습소(독립군 양성)

③ 해체 : 105인 사건으로 해산(1911)

4. 국채 보상 운동 전개(1907)

1) 배경 : 일제가 대한제국에 차관 도입 강요, 일본에 1,300만원의 빚을 짐

2) 전개 : 대구 → 전국으로 확산, 금주·금연을 통한 모금, 비녀 등을 성금으로 기탁

5. 간도와 독도

1) 간도

① 조선 숙종 때, 백두산정계비 세움

② 간도 협약 체결(1909) : 일본이 철도부설권 등을 얻는 대가로 간도를 청의 영토로 인정

2) 독도

① 러·일 전쟁 중, 일본이 독도를 시마네현에 불법 편입시킴

② 광복 이후, 우리나라 영토로 되찾음

08 일제의 강점과 민족 운동의 전개

1 일제의 식민지 지배 정책

1. 무단 통치(헌병 경찰 제도)와 토지 조사 사업 실시

1) 무단 통치(헌병 경찰 제도) : 1910년대 통치 방식

① 조선 총독부 설치

② 헌병 경찰 제도

· 헌병 경찰 : 즉결처분권(벌금, 태형 등의 처벌 가능)

· 관리는 물론 교원에게도 제복을 입히고 칼을 차게 함

2) 토지 조사 사업 : 1910년대 경제 수탈 정책

① 방법 : 토지 주인이 자신의 토지를 정해진 기간에 신고 → 미신고 토지는 전부 몰수

② 결과 : 조선 총독부의 토지 소유 확대 → 전 국토의 40%가 총독부의 소유

2. 민족 분열 통치(문화 통치)와 산미 증식 계획

1) 민족 분열 통치(문화 통치) : 1920년대 통치 방식

① 실상 : 친일파를 길러 우리 민족을 분열시키려는 교활한 정책

② 내용

문화 통치의 내용	문화 통치의 실상
헌병 경찰 제도 폐지, 보통 경찰 제도 실시	경찰 인원 증가, 치안유지법 제정 → 감시와 탄압 강화
언론 · 출판 · 집회 · 결사의 자유 부분적 허용	언론 검열 → 신문 기사 삭제 또는 정간
교육 기회 확대 약속	대학 교육 및 전문 교육의 기회 제한

2) 산미 증식 계획 : 1920년대 경제 수탈 정책

① 방법 : 품종 개량, 수리 시설 확충 등으로 쌀을 증산하여 일본으로 가져감

② 결과 : 증산량보다 많은 쌀을 일본으로 유출 → 국내 식량 사정 악화

3. 민족 말살 통치와 병참 기지화 정책

1) **민족 말살 통치** : 1930년대 이후 통치 방식

① 배경 : 일제의 침략 전쟁 확대 → 중 · 일 전쟁(1937)과 태평양 전쟁(1941)을 일으킴

② 목적 : 한국인의 민족정신을 말살하여 일본의 침략 전쟁에 동원

③ 황국 신민화 정책 : 일선 동조론, 내선 일체, 황국 신민 서사 암송, 신사 참배, 일본식 성과 이름 사용 등 강요

2) **병참 기지화 정책** : 1930년대 이후 경제 수탈 정책, 한반도에 군수 공장 건설

3) **인적 · 물적 자원 수탈** : 국가 총동원법(1938), 지원병제, 징병제, 국민 징용령, 여자 정신 근로령, 금속 공출, 미곡 공출

2 3 · 1 운동과 대한민국 임시 정부

1. 3 · 1 운동의 전개(1919)

1) **배경** : 윌슨의 민족 자결주의, 2 · 8 독립 선언(1919)

2) **전개** : 민족 대표 33인이 태화관에서 독립 선언 → 학생과 시민들이 탑골 공원에서 독립 만세 시위 → 전국과 해외로 확산

3) **일제의 무력 탄압** : 유관순의 순국, 제암리 주민 학살

4) **의의 및 영향**

① 일제 통치 방식의 변화 : 무단 통치 → 문화 통치

② 대한민국 임시 정부 수립의 계기

③ 중국의 5 · 4 운동, 인도의 반영 운동 등에 영향

2. 대한민국 임시 정부의 수립과 활동

1) **임시 정부의 통합** : 외교 활동에 유리한 상하이에 대한민국 임시 정부 수립

2) **활동**

① 연통제(비밀 행정 조직)와 교통국(비밀 통신 기관) 실시

② 독립운동 자금 마련 : 독립 공채 발행, 의연금 모금

③ 파리 강화 회의에 김규식을 파견하여 독립청원서 제출, 미국에 구미 위원부 설치

④ 한국광복군 창설(1940)

3 국내 민족 운동의 전개

1. 실력 양성 운동

1) 물산 장려 운동

① 목적 : 민족 산업 육성, 경제 자립 추구

② 전개 : 평양에서 조만식 등이 조선 물산 장려회 조직

③ 활동 : 토산품 애용, '내 살림 내 것으로', '조선 사람 조선 것으로' 등의 구호 제시

2) 민립 대학 설립 운동 : 민립 대학 기성회 조직

→ '한민족 1천만이 한 사람이 1원씩'

3) 문맹 퇴치 운동

① 목적 : 민중에 문자 보급, 민중 계몽

② 문자 보급 운동 : 조선일보 주도, '아는 것이 힘, 배워야 산다.'

③ 브나로드 운동 : 동아일보 주도, 농촌 계몽 운동 전개

브나로드 운동

2. 사회 운동

1) **소년 운동** : 방정환이 주도한 천도교 소년회 중심, 어린이날 제정, 잡지 「어린이」 발간

2) **여성 운동** : 근우회(신간회의 자매단체) 결성

3) **형평 운동** : 백정에 대한 사회적 차별 철폐, 조선 형평사(1923) 조직

4) **농민 운동과 노동 운동** : 암태도 소작 쟁의, 원산 노동자 총파업

3. 민족 협동 전선 운동의 전개

1) 6 · 10 만세 운동(1926)

① 배경 : 일제의 식민지 수탈 정책과 민족 차별 교육

② 전개 : 순종의 인산일에 학생들이 만세 시위 → 일제의 탄압

2) 신간회 조직(1927)

　① 조직 : 비타협적 민족주의 계열과 사회주의 계열의 연합

　② 강령 : 민족의 단결, 정치적 · 경제적 각성 촉구, 기회주의자 배격 → 민족 유일당 운동

　③ 활동 : 강연회 개최, 야학 운영, 광주 학생 항일 운동 때 진상 조사단 파견

　④ 의의 : 사회주의 세력과 민족주의 세력의 연합으로 결성한 최대의 민족 운동 단체

3) 광주 학생 항일 운동(1929)

　① 배경 : 일제의 차별 교육, 반일 감정 고조

　② 전개 : 광주에서 한 · 일 학생 충돌 → 대규모의 반일 학생 시위 전개 → 전국으로 확산

　③ 의의 : 3 · 1 운동 이후 최대 규모의 민족 운동

4 국외 민족 운동의 전개(1920년대 이후)

1. 의열단과 한인 애국단

1) 의열단(1919) : 김원봉 등이 조직, 식민 통치 기관 파괴

2) 한인 애국단(1931) : 김구가 결성하여 의열 투쟁 전개

　① 이봉창 의거(1932) : 일본 도쿄에서 일왕의 마차에 폭탄 투척 → 실패

　② 윤봉길 의거(1932) : 상하이 훙커우 공원에 폭탄 투척 → 중국 정부의 대한민국 임시 정부 지원 계기

2. 1920년대 국외 무장 독립 투쟁

1) 봉오동 전투(1920) : 홍범도(대한 독립군)

2) 청산리 대첩(1920) : 김좌진(북로 군정서군)

3) 독립군의 시련 : 간도 참변, 자유시 참변

봉오동 전투와 청산리 대첩

3. 대한민국 임시 정부와 한국광복군

1) 대한민국 임시 정부의 활동 : 충칭에 정착(1940), 한국광복군 창설, 태평양 전쟁 때 일본에 선전 포고

2) 한국광복군

　① 연합군의 일원으로 태평양 전쟁에 참여 : 영국군의 요청으로 인도·미얀마 전선에
　　참여

　② 국내 진공 작전 계획 : 일본의 항복으로 실행하지 못함

5 민족 문화 수호 운동

1. 조선어 학회(1931) : 한글 맞춤법 통일안 및 표준어 제정, '우리말 큰 사전' 편찬 시도 →
조선어 학회 사건(1942)으로 중단

2. 민족주의 사학

　1) **박은식** : 국혼 강조, 「한국통사」, 「한국독립운동지혈사」

　2) **신채호** : 낭가 사상 강조, 고대사 연구, 「조선상고사」, 「조선사연구초」

3. 종교계의 활동

　1) **천도교** : 3·1 운동 주도, 소년 운동과 농촌 계몽 운동 전개, 잡지 「어린이」 간행

　2) **대종교** : 단군 숭배, 만주 지역에서 교세 확장, 무장 독립 투쟁 전개

대한민국의 발전

1 대한민국 정부의 수립과 6·25 전쟁

1. 8·15 광복과 대한민국 정부의 수립

1) 8·15 광복(1945)

① 배경 : 제 2차 세계 대전에서 연합국의 승리, 국내외에서 끈질긴 독립 투쟁의 결과

② 카이로 회담(1943) : 연합국의 대표들이 한국의 독립을 최초로 약속

2) **독립 국가 건설 준비** : 조선 건국 준비 위원회(여운형과 안재홍 주도)

3) **모스크바 3국 외상 회의(1945.12)**

① 한반도에 임시 민주 정부 수립과 이를 논의하기 위한 미·소 공동 위원회 설치

② 미·영·중·소 4개국에 의한 최대 5년간 신탁 통치 실시

4) **대한민국 정부의 수립**

① 제 1차 미·소 공동 위원회 결렬 → 좌우 합작 운동(여운형, 김규식) 실패 → 제 2차
미·소 공동 위원회 결렬

② 한국 문제를 유엔에 상정 → 유엔 총회에서 남북한 총선거를 통한 정부 수립 결의 →
소련과 북한의 거부 → 유엔 소총회에서 남한에서만 총선거 실시 결정

③ 남북 협상의 추진 : 김구, 김규식 등이 통일 정부 수립을 위해 추진 → 실패

④ 5·10 총선거 실시(1948.5.10) → 제헌국회 구성 및 제헌 헌법 선포 → 이승만 대통령
선출 → 대한민국 정부 수립 선포(1948.8.15)

⑤ 반민족 행위 처벌법 제정 : 친일파 청산 시도

⑥ 농지 개혁 : 유상 매수, 유상 분배 → 대부분의 농민이 토지를 소유하게 됨

2. 6·25 전쟁(1950)

1) **전개** : 북한의 남침(1950.6.25) → 낙동강 전선까지 후퇴 → 유엔군 파견 → 인천 상륙
작전 → 서울 수복, 압록강 진격 → 중국군 개입 → 1·4 후퇴 → 휴전 협정 체결(1953)

2) **결과** : 인명 피해, 재산 피해, 남북한 간 적대 감정 고조

2 민주주의의 시련과 발전

1. 4·19 혁명(1960)

1) **이승만 정부의 장기 집권** : 발췌 개헌, 사사오입 개헌 → 장기 집권의 토대 마련

2) **4·19 혁명(1960)**

① 발단 : 자유당과 이승만 정권의 독재, 3·15 부정 선거(1960)

② 경과 : 학생과 시민의 마산 시위 → 김주열군 시신 발견 → 전국으로 시위 확산 → 계엄령 선포 → 대학 교수단의 시국 선언 발표 → 이승만 대통령 하야

③ 의의 : 학생과 시민 등 다양한 계층 참여, 독재 정권을 무너뜨린 최초의 민주주의 혁명

3) **장면 내각** : 내각 책임제 → 총선거 실시(대통령에 윤보선, 국무총리에 장면 선출)

2. 5·16 군사 정변과 유신 체제

1) **5·16 군사 정변(1961)** : 장면 내각 붕괴, 국가 재건 최고 회의를 구성하여 군정 실시

2) **박정희 정부**

① 경제 개발 5개년 계획 추진 : 성장 위주의 경제 정책

② 한·일 협정 체결, 베트남 파병

③ 유신 헌법(1972) : 통일 주체 국민 회의에서 간접 선거로 대통령 선출, 대통령 중임 제한 폐지, 대통령에게 강력한 권한 부여(국회 해산권, 긴급조치권 등)

3. 5·18 민주화 운동과 6월 민주 항쟁

1) **5·18 민주화 운동(1980)**

① 배경 : 신군부의 전국 계엄령 확대 실시 → 무력 진압 시작

② 전개 : 광주에서 민주화 시위 → 계엄군과 시민들 대치 → 계엄군의 과잉 진압

2) **6월 민주 항쟁(1987)**

① 배경 : 전두환 정부의 독재 정치, 대통령 직선제 개헌 요구

② 전개 : 대통령 직선제 개헌 요구 시위 → 박종철 고문 치사 사건 발생 → 4·13 호헌 발표 → 전국적으로 민주화를 요구하는 시위 발생

③ 결과 : 6·29 민주화 선언(대통령 직선제 수용 발표) → 대통령 선거에서 노태우 당선

3) 민주주의의 발전과 정착

　① 노태우 정부 : 서울 올림픽 개최, 북방 외교, 남북한 유엔 동시 가입

　② 김영삼 정부 : 민간 정부, 금융 실명제 실시, 역사 바로 세우기 운동, 지방 자치제 전면 실시, 외환 위기(IMF의 지원)

　③ 김대중 정부 : 최초로 여·야 간 평화적 정권 교체, 외환 위기 극복, 대북 화해 협력 정책, 제1차 남북 정상 회담(2000, 평양)

　④ 노무현 정부 : 권위주의 청산 노력, 제2차 남북 정상 회담 개최

　⑤ 이명박 정부 : 기업 규제 완화, 4대강 사업 추진

3 경제 성장과 사회·문화의 변동

1. 경제 성장과 발전

1) 6·25 전쟁 이후의 경제

　① 미국의 원조를 받아 전후 복구 사업 실시

　② 삼백 산업(제분, 제당, 면방직) 발달, 농산물 가격 하락으로 농가가 타격을 받음

2) 경제 개발 계획 추진(1960~1970년대의 경제)

　① 제 1·2차 경제 개발 계획(1960년대) : 경공업(신발, 의류, 가발 등) 육성

　② 제 3·4차 경제 개발 계획(1970년대) : 중화학 공업 육성, 수출 주도형 정책 지속

3) 1980년대 이후의 경제

　① 1980년대 : 3저 호황(저유가, 저금리, 저달러)으로 경제 성장, 기술 집약적 산업 성장

　② 1990년대 : 경제 협력 개발 기구(OECD) 가입, 외환 위기(IMF사태, 1997)

　③ 2000년대 : 외환 위기 극복, 첨단 산업 발달, 여러 나라와 자유무역협정(FTA) 체결

4 통일을 위한 노력

1. 북한의 독재 정권 성립

1) 6·25 전쟁 이후 : 반대 세력 제거 → 김일성 중심의 독재 체제 강화

2) 1960년대 : 북한의 독자 노선 추구 → 주체사상을 바탕으로 김일성 우상화

3) 1970년대 : 사회주의 헌법 제정(주체사상을 통치 이념으로 규정, 국가주석제 도입)

4) 세습 체제의 확립 : 김정일, 김정은 세습

2. 북한의 경제

1) 6 · 25 전쟁 이후 : 천리마 운동, 사회주의 경제 체제 확립

2) 1960년대 이후 : 경제 개발 계획 추진 → 기술과 자본 부족, 폐쇄적인 경제 체제, 과도한 국방비 지출 등으로 한계 노출

3) 제한적 개방 정책 추진

　① 1980년대 : 합영법 제정(외국의 자본과 기술 도입) → 실패

　② 1990년대 이후 : 나진 · 선봉 경제 특구, 신의주 경제 특구, 금강산 관광, 개성 공단

3. 남북 관계와 통일 정책

1) 7 · 4 남북 공동 성명(1972) : 자주 · 평화 · 민족적 대단결의 3대 통일 원칙에 합의

2) 전두환 정부 : 남북한 이산가족 상봉, 민족 화합 민주 통일 방안 제시

3) 노태우 정부 : 남북 유엔 동시 가입, 남북 기본 합의서 채택, 한반도 비핵화 공동 선언

4) 김영삼 정부 : 3단계 통일 방안 제시(화해 · 협력 → 남북 연합 → 통일 국가 완성)

5) 김대중 정부 : 대북 화해 협력 정책 실시, 제1차 남북 정상 회담과 6 · 15 남북 공동 선언, 이산가족 상봉, 금강산 관광 사업, 경의선 복구, 개성 공단 건설

6) 노무현 정부 : 제2차 남북 정상 회담과 10 · 4 남북 공동 선언 발표(2007, 평양)

7) 이명박 정부 : 상생과 공영의 남북 관계 발전 추구

중학교 졸업자격 검정고시

VII.

도덕

Ethics

중학교 졸업자격 검정고시

도덕

Ethics

도덕1

01 자신과의 관계

01. 도덕적인 삶

1 사람을 사람답게 만드는 것

1. 사람이란 무엇인가?

1) 사람의 특성

① 도구적 존재 : 사람은 불리한 신체적 조건을 극복하기 위해 도구를 만들어 사용함

② 문화적 존재 : 언어, 사상, 예술과 같은 문화를 이어 나가고 발전시켜 삶을 더욱 의미 있고 풍요롭게 만듦

③ 이성적 존재 : 사람은 생각할 수 있는 능력을 가지고 있음

④ 사회적 존재 : 사람은 자신이 속한 사회에서 다른 사람들과 더불어 살아감

⑤ 도덕적 존재 : 사람은 자신의 행동을 스스로 선택하고 반성할 수 있음

2) 인간의 본성

① 성선설(맹자) : 사람의 본성이 본래 선하다는 입장

② 성악설(순자) : 사람의 본성이 본래 악하다는 입장

③ 성무선악설(고자) : 사람의 본성이 선하거나 악한 것으로 정해져 있지 않다고 보는 입장

3) 사람다움

① 도리를 지키며 살아감

② 도덕적인 삶 : 사람에게만 나타나는 고유한 것

③ 도덕의 핵심 요소 : 존중, 배려, 자율성

2. 사람다운 사람이란?

1) **도덕적인 삶** : 무엇이 옳은지 그른지를 스스로 판단해 옳은 행동을 실천하고, 자신의 행동에 책임을 지는 삶

2) 더불어 사는 삶

  ① 사람다운 사람이 되는 방법

    · 다른 사람에게 해를 끼치지 않고, 어려움에 부딪힌 사람을 기꺼이 도움

    · 서로 배려하고 사랑하는 마음을 바탕으로 더불어 사는 삶을 추구함

  ② 더불어 사는 삶을 추구하면 삶의 행복을 누리는 사람다운 사람이 될 수 있음

2 도덕의 의미와 필요성

1. 욕구와 당위

1) **욕구** : 무엇을 얻거나 무슨 일을 하고 싶어 하는 것 → 어떤 행동의 동기, 개인의 삶을 활기차게 하고 사회 발전의 바탕이 됨

2) **당위** : 우리가 마땅히 해야 하거나 하지 말아야 할 것 → 삶을 올바른 방향으로 이끌어 나감

2. 도덕

1) **의미** : 사람으로서 마땅히 지켜야 할 도리이자 보편적 사회 규범

2) **필요성**

  ① 개인적 측면 : 자신의 삶을 반성하고 훌륭한 삶을 살도록 함

  ② 사회적 측면 : 사회유지와 발전에 공헌할 수 있는 바탕이 됨

3. 양심

1) **의미** : 도덕적으로 옳은 것과 그른 것, 선한 것과 악한 것을 구별해 주는 마음의 작용

2) **기능** : 양심은 우리가 잘못된 행동을 거부하고, 도덕적인 행동을 하도록 안내해 주며, 우리가 사람답게 살 수 있는 원동력이 됨

3 내가 도덕적이어야 하는 이유

1. 나에게, 모두에게 이롭기 때문에

1) **자신의 장기적 이익 증진** : 도덕적인 행동이 자신의 장기적 이익을 가져올 수 있음

2) 모두의 이익 증진

① 도덕을 지키지 않을 때 : 자신의 이익을 보장 받지 못하고, 모든 사람에게 피해를 줄 수 있음

② 도덕을 지킬 때 : 자신의 이익을 포함한 모두의 이익을 증진시킬 수 있음

2. 도덕적 의무이기 때문에, 그리고 훌륭한 삶을 위해서

1) 도덕적 의무

① 도덕적 의무 : 도덕규범에 근거한, 마땅히 행해야 할 일이나 행동

② 사람다움의 실현

· 모든 사람이 지켜야 할 도덕적 의무를 규정하고 준수함

· 도덕적 의무에 따라 행동함으로써 사람다운 사람이라는 것을 스스로 확인할 수 있음

2) 행복한 삶

① 행복한 삶 추구 : 물질적 조건도 필요하지만 정신적 조건이 더욱 중요함

② 인간은 도덕에서 비롯된 내적 보람을 통해 물질적 쾌락보다 더 큰 행복을 얻을 수 있음

02. 도덕적 행동

1 도덕적 사고와 행동

1. 도덕적 행동을 하지 못하는 이유는?

1) 도덕적 사고

① 도덕적 사고 : 다양한 도덕적 문제들을 해결하기 위해 신중히 생각하고 판단하는 것

② 도덕적 사고의 역할 : 자신의 행동이 자신과 다른 사람에게 미칠 결과를 고려하여 가장 적절한 도덕적 행동이 무엇인지 선택할 수 있게 함

2) 도덕적 사고와 행동의 불일치 : 이기심, 도덕적 무관심, 용기 부족 등

2. 도덕적 실천 의지

1) 도덕적 앎 : 도덕적 문제 상황에서 옳고 그름을 명확하게 판단할 수 있음

→ 도덕적 행동을 하기 위해서는 도덕적 앎이 필요함

2) **도덕적 실천 동기** : 도덕적 행동을 위한 이유, 원인 → 📝 사랑, 공감, 선한 의지 등

3) **도덕적 실천 의지** : 주어진 상황에서 도덕적 행동을 하려는 굳은 마음가짐

　　→ 도덕적 실천 의지를 기르기 위한 노력 : 반성적인 태도, 올바른 습관

2 도덕적 민감성과 상상력

1. 도덕적 민감성

1) **도덕적 민감성** : 특정 상황을 도덕적 문제 상황으로 민감하게 받아들이는 것

2) 도덕적 민감성이 뛰어난 사람은 도덕적으로 사고하고 행동할 가능성이 높음

2. 도덕적 상상력

1) **도덕적 상상력** : 도덕적 문제 상황에서 자신의 행동이 나와 다른 사람에게 어떤 영향을 미칠지 상상해 볼 수 있는 능력

2) **도덕적 상상력을 발휘하기 위한 조건** : 도덕적 민감성, 공감, 다양한 결과 예측 등

3 도덕적 추론과 비판적 사고

1. 사실 판단, 가치 판단, 도덕 판단

1) **사실 판단** : 있는 그대로의 객관적인 사실을 말하는 것 → 개나리는 노랗다.

2) **가치 판단** : 어떤 현상에 대해 주관적으로 평가하여 진술하는 것 → 개나리는 예쁘다.

3) **도덕 판단** : 어떤 사람의 인격이나 행위에 대해 도덕적인 관점에서 내리는 판단 → 저 학생은 착하다.

2. 도덕적 추론

1) **도덕적 추론** : 어떤 도덕 판단에 대한 이유나 근거를 제시하면서 올바른 판단을 이끌어 내는 과정

2) **도덕적 추론의 과정**

　　① 도덕 원리 : 법을 어기는 행동은(A) 옳지 않다.(B)

　　② 사실 판단 : 무임승차는(C) 법을 어기는 행동이다.(A)

　　③ 도덕 판단 : 무임승차는(C) 옳지 않다.(B)

3. 비판적 사고

1) **비판적 사고** : 도덕적 추론의 근거가 되는 사실 판단과 도덕 원리를 검토하는 것

2) **도덕 원리 검사**

① 역할 교환 검사 : 상대방의 처지에서 도덕 원리를 수용할 수 있는지 생각해 보는 것

② 보편화 결과 검사 : 모든 사람이 같은 도덕 원리를 채택하였을 때 발생할 수 있는 결과를 수용할 수 있는지 생각해 보는 것

4 도덕적 성찰

1. 도덕적 성찰

1) **도덕적 성찰** : 마음을 반성하고 살펴, 말과 행동에 잘못이나 부족함이 없는지 돌아보는 것

2) **도덕적 성찰의 중요성**

① 개인적 중요성 : 잘못을 반성하고 스스로 정한 삶의 원칙을 다듬어 가며 지킬 수 있음

② 사회적 중요성 : 평소 깨닫지 못한 사회 문제를 깊이 살피고 고쳐 나갈 수 있음

2. 도덕적 성찰의 방법

1) **유교의 경(敬)** : 마음을 집중하고 엄숙하게 하여 말과 행동을 조심하는 것

2) **불교의 참선** : 잡념을 버리고 마음을 가라앉히는 것

3) **일상생활의 성찰 방법** : 일기쓰기, 좌우명 활용하기, 명상하기

03. 자아 정체성

1 진정한 나를 찾아서

1. 나는 누구일까?

1) **자아와 자아 정체성의 의미**

① 자아 : 자신을 탐구하는 과정에서 알게 되는 진정한 나의 모습

② 자아 정체성 : 자신의 목표, 성격, 이상, 역할, 가치관 등이 통합된 모습

2) **자아 정체성의 구성요소**

　① 소망 : 자신이 하고 싶은 것

　② 능력 : 자신이 할 수 있는 것

　③ 의무 : 자신이 해야 하는 것

2. 도덕적 책임과 나

1) **도덕적 자아** : 다양한 역할에 따른 도덕적 책임을 고려해 파악하는 나

2) **도덕적 정체성**

　① 도덕적 정체성 : 도덕성을 자아 정체성의 핵심으로 두고 그것을 소중히 여기는 마음 가짐을 지닌 상태

　② 도덕적 정체성의 역할 : 도덕적 정체성이 형성된 사람은 도덕적 책임감이 높으므로 도덕적 가치와 기준에 따라 삶을 살아가려고 노력함

② 내가 존경하는 도덕적 인물

1. 도덕적 인물은 어떤 사람일까?

1) **도덕적 인물의 특징**

　① 훌륭한 성품을 지님

　② 보편적 가치를 추구함

　③ 용기와 강한 의지를 지님

2) **도덕적 인물과 나**

　① 도덕적 인물은 내가 어떻게 살아가야 할지를 보여 주는 본보기가 됨

　② 도덕적 인물을 닮아 가려고 노력하는 것은 도덕적 정체성 형성에 도움을 줌

2. 존경하는 도덕적 인물의 일생과 나의 삶

1) **도덕적 인물의 탐색** : 자기 삶의 목표를 명확하게 하여 자아 정체성 형성에 도움을 줌

2) **우리 주변의 도덕적 인물**

　① '이런 사람은 되지 말아야지.' 라고 생각하는 사람을 통해 반면교사가 될 수 있음

　② 몇 사람의 도덕적 특성을 모아 내가 본받고 싶은 모습을 그려 볼 수 있음

3 나의 도덕적 신념

1. 신념

1) 신념의 의미와 역할

① 신념 : 스스로 옳다고 굳게 믿는 마음

② 신념의 역할 : 어떤 행동을 하도록 하는 강한 실천 의지가 됨

③ 신념의 중요성 : 자기 삶의 목표 설정에 영향을 미치고, 다른 사람이나 사회에도 영향을 미침

2) **잘못된 신념의 문제점** : 자신의 삶을 그릇된 방향으로 이끌고 다른 사람과 사회에 피해를 줌

2. 도덕적 신념

1) 도덕적 신념의 의미와 역할

① 도덕적 신념 : 도덕적으로 옳다고 여기는 생각에 대한 확고한 믿음과 그 믿음을 실현하려는 강한 의지

② 도덕적 신념의 역할 : 도덕적인 판단을 내리고 도덕적인 행동을 실천하도록 이끌어 줌

2) **도덕적 신념을 실천하기 위한 자세**

① 도덕적 신념에 비추어 행동을 반성하기

② 도덕적인 행동을 실천하는 습관 지니기

③ 자신의 욕망을 절제하는 자세 지니기

04. 삶의 목적

1 가치의 의미와 바람직한 가치 추구

1. 가치란 무엇인가?

1) **가치** : 사람과 상황에 따라 소중하게 여기는 것이나 어떤 것을 소중하게 여기는 정도가 달라질 수 있음

2) 가치의 유형

① 물질적 가치와 정신적 가치

㉠ 물질적 가치 : 사물이나 물건이 지니는 가치 → 의복, 주택, 음식 등

㉡ 정신적 가치 : 정신적 만족을 주는 가치 → 지적 가치, 도덕적 가치, 미적 가치, 종교적 가치 등

② 도구적 가치와 본질적 가치

㉠ 도구적 가치 : 다른 무엇을 위한 수단으로서 지니는 가치

㉡ 본래적 가치 : 그 자체로 목적이 되는 가치

③ 주관적 가치와 보편적 가치

㉠ 주관적 가치 : 다른 사람의 의견과는 상관없이 내가 느끼는 가치

㉡ 보편적 가치 : 모든 사람이 받아들일 수 있는 가치

2. 내가 추구해야 할 가치는?

1) 가치의 선택과 삶의 모습 : 어떤 가치를 선택하는지에 따라 삶의 모습이 달라짐 → 더욱 가치 있고 바람직한 것을 선택해야 함

2) 궁극적으로 추구해야 할 가치

① 그 자체가 목적이 되는 가치를 추구해야 함 → 가치 전도 현상이 나타날 수 있음

② 만족감이 오래 지속되는 가치를 추구해야 함

③ 다른 사람과 나누어도 줄어들지 않는 가치를 추구해야 함

2 나의 삶의 목적

1. 목적은 왜 중요할까?

1) 삶의 목적의 의미와 필요성

① 삶의 목적 : 자신이 이루고 싶은 일이나 삶의 방향

② 삶의 목적의 필요성

· 삶의 목적이 있는 사람 : 큰 어려움 앞에서도 포기하지 않고 꾸준히 나아감

· 삶의 목적이 없는 사람 : 작은 어려움에도 쉽게 포기할 수 있음

2) 삶의 궁극적 목적 : 어떤 일을 통해 궁극적으로 이루고자 하는 것

2. 삶의 목표와 도덕적 가치

　1) **삶의 목표** : 삶의 목적에 이르기 위한 현실적이고 구체적인 방법

　2) **삶의 목표와 가치 추구** : 삶의 목표는 본질적인 가치, 정신적인 가치를 추구해야 함

3 도덕 공부의 진정한 의미와 목적

1. 공부란 무엇인가?

　1) 공부의 의미

　　① 좁은 의미 : 여러 교과목을 배우는 것

　　② 넓은 의미 : 삶과 관련된 일련의 것을 배우고 익히는 것

　2) **도덕 공부** : 훌륭한 인격을 갖추고, 올바른 삶의 목적을 세우며, 삶의 의미를 찾기 위함

2. 도덕 공부는 어떻게 해야 할까?

　1) **도덕 공부의 방법** : 교과 수업과 학교생활을 통해 지식뿐만 아니라 바람직한 삶을 살기 위해 필요한 습관, 규칙, 규범 등을 몸에 익힘

　2) **도덕 공부를 하는 바람직한 자세**

　　① 꾸준히 도덕 공부를 해야 함

　　② 일상에서 도덕 공부를 실천해야 함

　　③ 도덕 공부를 통해 다른 사람들의 삶에 관심을 가지고 사회에 도움이 되고자 노력하는 자세를 갖추어야 함

05. 행복한 삶

1 진정한 행복

1. 행복이란 무엇일까?

　1) **행복의 의미** : 삶에서 즐거움과 만족을 느끼는 상태

2) 행복의 조건

　① 객관적인 조건 : 인간다운 삶을 유지하기 위한 건강, 의식주, 교육의 기회 등

　② 주관적인 조건 : 정신적인 풍요로움이나 보람, 성취감 등

2. 행복한 삶을 위한 노력

1) 도덕적인 삶이 바탕이 될 때 가능함

2) 자신의 삶에 만족하는 긍정적인 삶의 태도를 가져야 함

3) 사회 전체의 행복에 대해서도 관심을 가져야 함

② 행복한 삶을 위한 좋은 습관의 필요성

1. 좋은 습관은 왜 필요할까?

1) 습관의 의미와 역할

　① 습관 : 오랫동안 되풀이해 몸에 익은 채로 굳어진 개인적인 행동

　② 습관의 역할 : 관련된 행동을 쉽고 능숙하게 할 수 있도록 도와줌

2) 습관의 중요성

　① 공자 : 어떤 습관을 지닐 것인지를 어떤 사람이 될 것인지 결정하는 중요한 일이라고 여김

　② 아리스토텔레스 : 사람을 훌륭하게 하는 것은 단순한 행동이 아니라 반복적으로 하는 행동, 즉 습관이라고 생각함

3) 좋은 습관과 행복

　① 좋은 습관 : 절제, 관용, 온화함과 같은 좋은 성품을 길러 주는 습관

　② 이성적 판단에 따라 욕구를 충족하는 행위를 반복해 좋은 습관을 들임

2. 좋은 습관을 어떻게 길러야 할까?

1) 좋은 습관을 기르는 방법

　① 자신에게 필요한 행동이 무엇인지 깊이 생각하기

　② 자신에게 필요한 행동을 꾸준히 실천하기

　③ 행복한 삶을 산 사람들의 습관 본받기

　④ 실천 의지 강화하기 : 자신의 결심을 주변 사람들에게 알리기, 목표가 잘 보이도록 적어 보기

2) 좋은 습관을 오랫동안 지속하는 방법

① 목표를 이루었을 때 얻을 수 있는 보상만을 목표로 하지 않기

② 자신이 습관으로 기르려는 행동의 의미와 가치 생각하기

3 정서적 건강과 사회적 건강

1. 건강한 사람이란?

1) 건강한 삶

① 건강 : 신체적 및 정신적으로 완전한 안녕(well-being)을 뜻함

② 건강한 삶 : 사람답게 잘 사는 것까지 포함하며, 행복한 삶을 사는 바탕이 됨

2) 정서적 건강

① 정서 : 사람의 마음에 일어나는 여러 가지 감정

· 긍정적 정서 : 기쁨, 감사, 사랑 등

· 부정적 정서 : 짜증, 분노 등

② 정서적 건강 : 자신과 다른 사람의 정서를 이해하고, 상황에 맞게 자신의 정서를 조절할 수 있는 상태

3) 정서적 건강을 위한 노력

① 회복 탄력성 기르기

② 자신의 모습을 있는 그대로 인정하는 태도 지니기

③ 자신의 감정과 충동을 바르게 알고, 잘 조절하기 위해 노력하기

④ 일상의 작은 일에도 감사하기

2. 사회적 건강

1) **사회적 건강** : 다른 사람과 원활하게 상호 작용함으로써 그들과 원만한 관계를 맺을 수 있는 상태

2) **사회적으로 건강한 사람** : 사회 속에서 남들과 원활히 교류하며 서로의 의견을 적절하게 조화시키는 능력을 갖춤

타인과의 관계

01. 가정윤리

1 가정의 의미와 소중함

1. 가정은 어떤 곳일까?

1) **가정** : 가족 구성원들이 모여 함께 살아가는 생활 공동체 → 공간적 장소이자, 정신적 쉼터

2) **다양한 가정의 유형** : 재혼 가정, 한 부모 가정, 다문화 가정, 자녀가 없는 가정, 노인으로만 이루어진 가정 등

3) **가정의 기능**

① 의식주를 비롯해 생활하는 데 기본적으로 필요한 것을 제공함

② 가족 구성원을 보호함

③ 정서적 안정과 휴식을 제공함

④ 자녀 출산, 입양, 양육을 통해 사회를 유지함

⑤ 한 세대의 문화, 예절, 도덕 등을 다음 세대에 전달함

2. 가정에서 발생하는 갈등은 무엇일까?

1) **가정에서 발생하는 갈등의 유형** : 부부 간의 갈등, 부모와 자녀 간의 갈등, 형제자매 간의 갈등

2) **가정 내 갈등의 원인** : 가족 구성원 간의 역할 갈등, 가치관 차이, 관심과 배려 부족, 가정 경제 약화 등의 외부적 요인

2 가족 사이의 도리와 오늘날의 효

1. 효란 무엇일까?

1) **자애와 효도**

① **자애(慈愛)** : 아무런 대가를 바라지 않고 자녀를 보살피며, 올바른 사람으로 키우려는 부모의 헌신적인 사랑

② **효(孝)** : 자녀가 부모의 은혜에 보답하는 것과 정성을 다해 부모를 공경하는 것

2) 우애

    ① 우애(友愛) : 형제자매가 서로 아끼고 정답게 지내는 것

    ② 형제자매가 서로 우애를 실천하는 방법 : 서로 가깝고 정답게 지내야 하며, 형은 동생을 사랑하고 동생은 형을 공손하게 대하며 서로를 존중해야 함

3) 가족 간 도리의 실천

    ① 존중과 배려의 태도

    ② 각자의 역할과 책임을 다함

    ③ 충분한 의사소통

3 세대 간 대화와 소통

1. 세대 간 대화와 소통이 중요한 이유는 무엇일까?

1) 세대 차이와 세대 갈등

    ① 세대 차이 : 세대 간 경험의 차이로 인한 가치관과 사고 방식의 차이

    ② 세대 갈등 : 각 세대의 가치와 목표가 일치하지 못하고 충돌하는 현상

2) 세대 간의 대화와 소통의 필요성 : 가정뿐 아니라 사회 통합에도 도움을 줌

2. 세대 간 대화와 소통의 방법

1) **경청과 공감** : 상대방의 이야기를 있는 그대로 끝까지 듣고, 그 내용을 진지하게 받아들이려는 자세가 필요함

2) **존중과 배려** : 일방적으로 자기 생각만 이야기 하는 것이 아니라 상대방의 입장을 고려해서 이야기해야 함

3) **솔직한 자세와 꾸준한 노력** : 가족 사이의 대화와 소통은 일시적인 것이 아니라 지속적인 것이어야 하고, 그때그때 감정을 솔직하게 표현할 때 서로를 더 잘 이해할 수 있음

02. 우정

1 우정의 의미와 소중함

1. 우정이란 무엇일까?

1) **우정** : 친구 사이에 나누는 따뜻한 정과 믿음

2) **진정한 우정** : 서로에게 진실한 것을 깨우쳐 주고 올바른 길로 이끌어 주는 것

2. 우정의 중요성

1) **정서적 안정과 행복감** : 친구란 '내 슬픔을 등에 지고 가는 자' 라는 의미임

2) **인격적 성장** : 친구와 함께하는 시간에서 책임, 배려, 협력 등을 배움

3) **우정의 사회적 확대** : 시민 사회의 소통, 교류, 상호 협력 등으로 확대됨

2 진정한 친구 맺는 방법

1. 청소년기의 친구의 중요성

1) **청소년기의 특징** : 또래 친구들과의 관계가 중요한 시기로, 친구의 영향력이 큼

2) **도덕적 성숙** : 도덕적 신념과 가치관이 형성됨

2. 진정한 친구 관계

1) 알고 지낸 기간, 물리적 거리보다는 서로 '마음을 나누는 사귐의 깊이' 가 더 중요함

2) **인격적 성장 관계** : 선의의 경쟁, 진실한 충고와 조언

3) **관심과 애정** : "이익이 우정의 접착제가 되면, 이익이 사라질 때 우정도 풀어진다."

3 진정한 우정을 맺는 방법

1. 친구와의 갈등 해결

1) **갈등의 발생** : 다른 인간관계처럼 친구 사이에서도 갈등은 발생할 수 있음

2) **친구 간의 갈등이 생기는 이유** : 기본 예절 부족, 배려 부족

3) 친구 간의 갈등의 해결

① 상대방의 입장을 충분히 듣고, 정확한 사실에 따라 갈등의 원인을 생각해 봄

② 자신의 생각과 감정을 전달하며, 상대방의 관점에서도 생각해봄

③ 다양한 성격의 차이를 인정하고 배려하면서 갈등을 극복해야 함

2. 진정한 우정을 맺기 위한 바람직한 자세

1) **존중의 마음과 자세** : 가까운 사이라도 함부로 대하지 않고, 인격적으로 존중해야 함

2) **믿음의 말과 행동** : 붕우유신, 교우이신 → 친구 간의 믿음을 강조

3) **진실한 배려** : 친구가 처해있는 어려움과 감정을 헤아려 보기 → 역지사지의 자세

03. 성 윤리

1 성과 사랑의 의미

1. 성과 사랑의 의미는 무엇일까?

1) **성의 의미** : 생물학적인 성(sex), 사회 · 문화적인 성(gender),

욕망으로서의 성(sexuality)

2) **성의 가치** : 생식적 가치(책임), 쾌락적 가치(절제), 인격적 가치(배려와 존중)

3) **사랑의 의미**

① 사랑의 의미 : 어떤 사람이나 존재를 몹시 아끼고 귀중히 여기는 마음

② 진정한 사랑 : 열정, 친밀감, 헌신이 균형을 이루는 관계를 맺는 것

2. 성과 사랑은 어떤 관계일까?

1) **성적 욕망과 사랑의 구분**

① 성적 욕망 : 본능적인 감정, 나의 욕망을 추구, 순간적인 충동

② 사랑 : 존중과 배려, 상대방이 원하는 것을 이루어 주고자하는 마음, 지속적인 헌신

2) 성과 사랑의 관계

　① 욕구를 절제하고 배려하는 마음을 길러야 함

　② 성과 사랑에 대한 바람직한 가치관을 확립함

② 청소년기의 바람직한 성 윤리

1. 청소년기의 성 문제

1) **잘못된 인식** : 성에 대한 혐오감과 혼란을 일으킬 수 있음

2) **중독과 범죄** : 대중 매체나 스마트폰, 인터넷 등의 왜곡된 정보들은 성 상품화를 부추기고 중독과 성범죄의 원인이 됨

2. 청소년기의 바람직한 성 윤리

1) **성에 대해 올바르게 인식** : 양성평등, 성적 욕망의 조절

2) 성에 대한 분명한 의사표시와 책임감 있는 행동

3) 지나친 성적 호기심을 미래를 위한 다양한 활동으로 승화하려는 자세

4) **사회적 차원의 노력** : 올바른 성교육, 유해 환경 개선 등

③ 이성 친구와 바람직한 관계를 형성하는 방법

1. 청소년기와 이성 교제

1) **도덕적 성찰의 기회** : 이성을 인격체로서 대우하는 경험

2) **양성평등 의식 형성** : 남녀의 조화와 건전한 성 역할 이해

3) **자기 이해 능력 향상** : 욕구 통제, 자신의 성격과 행동을 파악하고 반성

4) **신중함** : 감정 변화의 폭이 크고 다른 친구와의 관계가 멀어질 수 있음

2. 바람직한 이성 교제의 자세

1) 서로를 있는 그대로 인정하고 서로의 결정을 존중하는 태도

2) 구속하거나 순종하기보다 자신의 의사를 분명히 밝히고 책임지는 자세

3) 상대방을 성적 호기심의 대상으로 보지 않고 신체 접촉의 한계를 분명히 인식

04. 이웃 생활

1 다양한 이웃과 이웃의 소중함

1. 누가 나의 이웃일까?

1) 전통 사회의 이웃
① 가까운 곳에 함께 사는 사람, 신뢰와 우정이 매우 깊었음 → 이웃사촌
② 상부상조의 전통
㉠ 계 : 현실적인 이익과 친목을 위한 모임
㉡ 두레 : 마을 단위의 공동 노동조직으로 함께 노동에 참여하고 품삯을 받음
㉢ 품앗이 : 품삯을 주고받지 않는 1대 1의 교환노동방식
㉣ 향약 : 권선징악과 상부상조를 목적으로 하는 향촌의 자치규약
(과실상규, 덕업상권, 예속상교, 환난상휼)

2) 현대 사회의 이웃 : 세계화, 교통 및 정보·통신 기술의 발달 → 공간적 제약을 뛰어넘어 다양한 방법으로 이웃 관계를 맺음

2. 이웃은 왜 소중할까?

1) 이웃 간의 단절 현상 : 경쟁의 심화, 개인 생활을 우선시하는 분위기, 이웃에 대한 무관심, 공동 주택의 보편화 등

2) 이웃의 소중함
① 이웃과 더불어 살아가는 과정에서 인격적으로 성장할 수 있음
② 아픔과 고통을 함께 나누며 협력과 나눔의 가치를 배울 수 있음
③ 함께하는 행복과 사랑을 통해 가치 있는 삶의 의미를 깨달을 수 있음

2 이웃과의 관계에서 필요한 도덕적 자세

1. 바람직한 이웃 관계를 맺으려면?

1) 오늘날의 이웃 관계
① 이웃에 관해 잘 모르거나 무관심한 경우가 많음
② 이웃 간의 문제가 생기면 이를 원만하게 해결하지 못하고 갈등이 발생하기도 함

2) 이웃과의 관계에서 필요한 도덕적 자세

① 관심 : 나부터 이웃에게 관심을 두려고 노력해야 함

② 배려 : 이웃의 입장을 먼저 생각하며 그 사람의 어려움을 도와주고 보살펴 주려고 마음을 써야함

③ 양보 : 이웃의 처지를 이해하고 조금만 양보한다면, 이웃 간의 다양한 문제들을 원만하게 해결할 수 있음

④ 기본예절을 지킴 : 작은 일에서부터 이웃에 대한 예절을 지킴

2. 봉사 활동을 통한 배려의 실천

1) **봉사** : 이웃에 대한 배려를 적극적으로 표현하고 실천하는 자세

2) **봉사의 특징** : 자발성, 무대가성, 지속성

3) **봉사 활동의 바람직한 자세**

① 관심, 공감하려는 마음

② 공동체의 규칙을 지키고 솔선수범하려는 자세

③ 역지사지(易地思之)의 자세 : 받기 전에 먼저 주고자 하는 태도

④ 나의 상황에서 작은 일에서부터 배려와 봉사를 실천하려는 태도

03 사회·공동체와의 관계

01. 인간 존중

1 인간 존엄성과 인권

1. 인간 존엄성이 소중한 이유는 무엇일까?

1) **인간 존엄성** : 모든 인간은 존엄하므로 누구나 소중하게 대우받아야 함

2) **동·서양의 인간 존중 사상**

① 공자의 인(仁) : 인(仁)을 실천하는 삶

② 석가모니의 자비(慈悲) : '내가 소중하듯 남도 소중하며, 나와 남을 하나로 여겨 크게 사랑하라'

③ 예수의 아가페 : 조건 없는 사랑

④ 단군의 홍익인간(弘益人間) : '널리 인간을 이롭게 하라'

⑤ 동학의 인내천(人乃天) : '사람이 곧 하늘'

2. 인권은 무엇이고, 왜 소중할까?

1) **인권의 의미** : 인간이 지니는 기본적인 권리이자 인간 존엄성을 보장하기 위한 권리

2) **인권의 특징**

① 보편성 : 인종, 성별, 종교에 관계없이 모든 사람이 누려야 함

② 천부성 : 인권은 태어날 때부터 가지는 권리임

③ 불가침성 : 어떠한 경우에도 절대로 침해할 수 없음

3. 인간 존엄성 실현과 인권 보장

1) **인간 존엄성 실현 조건**

① 자신의 존엄성을 존중받고 싶은 만큼 다른 사람도 존중하고 배려해야 함

② 지금 우리가 누리는 인권은 이전 세대의 희생과 노력의 결실임을 잊지 않아야 함

③ 인권 감수성을 길러야 함

2) **인권 감수성** : 인권 문제를 인식할 수 있는 민감성과 공감 능력

2 사회적 약자와 인권

1. 사회적 약자가 겪는 어려움은 무엇일까?

1) **사회적 약자** : 정치적 · 경제적 · 사회적 · 문화적으로 소외되거나 불리한 위치에 있어 어려움을 겪는 사람들

2) **사회적 약자가 생기는 이유** : 편견과 차별, 경쟁적 사회 분위기

2. 사회적 약자를 어떻게 대할 것인가?

1) **개인적 노력**

① 역지사지 : 편견을 버리고, 사회적 약자의 처지를 생각함

② 인권 감수성 : 사회적 약자가 겪는 차별을 인권 문제로 민감하게 느낌

③ 공감과 배려 : 역지사지와 인권 감수성을 바탕으로 사회적 약자의 고통에 공감하고 그들을 배려함

2) **사회적 노력**

① 최소한의 생계를 유지하고 기본적인 문화생활을 누릴 수 있도록 지원함

② 능력을 발휘할 수 있도록 지원함

③ 진학과 취업 등에서 기회, 혜택을 받을 수 있도록 배려하는 정책을 시행함

3 양성 평등의 실천

1. 성차별은 왜 문제일까?

1) **성차별** : 성별에 따라 부당하게 차별하는 것

2) **성차별의 문제점** : 개인의 자아실현이나 행복을 추구하기 어렵고, 인권이 추구하는 평등의 가치에 어긋남

2. 양성평등을 어떻게 실천할까?

1) **양성평등** : 남성과 여성이 법적 · 사회적으로 성별에 따라 부당하게 차별받지 않는 것

2) **양성평등을 실현하기 위한 노력**

① 개인적 차원 : 성 역할에 대한 고정관념에서 벗어나기

② 사회적 차원 : 법률적 · 제도적 장치 마련

③ 사회 · 문화적 차원 : 매체 등의 성차별적 내용 개선

02. 문화 다양성

1 다문화 사회의 모습은 어떠할까?

1. 다문화 사회의 모습

1) 다문화 사회

① 다문화 사회 : 다양한 문화가 공존하는 사회

② 다문화의 원인 : 교통·통신의 발달과 국제 교류의 증가, 국제결혼과 이주 노동자의 증가 등

2) 다문화 사회의 공존 문화 : 다양한 문화에 따른 언어, 종교, 가치관, 생활 양식 등의 차이가 존재하므로, 조화를 이루도록 노력해야 함

2. 다문화 사회의 도덕 문제

1) 문화적 차이로 인한 편견이 차별로 이어질 수 있음

2) 문화적 차이가 오해를 불러일으켜 갈등, 원활한 의사소통이 어려움

3) 각기 다른 가치관이나 정서 차이로 인한 충돌

2 문화를 바라보는 태도

1. 보편적 가치와 문화 상대주의

1) 보편적 가치 : 시대와 장소를 초월하여 언제나 존중되어야 할 가치

2) 문화 상대주의 : 그 문화가 생기게 된 배경이나 원인을 그 사회의 관점에서 이해하려는 태도

2. 자문화 및 타문화에 대한 도덕적 성찰

1) 자문화 중심주의 : 자신의 문화를 기준으로 다른 문화를 열등한 것으로 여기는 태도

2) 문화 사대주의 : 자신의 문화를 낮게 평가하고, 나른 문화를 우수한 깃으로 여겨 그것을 동경하는 태도

3 다문화 사회의 갈등

1. 다문화 사회에서 갈등이 발생하는 이유는 무엇일까?

1) 다문화 사회에서의 갈등 원인

① 문화적 차이에 대한 이해 부족

② 다른 문화에 대한 편견과 고정관념

2) 다문화 사회의 갈등 해결의 중요성

① 갈등이 지나침 → 사회 혼란이 발생함

② 갈등을 잘 해결함 → 사회의 문화가 다양해지고 발전함

③ 다른 문화권 사람에게 무조건 우리 문화를 따르게 함 → 문화 다양성을 해치고 갈등
이 더욱 심해짐

④ 문화 다양성을 지나치게 강조함 → 우리 사회의 통합이 약해짐

2. 다문화 사회의 갈등을 어떻게 해결할 수 있을까?

1) 다문화 사회의 갈등 해결을 위한 조건

① 다름을 인정함

② 문화적 차이를 존중함

③ 외국인, 다문화 가정이 살아온 문화가 우리와 다르다는 사실을 이해해야 함

2) 문화 간의 갈등 해결에 필요한 도덕적 태도

① 관용 : '나와 다른 것이 틀린 것은 아니다.' 라는 자세 갖기

② 역지사지와 배려 : 상대방의 처지에서 상대방의 감정에 공감하며 이해하기

③ 출신 국가의 경제 수준을 기준으로 차별 대우를 하지 않기

03. 세계 시민 윤리

1 나는 세계 시민인가?

1. 세계 시민이란?

1) **세계화** : 전 세계의 여러 나라가 정치, 경제, 문화 등 다양한 영역에서 서로 의존하고 세
계가 하나로 연결되는 현상

2) **세계 시민** : 민족이나 국가와 같은 지역 공동체를 넘어 지구 공동체의 구성원으로 살아
가는 사람

2. 세계 시민이 되기 위한 도덕적 자세

1) **전 지구적 차원의 세계 시민 의식** : 지구 전체와 미래 세대까지 고려함
2) **적극적인 자세** : 봉사활동, 후원 등의 힘을 모아 문제를 해결함
3) **개방적 자세** : 전통문화 등을 다른 문화권과 함께 계승할 수 있는 밑바탕이 됨
4) **보편적 예절** : 친절, 배려, 관용, 존중, 공정 등의 지구촌 예절을 준수함

2 세계 시민이 직면한 도덕 문제

1. 세계 시민이 직면한 도덕 문제

1) **경제 및 사회 정의의 훼손** : 부의 불평등한 분배 문제 발생
2) **지구 환경 파괴** : 과도한 에너지 소비 및 개발로 인한 환경 파괴 발생
3) **문화 다양성의 훼손** : 전 세계의 문화가 강대국의 문화로 획일화되는 문제 발생
4) **평화의 위협** : 영토나 자원 확보를 둘러싼 갈등, 종교나 이념의 대립 등 분쟁과 전쟁 발생

2. 국가 공동체와 세계 공동체

1) **국가적 시민과 세계 시민 간의 갈등** : 자국의 문제 해결이 우선일 수도 있으나, 세계 시
민으로서 지구 공동체의 어려움 해결도 외면할 수 없음
2) **국가 시민성과 세계 시민성** : 국가 시민성은 맹목적이고 배타적인 애국심이 아니며, 세
계 시민성이 한국인의 정체성 상실도 아니므로 상호 균형과 조화를 이루어야 함

3 세계 시민이 직면한 도덕 문제의 해결 방안

1. 도덕적 문제 해결을 위한 세계 시민의 자세

1) 자연을 정복의 대상이 아닌 조화와 공존의 대상으로 인식하기
2) 국가 간 격차, 기아와 빈곤 등을 해결하기 위한 공적 원조하기
3) 세계 평화를 위한 분쟁과 전쟁을 적극적으로 저지하고 예방하기
4) 문화적 다양성의 차이를 이해하고 존중하기
5) 적극적인 봉사 활동 등 실천적인 활동에 동참하기

2. 세계 문제의 개선을 위한 세계 시민의 참여

1) **세계 문제의 해결** : 국가 간 제도적 · 기술적 차원뿐만 아니라 개개인의 작은 실천도 필요하고, 광범위한 추상적 인식만이 아닌 실질적 실천 활동이 필요함

2) **세계 시민으로서 역할** : '나'와 '내 주변'에 관한 관심과 노력, 작은 실천적 활동에서 출발하며, 세계 상황에 관심을 가져 전 지구적인 문제를 인식하고 지구 공동체의 아픔에 공감함

중학교 졸업자격 검정고시

도덕

Ethics

도덕2

01 타인과의 관계

01. 정보 통신 윤리

1 정보화 시대에 발생하는 도덕 문제

1. 정보화 시대와 우리의 삶

1) **정보화 시대** : 사회의 모든 분야가 정보를 중심으로 움직이고 변화됨

2) **정보화 시대의 영향**

① 긍정적인 면 : 정보 통신 기술의 발달로 인간 삶의 질이 높아짐

② 부정적인 면 : 다양한 도덕 문제가 발생함

2. 정보화 시대의 도덕 문제

1) **사생활 침해** : 사이버 공간에 개인 정보가 유출되면 범죄에 악용될 수 있음

2) **저작권 침해** : 다른 사람의 지적 창작물을 불법으로 복제·거래하여 정신적·경제적 피해를 줌

3) **사이버 폭력** : 허위 사실 유포, 악성 댓글 등으로 피해자에게 엄청난 정신적 충격을 줌

4) **해킹이나 컴퓨터 바이러스 유포** : 불특정 다수에게 경제적 손실과 정신적 피해를 줌

2 정보화 시대에 도덕적 책임

1. 사이버 공간의 특징과 도덕적 책임의 필요성

1) **사이버 공간의 특징**

① 익명성 : 현실의 자신이 누구인지 밝히지 않아도 됨

② 개방성 : 누구에게나 개방되어 있어 자유로운 의견 제시가 가능함

③ 자율성 : 누구나 자발적으로 참여할 수 있음

④ 비대면성 : 상대방과 얼굴을 맞대지 않고 의사소통이 가능함

2) **도덕적 책임의 필요성**

① 익명성을 악용하여 무책임한 행동을 함

② 잘못된 정보의 개방과 공유로 인한 피해가 발생함

③ 비대면성의 특성으로 현실 공간에서 하기 어려운 말이나 행동을 쉽게 함

2. 정보화 시대에 요구되는 도덕적 자세

1) **존중의 원칙** : 나 자신이 존중받기를 원하는 것처럼 타인을 존중해야 함

2) **책임의 원칙** : 내 행동으로 인한 결과를 생각하여 행동하고, 결과에 대한 책임을 질 수 있어야 함

3) **정의의 원칙** : 사이버 공간을 모든 사람에게 정보의 혜택이 고르게 돌아가는 정의로운 곳으로 만들어야 함

4) **해악 금지의 원칙** : 타인에게 피해를 주는 행위를 하지 않고, 피해 방지를 위해 노력해야 함

3 정보 · 통신 매체의 올바른 사용 태도

1. 정보 · 통신 매체의 무분별한 사용 문제

1) 게임 중독이나 인터넷 중독 → 자신이 할 일을 하지 못함

2) 현실 공간에서 타인과 소통할 기회가 줄어듦 → 조화로운 인간관계 유지가 힘듦

2. 정보 · 통신 매체의 올바른 사용 자세

1) 예절을 지키는 태도

2) 스스로 절제하는 태도

3) 다른 사람의 인격을 존중하며 책임감 있는 태도

02. 평화적 갈등 해결

1 갈등은 왜 발생할까?

1. 갈등의 의미와 유형

1) **갈등** : 어떤 선택을 하지 못하고 망설이거나 괴로워하는 마음 상태, 또는 개인이나 집단 사이에 목표나 이해관계가 달라 서로 대립하거나 충돌하는 것

2) 갈등의 유형

　① 내적 갈등 : 한 개인의 내면에서 일어나는 심리적 갈등

　② 외적 갈등 : 개인 사이 혹은 개인과 집단 사이 혹은 집단 사이의 갈등

2. 갈등의 원인

1) **이해관계의 차이** : 사람마다 처한 상황이나 입장에 따라 이해관계가 달라서 갈등이 발생함

2) **가치관의 차이** : 사람마다 사물이나 현상에 대한 가치관이 달라서 갈등이 발생함

3) **잘못된 의사소통** : 서로 소통이 부족하면 상대방의 처지를 충분히 이해하지 못해 갈등이 발생함

2 평화적 갈등 해결

1. 갈등 상황에 대처하는 다양한 유형

1) **회피형** : 문제가 없는 것처럼 갈등 자체를 무시해 버리거나 상황을 외면하고 갈등 해결을 미루는 유형

2) **순응형** : 상대방의 요구나 입장을 그대로 받아들이고 따르며 문제를 해결하는 유형

3) **공격형** : 갈등을 공격적으로 해결하는 유형

4) **협동형** : 서로 협력하여 갈등을 해결하는 유형

2. 평화적 갈등 해결의 필요성

1) **평화적 갈등 해결의 필요성** : 힘이나 폭력으로 갈등을 억누르면 갈등이 더 심화됨

2) **평화적 갈등 해결의 의의**

　① 소통과 배려를 통해 가능하게 함

　② 서로 신뢰할 수 있는 토대를 마련함

　③ 민주적 사회로 발전하는 데 이바지함

3 평화적 갈등 해결 방법

1. 갈등을 평화적으로 해결하는 데 필요한 태도

1) 감정을 조절하고 상황을 이성적으로 판단하는 태도

2) 역지사지의 태도

3) 합의 결과를 수용하고 따르는 태도

2. 갈등을 평화적으로 해결하는 방법

1) **협상** : 다른 사람의 개입없이 갈등의 당사자끼리 직접 대화해 갈등을 해결하는 방법

2) **조정과 중재**

① 조정 : 중립적인 제삼자가 개입해 양측의 의사소통을 도움 → 조정자의 의견을 반드시 따를 필요는 없음

② 중재 : 조정과 마찬가지로 중립적인 제삼자가 개입함 → 중재자가 제시한 해결책을 반드시 따라야 함

3) **다수결의 원칙** : 당사자 간의 합의를 이끌어 내기 어려울 때 많은 사람이 동의하는 의견에 따름으로써 갈등을 해결해야 함

03. 폭력의 문제

1 폭력의 비도덕성

1. 폭력의 의미와 원인

1) **폭력** : 직·간접적인 방법으로 타인에게 물리적·정신적인 피해를 주는 행위

2) **폭력의 원인**

① 개인적 원인 : 폭력 행위의 문제점을 알지 못하거나, 순간적인 충동이나 분노를 조절하지 못해서 폭력을 사용함

② 사회·문화적 원인 : 텔레비전, 인터넷 등 대중 매체에서 무분별하게 폭력 장면을 노출하거나, 사회 제도나 분위기가 폭력을 예방하고 규제하지 못해서 폭력이 발생함

2. 폭력이 비도덕적인 이유

1) 피해자에게 신체적 · 정신적으로 심각한 고통을 줌

2) 폭력의 악순환이 계속됨

3) 인간의 존엄성을 훼손함

4) 사회적으로 갈등을 심화함

2 일상생활 속의 폭력

1. 폭력의 유형

1) **개인적 폭력과 집단적 폭력** : 폭력에 가담하는 사람의 수에 따라 구분함

2) **가정 폭력과 학교 폭력** : 폭력이 발생하는 대상과 장소에 따라 구분함

3) **물리적 폭력과 구조적 폭력** : 물리적 폭력은 신체나 도구를 사용하여 다른 사람을 폭행하는 경우이고, 구조적 폭력은 주위 환경이나 사회 구조가 원인이 되어 폭력이 발생하는 경우임

4) **행위에 의한 폭력과 부작위에 의한 폭력** : 행위에 의한 폭력은 팔로 상대를 때리는 것처럼 어떤 행위를 함으로써 발생하는 폭력이고, 부작위에 의한 폭력은 당연히 해야 할 행동을 하지 않음으로써 발생하는 폭력

2. 일상생활에서 나타나는 폭력 유형

1) **신체적 폭력** : 상대방의 신체에 물리적인 힘을 가하여 상해나 손상을 시키는 행위

2) **언어적 폭력** : 상대방의 인격을 무시하거나 모욕하는 말을 하여 정신적 · 심리적 피해를 주는 행위

3) **정서적 폭력** : 집단으로 한 사람을 따돌리거나 무시하고 위협하는 행동 등으로 감정적인 상처를 입히는 행위

4) **사이버 폭력** : 가상공간에서 언어적 폭력과 정서적 폭력이 결합하여 나타나는 폭력

3 폭력의 대처 방안

1. 폭력의 원인

1) **개인적 원인** : 자기 중심적 생각, 충동적이고 공격적인 사고 방식 등

2) **가정 환경적 원인** : 가정 폭력에 노출된 청소년의 모방, 부모의 과잉보호로 인한 책임감 저하 등

3) **사회적 원인** : 대중매체로 폭력을 자주 접해 폭력에 무감각해짐, 지나친 경쟁 위주의 사회 환경 등

2. 폭력에 대처하는 방법

1) 폭력이 발생하면 주변 사람에게 알려 도움을 요청함

2) '나도 피해자가 될 수 있다.' 라는 생각으로 폭력 상황을 방관하지 않음

3) 폭력을 용납하지 않는 사회 분위기를 조성함

3. 폭력을 예방하는 방법

1) **개인적 노력** : 자신의 감정을 절제하기, 다른 사람을 이해하고 다름을 존중해 주는 관용의 자세 가지기, 배려와 존중에 근거하여 대화하고 소통하기

2) **사회적 노력** : 폭력을 예방하고 피해자를 보호해 줄 수 있는 법과 제도 갖추기, 가해자가 받는 처벌과 피해자가 취해야 할 행동에 대한 교육 시행하기

02 사회·공동체와의 관계

01. 도덕적 시민

1 정의로운 국가

1. 국가의 기원과 역할

1) 국가의 기원

자연 발생설	사회 계약설
· 아리스토텔레스 · 인간의 자연적인 본성으로 국가가 형성 되었다고 봄	· 홉스, 로크, 루소 · 개인의 필요에 의해 계약을 맺어 국가 가 생겼다고 주장함

2) 국가의 구성 요소

① 객관적 요소 : 국민, 영토, 주권

② 주관적 요소 : 연대의식

3) 국가의 역할

① 외부의 침입으로부터 국민을 보호하고, 영토를 지킴

② 사회 질서를 유지하고 국민의 안전한 생활을 보장함

③ 국민들 간의 갈등을 조정하고, 서로 협력하도록 함

④ 모든 국민이 최소한의 인간다운 삶을 살 수 있도록 노력함

⑤ 국민에게 소속감과 같은 정신적 안정감을 갖게 함

2. 국가 유형에 관한 견해

1) **소극적 국가관** : 국민 생활에 대한 국가의 개입을 최소화해야 함 → 작은 정부, 야경 국가

2) **적극적 국가관** : 국가는 국민 생활에 적극 개입해야 함 → 큰 정부, 복지 국가

3. 정의로운 국가가 추구하는 가치

1) **자유** : 다른 사람에게 피해를 주지 않는 범위에서 자유롭게 생각하고 행동함

2) **평등** : 인간으로서 성별, 종교, 인종 등의 차이로 부당한 차별을 받지 않아야 함

3) **인권** : 인간으로서 당연히 누려야 하는 인간의 기본적 권리를 인정해야 함

4) **정의** : 사회적 약자를 보호하고 구성원을 정당하게 대우해야 함

5) **평화** : 갈등을 해결하고 위협에 대응해야 함

6) **복지** : 최소한의 인간다운 삶을 보장해야 함

2 시민이 갖추어야 할 자질

1. 성숙한 시민의 모습

1) **시민** : 한 국가의 주권자로서 권리와 의무를 가지며, 그에 따르는 책임을 다하는 자율적이고 주체적인 사람

2) **성숙한 시민이 갖추어야 할 자질**

① 배려와 공감의 자세

② 의사 결정 과정에 적극적으로 참여

③ 사익과 공익을 조화롭게 추구

2. 시민이 갖추어야 할 바람직한 애국심

1) **애국심** : 나라를 사랑하는 마음

2) **잘못된 애국심의 문제점** : 맹목적이거나 배타적인 애국심은 다른 나라의 존엄성을 훼손하고 세계 평화를 위협함

3) **바람직한 애국심**

① 분별력 있게 나라를 사랑하는 마음을 지녀야 함

② 보편적 가치에 어긋나는 맹목적이고 배타적인 애국심 경계

③ 세계 인류의 평화와 행복을 바라는 애국심

3 준법과 공익 증진

1. 준법의 의미와 도덕적 근거

1) **준법** : 공동의 규범인 법을 지키는 것

2) **준법의 이유**

① 법은 사회 구성원 간의 사회적 약속이기 때문

② 준법은 자발적인 복종이며, 지키지 않을 경우 처벌을 받기 때문

③ 법을 지키면, 개인과 공동체 모두에게 이익과 혜택이 됨

2. 시민 불복종

1) **시민 불복종** : 기본권을 침해하는 국가의 권력 행사를 합법적인 방법으로 막을 수 없을 때 국민이 가지는 불복종의 권리

2) **시민 불복종의 조건** : 목적의 정당성, 비폭력성, 최후의 수단, 책임성

02. 사회 정의

1 정의로운 사회를 추구하는 이유

1. 사회 정의의 의미와 필요성

1) **사회 정의** : 사회를 구성하고 유지하는 공정한 원리이자 덕목

2) **사회 정의의 필요성** : 분배와 관련된 갈등이 일어날 수 있음 → 구성원 사이에 갈등을 공정하게 해결할 기준이 필요함

2. 정의로운 사회의 조건

1) 모든 구성원의 기본적인 권리를 평등하게 보장해야 함

2) 구성원이 합의한 기준과 절차에 따라 몫을 분배해야 함

3) 구성원이 공정하게 자신의 몫을 받을 수 있어야 함

3. 정의로운 사회의 중요성

1) 불공정한 사회 규칙과 제도를 개선하여 사회 구성원 전체의 도덕적인 삶을 실현함

2) 정의로운 사회는 도덕적 공동체와 인간다운 삶을 보장하기 위한 기반이 됨

2 공정한 경쟁의 조건

1. 공정한 경쟁의 필요성

1) **경쟁의 문제점** : 경쟁이 심해져 이기는 것에만 집중하면 여러 가지 문제 발생

① 불공정한 수단과 방법 사용

② 승자와 패자 사이의 불평등 심화

2) **공정한 경쟁의 필요성** : 공정한 경쟁은 개인과 공동체의 발전을 이끎

2. 공정한 경쟁의 조건

1) **경쟁 과정의 공정성** : 똑같이 경쟁할 기회를 주되, 경쟁에 참여하는 사람들 사이의 차이도 인정하고 조정해야 함

2) **경쟁 결과의 공정성**

① 규칙을 지키며 공정하게 경쟁에 참여한 사람이 정당한 보상을 받아야 함

② 경쟁 결과에 따라 기본적인 생활을 유지하기도 어려워진다면 그들은 다시 경쟁에 참여할 기회를 누리지 못하게 됨 → 경쟁에 뒤쳐진 사람에게 최소한의 인간다운 삶을 보장해야 함

3 부패의 원인과 예방

1. 부패의 의미와 문제점

1) **부패** : 공정하지 못한 방법을 통해 자신의 이익을 추구하는 행위

2) **부패의 문제점**

① 타인의 권리와 이익 침해

② 사회 구성원의 불신 조장 및 사회 통합과 발전을 방해

③ 국가의 경쟁력 약화

2. 부패의 원인

1) **개인적인 측면** : 개인의 이기심

2) **사회적인 측면** : 잘못된 사회 풍토, 비합리적 관행

3. 부패 방지를 위한 노력

1) **개인적 노력** : 청렴 의식 필요 → 견리사의(見利思義), 선공후사(先公後私)

2) **제도적 노력** : 법과 제도 마련 → 부패 방지법, 공익 신고자 · 내부 고발자 보호 제도 등

03. 북한 이해

1 북한을 바라보는 관점

1. 북한에 대한 이해

1) **북한에 대한 올바른 이해**

① 바람직한 남북 관계를 형성하여 통일을 이루기 위해서 중요함

② '있는 그대로의 북한'을 바라보는 것이 필요함

③ 객관적 사실과 보편적 가치에 기초하여 이해해야 함

2) **북한의 이중적 성격**

① 통일을 이루기 위한 협력의 대상

② 안보적 경계의 대상

2 북한 주민들의 생활

1. 북한 주민의 정치와 경제 생활

1) **북한 주민의 정치 생활**

① 노동당 1당 독재 체제

② 모든 국가 정책들이 노동당의 지도와 통제 아래에서 추진됨

③ 주민들은 자유롭게 정치적 결정을 하거나 생각을 표현할 수 없음

2) **북한 주민의 경제 생활**

① 생활에 필요한 주택, 식량, 의복 등은 국가가 배급해 줌

② 생산 수단의 국유화와 제한적 수준의 개인 소유 인정

③ 대부분 주민은 식량난으로 건강과 생존권을 위협받음

2. 북한 주민의 사회, 문화 생활

1) 북한 주민의 사회 생활

① 집단주의 : 개인보다 사회와 집단을 더 우선하게 생각함

② 외형상으로는 평등하다고 하지만 출신 성분과 계급에 따라 차별이 존재함

2) 북한 주민의 문화 생활

① 교육 : 지도자에게 충성하고 집단주의 원칙에 복종하는 인간상을 지향함

② 문화 : 주민들의 사상을 통제하여 체제를 유지하기 위한 수단으로 작용함

③ 북한 이탈 주민의 생활과 통일의 과제

1. 북한 이탈 주민이 겪는 어려움

1) **심리적** : 탈북 과정에서 겪는 고통, 북한에 두고 온 가족에 대한 죄책감, 새로운 생활에 대한 불안감 등

2) **경제적** : 취업의 어려움으로 인한 경제적 불안정 등

3) **문화적** : 개인의 자유와 권리를 중시하는 문화와 자본주의 체제에 적응하는 데 시간이 걸림 등

2. 북한 이탈 주민들이 겪는 어려움을 통해 본 통일의 과제

1) **개인적 차원** : 서로 배려하고 수용하는 자세를 지녀야 함

2) **제도적 차원** : 법과 제도를 시대에 맞게 보완하여 북한 이탈 주민의 정착에 꼭 필요한 도움을 줄 수 있도록 해야 함

04. 통일 윤리 의식

① 도덕적으로 바라본 통일의 필요성

1. 평화의 의미

1) **소극적 평화** : 생명과 신체의 안전이 보장되며, 전쟁이나 분쟁과 같은 직접적인 폭력이 없는 상태

2) **적극적 평화** : 전쟁이나 분쟁이 없을 뿐만 아니라 문화적 · 구조적 폭력도 없는 모든 구성원이 평등하게 인간다운 삶을 누릴 수 있는 상태

2. 통일의 필요성

1) 인도주의적 문제 해결
2) 새로운 민족 공동체 건설
3) 전쟁의 위협 제거와 평화 실현
4) 경제적 발전과 번영

② 통일 한국의 모습

1. 통일 한국의 기본 조건

1) 다양성을 인정하고 서로 존중하며 배려하는 문화가 바탕을 이룬 구성원 모두가 주인이 되는 나라
2) 인간의 존엄성, 자유, 평등, 정의, 복지 등 인류 보편적 가치를 추구하는 나라

2. 통일 한국의 미래상

1) **자주적인 민족국가** : 정치 · 군사, 경제 · 문화적 측면에서 스스로의 목소리를 낼 수 있도록 국력이 신장된 국가
2) **자유 민주주의 국가** : 국민의 자유와 권리가 보장되고, 민주적으로 정책이 결정되는 국가
3) **정의로운 복지 국가** : 경제적 격차로 인한 불평등을 완화하고 구성원 모두가 인간답게 살 수 있는 국가
4) **수준 높은 문화 국가** : 전통문화를 바탕으로 세계의 문화를 창조적으로 수용하고, 우리의 다양한 문화를 세계화시킬 수 있는 국가
5) **국제적 위상이 높아진 국가** : 세계평화와 인류 공동 번영에 이바지 하는 국가

3 통일과 세계 평화에 기여하는 자세

1. 통일 국가 형성을 위한 노력

1) 남북한 교류 · 협력을 위한 노력

① 상호 신뢰 관계 조성 : 단계적이고 평화적인 교류를 통해 민족의 공동체 발전을 모색해야 함

② 상호 이익과 민족의 화해 · 공동 번영 추구 : 일방적인 지원이나 시혜의 차원에서 머물러서는 안 됨

2) 남북한 교류 · 협력의 사례 : 금강산 관광, 이산가족 상봉, 개성 공단 사업 등

2. 남북통일과 세계 평화를 위한 자세

1) 더불어 사는 삶을 위한 노력 : 인류의 보편적 가치를 바탕으로 관용, 공존, 상호 존중 등의 가치 내면화 및 실현

2) 냉철하고 균형잡힌 태도 : 나라 안팎의 갈등을 조정하고 통일에 유리한 환경 조성

3) 통일 국가의 실현 후에도 세계 평화를 위해 경험과 역량을 제공해야 함

03 자연·초월과의 관계

01. 자연관

1 인간과 자연의 관계

1. 자연을 대하는 인간의 태도 변화

1) **과거의 인간** : 자연을 두려워하고 공경, 자연의 법칙을 따르며 살아야 한다고 생각함

2) **근대 이후의 인간** : 인간을 자연과 구분되는 존재로 여기고, 자연을 이용할 수 있는 대상으로 바라봄

2. 자연을 바라보는 관점

1) **인간 중심주의적 자연관**

① 자연을 인간의 이익을 위한 도구로 인식함

② 무분별한 개발과 환경 파괴의 원인이 되기도 함

2) **생태 중심주의적 자연관**

① 자연을 본래적 가치를 지닌 존재로 인식함

② 인간은 자연을 보호하고 존중해야 한다고 봄

2 환경에 대한 가치관과 소비 생활

1. 환경 문제의 심각성

1) **환경 문제의 원인** : 인간의 잘못된 가치관, 산업화·도시화에 따른 대량 생산과 대량 소비 등

2) **환경 문제의 영향**

① 대기·수질·토양 오염, 지구 온난화, 오존층 파괴

② 인간의 생명과 건강을 위협하는 다양한 질병 유발

③ 기상 이변과 생물 종(種) 감소 등 지구 생태계 위협

3) 환경 문제 해결의 어려움

　① 영향을 미치는 범위가 넓어 책임이 분명하지 않음

　② 현대의 환경 문제는 범위가 넓고 오랫동안 지속해 왔기에 장기간에 걸친 전문적 노력 및 막대한 비용이 필요함

2. 환경 친화적 소비 생활

1) **환경 친화적 소비 생활의 의미** : 생태계가 지속될 수 있게 하는 소비 생활
2) **환경 친화적 소비 생활의 실천 사례**

　① 윤리적 소비 : 자신의 소비가 사회와 환경에 미치는 영향을 고려하는 소비

　　→ 공정 무역, 슬로푸드 운동, 로컬 푸드 운동

　② 녹색 소비 : 환경에 미치는 영향을 최소화하는 소비

3 환경 친화적 삶을 위한 실천 방안

1. 환경 친화적인 삶의 필요성

1) 개발과 환경 보존은 인간이 살아가는 데 있어 모두 필요함
2) 지속 가능한 발전을 위해 환경 친화적 삶의 방식을 실천해야 함

2. 환경 친화적 삶을 위한 실천 방안

1) **개인적 차원** : 일회용품 사용하지 않기, 사용한 물건 재활용하기, 대중교통 이용하기, 가전제품 에너지 효율 확인하기 등
2) **사회·제도적 차원** : 환경 영향 평가제도, 환경세 부과, 쓰레기 종량제, 기업에 환경 친화적인 물건을 만들도록 장려하기 등
3) **국제적 차원** : 환경 문제를 해결하기 위해 각종 국제 협약 체결하기

02. 과학과 윤리

1 과학 기술과 인간의 삶

1. 과학 기술의 의미와 목적

1) 과학 기술의 의미

① 과학 : 자연을 탐구하고 과학적 진리를 발견하는 이론 체계

② 기술 : 과학적 지식을 활용하여 실제 생활에 다양한 필요를 충족해 주는 것

③ 과학 기술 : 과학의 객관적 지식을 활용하여 인간의 생활을 유용하게 하는 수단

2) **과학 기술의 목적** : 삶에 필요한 다양한 수단을 제공하고, 삶의 질 향상을 통한 인간의 존엄성을 구현하는 것

2. 과학 기술을 통한 인간의 삶의 긍정적 영향

1) 풍요롭고 편리한 삶

2) 시간과 공간의 제약 극복

3) 건강 증진

4) 지식과 문화의 확산

2 과학 기술의 문제점과 한계

1. 과학 기술에 따른 문제점

1) 인간이 소외되는 현상

2) 심각한 환경 파괴

3) 생명을 경시하는 현상

4) 인류의 평화와 안전을 위협하는 문제

5) 기술 차이로 인한 불평등이 심화되는 문제

2. 과학 기술의 한계와 위험성

1) 과학 기술의 한계

① 과거에 과학적 진리로 통했던 이론이 잘못된 것으로 판명되는 경우가 존재함

② 새로운 과학 기술로 발생할 수 있는 문제를 예상할 수 없음

2) 과학 기술의 긍정적인 측면만을 강조하면 과학 기술의 위험성을 지나치기 쉬움

3 과학 기술의 책임이 필요한 이유

1. 과학 기술에 책임이 필요한 이유

1) **과학 기술의 목적** : 인간의 존엄성과 인간 삶에 대한 도덕적 고려를 토대로 인간의 삶을 개선하는 것

2) **과학 기술의 책임의 필요성**

① 과학 기술의 결과를 예측하기 어렵기 때문

② 과학 기술의 영향이 광범위하고 빠르게 전파되기 때문

③ 생명 과학 기술이 생명에 피해를 주는 일이 생길 수 있기 때문

2. 과학 기술을 책임 있게 활용하는 자세

1) **인간의 존엄성과 인권을 존중하는 자세** : 과학 기술이 무고한 사람들을 해칠 수 있는 방향으로 활용된다면 바로 활용을 중지해야 함, 과학 기술이 가져오는 이익과 편리함보다 인간의 존엄성과 인권을 더 소중하게 생각해야 함

2) **동·식물의 생명과 생태계를 보전하는 자세** : 한번 훼손된 생명과 생태계는 원상회복이 어려우므로 생명과 생태계를 적극적으로 보호하여야 함

3) **미래 세대를 고려하는 자세** : 과학 기술의 결과는 현재뿐만 아니라 미래에까지 영향을 미치며, 지구는 미래 세대가 살아갈 터전이므로 지구를 보존하여 온전히 물려주어야 함

03. 삶의 소중함

1 삶을 소중하게 만들어 주는 것

1. 삶의 소중함

1) 삶의 특성

① 한 번뿐인 삶 : 우리가 어떤 선택을 하고 그 결과에 따라 후회하고 안타까워하는 것은 삶이 한 번뿐이고 되돌릴 수 없기 때문

② 유일무이한 삶 : 물건을 잃어버리면 다른 것으로 대신할 수 있지만, 나의 삶은 다른 누군가가 대신할 수 없는 유일무이한 것

2. 우리의 삶을 소중하게 만들어 주는 것

1) 소중한 삶을 의미 있게 만들기 위해 필요한 태도

① 우리가 생명을 지니고 있는 존재라는 사실

② 나를 아껴 주는 사람들의 존재

③ 적극적이고 능동적인 자세

2) 사회적 노력

① 생명을 존중하고 아끼는 사회적 풍토 확립

② 생명 보호를 위한 법과 제도의 강화

2 죽음에 대한 올바른 이해

1. 죽음의 의미와 특성

1) 죽음의 의미

① 인간의 육체적 기능과 의식이 완전히 정지해 생명이 끊어지는 것

② 인간의 의지와 노력으로 어찌할 수 없는 한계 상황

2) 죽음의 특성 : 보편성, 불가피성, 일회성

3) 죽음이 두려운 이유 : 직접 경험할 수 없으며 모든 것과의 이별이기 때문

4) 죽음의 진정한 의미

① 죽음을 두려움과 슬픔의 대상으로만 생각할 필요는 없음

② 죽음은 인생의 가치를 깨닫는 계기가 됨

2. 죽음을 대하는 태도

1) 자연스러운 과정으로 이해 : 생명체로서의 생명을 다하는 것으로 이해하기

2) 사고 예방을 위한 노력 : 갑작스러운 사건에 의한 죽음을 예방하기

3) 생명을 지키기 위해 노력 : 충동적이고 돌이킬 수 없는 죽음을 예방하기

3. 인간의 삶에 관한 이해

1) 죽음에 대한 성찰 : 삶을 더욱 보람있게 살아갈 수 있음

2) 삶이 한정되어 있다는 사실 : 삶을 더욱 소중하게 만듦

3) 죽음에 대한 올바른 이해 : 적극적이고 능동적인 삶으로 인도함

3 삶을 의미 있게 살아가는 방법

1. 의미 있는 삶

1) **삶의 유한성** : 인간의 삶은 영원하지 않고 일정한 한계가 있음

2) **의미 있는 삶의 모습**

① 스스로 선택하고 결정하며 행동하는 삶

② 의미 있는 삶을 추구하기 위해 노력하는 삶

③ 타인을 소중히 여기고 배려하는 삶

2. 의미 있는 삶을 위한 노력

1) 현재의 삶에 충실하기

2) 시련과 한계 극복하기

3) 주체적인 삶의 자세 기르기

4) **정신적 가치 추구하기** : 진(眞), 선(善), 미(美), 성(聖)

04. 마음의 평화

1 고통에 올바르게 대처하는 자세

1. 고통의 의미와 원인

1) **고통의 의미** : 몸과 마음이 느끼는 아픔과 괴로움

2) **고통의 종류**

① 신체적 고통 : 건강상의 이유, 신체에 가해지는 물리적인 충격 등으로 발생

② 정신적 고통 : 가슴 아픈 경험, 슬픈 일, 불만족, 결핍감, 다른 사람과의 갈등, 고민 등으로 발생

3) **고통의 원인**

① 자신으로 인해 발생하기도 하지만, 자신의 의지와 상관없이 생겨나기도 함

② 다른 사람이나 전쟁, 자연재해, 불합리한 사회 구조 때문에 생기기도 함

4) 고통의 역할

① 고통을 느낌으로써 위험한 상황을 피할 수 있음

② 고통을 기억함으로써 똑같은 고통을 다시 겪지 않도록 주의를 기울일 수 있음

③ 자신의 고통을 떠올림으로써 다른 사람의 고통에도 관심을 가지게 됨

2. 고통에 올바르게 대처하는 방법

1) 고통을 있는 그대로 바라보아야 함

2) 불필요한 욕심과 집착을 줄여야 함

3) 자신을 고통스럽게 하는 환경과 상황을 변화시키기 위해 노력해야 함

4) 상황을 변화시키기 어렵다면 적극적인 자세로 고통을 마주해야 함

5) 다른 사람의 고통에 관심을 가지고 내가 도울 수 있는 일을 찾아서 실천해야 함

2 마음의 평화와 나의 희망

1. 마음의 평화

1) **마음의 평화의 의미** : 고통, 욕심, 분노, 질투 등의 감정을 잘 다스려 평안하고 고요한 마음의 상태

2) **마음의 평화의 중요성**

① 마음을 다스리지 못하면 스스로 괴로움을 느끼게 되거나 쉽게 화를 내게 됨

② 부정적 감정을 조절하지 못하여 자신뿐만 아니라 다른 사람도 불행하게 만들 수 있음

2. 마음의 평화를 얻는 방법

1) **마음의 평화를 위한 동서양의 실천 방법**

① 불교 : 교리 공부나 참선을 통해 마음을 다스려 깨달음을 얻고자 함

② 유교 : 경과 신독을 통해 일상생활에서 마음을 다스리고자 함

③ 도가 : 세상을 편견 없이 열린 마음으로 대하기 위해 마음을 비우는 심재 강조

④ 그리스도교 : 예배와 성경 읽기, 기도를 통해 평안을 얻고자 함

2) 마음의 평화를 얻기 위한 방법

① 지나친 욕심을 버리고 절제하는 자세

② 자신의 모습을 있는 그대로 바라보고 긍정하는 자세

③ 다른 사람의 실수나 잘못을 용서하는 자세

3. 희망

1) **희망의 의미** : 아직 이루어지지 않은 무언가를 바라면서 더 나은 삶을 꿈꾸는 것

2) **희망의 필요성**

① 어려움을 극복할 용기를 얻고 목표에 집중함으로써 문제를 해결할 수 있음

② 자신을 깊이 신뢰하고 더 큰 어려움에 도전할 수 있는 용기를 얻음

3) **희망과 행복한 삶**

① 풍족한 환경에서도 희망이 없다면 삶의 즐거움을 느끼기 어려움

② 어려운 환경에서도 희망이 있다면 행복할 수 있고 사회 발전에 기여할 수도 있음

핵심총정리

인쇄일		2024년 1월 30일
발행일		2024년 2월 6일
펴낸곳		(주)이타임라이프
지은이		편집부
주소		서울시 영등포구 경인로77가길 16 부곡빌딩 401호(문래동2가)
등록번호		2022.12.22　제 2022-000150호
ISBN		979-11-93182-04-8　　13370

국자감 전문서적

기초다지기 / 기초굳히기

"기초다지기, 기초굳히기 한권으로 시작하는 검정고시 첫걸음"

· 기초부터 차근차근 시작할 수 있는 교재
· 기초가 없어 시작을 망설이는 수험생을 위한 교재

기본서

"단기간에 합격! 효율적인 학습!
 적중률 100%에 도전!"

· 철저하고 꼼꼼한 교육과정 분석에서 나온 탄탄한 구성
· 한눈에 쏙쏙 들어오는 내용정리
· 최고의 강사진으로 구성된 동영상 강의

만점 전략서

"검정고시 합격은 기본! 고득점과 대학진학은 필수!"

· 검정고시 고득점을 위한 유형별 요약부터
  문제풀이까지 한번에
· 기본 다지기부터 단원 확인까지 실력점검

핵심 총정리

"시험 전 총정리가 필요한 이 시점! 모든 내용이 한눈에"

· 단 한권에 담아낸 완벽학습 솔루션
· 출제경향을 반영한 핵심요약정리

합격길라잡이

"개념 4주 다이어트, 교재도 다이어트한다!"

· 요점만 정리되어 있는 교재로 단기간 시험범위 완전정복!
· 합격길라잡이 한권이면 합격은 기본!

기출문제집

"시험장에 있는 이 기분! 기출문제로 시험문제 유형 파악하기"

· 기출을 보면 답이 보인다
· 차원이 다른 상세한 기출문제풀이 해설

예상문제

"오랜기간 노하우로 만들어낸 신들린 입시고수들의 예상문제"

· 출제 경향과 빈도를 분석한 예상문제와 정확한 해설
· 시험에 나올 문제만 예상해서 풀이한다

한양 시그니처 관리형 시스템

관리형 입시학원의 탄생

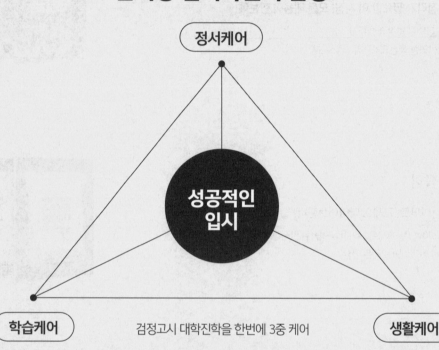

정서케어

성공적인
입시

학습케어   검정고시 대학진학을 한번에 3중 케어   생활케어

정서케어

· 3대1 멘토링

  (입시담임, 학습담임, 상담교사)

· MBTI (성격유형검사)

· 심리안정 프로그램

  (아이스브레이킹, 마인드 코칭)

· 대학탐방을 통한 동기부여

학습케어

· 1:1 입시상담

· 수준별 수업제공

· 전략과목 및 취약과목 분석

· 성적 분석 리포트 제공

· 학습플래너 관리

· 정기 모의고사 진행

· 기출문제 & 해설강의

생활케어

· 출결점검 및 조퇴, 결석 체크

· 자습공간 제공

· 쉬는 시간 및 자습실

  분위기 관리

· 학원 생활 관련 불편사항

  해소 및 학습 관련 고민 상담

HANYANG
ACADEMY

한양 프로그램 한눈에 보기

· 검정고시반   중·고졸 검정고시 수업으로 한번에 합격!

기초개념	기본이론	핵심정리	핵심요약	파이널
개념 익히기	과목별 기본서로 기본 다지기	핵심 총정리로 출제 유형 분석 경향 파악	요약정리 중요내용 체크	실전 모의고사 예상문제 기출문제 완성

· 고득점관리반   검정고시 합격은 기본 고득점은 필수!

기초개념	기본이론	심화이론	핵심정리	핵심요약	파이널
전범위 개념익히기	과목별 기본서로 기본 다지기	만점 전략서로 만점대비	핵심 총정리로 출제 유형 분석 경향 파악	요약정리 중요내용 체크 오류범위 보완	실전 모의고사 예상문제 기출문제 완성

· 대학진학반   고졸과 대학입시를 한번에!

기초학습	기본학습	심화학습/검정고시 대비	핵심요약	문제풀이, 총정리
기초학습과정 습득 학생별 인강 부교재 설정	진단평가 및 개별학습 피드백 수업방향 및 난이도 조절 상담	모의평가 결과 진단 및 상담 1차 검정고시 대비 집중수업	자기주도 과정 및 부교재 재설정 1차 검정고시 성적에 따른 재시험 및 수시컨설팅 준비	전형별 입시진행 연계교재 완성도 평가

· 수능집중반   정시준비도 전략적으로 준비한다!

기초학습	기본학습	심화학습	핵심요약	문제풀이, 총정리
기초학습과정 습득 학생별 인강 부교재 설정	진단평가 및 개별학습 피드백 수업방향 및 난이도 조절 상담	모의고사 결과진단 및 상담 / EBS 연계 교재 설정 / 학생별 학습성취 사항 평가	자기주도 과정 및 부교재 재설정 학생별 개별지도 방향 점검	전형별 입시진행 연계교재 완성도 평가

HANYANG
ACADEMY

D-DAY를 위한 신의 한수

검정고시생 대학진학 입시 전문

검정고시 합격은 기본!
대학진학은 필수!

입시 전문가의 컨설팅으로 성적을 뛰어넘는 결과를 만나보세요!

HANYANG ACADEMY

YouTube

HANYANG ACADEMY

모든 수험생이 꿈꾸는
더 완벽한 입시 준비!

입시전략 컨설팅　　　수시전략 컨설팅　　　자기소개서 컨설팅

면접 컨설팅　　　　논술 컨설팅　　　　정시전략 컨설팅

입시전략 컨설팅

학생 현재 상태를 파악하고 희망 대학
합격 가능성을 진단해 목표를 달성
할 수 있도록 3중 케어

수시전략 컨설팅

학생 성적에 꼭 맞는 대학 선정으로
합격률 상승! 검정고시 (혹은 모의고사)
성적에 따른 전략적인 지원으로 현실성
있는 최상의 결과 보장

자기소개서 컨설팅

지원동기부터 학과 적합성까지 한번에!
학생만의 스토리를 녹여 강점은
극대화 하고 단점은 보완하는
밀착 첨삭 자기소개서

면접 컨설팅

기초인성면접부터 대학별 기출예상질문
대비와 모의촬영으로 실전면접
완벽하게 대비

대학별 고사 (논술)

최근 5개년 기출문제 분석 및 빈출 주제를
정리하여 인문 논술의 트렌드를 강의!
지문의 정확한 이해와 글의 요약부터
밀착형 첨삭까지 한번에!

정시전략 컨설팅

빅데이터와 전문 컨설턴트의 노하우 /
실제 합격 사례 기반 전문 컨설팅

HANYANG
A C A D E M Y

MK 감자유학

Valuable education content provider

We're Experts

우리는 최상의 유학 컨텐츠를 지속적으로 제공하기 위해 정기 상담자 워크샵, 해외 워크샵, 해외 학교 탐방, 웨비나 미팅, 유학 세미나를 진행합니다.
이를 통해 국가별 가장 빠른 유학트렌드 업데이트, 서로의 전문성을 발전시키며 다양한 고객의 니즈에 가장 적합한 유학솔루션을 제공하기 위해 최선을 다합니다.

KEY STATISTICS

30년+	17개	15년	24개국	2,600+
전통교육그룹	국내최다센터	평균상담경력	해외네트워크	해외교육기관

Educational

감자유학은 교육전문그룹인 매경아이씨씨에서 만든 유학부문 브랜드입니다. 국내 교육 컨텐츠 개발 노하우를 통해 최상의 해외 교육 기회를 제공합니다.

The Largest

감자유학은 전국 어디에서도 최상의 해외유학 상담을 제공할 수 있도록 국내 유학 업계 최다 상담 센터를 운영하고 있습니다.

Specialist

전 상담자는 평균 15년이상의 풍부한 유학 컨설팅 노하우를 가진 전문가 입니다. 이를 기반으로 감자유학만의 차별화된 유학 컨설팅 서비스를 제공합니다.

Global Network

미국, 캐나다, 영국, 아일랜드, 호주, 뉴질랜드, 필리핀, 말레이시아 등 감자유학 해외 네트워크를 통해 발빠른 현지 정보 업데이트와 안정적인 현지 정착 서비스를 제공합니다.

Oversea Instituitions

고객에게 최상의 유학 솔루션을 제공하기 위해서는 다양하고 세분화된 해외 교육기관의 프로그램이 필수 입니다. 2천 개가 넘는 교육기관을 통해 맞춤 유학 서비스를 제공합니다.

OUR SERVICES

현지 관리
안심시스템

엄선된
어학연수교

전세계 1%대학
입학 프로그램

전문가
1:1 컨설팅

All In One
수속 관리

해외
어학연수

English Language Study

해외
인턴십

Internship

해외
대학유학

University Level Study

해외
초중고유학

Early Study abroad

해외
영어캠프

English Camp

24개국 네트워크 미국 | 캐나다 | 영국 | 아일랜드 | 호주 | 뉴질랜드 | 몰타 | 싱가포르 | 필리핀

국내 유학업계 중 최다 센터 운영!

감자유학 전국센터

강남센터	강남역센터	분당서현센터	일산센터	인천송도센터
수원센터	청주센터	대전센터	전주센터	광주센터
대구센터	울산센터	부산서면센터	부산대연센터	
예약상담센터	서울충무로	서울신도림	대구동성로	

문의전화 **1588-7923**

왕초보 영어탈출 구구단 잉글리쉬

ABC 알파벳부터 회화까지~~ 구구단보다 쉬운영어~♪♬

01 구구단 잉글리쉬는 왕기초 영어 전문 동영상 사이트입니다.
알파벳부터 소릿값 발음의 규칙부터 시작하는 왕초보 탈출 프로그램입니다.

02 지금까지 영어 정복에 실패하신 모든 분들께 드리는 새로운 영어학습법!
오랜 기간 영어공부를 했었지만 영어로 대화 한마디 못하는 현실에 답답함을 느끼는 분들을
위한 획기적인 영어 학습법입니다.

03 언제, 어디서나 마음껏 공부할 수 있는 환경을 제공해 드립니다.
인터넷이 연결된 장소라면 시간 상관없이 24시간 무한 반복 수강!
태블릿 PC와 스마트폰으로 필기구 없이도 자유로운 수강이 가능합니다.

체계적인 단계별 학습

파닉스	어순	뉘앙스	회화
·알파벳과 발음 ·품사별 기초단어	·어순감각 익히기 ·문법개념 총정리	·표현별 뉘앙스 ·핵심동사와 전치사로 표현력 향상	·일상회화&여행회화 ·생생 영어 표현

파닉스		어순		어법
1단 발음트기	2단 단어트기	3단 어순트기	4단 문장트기	5단 문법트기
알파벳 철자와 소릿값을 익히는 발음트기	666개 기초 단어를 품사별로 익히는 단어트기	영어의 기본어순을 이해하는 어순트기	문장확장 원리를 이해하여 긴 문장을 활용하여 문장트기	회화에 필요한 핵심문법 개념정리! 문법트기

뉘앙스		회화	
6단 느낌트기	7단 표현트기	8단 대화트기	9단 수다트기
표현별 어감차이와 사용법을 익히는 느낌트기	핵심동사와 전치사 활용으로 쉽고 풍부하게 표현트기	일상회화 및 여행회화로 대화트기	감 잡을 수 없었던 네이티브들의 생생표현으로 수다트기

왕초보 영어탈출
구구단 잉글리쉬